KB074703

유한
계급론

The Theory of the Lesuire Class by Thorstein Veblen
Originally published: New York: Macmillan, 1899

유한
계급론

The Theory
of the
Leisure Class

소스타인 베블런 지음
임종기 옮김

에이도스

베블런을 특징짓는 가장 적절한 표현을 꼽으라고 누군가 요청한다면 주저하지 않고 '관례적이지 않음'이라는 단어를 선택할 것이다. 그는 삶의 모든 측면에서 '비관례적'이었다. 1857년 위스콘신에서 노르웨이 이민자의 아들로 태어나면서 그의 '비관례적' 삶은 시작되었다. 켈튼 대학을 졸업하고 오랜 무직의 세월을 보낸 후 비로소 1892년에야 시카고 대학에서 강의하기 시작했지만, 그 이후에도 여러 대학을 떠돌아야만 했으니 학자로서의 커리어만 보더라도 그는 '비관례적'이었다.

그의 말년에 유대인 잡지의 편집자가 유대인이 더 이상 이방인이 아니라면 유대인의 지적 능력은 증대할 것인가에 대한 베블런의 의견을 묻는 원고를 청탁했다. 그 질문에 베블런은 유대인의 '비관례성'이야 말로 그들의 지적 능력의 원천이라고 답했다. 유대인들의 지적 업적은 그들이 소외된 세상에서 차지하는 주변적 지위에 의한 것이며 이들이 다른 민족처럼 국가를 이루게 된다면 독창성도 고갈되고 말 것이라고 주장한 것이다. 이 해석은 바로 베블런 자신에게도 적용될 수 있다. 그의 '비관례적' 생애야말로 그의 저작을 지금까지도 현재성을 잃지 않는 현대의 고전으로 만들어준 지적 동력이라고 할 수 있다.

하지만 베블런의 집필 스타일로 인한 '비관례성'은 독자를 당혹스럽게 만든다. 베블런의 책은 현대의 관점에서 보자면 난해하고 때로 모호한 문장으로 구성되어 있고, 주장을 전개해나가는 방식 또한 친절하거나 논리적이라 할 수 없다. 사생활에서의 '비관례적'인 에피소드는 그를 '기인'이라 간주해버리면 끝날 일이지만, '비관례적' 서술 방식은 후세대의 독자들을 여간 성가시게 만드는 게 아니다.

그럼에도 불구하고 우리가 베블런을 읽어야 하는 이유는 『유한계급론』이 보여주는 '비관례적'으로 시대를 앞서간 예언적 성찰 때문이다. 무려 1899년에 출간된 책이다. 문체에 어쩔 수 없이 스며들어 있는 19세기적 분위기를 제거하고 그 메시지에만 주목한다면 『유한계급론』은 우리 시대의 사회비평이자 문화비평서라고 불러도 전혀 손색없을 만큼 여전히 현대적이다. '동승효과', '속물효과', '과시'와 같은 베블런 특유의 개념을 생략한 채 우리가 살고 있는 소비자본주의 시대의 풍경을 설명할 도리는 없다.

베블런의 『유한계급론』이 없었다면 부르디외가 1979년에 쓴 『구별짓기』와 보드리야르의 1970년 저작 『소비의 사회』는 불가능했다고 감히 주장할 수 있을 정도로 부르디외와 보드리야르에서 『유한계급론』의 발상과 성찰의 그림자가 확인된다. 부르디외와 보드리야르가 일종의 소비자본주의가 만개한 시절에 쓰인 저작이었다는 점을 감안하면 1899년에 서술된 책에서 100여 년이 지난 지금을 설명할 수 있는 성찰이 곳곳에 숨어 있다는 점은 놀랍기만 하다.

다행스럽게 각종 해설서를 통해서만 접할 수 있었던 베블런의 저서가 하나둘 한국어로 번역되면서 한국의 독자들은 좀 더 베블런의 참모습에 가까이 갈 수 있는 기회를 맞이하게 되었다. 2014년에 한국어로 처음 번역된 『미국의 고등교육The Higher Learning in America』에 이어 베블런의 대표 저작이라 할 수 있는 『유한계급론』이 한국어로 다시 번역됨으로써 한국의 독자는 베블런의 명성에 비해 한국어로 번역되지 않았기에 베블런에 가까이 갈 수 없었던 '비관례적' 상황에서 벗어날 수 있게 되었다. 뒤늦은 감이 없지 않지만 참으로 다행스러운 일이다.

노명우(아주대학교 사회학과 교수)

들어가며

 이 연구의 목적은 현대 생활의 경제적 요인이라는 맥락에서 유한有閑 계급의 지위와 가치를 논하는 데 있다. 그러나 그처럼 제한된 범위 내에서 엄정하게 논의하기란 사실상 불가능했다. 부득이 유한계급이라는 사회적 제도의 기원과 계보는 물론, 통상 경제적인 것으로 분류되지 않는 사회생활의 특징들도 유념하지 않을 수 없었다.

 어떤 점에서는 다소 친숙하지 않을지도 모르는 경제 이론이나 일반 인종(민족)학에 근거해 논의를 전개했다. 불명확성을 피하기 위해 서론에서 이러한 이론적 전제의 특성을 충분히 밝혔다. 이와 관련된 이론적 입장에 대한 보다 명확한 진술은 《미국사회학저널American Journal of Sociology》 제4권에 발표한 "제작 본능과 노동에 대한 혐오The Instinct of Workmanship and the Irksomeness of Labor", "소유권의 기원The Beginnings of Ownership", "야만 시대의 여성의 지위The Barbarian Status of Women" 등 일련의 논문에서 다루었다. 하지만 이 책의 논의가 이처럼 다소 생소한 일반론에 의존하고 있는 것만은 아니다. 즉, 다소 생소한 일반론의 출처나 자료를 명확히 밝히지 않아 설득력이 없어 보일 수도 있겠지만, 여기서 쓰는 방법론이 경제 이론의 세부적 내용이 지닐 수 있는 가치마저도 전부 상실할 만한 것은 아니다.

이 책의 논의를 예증하거나 역설하기 위해 사용된 자료는 일상생활과 거리가 먼 낯선 출처보다는 일상생활에서 직접 관찰할 수 있거나 흔하디흔한 평범한 것에서 도출해 낸 것이다. 이런 자료를 사용해야 한편으로는 모든 사람들에게 친숙한 현상의 의미가 오해될 소지가 적고 한편으로는 논의하기에 편리하다. 이처럼 논거의 자료를 흔한 사실들에서 가져오고, 때로는 통속적인 현상이나 인간의 일상사와 밀접하다는 이유로 경제적 논의의 충격에서 차단되었던 현상을 마음대로 과감하게 끌어들인다고 해서 독자의 문학적, 과학적 역량을 얕잡아 본다고 받아들여지지 않기를 바란다.

보다 거리가 먼 출처에서 도출해 낸 전제와 확증은 물론이고 인종학에서 빌려 온 이론이나 추론마저도 익숙하고 접근하기 쉬운 것이므로 웬만한 교양을 갖춘 독자들이라면 그 출처를 바로 알 수 있을 것이다. 따라서 출처나 원전을 일일이 인용하지는 않았다. 또한 주로 예증으로 사용한 몇몇 인용문들도 인용 출처의 확인 없이 쉽게 알 수 있는 것들이다.

1899

소스타인 베블런

| CONTENTS |

1장
서론

The Theory
of the
Leisure Class

가장 잘 발달한 유한계급 제도는 봉건시대의 유럽이나 일본처럼 비
교적 높은 단계에 이른 야만문화barbarian culture에서 찾아볼 수 있다. 이런
사회에서는 계급 간의 구별이 매우 엄격하게 지켜졌다. 여기에서 가장
눈에 띄는 경제적 특징은 각각의 계급에 상응하는 직업 사이에 유지되는
구별이다. 상류계급은 관습상 산업노동직(생산활동)으로부터 면제 혹은
배제되었고 나름의 명예가 따르는 특정한 직업이 미리 정해져 있었다.

어느 봉건사회에서나 가장 명예로운 직업은 전사戰士이고 그다음은
일반적으로 성직聖職이다. 만약 호전성이 현저히 높게 나타나지 않는 야
만사회라면 성직이 전사보다도 명예로운 최상위층을 차지한다. 하지만
전사나 성직자와 같은 상류계급은 산업노동직에서 면제된다는 원칙이
거의 예외 없이 지배적이었고, 이는 상류계급의 우월한 지위를 나타내
는 경제적 징표였다. 인도의 브라만계급이 그 좋은 실례이다. 보다 높은
단계의 야만문화에 속하는 사회에서는 포괄적으로 유한계급이라고 불

릴 수 있는 계급이 상당히 다양한 계급들로 분화되어 있다. 그리고 이 계급들에 상응하는 직업 역시 분화되어 있다. 전체적으로 보면 유한계급은 귀족계급과 성직자계급, 그리고 그들의 많은 수행원들로 구성된다. 이들 유한계급의 직업은 각각의 분화된 계급에 상응해 분화되지만 비非산업적인 일이라는 점이 공통된 경제적 특징이다. 상류계급의 비산업적인 직업은 대체로 정치·전쟁·종교 의식·스포츠 등의 영역에 속한다.

비교적 초기 야만시대의 유한계급은 아직 덜 분화된 모습을 보인다. 계급 구별도, 유한계급 내의 직업 분화도 그다지 세밀하거나 복잡하지 않다. 폴리네시아 제도 주민들의 생활양식은 그 지역에 큰 사냥감이 서식하지 않기 때문에 사냥이 그들의 생활양식에서 명예로운 일로 받아들여지지 않는다는 점만을 예외로 하면, 유한계급의 초기 발전 단계를 전반적으로 보여 주는 좋은 예시이다. 북유럽 전설상의 아이슬란드 사회도 좋은 예다. 이러한 사회에서는 계급 간 구별은 물론이고 각 계급의 고유한 직업 간 구별 또한 엄격하다. 생계를 위한 일상 노동과 직접 관련이 있는 육체노동, 즉 산업노동은 무엇이 됐든 열등계급만이 종사하는 직업이다. 노예와 하인은 물론이고 통상적으로 모든 여성 또한 이 열등계급에 속한다. 귀족사회를 몇 개의 계급으로 나눌 경우 상위계급에 속한 여성들은 보통 산업노동직을 면제받거나 적어도 비교적 비천한 육체노동만큼은 면제받는다.

상류계급의 남성들은 모든 산업노동직을 면제받을 뿐만 아니라 규범화된 관습에 따라 그와 같은 직업을 가지는 것이 금지된다. 그들에게 허용된 직업의 범위는 엄중하게 제한된다. 앞서 말했듯 상류계급이 활동하는 분야는 정치·전쟁·종교 의식·스포츠이다. 이 네 가지 활동 분야는 사회의 관습이나 상식이 왕이나 추장과 같은 최고계급에게 허용하는 유일한 활동으로 상류계급의 생활을 지배한다. 생활양식의 수준이 향상된 곳에서는 스포츠조차도 최고계급에 속한 사람들에게 합당한 일인지 의문시된다. 유한계급 중에서 상대적으로 낮은 지위에 속한 사람들에게는 특정한 다른 직업들이 허용되지만 그마저도 전형적인 유한계급의 직업들이다. 이를테면 무기, 전투장비, 전투용 카누 따위를 제작하고 관리하거나 말, 개, 매 등을 사육하고 길들이는 일, 또는 종교 의식에 필요한 도구를 만드는 일 등이다. 하지만 하층계급은 이처럼 부차적으로 명예로운 일들에서도 배제되고 명백하게 산업적인 성격의 일이나 전형적인 유한계급의 직업과는 거리가 먼 일을 한다.

만약 이처럼 전형적인 야만문화에서 한 단계 거슬러 올라가 비교적 낮은 수준의 야만문화를 살펴보면 완전히 발달된 형태의 유한계급은 발견할 수 없을 것이다. 하지만 낮은 단계의 야만문화에서도 유한계급 제도를 낳은 관습·동기·환경과 더불어 이 제도가 초기에 어떻게 성장했는지를 볼 수 있다. 세계 각지에서 볼 수 있는 수렵생활 부족들은 이처럼 좀 더 원시적인 단계의 (계급)분화를 증명한다. 북아메리카의 한 수렵 부족은 아주 적절한 실례로 보인다. 이 부족에 유한계급이 존재한다고 단정적으로 규정지을 수는 없다. 직능의 분화도 있고 그에 따른 계급의 구분도 있으나 상류계급이 "유한계급"이라는 명칭을 부여받을 수 있을 만큼 노동을 완전히 면제받지는 못한다. 이 정도의 경제 수준에 있는 부족들은 남녀 간의 직업이 분명히 구별되는 지점까지 경제적 분화를 이루고 그 구별은 (선망이나 시샘을 자아낼 수 있으며, 불공평하기도 한) 차별화(구별 짓기)의 특성을 보인다. 이들 부족 대부분에서 여성들은 규범화된 관습에 따라 향후 완전히 발달하게 될 산업노동직을 맡고 있는 반면 남성들은 산업노동직 같은 비천한 일에서 면제되고 전쟁·사냥·스포츠·종교 의식 등의 일에 종사한다. 일반적으로 이러한 문제에는 아주 정교한 구별이 엿보인다.

이들 부족의 분업은 비교적 높은 수준의 야만문화에서 나타나는 노동계급과 유한계급 간의 구별과 일치한다. 직업이 분화되고 전문화됨에 따라 생겨난 경계선이 산업적인 직업과 비산업적인 직업을 가르게 된다. 초기 야만 단계의 남성 직업에서는 이후에 생긴 산업적인 활동 대부분의 원형을 거의 찾아볼 수 없다. 초기 야만문화에서 남성이 하던 일은 이후 발전한 사회에서는 산업적인 활동으로 분류되지 않는 전쟁·정치·스포츠·학문·종교 등과 같은 직업 영역에서만 존속할 뿐이다. 여기서 명확히 예외적인 것은 일부의 어업, 그리고 무기나 장난감이나 스포츠용품의 제작처럼 산업적인 활동으로 분류하기에 애매한 일부 직업뿐이다. 사실상 오늘날의 모든 산업직업은 원시 야만사회에서 여성의 일로 분류된 활동에서 비롯된 것이다.

상대적으로 낮은 수준의 야만문화에서는 남자가 하는 일도 여자가 하는 일 못지않게 집단생활에 필수적인 것들이다. 심지어 남성의 일은 집단에 음식물을 비롯한 기타 필수품을 공급하는 데 여성의 노동만큼이나 큰 기여를 했을 것이다. 사실상 이처럼 남성 노동에 명확히 "생산적인" 특성이 있기 때문에, 전통적인 경제학 저서들은 수렵을 원시 산업의 전형으로 여겼다. 그러나 야만인의 생각은 이와는 달랐다. 남성 야만인은 자신을 노동자로 여기지 않았고, 그런 점에서 여성과 동등하게 취급되는 걸 원치 않았다. 또한 자신의 활동이 여자들이 하는 천한 일인

노동이나 산업 활동과 똑같이 취급되는 걸 원치 않았기 때문에 남자가
하는 일과 여자가 하는 일이 혼동되는 걸 용납하지 않았다. 모든 야만사
회에서 남자의 일과 여자의 일이 다르다는 의식은 뿌리 깊게 자리 잡고
있다. 남자가 하는 일도 집단의 존속에 이바지할 수 있다. 하지만 남자
의 일은 특유의 탁월함과 효율성으로 집단의 존속에 이바지하는 것이
므로, 남자의 일을 여자의 평범한 근면성과 비교하는 것은 명예를 실추
시키는 것으로 여겨졌다.

　문화 수준이 훨씬 더 낮은 단계에 있는 미개인 집단으로 거슬러 올라
가 보면, 직업 분화는 훨씬 정밀하지 못하고 계급 간은 물론이고 직업
간의 불공평한 차별적인 구별도 그리 일관되거나 엄격해 보이지 않는
다. 원시 미개문화를 명확하게 보여 주는 실례를 찾기는 대단히 어렵다.
지금 "미개인"으로 분류되는 대부분의 집단이나 공동체들은 과거에 더
진보했던 문화 단계로부터 퇴보한 흔적을 보인다. 하지만 그렇더라도
원시적 미개성의 특성을 꽤나 충실하게 보여 주는 집단들이 있고, 그 특
성이 퇴보의 결과가 아니라고 할 수 있는 집단도 있다. 이들 집단의 문
화는 유한계급도, 유한계급 제도의 기반이 되는 정신적 태도나 의도도
없다는 점에서 야만사회의 문화와는 다르다.

　경제적 계급 제도가 없는 이 원시적인 미개 공동체에 속하는 존재는
거의 눈에 띄지 않는 극소수 종족뿐이다. 이러한 단계의 문화를 보여 주
는 좋은 예로는 안다만 제도[01]에 사는 부족들이나 닐기리 구릉[02]에 사는
토다족을 들 수 있다. 유럽인들이 처음 접촉했을 때 이 부족들은 유한계

---

01 벵골만灣의 동부에 있는 제도.
02 인도 타밀나두주州에 있는 산악지방.

급이 없이 유지되는 전형적인 생활양식을 가지고 있었던 듯 보인다. 이 외에도, 에조 아이누족[03]과 조금 의심의 여지는 있지만, 부시맨과 에스키모들을 예로 들 수 있다. 그리고 신뢰성이 조금 덜하지만 일부 푸에블로[04] 공동체들도 같은 부류의 집단에 포함될 수 있을 것이다. 그러나 전부는 아니지만 여기에서 예시한 공동체의 대부분은 당시 자신들의 문화 수준에서 전혀 발전하지 못한 문화의 전달자라는 사례라기보다는 오히려 높은 수준의 야만문화에서 퇴보한 사례라 할 수 있다. 따라서 이 연구의 목적을 위해서는 이들 공동체의 특성을 감안해야 하겠지만, 그럼에도 이 부족들은 실제 "원시"부족으로부터 얻을 수 있는 결과와 동일한 결과를 보여주는 증거로 기여할 것이다.

명확한 유한계급이 없는 이들 공동체는 그 밖의 사회구조나 생활양식의 특징에서도 서로 비슷한 양상을 보인다. 이들 부족은 단순한 (원시적) 구조를 가진 소규모 집단으로 보통 평화롭게 사는 가난한 정착민이다. 개인의 소유권은 경제 체계의 지배적인 특징이 아니다. 또한 이 공동체들은 현존하는 모든 공동체 가운데 가장 작은 집단도 아니고, 공동체의 사회구조가 모든 면에서 가장 덜 분화된 상태에 있는 것도 아니다. 아울러 이러한 부류의 공동체가 명확한 개인 소유권 제도가 없는 모든 원시 공동체를 반드시 포괄하지도 않는다. 하지만 주목할 점은 이들 공동체는 가장 평화로운 원시적 인간 집단, 아마도 평화적 특성을 지닌 모든 집단을 포괄한다는 사실이다. 사실상 이들 공동체의 구성원이 공통적으로 지니는 가장 두드러진 특징은 폭력이나 기만 행위에 직면했을

---

03 일본의 홋카이도와 러시아의 사할린, 쿠릴 열도 등지에 분포하는 소수 민족.
04 아메리카 원주민의 하나.

때 우호적이고 무력한 반응을 보인다는 것이다.

발전 단계가 낮은 공동체의 관습과 문화적 특징이 제시하는 증거에
따르면, 유한계급 제도는 원시 미개사회에서 야만사회로 이행하는 과
도기에, 좀 더 정확히 말하면 평화로운 생활 습관에서 지속적으로 호전
적인 생활 습관으로 이행하는 과도기에 점진적으로 출현한다. 유한계
급 제도가 지속적 형태로 출현하기 위해서는 반드시 다음과 같은 조건
이 필요하다. 첫째, 공동체가 약탈적 생활 습관(전쟁이나 큰 사냥감의 사
냥, 혹은 둘 다)을 지니고 있어야만 한다. 다시 말해, 초기의 불완전한 유
한계급을 구성하는 남자들은 폭력이나 술책으로 상대에게 위해를 가하
는 일에 익숙해져 있어야 한다. 둘째, 공동체의 대다수 사람들이 고된
일상 노동에서 벗어나 있을 만큼 유리한 조건의 생계수단을 확보할 수
있어야 한다. 유한계급 제도는 일찍이 가치 있는 직업과 가치 없는 직업
의 구분에 따라 직업 차별이 생기면서 발생한 것이다. 고대의 직업 차
별에 의하면, 가치 있는 직업은 공훈으로 분류될 수 있는 일이고, 가치
없는 직업은 공훈의 요소가 개입할 여지가 전혀 없는 생활에 꼭 필요한
일상적인 일이다.

이러한 구분은 현대 산업사회에서는 별 의미가 없어 보였기에 경제
학자들의 관심을 거의 끌지 못했다. 경제적 논의를 주도해 온 현대의 상
식에 비추어 볼 때, 이와 같은 구분은 형식적이고 공허할 뿐이다. 하지
만 이 구분은 예컨대 비천한 직업에 대한 습관적인 혐오감에서 보듯, 현
대 생활에서도 매우 고집스럽게 존속되고 있는 오랜 편견이다. 그것은
우월하거나 열등한 사람으로 개인을 나누는 일종의 인격 구분이다. 개
인의 인격이 갖춘 힘이 사건의 향방에 훨씬 더 직접적이고 분명하게 영

향을 미쳤던 초기 단계의 문화에서는 공훈이라는 요소가 일상의 생활 양식에서 훨씬 더 중요시되었다. 또한 이런 사실에 훨씬 더 큰 관심이 집중되기도 했다. 결과적으로 과거 초기 단계의 문화에서 이와 같은 사고에 근거해서 생긴 구분은 오늘날보다 훨씬 더 불가피하고 결정적인 것으로 여겨졌다. 공훈에 따른 구분은 발전 과정에서 나타나는 하나의 사실이다. 실재적인 것이며 충분한 타당성과 설득력이 있는 근거에 기초한다.

우리는 이해관심에 의해서 사실들을 습관적으로 바라보게 되는데, 이런 이해관심이 변하면 사실들을 습관적으로 구별하는 근거도 변한다. 주변에서 쉽게 접할 수 있는 사실들의 특징은 시대의 지배적인 관심의 빛을 받을 때에야 비로소 두드러져 보이며 실질적인 가치를 드러내는 법이다. 어떤 사실을 습관적으로 다른 관점에서 파악하고 다른 목적에 비추어 그 가치를 평가하는 사람에게는 어떠한 구분의 근거도 공허하게 여겨질 것이다. 활동의 다양한 목적과 방향을 구별하고 분류하는 습관은 언제 어디서든 불가피하게 나타날 수밖에 없다. 잠정적인 이론이나 생활양식을 이해하는 데 반드시 필요하기 때문이다. 사실들을 구별하고자 하는 관심은 생활상의 사실들을 분류하는 데 기준이 되는 특수한 관점이나 특성을 결정한다.

따라서 사실들을 구별하는 근거와 사실들을 분류하는 절차상의 기준은 문화가 발전하면서 점진적으로 변한다. 생활상의 사실들을 이해하기 위한 목적이 변함에 따라 사실들을 바라보는 관점 역시 변하기 때문이다. 그러므로 어떤 단계의 문화에서 주도적 역할을 하는 계급 혹은 사회계급의 뚜렷하고 결정적인 특징으로 인정되었던 것들이 이후 들어선 단계의 문화에서는 분류의 목적에서 같은 비중의 상대적 중요성을 갖지 못한다.

하지만 기준과 관점의 변화는 점진적으로만 일어나기 때문에, 일단 수용하게 되면 관점을 전복하거나 거부하는 일은 쉽지 않다. 산업직과 비산업직을 습관적으로 구분하는 일은 지금까지도 계속되고 있다. 이러한 현대식 구분은 직업을 공훈과 천한 일로 나눈 야만 시대의 구분이 변형된 형태이다. 일반 대중은 전쟁·정치·종교 의식·공공오락 영역의 직업이 물질적 생활수단을 힘들여 만들어 내는 일과 관련된 노동과는 본질적으로 다르다고 생각한다. 양쪽을 구별하는 정확한 경계선이 초기 야만 시대 양식의 경계선과 똑같지는 않지만, 대체적인 구분은 아직도 폐기되지 않았다.

요컨대 오늘날 암묵적이고 상식적인 구별 방식에 따르면, 어떤 활동이든 간에 인간 이외의 사물을 이용하는 것에 궁극적인 목적을 둔다면 산업적인 일로 받아들인다. 인간이 인간을 강제로 이용하는 것은 산업적인 역할이라는 느낌을 주지 않지만, 인간 이외의 환경을 이용하여 인간 생활을 향상시키고자 하는 모든 노력은 산업적인 활동으로 분류된다. 고전학파의 전통을 가장 잘 계승하고 따르는 경제학자들은 일반적으로 인간의 '자연에 대한 지배력'을 산업생산력 특유의 사실로 가정한다. 자연에 대한 산업적인 지배력은 짐승의 생명과 모든 근원적인 힘에 대한 인간의 지배력까지도 포함하는 것으로 받아들여진다. 이리하여 인류와 야만적인 피조물(짐승) 사이에는 하나의 경계선이 그어진다.

그러나 다른 시대에 살았으며 다른 선입관에 물들어 있던 사람들 사이에서는 경계선이 오늘날 우리가 그어 놓은 것처럼 뚜렷하지는 않다. 미개인이나 야만인의 생활양식에서는 경계선이 다른 입장과 다른 방법으로 그어진다. 야만문화에 속하는 모든 공동체에서는 두 가지 포괄적인 부류의 현상들 사이에 대립 의식이 존재한다. 야만인은 한 현상에는 자신을 포함시키고 다른 한 현상에는 자신의 양식樣式을 포함시킨다. 널리 퍼져 있는 이런 대립 의식은 양보를 허용할 빈틈의 여지가 없다. 경제적 현상과 비경제적 현상 간에 느껴지는 대립도 있지만, 현대적인 의미의 대립과는 다른 듯하다. 그 대립관계는 인간과 야만적인 피조물(짐승) 사이에 존재하는 관계가 아니라, 생기 있는 것과 생기 없는 것 사이에 존재하는 관계이다.

여기서 야만인의 "생기 있는"이란 말이 전하고자 하는 개념이 "살아 있는"이란 말이 전하고자 하는 개념과 다르다는 사실을 굳이 설명하려는 것은 지나친 노파심일지도 모르겠다. "생기 있는"이란 말은 모든 생물을 포괄하지는 않지만 생물 이외의 많은 것들을 포괄한다. 폭풍우, 질병, 폭포처럼 놀랄 만한 자연현상은 "생기 있는" 것으로 인식되는 반면, 과일과 목초, 심지어 집파리, 구더기, 나그네쥐, 양 등과 같이 사람의 눈에 잘 띄지 않는 동물들은 집합적으로 보지 않는 한 일반적으로 "생기 있는" 것으로 인식되지 않는다. 여기서 사용한 "생기 있는"이란 용어는 반드시 내면적인 영혼이나 정신을 의미하는 것은 아니다. 정령을 숭배하는 미개인이나 야만족은 처음 접하는 사건이나 현상을 현실적인 기준에서 판단하거나 다른 것에 귀속시키는 습관을 가지고 있다. 이와 같은 습관 때문에 야만인이나 미개인은 두려움을 느끼는 사물들을 "생기 있는" 것의 개념에 포함시킨다. 개념의 범위가 광범위하고 다양한 자연적 대상과 현상 들을 포함했던 것이다. 이와 같이 불활성인 것과 활성인 것을 구분하는 일은 아직도 지각없는 사람들의 사고 습관에 남아 있으며, 인간의 삶과 자연적 과정에 관한 유력한 이론에도 여전히 깊은 영향을 미치고 있다. 하지만 그러한 구분 습관이 문화와 신앙의 초기 형성 단계에서 보였던 것만큼이나 지대한 영향력이나 실질적인 중요성을 띠고서 우리의 일상생활에 침투하지는 못한다.

야만인의 입장에서 보면 본질적으로 생기 없는 것을 가공하고 이용하는 일은 "생기 있는" 사물이나 힘을 다루는 일과는 전혀 다른 차원의 활동이다. 둘 사이를 구분 짓는 경계선은 모호하고 가변적이지만 대략적인 구별 정도면 야만인의 생활양식에 영향을 미칠 만큼 충분한 현실성과 설득력을 갖는다. 야만인들은 생기 있어 보이는 사태에 대해 어떤 목적을 향해 활발히 움직여 가는 것이라고 상상한다. 어떤 대상 혹은 현상이 "생기 있는" 현상이 되는 것은 바로 이런 목적론적 활동에서 비롯한다. 순진한 미개인이나 야만인은 적어도 눈에 띄는 활기찬 움직임을 접하면, 당장 손에 잡히는 틀로 이를 해석한다. 말하자면 자신의 행동을 이해할 때 자신의 의식에 즉각적으로 주어지는 틀로 해석하는 것이다. 따라서 이렇게 활기 넘치는 움직임은 인간의 행동에 동화되며, 생기 있는 활동은 인간 행위자에 동화된다. 이와 같은 성질을 가진 현상—특히 대단히 무시무시하거나 이해할 수 없는 현상—은 생기 없는 것을 다룰 때 요구되는 것과는 다른 정신적 능력으로 대처해야만 한다. 이와 같은 현상에 훌륭히 대처하는 것은 산업적인 일이라기보다는 공훈을 세우는 명예로운 일이며, 근면하게 일하는 것보다는 무용武勇을 발휘하는 일이다.

생기 없는 것과 생기 있는 것을 이처럼 투박하게 구별하는 지침을 따르는 원시사회 집단의 활동은 현대적인 표현으로 공훈과 산업 활동이라고 불릴 만한 두 부류로 나뉘는 경향을 보인다. 산업 활동이란 제작자가 기능적인 수작업으로 수동적인("무감각한") 물질로부터 새로운 목적을 지닌 새로운 물건을 창조해내는 활동이다. 반면 공훈은 어떤 행위자가 자신에게 유익한 결과를 가져오는 것이라 했을 때, 이전의 다른 행위자가 다른 목적을 위해 쏟았던 에너지를 자신의 목적에 맞게 전용하는 것이다. 야만인들이 심오한 의미를 깨달았던 대상을 우리는 여전히 "무생물"이라고 부른다.

공훈과 비천한 일 사이의 구별은 남녀의 차이와 부합한다. 남녀는 체격과 근력뿐만 아니라 어쩌면 기질 또한 더욱더 결정적으로 차이가 있기 때문에, 일찍부터 그에 상응하는 노동의 분화가 발생할 수밖에 없었다. 일반적으로 공훈에 포함되는 활동 영역은 좀 더 강인하고 힘차고 돌발적이고 격렬한 긴장을 잘 견딜 수 있고, 보다 더 자기주장을 드러내고 적극적인 경쟁과 공격 성향을 보이는 남자의 일이다. 원시 집단의 구성원 사이에는 체격, 생리적 특성, 그리고 기질의 차이가 크지 않을지도 모른다. 사실, 우리가 알고 있는 안다만 제도의 부족들처럼 좀 더 원시적인 고대 공동체들에서는 그런 특징의 차이가 상대적으로 크지 않고 중요하지도 않아 보인다. 그러나 이처럼 체격이나 정신적 의지의 차이로 그어진 선에 따라 직능의 분화가 시작되면서 곧 남녀 간에 존재해 왔던 원래의 차이는 점점 더 커질 것이다. 새로운 직업 분배에 대한 선택적 적응이 누적되는 과정이 일어날 것이다. 특히 집단이 접하는 환경이나 동물군#이 집단에게 좀 더 강인한 에너지를 발휘할 것을 요구한다면 더욱더 그러할 것이다. 일상적으로 큰 사냥감을 잡으려면 억센 체력, 민첩성, 잔인성 등 남성적 자질이 더 많이 요구된다. 상황이 이렇다 보니 결국 남녀 간의 직능 분화가 촉진되고 확대될 수밖에 없다. 그리고 이들 집단이 다른 집단들과 적대적 관계를 형성하게 되면, 이내 역할의 구분이 공훈과 산업 활동의 구별을 한층 더 발전적인 형태로 진전시킬 것이다.

이처럼 사냥꾼들로 이루어진 약탈 집단에서 전투와 사냥은 강인한 남자의 직무가 된다. 여자들은 자신에게 맞는 다른 일을 한다. 목적에 부합하는 남성의 일을 하는 데 적합하지 못한 다른 구성원들도 여자와 같은 부류로 분류된다. 하지만 남성의 사냥과 전투의 일반적 특성은 동일하다. 사냥과 전투는 모두 본질적으로 약탈적인 성격을 지니고 있다. 전사와 사냥꾼은 모두 자신이 씨를 뿌리지 않은 곳에서 열매를 딴다. 이들이 공격적으로 발휘하는 폭력성과 기민성은 생활필수품을 만드는 여성들의 근면성과 평온함과는 분명히 다르다. 남성들의 일은 생산적인 노동이라기보다는 강탈에 의한 자산 취득 활동이라 할 수 있다.

야만적인 남성의 일이 최고 수준으로 발달하여 여성의 일과의 차이가 최대한 벌어지면, 용맹성을 발휘하지 못하는 노력은 무엇이 됐든 남성에게는 가치 없는 일이 되고 만다. 또한 이런 전통이 굳어지면 공동체의 상식은 이 전통을 행동 규범으로 확립시킨다. 그 결과 이 단계의 문화에 속한 자존심이 강한 남자에게는 용맹성, 즉 폭력이나 기만을 토대로 성취한 성과가 아니라면 어떠한 직업이나 성과도 도덕적으로 용인되지 않는다. 약탈적 생활 습관이 오랫동안 습관적으로 지속되어 오다가 집단에 정착되면, 자신에게 저항하거나 자신을 피하려는 생존 경쟁자들을 죽이거나 파멸시키는 일, 그리고 적대적인 이익을 도모하는 주변 외부 세력들을 정복하거나 굴복시키는 일이 사회경제적으로 막강한 남자의 공인된 직무가 된다. 이렇듯 공훈과 비천한 일 사이의 이론적 구별이 너무나 집요하고 정밀하기 때문에 많은 수렵 부족의 경우 남자는 자신이 잡은 사냥감을 직접 집으로 가져오면 안 되고, 자기 여자를 보내 그 천한 일을 하도록 시켜야만 한다.

이미 지적했듯이 공훈과 비천한 일을 구분 짓는 것은 여러 직업들을 차별적으로 구별하는 것이다. 공훈으로 분류되는 직업들은 가치 있고 명예롭고 고귀하며, 공훈의 요소를 내포하지 않는 다른 직업들, 특히 복종과 예속을 수반하는 직업들은 가치 없고 품위를 손상시키는 비천한 일이다. 품위·가치·명예 등과 같은 개념은 인격이나 행위, 그 어느 것에 적용되든 계급 발달과 계급 분화 과정에서 가장 중요한 요인이라 할 수 있다. 그러므로 이 개념의 유래와 의미를 밝힐 필요가 있다. 그 심리적 근거는 대략적으로 다음과 같이 말할 수 있을 것이다.

선택적 필연성의 문제와 관련해 남자는 행위자이다. 남자는 스스로를 충동적인 활동, 즉 "목적론적"인 활동의 중추라고 생각한다. 남자는 모든 행위에 걸쳐 구체적이고 객관적이며 비非개인적인 목적의 성취를 추구하는 행위자다. 남자는 행위자로서의 힘을 소유한 덕분에 효과적인 일을 선호하고 무익한 노력을 혐오한다. 남자는 유용성이나 효율성을 장점으로 여기고 무익이나 낭비나 무능을 결점으로 여긴다. 이러한 경향이나 성향은 제작 본능이라고 불릴 수 있다. 생활 환경이나 전통이 효율성의 관점에서 개인들을 습관적으로 비교하도록 유도하는 곳이라면 어디서든, 제작 본능은 경쟁적이거나 선망을 자아내는 차별적인 비교에 결정적인 역할을 한다. 공동체 성원의 기질은 그 비교 결과가 미치는 범위를 상당히 좌우한다. 이처럼 개인들에 대한 차별적인 비교가 습관적으로 이루어지는 사회라면, 어디를 막론하고 눈에 보이는 성공은 존경의 근거가 된다. 따라서 성공은 그 자체의 효용을 희구하는 목적이 된다. 자신의 능력을 증명해 보이는 것으로 존경을 받고 비난을 면한다. 그 결과 제작 본능은 역량의 경쟁적 과시로 모습을 드러낸다.

공동체가 평소 평화롭고, 정착 생활을 하며, 개인 소유 제도가 발달하지 않은 원시적 단계의 사회라면 개인의 능력은 주로 집단의 생활을 향상시키는 직업에서 가장 일관되게 발휘될 수 있을 것이다. 집단 구성원들 사이에 발생하는 경제적인 경쟁은 주로 산업 활동의 유용성을 두고 벌이는 경쟁일 것이다. 그와 동시에 경쟁을 유발하는 동기도 강하지 않고 경쟁의 범위도 넓지 않을 것이다.

공동체가 평화적인 미개 단계에서 약탈 생활 단계로 이행하면, 경쟁의 조건도 변한다. 그에 따라 경쟁의 기회와 동기가 범위와 절박성 면에서 대단히 확대된다. 남성의 활동은 더욱더 공훈의 성격을 띠고, 사냥꾼이나 전사들 간의 선망을 자아내는 차별적인 비교도 점점 더 용이해지고 상습적으로 일어나게 된다. 용맹성을 보여 주는 확실한 증거, 즉 전리품이 생활 소지품의 요체로써 남성의 사고 습관에서 한 자리를 차지한다. 수렵이나 약탈의 노획물이나 전리품은 출중한 역량의 증거로 높이 평가받는다. 침략은 공인된 형식의 행동이 되고 노획물은 성공적인 침략의 유력한 증거로 기여한다. 이러한 문화 단계에서 받아들여지듯이 가치 있는 것으로 공인된 형식의 과시는 경쟁이며, 강탈과 강압으로 획득한 유용한 물건이나 용역은 경쟁에서 승리했음을 보여 주는 전통적인 증거가 된다. 이와 반대로 강탈이 아닌 다른 방법으로 재화를 얻는 것은 가장 훌륭한 신분의 남자가 하기에는 부끄러운 일로 여겨지게 된다. 생산 활동이나 개인의 봉사 활동도 똑같은 이유로 멸시를 받는다. 이리하여 공훈 및 '강탈에 의한 취득'과 산업 활동직 사이에 차별적인 구별 짓기가 발생한다. 노동은 노동 활동에 부여된 모욕 때문에 진력나는 노역의 성질을 갖게 된다.

원시 야만인에게 "명예롭다"는 개념은 그 개념의 단순한 내용이 여러 갈래로 다양해지고 같은 성질의 여러 관념들이 부차적으로 발생하면서 모호해지기 전까지는, 우월한 힘의 과시 이외에는 아무런 의미도 없었던 것 같다. "명예롭다"는 것은 "두렵다"는 것이고 "가치 있다"는 것은 "우세하다"는 것이다. 명예로운 행위는 결국 공인된 성공적인 공격 행위에 불과하다. 그리고 그 공격이 남자들 간의 투쟁이나 짐승들과의 싸움을 의미하는 경우라면 특히 가장 명예로운 것으로 여겨지는 활동은 강력한 완력을 발휘하는 일이다. 모든 힘의 과시를 인격이나 "의지력" 면에서 해석하려는 소박한 고대의 습관은 이처럼 강한 완력을 찬양하는 풍조를 크게 강화시켰다.

야만족들뿐만 아니라 좀 더 진보한 문화에 사는 사람들 사이에서도 유행하는 명예로운 칭호들은 일반적으로 이처럼 소박한 명예 의식의 흔적을 간직하고 있다. 추장을 부르거나, 왕에게 아첨하고 신에게 속죄할 때 쓰는 존칭이나 경칭은 대부분 그런 칭호로 불리는 사람들이나 신에게 위압적인 폭력성과 저항할 수 없는 파괴력을 부여한다. 이러한 경향은 훨씬 더 문명화된 오늘날 사회에도 어느 정도 유효하다. 문장紋章의 도안으로 좀 더 탐욕스러운 맹수나 맹금을 선호하는 경향도 같은 견해를 역설한다.

이처럼 가치나 명예를 생각하는 야만인들의 평가에 따르면, 짐승이든 인간이든 무서운 경쟁자의 생명을 빼앗는 것은 최고로 명예로운 일이다. 살육자의 우세를 나타내는 징표로서 고귀한 직무라 할 수 있는 살육은 모든 살육 행위와 그 행위에 사용된 모든 도구나 부속물에까지 신비한 가치를 부여한다. 무기는 명예로운 것이다. 심지어 사냥터나 전장에서 가장 비천한 피조물의 생명을 빼앗는 데 무기를 사용해도 명예로운 일이다. 반면에 무기를 산업 활동에 사용하는 것은 혐오스러운 일이다. 이들의 상식적인 이해에 따르면, 산업 활동의 도구나 기구를 다루는 것도 강건한 남자의 품위를 손상시키는 짓이다. 노동이 진력나는 일이된 것이다.

문화의 진화 단계를 살펴보면, 남자들의 원시 집단이 초기의 평화적 단계에서 투쟁을 집단 특유의 공인된 직무로 삼는 다음 단계로 이행되었음을 추정할 수 있다. 그러나 이러한 추정은 완전한 평화와 선의가 지배하는 생활 단계가 갑자기 실제 전투가 최초로 일어난 후기 또는 고차적인 생활 단계로 이행되었다는 것을 의미하지는 않는다. 약탈문화 단계로 이행하는 과정에서 모든 평화로운 산업 활동이 사라져 버린다는 것을 의미하지도 않는다. 초기의 어떠한 사회 발달 단계에서도 얼마간의 투쟁이 빚어지기 마련이라고 말해도 무방할 것이다. 투쟁은 대체로 성적 경쟁에서도 빈번히 일어난다. 익히 알려진 원시 집단의 습관뿐만 아니라 유인원의 습관에서도 이 사실을 확인할 수 있다. 또한 잘 알려진 인간 본성을 자극하는 실험으로부터 얻은 증거도 동일한 견해를 강하게 뒷받침한다.

그러므로 여기서 가정한 바와 같은 평화로운 생활을 영위하는 초기 단계는 있을 수 없다는 반론이 가능하다. 투쟁이 발생하기 전에는 문화의 진보란 없다. 하지만 문제의 핵심은 전투가 우발적이거나 산발적으로 일어나거나 심지어 다소 빈번하게 혹은 상습적으로 일어나느냐 하는 데 있지 않다. 습관화된 호전적 심리 상태, 즉 사실과 사태를 투쟁의 관점에서 판단하는 일반적인 습관이 유발되느냐 하는 데 있는 것이다. 약탈문화 단계는 약탈적인 태도가 집단 구성원 사이에서 공인되고 습관화된 정신적 태도로 자리를 잡았을 때, 투쟁이 당대 생활 원리의 지배적인 특징이 되었을 때, 남자와 사물에 대한 상식적인 평가가 투쟁의 관점에서 이루어질 때가 되어서야 비로소 성립한다.

따라서 평화적 문화 단계와 약탈문화 단계의 실질적인 차이는 정신적 차이이지 기계적인 차이가 아니다. 정신적인 태도는 집단생활의 물질적 사실들이 변함에 따라 비로소 변하기 시작하며, 약탈적인 태도에 적합한 물질적 환경이 조성됨에 따라 점진적으로 변화한다. 약탈문화의 하한선은 산업 활동의 한계선이다. 산업 활동 방식이 생계유지 이외에 투쟁이라는 부가적 가치를 낳을 만큼의 효율성을 갖는 수준으로 발전하기 전까지는, 약탈이 어떤 집단이나 계급의 습관적이고 관습적인 생활 방편이 될 수 없다. 따라서 평화적 단계에서 약탈 단계로의 이행은 기술적 지식의 성장과 도구의 사용에 달려 있다. 마찬가지로 남성을 가공할 만한 동물로 만들 수준까지 무기가 발전하기 전에는 약탈문화가 실현될 수 없다. 물론 초기의 도구와 무기의 발전은 동일한 사실을 두 가지 상이한 관점에서 본 것이다.

전투 의존적인 습관이 투쟁을 남성들의 일상적인 사고의 전면에 내세워, 남성 생활의 지배적인 특징으로 형성시키지 않는 한 집단생활은 평화로운 특징을 보였을 것이다. 한 집단은 완성도 면에서 정도의 차이는 있겠지만 약탈적인 태도를 취할 것이고, 그 결과 집단의 생활양식과 행동 규범은 약탈적인 의지에 의해서 어느 정도 통제될 것이다. 그러므로 약탈문화 단계는 약탈적인 태도와 습관과 전통이 누적해 발전하면서 성장에 이르렀다고 볼 수 있다. 약탈문화 단계로의 성장은 평화로운 생활보다는 약탈 생활을 지향하는 인간 본성의 특성, 그리고 약탈적 행동의 전통과 규범을 발전시키고 보존시킬 정도까지 집단생활의 환경이 변화한 것에 기인한다.

이처럼 평화로운 원시문화 단계가 존재했다는 가설을 뒷받침하는 증거는 대부분 인종학보다는 심리학에서 얻은 것이기 때문에 여기에서는 상세히 논할 수 없다. 이러한 증거들은 뒤에 나오는 장에서, 현대문화에도 잔존하는 인간 본성의 원시적, 고대적 특성을 논할 때 일부 다시 거론할 것이다.

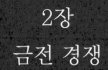

2장
금전 경쟁

문화의 진화 과정에서 유한계급은 소유권의 발생과 동시에 출현한다. 이 두 제도는 경제력이 동일한 상황에서 출현하기 때문에 필연적인 일이다. 유한계급과 소유권은 발전 초기 단계에서 사회구조를 이루는 동일한 일반적인 사실들의 또 다른 양상에 불과하다.

유한활동과 소유권이 여기서 다루고 있는 논점에서 관심을 끄는 이유는 그것이 사회구조를 구성하는 요소, 즉 관습적인 사실들이기 때문이다. 습관적인 태만이 유한계급을 형성하는 것도 아니고, 사용과 소비라는 기계적인 사실이 소유권을 형성하는 것도 아니다. 그러므로 이 연구는 태만의 기원에 관한 연구도 아니고 개인이 어떻게 유용한 물건들을 소비에 전유하기 시작했는지 밝히고자 하는 연구도 아니다. 이 책의 논점은 한편으로는 전통적인 유한계급의 기원과 특성이고 다른 한편으로는 관습적인 권리나 정당한 청구권으로 받아들여진 개인 소유권의 기원이다.

유한계급과 노동계급의 구별을 낳은 초기의 분화는 초기 단계의 야만문화에서 유지된 남자와 여자의 분업이다. 이와 마찬가지로 최초 형태의 소유권은 공동체의 강건한 남자들이 행사한 여자들에 대한 소유권이다. 이러한 소유권을 좀 더 일반적인 용어로, 또한 야만인들의 생활원리의 취지에 좀 더 가까운 언어로 표현하면, 여자에 대한 남자의 소유권이라고 말할 수 있다.

여자를 전유하는 관습이 생기기 전에도 유용한 물건을 전유하는 관습은 분명히 있었을 것이다. 여자에 대한 소유권이 없는 현존하는 원시공동체의 관습은 이 견해를 뒷받침하는 증거이다. 모든 공동체에서는 남녀 구성원이 모두 각자의 필요성에 따라 다양한 유용한 물건들을 습관적으로 전유하지만, 유용한 물건을 전유하여 소비하는 사람의 소유물이라고 생각하지 않는다. 소유권 문제를 일으키지 않고도 사소한 개인 자산을 습관적으로 전유하고 소비한다. 다시 말해, 외부의 물건들을 전유하고 소비한다고 해서 관습적이고 정당한 청구권 문제가 야기되지는 않는다.

여자에 대한 소유권은 낮은 단계의 야만문화에서 여성 포로를 강탈하는 것과 함께 시작된 것이 분명하다. 원래 여자를 강탈하여 전유한 이유는 전리품으로서 유용했기 때문인 것 같다. 전리품인 여자를 적敵으로부터 강탈하는 관례가 소유 ― 결혼 관례를 낳았고, 그 결과 남성 가부장 중심의 가족이 발생했다. 뒤이어 여자 이외의 다른 포로와 열등한 자 들까지 노예화할 정도로 노예 제도가 확대되었고, 적으로부터 강탈한 여자들 이외의 다른 여자들에게까지 적용될 정도로 소유 ― 결혼 관례가 확대되었다. 그러므로 약탈적인 생활 환경에서 이루어진 경쟁은 한편으로는 강제 결혼을 낳았고 다른 한편으로는 소유권의 관습을 낳았다. 이 두 제도는 발전 초기 단계에서는 서로 구별할 수 없었다. 두 제도 모두 성공한 남자들이 일정한 영속성을 지닌 공훈의 성과를 과시함으로써 자신들의 용맹성을 증명하고자 한 욕망에서 비롯되었다. 또한 이 두 제도는 모든 약탈 공동체에 널리 퍼져 있는 지배 지향적 성향을 충족시킨다. 여자에 대한 소유권에서 비롯한 소유권의 개념은 여자들이 노동으로 생산한 생산물을 포괄하는 데까지 확대되었고, 이로써 인간에 대한 소유권은 물론이고 사물에 대한 소유권도 발생했다.

이리하여 재화에 대한 일관된 소유 제도가 점차 자리를 잡는다. 그리고 최종적인 발전 단계에 이르면 소비를 위한 재화의 유용성이 재화의 가치를 결정하는 가장 뚜렷한 요소가 되더라도, 부富는 여전히 소유자의 우월성을 드러내는 명예로운 증거로서 그 효용성을 결코 잃지 않는다.

아무리 미약하게 발전한 형태라도 사유재산 제도가 발견되는 곳이면 어디서나 경제활동 과정은 재화를 소유하기 위해 남자들이 벌이는 투쟁의 성격을 띤다. 종래의 경제 이론, 특히 근대적 고전경제학 체계를 집요하게 신봉하는 경제학자들은 이처럼 부를 차지하기 위한 투쟁을 본질적으로 생존을 위한 투쟁으로 해석하는 것이 일반적이었다. 의심의 여지없이 부를 차지하기 위한 투쟁은 대체로 초기의 비효율적인 산업 단계에서 나타나는 생존을 위한 투쟁의 특징을 갖는다. 또한 지극히 "인색한 자연" 때문에 생존 수단을 얻기 위해 끊임없이 격렬한 노동을 해야만 겨우 공동체의 생계를 유지할 수 있는 모든 상황에서 나타나는 생존을 위한 투쟁의 특징이기도 하다. 그러나 발전 중에 있는 모든 사회에서는 초기 단계의 기술적 발달을 훨씬 뛰어넘는 진보가 곧 이루어진다. 산업 과정에 참여하는 사람들에게 최소한의 생계보다 훨씬 더 많은 여유를 제공할 수 있을 정도로 산업 효율성이 향상되는 것이다. 경제 이론이 이처럼 새로운 산업의 토대 위에서 더욱 치열하게 벌이는 부를 위한 투쟁을 가리켜 생활의 안락을 증진시키기 위한 경쟁, 그러니까 주로 재화의 소비를 통해서 얻을 수 있는 육체적 안락의 증진을 위한 경쟁이라고 말한다고 해서 이상할 게 없다.

전통적으로 재화를 취득하고 축적하는 목적은 축적된 재화를 소비하는 데 있다고 여겼다. 소유자가 직접 재화를 소비하든 아니면 그에게 속한 가족들이 소비하든 상관없었다. 소유자가 소비하든 그의 가족이 소비하든 이론상으로 목적은 같기 때문이다. 이런 식의 소비야말로 최소한 경제적 정당성을 지닌 재화 취득의 목적으로 보이며, 경제 이론이 고려해야 하는 것은 정당성이면 충분할 따름이다. 물론 소비는 소비자의 물질적 욕구, 육체적 안락이나 소위 말하는 좀 더 고차원적인 욕구인 정신적·심미적·지적 욕구와 그 밖의 다양한 욕구를 만족시키는 것으로 여겨질 것이다. 특히 고차원적인 욕구는 경제학도라면 누구나 잘 알 만한 방법에 따라 재화의 소비를 통해 간접적으로 충족된다고 여겨질 것이다.

하지만 재화의 소비가 지속적인 재화 축적의 동기를 부여한다고 말할 수 있으려면 그저 단순한 의미의 소비와는 전혀 다른 의미의 소비 개념을 받아들여야만 한다. 소유권의 근원적인 동기는 경쟁이다. 그리고 경쟁이라는 동기는 경쟁이 초래한 소유권 제도를 더욱더 발전시키고 소유권 제도와 관계되는 사회구조의 모든 특징들을 발전시키는 데 지속적으로 영향을 미친다. 부를 소유하면 명예를 얻는다. 부의 소유는 선망을 자아내는 구별 짓기이다. 재화 소비의 동기나, 그 밖에 상상 가능한 다양한 재화 취득의 동기, 그리고 무엇보다도 부의 축적 동기를 이처럼 설득력 있게 밝힐 수 있는 논거는 없다.

거의 모든 재화가 사유재산인 사회에서 생계유지의 필요성은 빈곤한 사람들의 강력하고 항구적인 동기라는 사실을 물론 간과할 수 없다. 으레 육체노동에 종사하며, 생계 기반이 불안정하고 모아 놓은 재산이 없는 빈곤계급에게는 생존의 욕구와 육체적 안락의 증진 욕구가 한동안 재화 취득의 주요 동기일 수 있다. 심지어 빈곤한 계급의 경우에도 물질적 욕구가 주요 동기라는 가설이 생각만큼 결정적인 것은 아니라는 사실이 논의 과정에서 밝혀질 것이다. 이에 반해 주로 부의 축적과 관계가 있는 사회의 구성원과 계급 들에게는 생존이나 육체적 안락이라는 동기는 결코 중요한 역할을 하지 못한다. 소유권은 최저 생계유지와는 무관한 기반 위에서 싹터 인간의 제도로 성장했다. 지배적인 동기는 처음부터 부에 따라붙는 선망을 자아내는 구별 짓기에서 나온 것이며, 이후 어떠한 발전 단계에서도—일시적이고 예외적인 것을 제외하면—그 밖의 다른 동기는 지배적인 자리를 차지하지 않았다.

재산은 성공적으로 습격해 취한 약탈품을 전리품으로 보유하면서 형성되기 시작했다. 집단이 원시 공동체 조직에서 크게 벗어나지 못하고, 다른 적대적인 집단과 여전히 긴밀한 대치 관계를 형성하고 있는 한, 소유한 물건이나 사람의 효용성 여부는 주로 소유자와 그것들을 빼앗긴적 사이에 형성되는 차별적인 비교에 의해 좌우된다. 개인의 이익과 개인이 속한 집단의 이익을 구별하는 습관은 그 후에 발생한 것임이 분명하다. 집단 내에서 명예로운 전리품을 소유한 자와 소유하지 못한 이웃들 사이의 선망을 자아내는 차별적인 비교는 처음부터 소유물의 가치를 결정하는 최상의 요소는 아니었지만, 소유물의 효용을 결정하는 하나의 요소로 일찌감치 등장한 것은 분명하다. 남자의 용맹성은 근본적으로는 여전히 집단의 용맹성이며, 전리품의 소유자는 스스로를 집단의 명예를 수호하는 자라고 생각했다. 이처럼 공동체의 관점에서 공훈을 평가하는 일은 특히 전쟁의 영예와 관련해 이후 사회의 성장 단계에서도 찾아볼 수 있다.

하지만 개인 소유권의 관습이 일관성을 띠기 시작하자마자, 사유재산의 토대가 되는 선망을 자아내는 차별적 비교를 수용했던 관점이 변화하기 시작한다. 사실 하나의 변화는 또 다른 변화의 반영에 지나지 않는다. 초기의 소유권이 형성된 단계, 즉 단순한 강탈과 횡령으로 재산을 취득하는 단계는 후속 단계, 즉 (노예를 포함한) 사유재산에 기반을 둔 산업노동 조직이 처음으로 형성된 단계로 이행하기 시작한다. 한 무리의 유목민 집단은 어느 정도 자급자족을 하는 산업노동 공동체로 발전하고, 그때부터 소유 재화는 성공적인 약탈의 증거가 아니라 그것을 소유한 자가 공동체 내의 다른 개인들보다 우월함을 나타내는 증거로서 가치를 지니게 된다. 이제 선망을 자아내는 차별적 비교는 주로 재화의 소유자와 집단 내의 다른 사람과의 비교로 이어진다. 재산은 여전히 전리품의 성격을 띠고 있지만 문화가 진보함에 따라, 점차 외견상 평화적인 유목 생활양식을 따르는 집단의 구성원들 간에 벌어지는 소유권 쟁

탈전에서 획득한 승리의 트로피가 된다.

공동체의 일상생활과 남자들의 사고 습관 속에 자리 잡고 있던 약탈 활동이 점차 산업 활동으로 대체됨에 따라, 축적된 재산은 약탈이라는 공훈의 전리품을 대신하여 우월함과 성공을 나타내는 통상적 지표로 여겨지게 된다. 그에 따라 정착 산업이 성장하면서, 부의 소유는 명성과 존경의 관습적인 근거로서 상대적인 중요성과 효력을 지니게 된다. 그렇지만 다른 좀 더 직접적인 용맹성의 증거를 근거로 더 이상 존경을 받지 못하는 것도 아니고, 성공적인 약탈적 공격이나 호전적인 공훈이 더 이상 대중들의 호응과 찬탄을 불러내지 못하거나 상대적으로 성공하지 못한 경쟁자들의 선망을 사지 못하는 것은 아니다.

물론 우월한 힘을 직접적으로 표명하여 특별한 영예를 얻을 수 있는 기회의 영역과 빈도는 모두 줄어든다. 동시에 외견상 평화적인 유목 산업 방식을 이용해 산업적인 침략을 일삼고 재산을 축적할 수 있는 기회의 영역과 효용성이 증가한다. 한층 더 중요한 점은 이제 재산이 영웅적이거나 훌륭한 업적과는 구별되는, 명성을 드높인 성공의 증거로 가장 쉽게 인정되기에 이르렀다는 사실이다. 이로써 재산은 통상적으로 존경을 좌우하는 근거가 되었다. 이제 공동체에서 나름 존경받을 만한 위치에 오르려면 반드시 얼마간의 재산을 소유해야만 한다. 명성을 유지하려면 재산을 획득하고 축적하는 것이 필수적인 일이 되었다. 이렇게 축적한 재화가 공인된 능력의 징표가 되면 부의 소유는 이내 존경을 결정짓는 독립적이고 결정적인 근거의 성격을 띠게 된다. 재화의 소유는 자신의 노력에 의해 적극적으로 획득했든 아니면 타인으로부터 상속이라는 양도를 통해 수동적으로 획득했든 명성의 관습적 근거가 된다. 처음에는 단순히 능력을 나타내는 증거로 평가되었던 부의 소유가 사람들의 인식 속에서 그 자체로 가치 있는 행위가 된 것이다. 이제 부 자체는 본질적으로 명예로운 것이 되어 소유자에게 명예를 부여한다. 이러한 관행이 좀 더 정교하게 개선되면 곧 조상이나 다른 선조로부터 물려받아 수동적으로 획득한 부가 소유자 자신의 노력으로 획득한 부보다 훨씬 더 명예로운 것으로 받아들여지게 된다. 하지만 이런 식의 구분은 금전과시문화가 발달한 이후의 단계에 속하는 것이니 금전과시문화를 다룰 때 논의할 것이다.

부의 소유가 일반적인 명성과 비난할 여지가 없는 사회적 지위를 뒷받침하는 근거가 되었지만, 용맹성과 공훈은 여전히 대중으로부터 가장 높은 존경을 받는 근거로 존속할 것이다. 약탈 본능과 이 본능의 필연적인 결과로 생긴 약탈 능력을 인정하는 습성은 오랫동안 약탈문화의 규율 아래 살아온 사람들의 사고 습관에 깊이 뿌리박혀 있다. 대중의 판단에 따르면, 인간이 얻을 수 있는 최고의 명예는 여전히 전쟁에서 비상한 약탈 능력을 발휘하거나, 정치 영역에서 그에 준하는 정치력을 발휘해서 획득하는 명예일 것이다. 하지만 사회에서 통용되는 나름 버젓한 지위를 얻는 데는 재화의 획득과 축적이 이와 같은 명성을 얻는 기존 수단들을 대체하게 되었다. 사회적인 평판상 높은 지위에 오르려면, 초기 약탈문화 단계의 야만족 남자라면 부족이 요구하는 수준 이상의 육체적 지구력과 지략, 그리고 무기를 다루는 솜씨를 반드시 갖추고 있어야 했듯이, 이제는 다소 막연하지만 관습적으로 인정하는 수준 이상의 부를 반드시 축적해야 한다. 한쪽의 경우는 일정한 수준의 부가, 다른 한쪽의 경우는 일정한 수준의 용맹성이 명성을 얻는 데 필수적인 조건이 되며, 부와 용맹이 일정 수준을 넘어서면 아주 커다란 명성을 얻는다.

이처럼 다소 막연하지만 일정 수준의 용맹성이나 재산에 못 미치는 사회 구성원들은 다른 구성원의 존경을 받지 못하며 결국에는 자존심에 상처를 입게 된다. 보통 자존심이라는 것은 이웃들로부터 존경을 받을 때 생기는 것이기 때문이다. 결국 비정상적인 기질을 가진 사람만이 동료들의 멸시를 받으면서도 계속 자존심을 지킬 수 있을 것이다. 물론 예외적인 사람은 있기 마련이다. 특히 강한 종교적 신념을 가진 사람들이 그러하다. 하지만 이처럼 예외적인 사람으로 보이는 경우도 진정한 예외로 보기는 힘들다. 왜냐하면 이들은 보통 자신들의 행위를 어떤 초자연적인 증인이 인정할 거라는 가상의 믿음에 의존하기 때문이다.

따라서 재산의 소유는 대중의 존경을 받는 근거가 되자마자 우리가 자존심이라고 부르는 자기만족의 필수 조건이 된다. 재화의 개인 단독 소유가 인정되는 모든 사회에서 한 개인은 자신과 동등한 계급이라고 여기는 사람들과 대등한 양의 재화를 반드시 소유해야만 정신적 안정감을 누릴 수 있다. 다른 사람들보다 더 많은 재화를 소유하는 것은 대단히 기쁜 일이다. 하지만 한 개인이 빠르게 새로운 재화를 취득하고 그 결과 새로운 부의 기준에 익숙해지면, 이 새로운 기준은 예전의 기준에서 얻을 수 있었던 것에 비해 더 큰 만족감을 당장 주지는 않는다. 그렇기 때문에 사람들은 항상 현재의 금전적 기준을 새로운 부의 증대를 위한 출발점으로 삼으려 한다. 아울러 이후에는 충분한 부의 축적에 대한 새로운 기준이 생겨나고, 이웃들과 비교하는 자신의 새로운 금전 분류법이 형성된다. 지금 논의되는 문제에 관한 한, 재산 축적의 목적은 금력의 기준에서 공동체의 다른 성원들과 비교해 우위에 서려는 것이다. 이러한 비교가 자신에게 분명히 불리한 경우, 정상적인 보통 개인은 현재의 자기 운명에 대한 만성적인 불만 속에서 살아갈 것이다. 그리고 그가 공동체나 공동체 내 같은 계급의 표준적인 금력 기준에 도달하면, 만성적 불만을 대신하여 자신의 재산과 평균적인 기준 사이의 격차를 계속해서 벌리기 위해 끊임없는 긴장에 시달릴 수밖에 없게 될 것이다. 이처럼 선망을 자아내는 차별적인 비교는 금전적인 명성을 얻기 위한 투쟁에서 경쟁자에 비해 상대적으로 월등한 우위를 점하고 있다고 확신하지 못하는 사람에게는 결코 유리하지 않다.

부에 대한 욕망은 그 성질상 만족할 줄 아는 사람이 거의 없다. 부에 대한 평균적이거나 일반적인 욕망도 확실히 충족할 수는 없다. 부가 아무리 광범위하게 혹은 평등하게 혹은 "공정하게" 분배된다 하더라도 사회의 총체적인 부의 증가는 부를 축적하려는 욕구 자체를 결코 충족시킬 수 없다. 부 축적 욕구는 저마다 재화의 축적이 다른 모든 사람을 능가하려는 욕망에서 기인하기 때문이다. 때로 축적의 동기가 생존이나 육체적 안락에 대한 욕구라고 한다면, 한 사회의 총제적인 경제적 욕구는 산업 효율성이 향상된 어떤 시점에서 충분히 충족될 수 있을 것이라고 생각할 수도 있다. 그러나 투쟁은 본질적으로 선망을 자아내는 차별적인 비교에 근거한 명성을 얻기 위한 경쟁이기 때문에 최종적인 목적에는 결코 도달할 수 없다.

그렇다고 이 말을 남보다 우월한 재력으로 동료들로부터 존경과 부

러움을 사려는 욕망 외에는 획득과 축적의 다른 동기가 없다는 의미로
이해해서는 안 된다. 존경과 부러움을 살 만한 충분한 재산 기준이 금전
경쟁 습관의 영향을 크게 받지만, 결핍에서 벗어나 좀 더 편안하고 안전
한 삶을 누리려는 욕망은 근대 산업사회에서 일어나는 재산 축적 과정
의 모든 단계에서 하나의 동기로 나타난다. 이러한 경쟁은 대체로 개인
적 안락과 번듯한 생활에 필요한 소비 방법을 조성하고 소비의 대상을
선택한다.

그뿐만 아니라 부가 부여하는 권력도 재산 축적의 동기를 제공한다.
남성은 자신의 삶과 밀접하게 관련 있는 집단이 개인들과 더불어 사심
없고 차별 없이 결속을 이루고 있는 생활 풍조의 소박한 공동체 문화에
서 벗어나도, 하나의 행위자라는 특성 때문에 자신의 속성이라 할 수 있
는 목적 지향적 활동 성향, 그리고 모든 무익한 노력에 대한 반감을 버
리지 못한다. 협소한 의미의 이기적인 풍조가 지배적인 약탈 단계에 들
어와서도 이런 성향은 여전히 남성의 생활양식을 형성하는 보편적인
특징으로 존재한다. 성취 지향적인 성향, 그리고 무익함에 대한 반감은
근본적인 경제적 동기로 존속한다. 변하는 것은 이와 같은 성향의 표현
형태 그리고 이런 성향에 이끌려 남성의 활동이 접근하는 대상들뿐이
다. 개인 소유권의 제도하에서 어떤 목적을 명확히 달성하는 가장 손쉬
운 방법은 재화의 취득과 축적을 통한 것이다.

이렇다 보니 남성과 남성 사이의 자존심 대립이 점점 더 확연히 의식
될수록 성취 지향적 성향, 즉 제작 본능은 남들보다 훨씬 더 많은 재력
을 거머쥐려는 중압감에 더욱더 사로잡히는 경향을 보인다. 다른 사람
과 재력을 차별적으로 비교해서 검증받는 상대적인 성공이 행위의 통

상적 목표가 된다. 일반적으로 통용되는 정당한 노력의 결과는 다른 남자들과의 유리한 비교를 가능하게 해 준다. 따라서 무익함에 대한 반감은 경쟁의 동기와 크게 결부되어 있다. 무가치한 것에 대한 반감은 금전적인 성공의 관점에서 모든 결함과 그 결함의 모든 증거에 대해 더욱 신랄한 비난을 가함으로써 금전적인 명성을 얻기 위한 투쟁을 격화시키는 역할을 한다. 목적 지향적인 활동은 주로 축적한 부를 좀 더 명예롭게 과시하려는 활동이나 이와 같은 결과를 가져오는 활동을 의미하기에 이른다. 그러므로 남자들이 부를 축적하려는 동기들 가운데 규모나 강도에서 가장 중요한 것은 여전히 금전 경쟁이라는 동기이다.

이제 새삼스럽게 언급할 필요도 없겠지만 내가 "(선망을 자아내는) 차별적"이라는 말을 사용할 때는 그 단어가 특징지어 지칭하는 어떠한 현상을 격찬하거나 비하하거나 혹은 권장하거나 개탄하려는 의도는 전혀 없다. 그 용어는 사람들이 상대적인 값어치나 가치 면에서—심미적이거나 도덕적인 의미에서—자신들을 평가하고 등급을 매기고, 그에 따라 그들 스스로 혹은 다른 사람들이 정당하게 고려했을 상대적 만족도를 판정하고 규정하려는 목적으로 비교를 하는 습관을 묘사하기 위한 기술적 의미로 사용한 것이다. 차별적 비교는 인간의 가치를 평가하는 과정이다.

3장
과시적 유한생활

만일 금전 투쟁 활동이 경쟁 과정에 있는 다른 경제 세력들이나 경쟁 과정의 다른 양상들의 방해를 받지 않았다면, 앞서 개략적으로 기술한 금전 투쟁의 직접적인 결과는 남자들을 근면하고 검소하게 만들었을 것이다. 금전 투쟁의 결과는 생산적인 노동을 일반적인 재화 획득 수단으로 삼고 있는 하류계급에 관한 한 어느 정도 현실적으로 나타난다. 재산이 상당히 세분되어 있고 법과 관습에 의거해 생산한 생산물의 다소 일정한 몫을 보장받는 농업 단계에 있는 정착 공동체의 노동계급의 경우에는 특히 그러하다. 이들 하류계급은 어떤 경우든 노동을 피할 수 없기 때문에 적어도 이 계급 내에서만큼은 노동이라는 오명이 명예를 크게 손상시키지 않는다. 오히려 노동을 자신들의 생활양식으로 인정하고 수용하기 때문에, 자신들의 일에 유능하다는 평판을 듣는 데에서 경쟁력을 갖췄다는 자긍심을 갖는다. 노동력만이 그들에게 허용되는 유일한 경쟁력의 밑천인 것이다. 생산 능력과 검약의 한계 내에서만 재산의 취득과 경쟁이 가능한 사람들에게 금전적인 명성을 얻기 위한 투쟁은 근면성과 극도의 절약을 증진시키는 형태로 드러날 것이다. 하지만 아직 언급하지 않은 경쟁 과정의 어떤 부차적인 양상들이 우월한 금력을 갖춘 상류계급끼리 벌이는 경쟁뿐만 아니라 열등계급끼리 벌이는 경쟁도 매우 구체적으로 제한하거나 수정하기에 이른다.

물론 우리가 여기서 관심을 가지는 금력을 갖춘 상류계급의 경우는 사정이 다르다. 이 계급에도 근면과 검약의 동기가 전혀 없는 것은 아니지만, 이 계급의 행위는 부차적인 금전 경쟁의 요구에 크게 제약받기 때문에, 근면과 검약의 경향은 실질적으로 억제되고 근면의 동기는 효과를 발휘하지 못한다. 금전 경쟁의 부차적인 요구들 중에 가장 광범위하고 가장 피할 수 없는 요구는 생산노동의 기피이다. 이러한 요구는 특히 야만문화 단계에서 심하게 나타난다. 약탈문화에서 노동은 남자들의 사고 습관상 허약함과 주인에 대한 복종에 결부되어 있다. 그러므로 노동은 열등함의 표시이며, 따라서 최고의 지위에 있는 남자에게는 가치 없는 것으로 여겨진다. 이러한 전통에 따라 노동은 비천한 것으로 인식되었고, 이 전통은 결코 사라지지 않았다. 오히려 사회 분화가 진전됨에 따라 이런 전통은 옛적부터 이어 온 명백한 규범으로서 자명한 공리적인 힘을 획득한다.

남자들의 존경을 받고 이를 유지하려면 단순히 부나 권력을 소유하는 것만으로는 부족하다. 부나 권력은 입증되어야 한다. 존경은 받을 만한 근거가 있어야만 받을 수 있는 것이기 때문이다. 부의 증거는 자신이 유력 인사라는 인상을 다른 사람들에게 심어 주고, 그 인상을 계속 생생하고 빈틈없이 유지하는 데 기여할 뿐만 아니라, 자기만족감을 높이고 유지하는 데도 적잖이 기여한다. 가장 낮은 수준의 문화를 제외한 모든 문화에서 정상적인 남자는 "버젓한 환경"에서 생활하고 "천한 일"을 면제받음으로써 위안을 얻고 자존심을 드높인다. 물질적인 생활 여건이나 일상 활동의 종류와 양과 관련하여 습관화되어 있는 품위 기준에서 어쩔 수 없이 밀려나는 것은 동료들의 인정이나 반감에 대한 고심과는 별개로 자신의 인간적인 품위를 실추시키는 일로 여겨진다.

한 남자의 생활 태도에서 보이는 비천함과 명예로움에 대한 낡은 관념적 구별에는 고대에서부터 발휘했던 힘이 오늘날까지도 대단히 많이 존속하고 있다. 그렇기 때문에 비천한 노동에 본능적으로 혐오감을 느끼지 않는 상류계급 인사는 거의 없다. 우리는 습관적으로 천한 일로 여기는 직업들에 특별히 따라붙는 의례적인 불결함을 실감한다. 품위 있는 취향을 가진 사람들은 모두 전통적으로 하인들이나 하는 일들에 정신적인 혐오감을 떨쳐낼 수 없다고 느낀다. 열악한 환경, 초라한 (다시 말해 값싼) 거주지, 그리고 비천한 생산직은 가차 없이 비난을 받고 기피된다. 그러한 것들은 만족할 만한 수준의 정신생활—"고상한 사고"—과는 어울리지 않는다. 그리스 철학자들의 시대로부터 현대에 이르기까지, 사유하는 남성들은 어느 정도의 한가로운 시간을 갖고 인간의 일상생활을 영위하는 데 긴요한 산업 활동 과정과의 접촉을 면제받는 것을 가치 있거나 아름답거나, 결점 없는 인간 생활의 전제 조건으로 인식해 왔다. 모든 문명화된 남자의 눈에는 한가로운 삶, 즉 유한생활은 그 자체는 물론이고 그 결과들도 아름답고 고결한 것으로 보인다.

유한생활과 그 밖의 부의 증거가 가지는 직접적이고 주관적인 가치는 의심할 여지없이 대부분 부차적이고 파생적인 것이다. 그 가치는 한편으로는 타인의 존경을 얻는 수단으로서 유한생활의 효용성을 반영한 것이고, 다른 한편으로는 정신적인 대용代用의 결과이다. 노동 행위는 통상 열등한 존재라는 증거로 받아들여져 왔고, 그런 점 때문에 노동은 그 자체가 본질적으로 비천한 것으로 손쉽게 인식되기에 이른다.

본래의 약탈 단계와 특히 뒤이은, 외견상 평화적인 초기 산업 발전 단계에서 유한생활은 금력, 즉 우월한 힘을 나타내는 가장 편리하고 결정적인 증거이다. 유한계급의 남자들이 언제나 분명히 여유롭고 안락한 생활을 할 수 있는 한 그렇다. 이 단계에서 부는 노예를 부리는 것으로 표현되고, 부와 권력의 소유로 얻는 이익은 주로 인력의 고용과 인력이 직접 생산한 물품으로 나타난다. 그러므로 과시적인 노동 기피는 우월한 금력의 성취를 보여 주는 관습적인 표시이며 명성의 관습적 지표가 된다. 반면에 생산노동에 종사하는 것은 빈곤과 종속의 표시이므로 사회적으로 명예로운 지위와는 어울리지 않는 것이 된다.

따라서 산업 활동과 검약의 습관은 일반적인 금전 경쟁에 의해서 획일적으로 조장되지는 않는다. 오히려 금전 경쟁은 생산노동에 종사하는 것을 간접적으로 수치스럽게 만든다. 노동은 설사 초기 문화 단계로부터 전승되어 온 고대의 전통에서 천박한 것으로 여겨지지 않았더라도, 불가피하게 빈곤의 증거로서 불명예스러운 것이 될 수밖에 없다. 약탈문화의 고대 전통에 따르면 생산적인 노역은 강건한 남자라면 무가치한 일이니 피해야 한다. 이러한 전통은 약탈 생활양식에서 외견상 평화로운 생활양식으로 이행하는 과정에서 밀려나기보다는 오히려 강화된다.

❖

유한계급 제도는 개인 소유권이 최초로 출현하는 과정에서 생산직에 따라붙은 불명예로 인해 생겨나지는 않았지만, 어쨌든 소유권의 초기적 결과들 중 하나로 생겨났을 것이다. 유한계급은 이론적으로는 약탈문화가 시작될 때부터 존재하고 있었지만, 약탈문화가 금전과시문화 단계로 이행되는 과정에서 새롭고 좀 더 완전한 의미를 갖추게 되었다고 말할 수 있다. 이때부터 이론적으로는 물론이고 실제로 "유한계급"이 등장한다. 이 시점부터 완전한 형태의 유한계급 제도가 탄생한 것이다.

본래의 약탈 단계에서는 유한계급과 노동계급 사이의 구별이 어느 정도 의례적인 구별에 지나지 않는다. 강건한 남자들은 천한 고역이라 여겨지면 어떤 일이든 마땅히 멀리하려 하지만, 사실상 그들의 활동은 집단의 생계에 적잖이 공헌한다. 뒤이은 외견상 평화적 산업 단계에서는 일반적으로 확립된 노예 재산제, 가축 떼, 그리고 목동과 양치기로 이루어진 노예계급이 나타난다. 사회가 생계를 위해 더 이상 수렵이나 그 밖의 공훈으로 분류되는 여타 활동에 의존하지 않아도 될 정도로 산업이 크게 발전한다. 이 시점부터 유한계급의 생활은 모든 유용한 일로부터 과시적으로 면제받는 독특한 양상을 보인다.

유한계급 생활사史의 성숙한 단계에서 유한계급이 통상적으로 종사하는 특유의 직업은 유한계급 초기 시절에 종사하던 직업과 형태상 매우 유사하다. 유한계급의 직업은 정치·전쟁·스포츠·종교 의식 분야이다. 난해한 이론의 정밀함에 과도하게 얽매이는 사람들은 여전히 이러한 직업들이 부수적이거나 간접적으로 "생산적인" 일이라고 주장할지도 모른다. 하지만 유한계급이 이러한 직업에 종사하는 통상적이고 표면적인 동기는 생산적인 노역을 통한 부의 증가가 결코 아니라는 사실이 문제의 핵심임을 유념해야 한다. 다른 어떠한 단계의 문화와 마찬가지로 이 단계의 문화에서도 정치와 전쟁은 적어도 부분적으로는 그런 직업에 종사하는 사람들에게 금전상의 이득을 주기 때문에 수행하는 분야이다. 하지만 그 이득은 강탈과 횡령이라는 명예로운 방식으로 얻은 것이다. 이들 직업은 약탈적인 성격을 지닌 일이지 생산적인 성격을 지닌 일은 아니다.

이와 비슷한 일을 언급하자면 약간의 차이가 있긴 하지만 수렵을 들 수 있다. 사회가 고유의 수렵 단계에서 벗어나게 되면, 수렵은 점차 두 가지 별개의 직업으로 분화된다. 하나는 주로 이득을 목적으로 수행하는 상업이다. 상업은 이득을 목적으로 한다는 점에서 사실상 공훈의 요소가 없거나, 적어도 영리적인 산업 활동을 한다는 비난에서 벗어날 수 있을 만큼 충분한 정도의 공훈의 요소는 없다. 수렵에서 분화된 또 하나의 직업은 단순히 약탈 충동을 발휘하는 일인 스포츠이다. 이 경우에 수렵은 어떤 뚜렷한 금전적인 동기를 제공하지 않고, 나름 명확한 공훈의 요소를 내포한다. 수공업의 모든 오명을 벗은 수렵이 발전한 형태라 할 수 있는 스포츠만이 가치 있으며, 발전된 유한계급의 생활양식에 정당하게 속한다.

노동을 삼가는 것은 명예롭고 칭찬받을 만한 행위일 뿐만 아니라, 곧 품위의 필수 조건이 되기에 이른다. 명성 획득의 근거로 재산을 고집하는 것은 부를 축적하는 초기 단계에서는 매우 고지식하고 오만한 짓이다. 노동을 삼가는 것이 부를 나타내는 관습적인 증거이고, 따라서 사회적 지위를 나타내는 관습적인 징표이기도 하다. 이처럼 부의 가치에 대한 집착은 유한생활에 대한 훨씬 더 강한 집착으로 이어진다. "어떤 징표에 대한 징표는 사물 자체에 대한 징표이다." 확고부동한 인간 본성의 법칙에 따른 규범은 곧장 부의 관습적인 증거를 포착하고 그 증거 자체를 가치 있고 고귀한 것으로 남자들의 사고 습관에 고착시킨다. 이와 동시에 생산적인 노동은 동일한 과정을 거쳐, 이중적 의미에서 본질적으로 무가치한 것이 되어 버린다. 규범은 결국 노동을 사회적 시각에서 불명예스러운 일로 만들 뿐 아니라, 고귀하고 자유로운 남자에게는 도덕적으로 허용할 수 없으며, 가치 있는 삶과는 어울리지 않는 일로 만들어 버린다.

노동에 대한 금기는 계급의 산업적 분화에 좀 더 중요한 영향을 미친다. 인구 밀도가 증가하고 약탈 집단이 정착한 산업 공동체로 성장함에 따라, 소유권을 좌우하는 권한 및 관습의 범위와 일관성도 증대한다. 그러면 곧 단순한 강탈로는 부를 축적할 수 없게 된다. 같은 논리로 고결하지만 돈이 없는 남자들도 산업 활동으로는 재산을 취득할 수 없게 된다. 그들에게 남은 길은 구걸하거나 굶는 일밖에 없다. 과시적 유한생활의 규범이 거리낌 없이 확산될 가능성이 있는 곳이라면 어디서든 이류 유한계급 혹은 어떤 의미 면에선 사이비 유한계급, 즉 결핍과 불편에 시달리며 비참할 정도로 가난하고 불안정한 삶을 영위하지만 돈벌이가 되는 일에는 도덕적으로 차마 굴복하지 못하는 계급이 나타날 것이다. 한때는 좋은 시절을 보냈던 쇠락한 신사 숙녀들은 오늘날에도 결코 생소하지 않다.

이처럼 가장 보잘것없는 육체노동을 멸시하는 보편적인 관념은 덜 발달한 금전과시문화에 속한 사람들은 물론이고 모든 문명인에게도 낯설지 않다. 오랫동안 상류계급의 생활 습관에 익숙해 있던 감수성 예민한 사람들이 육체노동에 대해 느끼는 수치심은 위급할 때는 생존의 본능마저 저버릴 만큼 강해질지도 모른다. 예를 들면, 어떤 폴리네시아 추장은 지나치게 예법에 집착한 나머지 자기 손으로 집어 음식을 먹느니 차라리 굶어 죽는 쪽을 택했다고 한다. 이러한 행동은 적어도 부분적으로는 추장이라는 인격에 따라붙는 과도한 존엄이나 금기 탓일 것이다. 그 금기는 추장이 손으로 접촉하는 것을 통해 전해졌을 것이며, 따라서 추장이 손을 대는 것은 무엇이든 인간이 먹을 음식으로는 합당치 않은 것이 되어 버렸을 것이다. 하지만 금기 그 자체는 노동이 무가치하거나 도덕적으로 그릇됐다는 사고에서 파생된 것이다. 이런 의미로 해석하더라도 폴리네시아 추장의 행위는 명예로운 유한생활의 규범이 처음 생겼을 때보다도 훨씬 더 그 규범에 충실한 행동이다.

더 좋은 실례, 적어도 좀 더 확실한 실례로는 어느 프랑스 왕의 이야기가 있는데, 그는 예법을 준수하려는 도덕적 심지가 너무나 강했던 나머지 목숨을 잃었다고 한다. 화재가 발생했을 때 왕좌를 옮기는 담당 관리가 없다는 이유로 왕은 화염 앞에 묵묵히 앉아 옥체가 치유 불가능할 정도로 심각한 화상을 입을 때까지 고통을 견뎠다고 한다. 왕은 그렇게 행동함으로써 가장 독실한 기독교도 국왕으로서의 권위를 더럽히지 않았던 것이다.

> 가장 큰 죄악은 명예를 버린 채 삶을 선택하고, 목숨을 부지하기 위해 삶의 의미를 망각하는 것이니라.[01]

---

01 고대 로마의 시인 유베날리스Decimus Junius Juvenalis의 《풍자시집Saturae》 Ⅷ 중에서.

이미 언급한 바와 같이 여기서 사용하고 있는 "유한"라는 용어는 나태함이나 무위無爲를 의미하는 것은 아니다. 유한이란 말은 시간을 비생산적으로 소비하는 것을 의미한다. (1) 생산노동은 무가치하다는 관념에 따라, (2) 게으른 생활을 누릴 수 있다는 금력의 증거로서, 시간을 비생산적으로 소비하는 것을 의미한다. 하지만 유한계급의 남성은 (자신의 삶을 장식한) 이상적인 체계가 투영된 명예로운 유한생활의 장관에 감동하는 구경꾼의 시선 앞에서 생활 전부를 소비하지는 않는다. 생활의 일부는 부득이 대중의 눈으로부터 가려져 있는데, 유한계급의 남성은 그 시간을 자신의 명성을 유지하기 위해 개인적으로 소비한다. 대중의 눈에 띄지 않았던 시간에 관해 그는 수긍할 만한 설명을 할 수 있어야 한다. 또한 구경꾼들의 시선 앞에서 소비되지 않은 유한활동 시간을 증명할 만한 수단들을 찾아내야 한다. 유한계급 남성은 자신이 소비한 유한활동 시간을 유형적이고 영속성을 지닌 결과물로 내보임으로써 이를 간접적으로 증명할 수 있다. 이것은 유한계급의 남자가 고용한 수공업자나 하인이 유형적이고 영속성을 지닌 노동 생산물을 고용주 눈앞에 전시하는 방법과 유사하다.

생산노동의 영속적인 증거는 노동의 물질적인 생산물, 즉 일반적으로 소비품이다. 공훈도 노획물이나 전리품처럼 전시할 수 있는 유형의 결과물을 산출할 수 있고, 흔히 그것을 산출한다. 후기 발전 단계에서는 관습적으로 인정된 공훈의 징표 역할을 하는 동시에 공훈의 양과 등급을 상징적으로 나타내는 명예의 휘장이나 훈장 따위를 달고 다니는 일이 관습으로 자리 잡는다. 인구 밀도가 증가하고 인간관계가 보다 복잡하고 다양해지면서, 생활의 모든 세부 사항들이 정교화와 선택의 과정을 겪게 된다. 그리고 정교화 과정에서 전리품의 용도는 등급·직함·지위 등의 체계와 문장의 도안·메달·명예 훈장 등이 그 전형인 훈장 체계로 발전한다.

경제적 관점에서 보면, 하나의 직업으로 간주되는 유한생활은 본질적으로 공훈을 이루는 삶과 밀접하게 관련이 있다. 그리고 유한생활을 특징짓고 여전히 유한생활의 엄정한 표준이 되는 성과들은 공훈의 전리품과 많은 공통점을 갖고 있다. 그러나 공훈과도 다르고, 본질적인 유용성이 없는 대상들에 노력을 들이는 (표면상 생산적인 일과도 다른) 좀 더 좁은 의미의 유한생활은 보통 구체적인 생산물을 남기지 않는다. 따라서 표준적인 과거의 유한활동은 보통 "무형의" 재화 형태를 띤다. 과거의 유한생활을 보여 주는 무형의 증거는 준準학문적이거나 준예술적인 업적이자, 인간 생활의 향상에는 직접적으로 기여하지 못하는 과정과 사건 들에 관한 지식이다.

따라서 이를테면, 우리 시대에는 사어死語, 비학祕學, 정확한 철자법, 통어법과 작시법, 다양한 형태의 가정 음악과 기타 가정학, 최신 복식과 가구와 장신구에 대한 교양, 게임과 스포츠, 애완견과 경주마 같은 애완동물 사육법 등에 관한 지식들이 있는 것이다. 이 모든 지식 분야를 처음 습득하여 유행시킨 최초의 동기는 자신의 시간을 산업노동에 소비하지 않았다는 사실을 보여 주고자 하는 소망과는 전혀 다른 동기였는지도 모른다. 하지만 이러한 성과가 시간을 비생산적으로 소비했음을 증명하는 유용한 증거로 인정받지 못했다면, 유한계급의 관습적인 성과물로 살아남아 입지를 굳히지 못했을 것이다.

어떤 의미에서 이런 성과들은 학습의 분야로 분류될 수도 있다. 이외에 그리고 이 분야를 넘어 배움의 영역에서 몸에 밴 습관이나 기법 따위의 영역으로 차츰 변화해 가는 좀 더 폭넓은 범위의 사회적 사실들이 존재한다. 일반적으로 예절과 교양, 세련된 어법, 단정한 태도, 형식적이고 의례적인 관례 등으로 알려진 것들이다. 이와 같은 종류의 사회적 사실들은 훨씬 더 직접적이고 두드러진 모습으로 드러나므로, 명예로운 유한생활의 필수적인 증거로서 더 광범위하고 더 불가피하게 강조되곤 한다.

일반적으로 최고의 예법으로 분류되는 모든 의례적 관례들이 후기 문화 발전 단계에서보다는 과시적 유한생활이 명성의 표시로서 큰 인기를 끄는 문화 단계에서 남성들이 존경을 받는 데 한층 더 중요한 구실을 한다는 사실은 주목할 만하다. 외견상 평화적 산업 단계의 야만인들은 그 이후 시대에 등장한 남자들 중 매우 고상한 신사들을 제외하면 예법에 관한 한 어느 누구보다도 교양을 갖춘 빼어난 신사라 할 수 있다. 사회가 가부장적인 시대에서 멀어져 감에 따라 예법이 점차 퇴락했다는 것은 잘 알려진 사실이며, 적어도 일반적으로 그렇게 여겨진다. 옛 사고방식을 가진 많은 신사들은, 심지어 근대 산업사회의 상류계급 사람들마저 상스러운 예법이나 태도를 보이는 실태에 몹시 개탄했다. 그리고 본래의 산업계급들 사이에서 나타나는 의례적인 규범의 타락 현상, 달리 표현해 생활의 비속화는 예민한 감수성을 가진 모든 사람들의 눈에는 현대 문명이 낳은 극악한 해악들 중의 하나로 보이게 되었다. 모든 가치의 쇠락은 차치하고, 생활에 급급한 사람들이 만들어낸 규범의 부패 현상은 예법이란 유한계급 생활의 산물이자 전형이며 신분 제도 하에서만 만개한다는 사실을 입증한다.

예절의 기원, 더 나은 말로 그 유래는 의심할 여지없이, 예절 바른 사람이 예절을 습득하는 데 많은 시간이 걸렸다는 점을 보여 주려는 의식적인 노력이 아닌 다른 데서 찾아야 한다. 예절을 혁신하고 정교하게 하는 직접적인 목적은 아름다움이나 풍부한 표현성이라는 관점에서 새롭게 다시 시작하게 하는 효과가 있다. 대체로 예의 바른 관례의 의례적인 규범은 인류학자와 사회학자 들이 으레 그렇게 추정하듯이, 남의 환심을 사고 남에게 선의를 과시하려는 욕망에서 시작되고 성장한 것이다. 이러한 최초의 동기는 이후 발전한 어떤 문화 단계에서도 예절 바른 사람의 행동에서 결여된 경우가 거의 없다. 예절은 한편으로는 정교한 몸짓이라고도 하고 한편으로는 예전의 지배 행위나 개인적 봉사 행위나 개인적 접촉 행위를 표현하는 상징적이고 관습화된 유풍遺風이라고도 한다. 예절은 대체로 신분 관계의 표현, 즉 한편으로는 상징적 지배의 무언극이고 다른 한편으로는 상징적 복종의 무언극이다.

약탈적인 정신 습관과 거기에서 비롯한 지배와 복종의 태도는 오늘날 어디서든 공인된 생활양식의 특성이 되었다. 이제 행동의 모든 자질 구레한 격식이 극도로 중요시된다. 배려와 함께 따라붙는 직위와 직함의 의례적인 관례는 외견상 평화적인 유목문화를 영위하는 야만족이 정해 놓은 이상적인 격식과 매우 유사하다. 유럽 대륙의 일부 국가들은 이러한 정신적 유풍의 좋은 실례를 보여 준다. 이들 사회에서는 예로부터 내려온 이상적인 규범이 본질적인 가치를 가지고 있기에 예법에 존중을 부여하는 것이라고 생각한다.

예법은 상징과 무언극으로 시작되었고, 처음에는 오직 상징화된 사실과 속성의 지표로서만 효용성을 가지고 있었다. 그러나 예법은 곧 인간의 소통에서 상징적인 사실들을 일반적으로 무시하는 형태로 변질되었다. 예절은 곧 대중의 의식 속에서 그 자체로 실질적인 효용성을 갖게 되었고, 애초에 구상했던 사실들과는 전혀 무관하게 신성한 성질을 획득하게 되었다. 모든 남자들은 예절의 규약에서 벗어나는 행동을 근본적으로 혐오스럽게 여기게 되었다. 그리고 이제 일상적인 관념상 훌륭한 예의범절은 인간의 탁월함을 나타내는 외적인 징표일 뿐만 아니라 가치 있는 인간 영혼의 완벽한 형상이다. 예법을 어기는 행동만큼 우리에게 본능적인 혐오감을 불러일으키는 것은 별로 없다. 우리가 예법의 의례적인 관례에 본질적인 효용성을 부여하는 방향으로 발전해 가다 보니, 예법에 어긋나는 행위와 '예법에 어긋난 행위를 한 자는 실질적으로 가치가 없다고 여기는 감정'을 서로 떼어 놓고 생각할 사람은 거의 없을 것이다. 신의를 저버리는 행위는 용서받을 수 있어도 예법을 저버리는 행위는 용서받을 수 없다. "예절이 인간을 만든다."

예절은 행하는 사람이나 지켜보는 사람 모두에게 본질적 효용성이 있다고 여겨지지만, 예법이 본질적으로 옳은 것이라는 감정은 예의범절이 성행하는 직접적인 근거일 뿐이다. 예의범절의 경제적 근거는 훌륭한 예절을 습득하기 위해 시간과 노력을 들이는 유한생활이나 비생산적인 일의 명예로운 속성에서 찾아야 할 것이다. 훌륭한 격식에 대한 지식과 습관은 오로지 오랫동안 지속적으로 실천할 때만 갖춰질 수 있다. 세련된 취미와 예절, 생활 습관은 상류계급에 속한다는 사실의 유용한 증거이다. 왜냐하면 훌륭한 예절을 습득하는 데는 시간과 열성과 비용이 필요하며, 따라서 시간과 에너지를 일에 소비하는 사람들은 습득할 수 없기 때문이다. 훌륭한 예절에 관한 지식은 품위 있는 사람이 구경꾼의 눈에 띄지 않는 삶의 일부를 아무런 수익성도 없는 교양을 습득하기 위해 가치 있게 소비했다는 점을 증명하는 자명한 증거이다. 결국 예절은 유한생활의 증거물이라는 사실로 인해 가치가 있다. 바꿔 말하면, 유한생활은 금전적인 명성의 관습적인 수단이기 때문에 경제적으로 나름 품위 있는 삶을 열망하는 사람이라면 누구든 예법에 어느 정도 숙달해야 한다.

구경꾼들의 시야를 벗어나 소비되는 명예로운 유한생활의 대부분은 입증할 수 있고 판단할 수 있으며, 명성을 열망하는 경쟁 상대가 제시하는 동일한 종류의 산물과 비교할 수 있는 유형적이고 가시적인 성과를 남길 때만 비로소 명성 획득의 목적에 이바지할 수 있다. 유한생활의 예절과 태도 따위를 통해서 얻어지는 이런 효과는—심지어 명성을 획득하는 문제가 중시되지 않고, 신중하게 유한생활의 풍요로움과 지배력을 행사하는 곳에서조차—단순히 노동을 철저히 삼가는 것만으로도 획득된다. 특히 이런 식으로 수 세대에 걸쳐 지속되어 온 유한생활은 인격 구조는 물론이고 습관적인 행동거지와 태도에 지속적이고 확연한 영향을 남길 것이 분명해 보인다.

하지만 누대에 걸친 유한생활을 보여주는 모든 것들 그리고 수동적 습관화를 통해 얻은 예절 바름은 명예로운 유한생활의 표시를 마음에 되새기고 부지런히 연마함으로써, 그리하여 노동의 면제라는 우연적인 표시를 몹시 힘들고 체계적인 훈련을 통해 과시함으로써 좀 더 향상될 수 있을 것이다. 분명 이러한 사실이 시사하는 바는 부지런한 노력과 지출을 통해서 당사자가 유한계급의 예의범절을 능숙하게 체득하는 걸 크게 촉진할 수 있다는 점이다. 바꾸어 말하면, 경제적 이득이나 기타 직접적으로 유용한 목적에는 전혀 도움이 되지 않는 관례를 더욱더 자연스럽게 지키고 몸속 깊숙이 체화했다는 증거를 더욱더 명확히 보여 줄수록, 예절을 습득하는 데 암암리에 요구되는 시간과 자산을 더욱더 많이 소비했으며 결과적으로 더 큰 명성을 얻을 수 있다는 것을 의미한다.

따라서 훌륭한 예절을 숙달하기 위한 경쟁이 벌어지는 상황에서는 예법의 습관을 함양하는 데 많은 고통이 따르기 마련이다. 결국 세부적인 예법들은 자신의 평판에 흠집이 나길 바라지 않는 사람이라면 누구나 다 따라야 하는 포괄적인 규율로 발전한다. 한편, 예절을 파생시킨 과시적 유한생활은 점차 힘든 품행 훈련과 예법에 맞는 소비 용품을 고르고 소비하는 방법과 관련된 취향과 구별짓기의 교육으로 발전한다.

이와 관련하여 주목할 만한 것은 누구든 치밀한 모방과 체계적인 훈련을 통해서 병적이거나 기타 특이한 성향의 인격과 태도를 갖출 수도 있다는 점이다. 흔히 이런 방식으로 교양 계급을 계획적으로 생산하기도 하는데, 이는 매우 결과가 좋은 것이다. 체계적 모방과 훈련으로(이런 과정에 대해 사람들은 대체로 속물근성에서 나온 행동이라고 말한다) 수많은 가문과 가계는 과거의 내력 없이도 명문가의 태생과 예의범절을 갖춘 가문으로 진화한다. 공동체 내에서 통용되는 유한계급 요인의 유용성의 관점에서 볼 때, 이처럼 족보 없는 명문가의 태생들은 결과적으로, 덜 힘들지만 훨씬 더 오랜 시간에 걸쳐 금력 행사의 교양을 훈련받는 사람들에 비해 본질적으로 결코 열등하지 않다는 인식을 얻게 된다.

게다가 족보 없는 명문가 태생은 품위 있는 소비의 수단과 방법과 관련하여 최신의 공인된 규범의 세세한 격식을 충실히 따르는 경향이 있다. 이런 관점에서 볼 때, 이상적인 규범을 준수하는 수준에 따라 개인들 간의 인격 차이를 비교할 수 있으며, 예절과 교양의 누진적 척도에 따라 나름 정확하고 효과적으로 각각 인격의 등급을 매기고 일람표를 작성할 수 있다. 또한 이러한 관점에서 보면, 보통 명성을 얻고자 하는 자가 누리는 경제적 지위나 유한생활의 정도에 대한 의식적인 고려 없이, 명성의 문제에서 용인되는 취향 규범을 신봉한다는 이유만으로 명성을 정당하게 얻게 되는 것이다. 그러나 명성 획득의 조건에 부합하는 취향의 규범은 항상 과시적 유한생활 법칙의 감시하에 있으며, 그 법칙의 요구 조건에 더욱더 부합할 수 있도록 지속적으로 변화와 교정 과정을 거친다. 그러므로 차별화하고자 하는 직접적인 동기는 다른 종류의 것일 수도 있지만, 훌륭한 예의범절의 보편적 원리와 영원한 시금석은 그것을 익히는 데 특유의 막대한 시간 낭비가 필요하다는 것이다. 이러한 원리의 범위 내에서 세부적으로 상당한 변화가 있을지 모르나, 그것은 형식과 표현의 변화이지 본질적인 변화는 아니다.

물론 일상적인 접촉에서 행하는 예의바른 행동은 배려와 친절한 호의의 직접적인 표현이다. 대체로 명성이 있거나 명성을 인정받고 있는 이유를 설명하고자 명성의 근본적 바탕으로 이와 같은 행동 요소를 내세울 필요는 없다. 하지만 이는 예의범절의 규약에는 해당되지 않는다. 예의범절의 규약은 신분의 표현이다. 하인이나 기타 경제적으로 예속되어 있는 열등한 자에 대한 우리들의 태도는 본래의 노골적인 지배의 표현 방식으로부터 종종 크게 수정되고 완화되고는 하지만 신분 관계에서 우월성을 보이는 태도라는 것은 그 실체를 간파하고자 하는 사람이라면 누구나 다 아는 너무나 명백한 사실이다.

이와 마찬가지로 우월한 자나 대체로 동등한 자에 대한 우리들의 태

도는 다소 관습화된 굴종적인 태도의 표현이라 할 수 있다. 고상한 신사
숙녀의 오만한 태도는 자신의 경제적 능력을 부각해 대단히 우월하고
독립적인 경제력을 증명해 보이고, 이렇게 대중들에게 정당하고 품위
있는 것이 무엇인지를 설득력 있게 호소하는 것이다. 자신들보다 우월
한 자는 없고 동등한 사람조차 거의 없는 이런 최고 유한계급에게 자신
들의 예법은 가장 완벽하고 성숙한 표현으로 여겨진다. 또한 이들 최고
유한계급은 하층계급의 행동 규범 역할을 하는 일정한 공식화된 예법
을 제시한다. 아울러 예법의 규약은 아주 명백한 신분상의 규약이며, 모
든 비천한 생산노동과는 양립될 수 없다는 사실을 아주 명백히 제시한
다. 습관적으로 추종을 요구하고 내일 일을 전혀 생각하지 않는 태도인
성스러운 자신감과 오만한 정중함은 최고 유한계급 신사의 생득권이자
규범이다. 일반 대중은 더욱더 그렇게 생각하고 있다. 왜냐하면 최고 유
한계급의 이런 태도는 천한 태생의 서민들이 그 앞에서 기꺼이 무릎 꿇
고 굴종할 만한 우월한 가치의 본질적인 속성으로 인정되기 때문이다.

앞 장에서 지적했듯이 소유권 제도는 인간, 특히 여성들에 대한 소유
권의 시작과 함께 탄생했다고 할 수 있는 믿을 만한 근거가 있다. 재산
을 취득하고자 하는 동기는 다음과 같아 보인다. (1) 지배와 강압의 성
향, (2) 소유자의 용맹성을 입증하는 증거로서 예속된 인간들의 효용성,
(3) 예속된 인간들이 제공하는 용역의 효용성.
　인간의 용역은 경제 발전 과정에서 특수한 위치를 차지한다. 외견상

평화적 산업 단계와 특히 이러한 일반적 단계에 국한된 초기 산업 단계에서는 대부분 용역의 효용성 때문에 인간을 재산으로써 취득하고자 했던 것 같다. 하인(피고용인)들은 그들이 제공하는 용역 때문에 가치가 있다. 하지만 인간을 재산으로써 취득하려고 하는 주된 동기가 하인(피고용인)들이 소유한 다른 두 가지(1번과 2번) 효용성의 절대적 중요성이 감소했기 때문은 아니다. 오히려 변화된 생활 환경이 세 번째 목적에 부합하는 하인의 효용성을 강화하기 때문이다.

여성들과 기타 노예들은 부의 증거이자 부의 축적 수단으로서 높은 가치를 지닌다. 목축을 업으로 하는 부족이라면 가축과 더불어 노예들은 이윤을 얻기 위한 일반적인 투자 대상이라 할 수 있다. 예컨대 호메로스 시대에서 보듯 외견상 평화적인 문화의 사람들 사이에서 여성은 심지어 가치 단위로 쓰이기까지 했다. 여성의 노예화는 그 문화 단계의 경제생활의 성격을 대변한다. 이러한 문화에서는 산업 체제의 토대가 노예를 재산으로 삼는 제도이고, 여성은 일반적으로 노예라는 사실은 의문의 여지가 없다. 이런 체제에서 중대한 보편적 인간관계는 주인과 노예의 관계이다. 보편적으로 인정되는 부의 증거는 많은 여성을 소유하는 것이고, 이는 곧 곁에서 주인의 시중을 들고 주인을 위해 재화를 생산하는 많은 노예를 소유하는 것이다.

곧 노동의 분업이 시작되면서 주인에게 개인적인 대인 봉사를 제공하는 일과 주인의 시중을 드는 일은 일부 하인들만의 특별한 직무가 되었다. 반면에 고유한 산업 직무에 전적으로 종사하는 하인들은 자기 주인과 대면하는 직접적인 관계에서 점점 더 멀어지게 된다. 동시에 가사를 비롯한 대인 봉사직을 맡은 하인들은 점차 수익을 목적으로 한 생산적인 산업 활동에서 면제된다.

일반적인 산업직 노동을 점진적으로 면제받는 과정은 보통 아내나 본처가 산업직 노동을 면제받으면서 시작된다. 공동체가 정착 생활을 하면서부터 통상적으로 여성의 공급처였던 적대적인 부족들로부터 아내로 삼을 여자를 납치해 오는 일은 더 이상 실용성이 없었다. 이처럼 문화가 진보한 곳에서 본처는 보통 명문가 출신이며, 이 사실 덕분에 비천한 일을 면제받기가 수월할 것이다. 명문가라는 개념이 어떻게 생겨났으며, 결혼 제도의 발전 과정에서 어떤 위치를 차지하는지에 대해서는 여기서 논할 수 없다. 여기서는 명문가란 오랫동안 부를 축적하고 지속적으로 특권을 누려 오면서 귀족으로 군림하게 된 가문이라고 말하는 것만으로도 충분하다. 남자들은 이런 조상을 둔 여자와 결혼하기를 선호한다. 이런 여자와 결혼하면 그녀의 권력 있는 친척들과 인척 관계를 맺을 수 있기 때문이고, 많은 재화나 막강한 권력과 결부된 가문은 근본적으로 우월한 가치를 지니고 있다고 생각하기 때문이다.

명문가의 여자는 팔려 나가기 전에는 아버지의 소유물이었듯이 남편의 소유물이 될 것이지만, 동시에 아버지의 명문 가문에 속하기도 할 것이다. 그렇기 때문에 예속되어 있다는 점에서는 비슷한 처지이나 하녀들이 하는 비천한 일을 하는 것은 도덕적으로 부적절할 것이다. 그녀가 주인인 남편에게 완전히 예속되고, 출신 가문의 사회계급에 속한 남자들보다는 열등하다 할지라도, 상류계급은 전승된다는 원칙에 따라 그녀는 일반 노예보다 높은 지위를 차지할 것이다. 이러한 원칙이 규범적 권위를 얻게 되면, 곧 그녀에게 상류계급의 주된 징표인 유한의 특권을 어느 정도 부여할 것이다.

아내의 소유자인 남편의 경제적 능력이 감당할 수 있다면, 명문가는 전승된다는 원칙에 따라 아내의 노동 면제 범위는 확대되어 수공예뿐만 아니라 수발을 드는 저급하고 비천한 일까지도 면제받는다. 산업이 계속 발전하고 재산이 상대적으로 소수의 수중에 집중됨에 따라 상류 계급 부의 관습적인 기준은 높아진다. 수공예를 시작으로 시간이 흐르면서 천한 가사노동을 면제받는 현상과 비슷한 경향은(이와 같은 경향이 존재한다면), 후처는 물론이고 주인의 곁에서 직접 시중을 드는 다른 하인들에게까지 확산된다. 주인과 대면 관계의 거리가 먼 하인일수록 노동 면제를 받는 데 오랜 시일이 걸린다.

수발 하인이나 몸종과 같은 특수한 계급 또한 주인의 경제력 사정이 허락하는 한, 대인 봉사에 부여되는 매우 막중한 중요성 때문에 지속적으로 발달하게 된다. 가치와 명예의 화신인 주인의 몸은 사회적으로 가장 중요한 존재이다. 주인이 사회에서 명성이 있는 자신의 지위와 자존심을 모두 지키기 위해 전문성을 갖춘 유능한 하인들을 부리는 것은 중요한 일이다. 하인들의 중요한 직무라 할 수 있는, 주인을 수발하는 일은 어떤 부차적인 일로도 대신하지 못한다. 이 전문화된 하인들은 주인에게 실질적으로 제공하는 용역보다는 과시용으로서 더 큰 유용성을 지닌다. 그들은 단순히 전시 목적의 존재로만 머물러 있지 않는 한 주로 주인에게 지배 성향을 펼칠 여지를 줌으로써 주인을 만족시킬 수 있다. 끊임없이 늘어나는 가재도구를 관리하려면 더 많은 노동이 필요한 것은 사실이다.

하지만 일반적으로 생활의 편의를 위한 수단보다는 좋은 세평을 듣기 위한 수단으로 활용하기 위해 가재도구를 늘리는 것이기 때문에, 그

것을 모두 전담 관리할 자질은 그리 중요하지 않다. 한층 더 고도로 전문화된 하인들을 더 많이 부림으로써 온갖 가재도구의 효용성을 높일 수 있는 것이다. 그에 따라 결과적으로 집안일을 하는 하인과 몸종들은 계속 세분화되고 점점 더 늘어나고, 그와 함께 그들은 생산적인 노동을 점차 면제받게 된다. 하인들의 용역은 지불 능력의 증거를 보여 주는 것이기 때문에 가사노동의 직무에 따르는 책임이 지속적으로 줄어드는 경향을 일정하게 보이고, 결국에는 유명무실해진다. 특히 이런 경향은 곁에서 주인을 보필하는 하인들에게 뚜렷하게 나타난다. 결국 하인들의 효용성은 대체로 그들이 생산노동을 과시적으로 면제받는 데 있을 뿐만 아니라, 이와 같은 면제가 주인의 부와 권력을 입증할 수 있는 증거라는 데에도 있다.

이런 식으로 과시적 유한생활을 영위하기 위해 특별한 하인들을 고용하는 관행이 상당히 발전한 이후로는 확연히 눈에 띄는 용역의 효과 때문에 여자보다 남자를 선호하기 시작한다. 특히 마부馬夫를 비롯한 비천한 일을 하는 사람처럼 강건하고 풍채가 좋은 남자는 확실히 여자보다 힘도 세고 인건비도 많이 든다. 시간과 인간의 에너지를 더 많이 낭비한다는 걸 과시할 수 있기 때문에, 남자들이 훨씬 더 적합한 것이다. 따라서 유한계급 경제에 들어서면서 초기 가부장 시대에는 분주했던 주부와 노고에 시달리던 몸종은 곧 귀부인과 하녀로 변모한다.

생활수준과 직업, 그리고 경제 발달 단계와 무관하게 귀부인과 하녀가 누리는 유한생활은 표면상 노동의 성질을 띠는 직업이라는 점에서 신사가 당당히 누리는 유한생활과는 다르다. 이들 여성의 유한생활은 대체로 주인에게 봉사하거나 가재도구를 간수하고 관리하는 데 세세히 신경 쓰는 일의 형태를 띤다. 따라서 이런 여성계급의 유한생활은 다만 생산노동을 거의 또는 전혀 하지 않는다는 의미상의 유한생활이지, 모든 형태의 노동을 기피한다는 의미는 아니다. 귀부인이나 하녀들이 하는 일은 대체로 매우 힘들며, 온 가족의 안락을 위해 극히 필요하다고 여겨지는 목적을 지향한다. 이들의 용역은 주인이나 다른 가족의 육체적 효율성이나 안락에 도움이 되는 한에서만 생산적 노동으로 간주된다. 이렇듯 효과적인 노동을 제외한 나머지 일만이 유한행위로 분류될 수 있을 것이다.

그러나 현대의 일상생활에서 가사로 분류되는 많은 용역들, 그리고 문명화된 남자의 안락한 생활을 위해 요구되는 많은 "효용성 있는 일들"에는 의례적인 특성이 있다. 따라서 이런 것들은 여기서 사용하고 있는 의미로는 당연히 유한행위로 분류되어야 할 것이다. 이들 행위가 대부분 혹은 전부 의례적인 성격을 지니고 있을지 모르지만, 버젓한 생활이라는 관점에서 보면 반드시 필요한 것이다. 또한 개인의 안락을 위해서도 없어서는 안 되는 것이다. 의례적 특성을 공유하고 있는 한 위와 같은 행위는 불가피하게 꼭 필요하다. 이유는 우리가 의례적으로 치욕스런 오명과 무가치성을 감내하지 않으려면 효용성 있는 활동이 필요하다고 배워 왔기 때문이다. 우리는 효용 있는 활동이 없으면 불편을 느낀다. 하지만 효용 있는 활동이 없어서 직접적으로 육체적 불편을 느끼기 때문도 아니고, 관습적으로 좋은 것과 나쁜 것을 구별하는 법을 훈련받지 못한 취향이 불만을 느끼기 때문도 아니다. 만일 이것이 사실이라면 이들 용역에 소비된 노동은 유한활동으로 분류되어야 할 것이다. 그리고 경제적으로 자유롭고 자발적인 결정권을 지닌 수장 이외의 사람들이 효율적 노동을 이행할 경우에는 대리 유한활동으로 분류되어야 할 것이다.

가사라는 이름으로 주부와 하녀들이 수행하는 대리 유한활동은 흔히 고역으로 나타날 수 있다. 특히 명성을 향한 경쟁이 치열하고 격렬한 경우에는 더욱 그렇다. 현대 생활에서는 흔하게 일어나는 일이다. 이러한 일이 일어나는 경우 이 하인계급의 직무라 할 수 있는 가사노동은 대리 유한활동이라기보다는 오히려 헛된 노고라고 부르는 것이 적절할 것이다. 그러나 대리 유한활동이라는 표현은 가사노동의 파생 경로를 암시할 뿐만 아니라, 가사노동의 효용성을 뒷받침하는 실질적인 경제적 근거를 일목요연하게 제시해 주는 장점이 있다. 왜냐하면 대리 유한활동은 주로 많은 시간과 노고를 과시적으로 낭비한다는 점에서 주인과 가족에게 금전적인 명성을 심어 주는 방법으로 유용하기 때문이다.

이런 과정을 통해 본래의 유한계급 내지 합법적인 유한계급의 명성을 위한 대리 유한활동을 이행하는 보조적인 유한계급 혹은 파생적인 유한계급이 생겨난다. 대리 유한계급은 고유한 습관적 생활양식의 양상 때문에 본래의 유한계급과는 구별된다. 주인(지배)계급의 유한활동은 적어도 표면적으로는 노동 기피 성향을 탐닉하며, 자신의 행복과 풍요로운 생활을 증진시키는 것으로 보인다.

생산노동을 면제받은 하인계급의 유한활동은 일정 부분 강제된 행위이며, 일반적으로 혹은 근본적으로 그들 자신의 안락을 지향하는 행위가 아니다. 하인의 유한활동은 자신의 유한생활이 아니다. 어떤 사람이 완전한 의미의 하인이고 동시에 본래의 유한계급의 하류급도 되지 못하는 존재라면, 그의 유한활동은 통상적으로 주인의 풍요로운 생활을 증진시키는 것을 지향하는 전문화된 용역이라는 구실로 행해지는 것이다. 이러한 종속 관계의 증거는 하인의 태도나 생활양식에서 명백히 드러난다.

이와 유사한 증거는 아내가 여전히 근본적으로 하녀의 처지였던 시대, 즉 남성 가장을 중심으로 한 가족이 여전히 지배적인 가족 형태로 존속하고 있던, 오래 지속된 경제 단계에 속한 아내에게서도 흔히 드러난다. 유한계급의 생활양식이 요구하는 조건을 충족시키려면, 하인들은 복종적인 태도뿐 아니라 특별한 복종 훈련 및 연습의 결과를 효과적으로 보여야만 한다. 하인이나 아내는 특정한 직무를 수행하고 복종의 기질을 보여야 할 뿐 아니라 복종의 방식에서 터득한 능숙한 복종 기술, 즉 훈련을 통해 얻은 효과적이고 과시적인 복종 규범에 복종하는 솜씨도 보여야 하는 것이다. 오늘날까지도 상류층 주부가 하는 최고의 장신구 역할뿐만 아니라 높은 보수를 받는 하인(피고용인)의 효용성을 보여주는 행동은 노예 관계를 공식적으로 보여주는 소질이자 기술이라고 할 수 있다.

훌륭한 하인이 갖춰야 할 첫 번째 요건은 자신의 신분을 명확히 아는 것이다. 주인이 원하는 일을 기계적으로 하는 것만으로는 부족하다. 훌륭한 하인이라면 무엇보다도 일을 격식에 맞춰 완수하는 법을 알아야 한다. 가사노동은 기계적 기능이라기보다는 정신적 기능이라고 할 수 있다. 특히 하인계급의 대리 유한활동이 준수해야 하는 예절을 상세히 규정한 올바른 예법의 정교한 체계가 점차 갖춰진 단계에서 예절의 규범에 조금이라도 벗어나는 행동은 비난받아야 한다. 규범에 벗어난 행동이 기계적 능력의 결함을 증명하거나 노예적 태도와 노예근성이 결여되었다는 점을 드러냈기 때문이 아니라, 결국에는 특수한 훈련을 받지 않았다는 사실을 보여 주기 때문이다.

대인 봉사에 관한 특수한 훈련은 시간과 노력이 소요된다. 그러므로 훈련을 받았다는 점이 눈에 띄게 확연히 드러나는 경우에만 훈련을 받은 하인은 어떠한 생산적인 일에 고정적으로 종사해 본 적이 없고, 종사하지도 않는다는 사실을 내세울 수 있다. 이는 먼 과거부터 대리 유한활동이 존재해 왔음을 보여 주는 자명한 증거이다. 훈련된 하인들의 봉사(용역)는 '훌륭하고 능숙한 솜씨를 선호하는 주인의 본능적인 기호^{嗜好}'와 '자신에게 삶이 종속된 사람들에 대한 주인의 과시적 지배 성향'을 만족시키는 효용성을 갖추고 있다. 그뿐만 아니라 훈련받지 못한 사람의 단순하고 즉각적인 과시적 유한활동보다 훨씬 더 많은 인적 용역을 소비한다는 점을 입증하는 효용성도 갖추고 있다.

만일 신사의 집사나 마부가 주인의 테이블을 치우거나 마차를 모는 일을 밭을 갈거나 양 떼를 몰 듯이 아무렇게나 수행한다면 심각한 불만을 살 것이다. 하인의 서투른 일솜씨는 특수한 훈련을 받은 하인의 봉사를 받을 만한 능력이 주인에게 없다는 것을 의미한다. 다시 말해 엄한 예법에 따른 특수한 봉사를 할 수 있도록 하인을 훈련시키는 데 필요한 시간과 노력, 훈련에 소비되는 비용을 감당할 능력이 주인에게 없다는 것을 의미한다. 하인의 행위가 주인의 경제적 능력이 부족하다는 점을 드러낸다면, 하인은 자신의 본질적 임무를 다하지 못한 것이다. 하인의 가장 중요한 용도는 주인의 지불 능력을 증명하는 것이기 때문이다.

훈련이 부족한 하인에게 불쾌감을 느끼는 이유가 적은 인적 비용을 들이고 싶어 하거나 유용성이 많은 하인을 원하는 데 있다는 뜻으로 이 말이 해석될 소지가 있을지도 모른다. 물론 그런 뜻은 아니며, 직접적인 관련성도 없다. 지금껏 거론한 일은 흔히 있는 일이다. 이유야 어떻든 간에 처음에 우리의 인정을 받은 것은 곧 본질적으로 만족스러운 것으로 다가온다. 본질적으로 정당한 것이 되며 우리의 사고 습관에 자리매김하게 된다. 그러나 어떤 특별한 행동 규범이 계속 호평을 받으려면 그 규범의 발전 기준을 구성하는 습관이나 소질의 지지를 계속 받거나 적어도 모순되는 일이 없어야 한다.

대리 유한의 욕구나 과시적인 용역의 소비 욕구는 하인을 두려는 가장 유력한 동기이다. 만약 이것이 사실이라면, 봉사(용역)의 견습 기간을 단축시키고자 하는 것처럼 공인된 관례를 벗어난 일탈 행위는 참을 수 없는 것으로 받아들여질 거라는 사실은 거론할 필요도 없을 것이다. 사치스런 대리 유한행위에 요구되는 조건은 우리들의 취향—이런 대리 유한행위의 문제와 관련해 무엇이 옳은가에 대한 우리의 감각—을 만드는 것을 유도하는 식으로 간접적이고 선택적으로 작용하며, 일탈 행위를 인정하지 않음으로써 일탈 행위를 뿌리 뽑는다.

일반적으로 인식되는 부의 기준이 높아짐에 따라, 사치스러운 생활을 과시하는 수단으로서 하인들을 소유하고 착취하는 일은 세련되게 변모한다. 재화의 생산에 종사하는 노예를 소유하고 유지하는 것은 부나 용맹성을 입증하는 것이지만, 아무것도 생산하지 않는 하인을 보유하는 것은 훨씬 더 많은 부와 높은 지위를 입증하는 것이다. 이런 원리 하에서 많으면 많을수록 좋다는 하인계급이 생겨났다. 이 계급의 유일한 직무는 멍청하게 주인을 섬기며, 주인에게 많은 용역을 비생산적으로 소비할 능력이 있음을 입증하는 것이다. 이제 유한신사의 명예를 유지하는 일로 인생을 보내는 하인들이나 피고용인들 사이에서 노동의 분업이 일어난다. 이에 따라 한 집단은 주인을 위해서 재화를 생산하고, 보통 아내나 본처가 이끄는 또 다른 집단은 주인의 과시적 유한생활을 위해 재화를 소비한다. 이를 통해 이들은 우월한 재력을 손상시키지 않고도 막대한 금전적 손실을 감당할 수 있는 주인의 능력을 입증한다.

이처럼 가사노동의 발전과 성질에 관하여 다소 이상적이고 도식적으로 서술한 개요는 이 책에서 "외견상 평화적 산업 단계"라고 부른 문화 단계에 가장 잘 들어맞을 것이다. 이 단계에서 대인 봉사는 처음으로 하나의 경제 제도의 지위에까지 올라서게 되며, 공동체의 생활 체계에서 가장 광범위한 자리를 차지하게 된다. 연속성을 가진 문화 단계 측면에서 보면, 외견상 평화적 단계는 본래의 약탈 단계를 뒤따르는 단계이고, 이 두 단계는 연속성을 띠는 야만 생활 단계이다. 외견상 평화적 단계의 특징은 평화와 질서에 대한 형식적 준수라 할 수 있지만, 이와 동시에 이 단계의 삶은 너무나 강압적이고 계급 대립적인 면을 보이기 때문에 완전한 의미의 평화적 생활이라 부를 수 없다. 여러 가지 목적에 의거해서 보거나 경제적인 관점이 아닌 다른 관점에서 보면, 이 단계는 신분 단계라고도 말할 수 있을 것이다. 이 단계에서 나타나는 인간관계의 방식과 문화 수준에서 볼 수 있는 남자들의 정신적 태도는 신분 단계라는 말로 잘 요약할 수 있을 것이다. 하지만 경제적 진화의 관점에서 이 시점의 산업 발달 추세를 가리키기도 하고 일반적인 산업 양식을 특징짓기도 하는 기술적인 용어로 "외견상 평화적"이란 말이 적당해 보인다. 서양의 문화 공동체만 놓고 본다면, 이러한 경제 발전의 국면은 어쩌면 과거의 일일 것이다. 다만 비교적 거의 해체되지 않은 야만문화 특유의 사고 습관을 지닌 공동체가 아주 예외적으로 극소수 존재할 뿐이다.

대인 봉사는 특히 재화의 분배 및 소비와 관련해 아직도 경제적으로 매우 중요한 요소이다. 하지만 이 방면에서도 과거에 비해 상대적으로 중요성이 떨어진 것은 분명하다. 대리 유한활동은 현재보다는 오히려 과거에 가장 발달했다. 오늘날에 볼 수 있는 대리 유한의 가장 좋은 발현은 상류 유한계급의 생활양식에서 찾을 수 있다. 보다 더 예전의 문화 지평에 속하는 전통, 관습, 사고 습관의 보존이라는 관점에서 보면, 상류 유한계급이 현대 문화에 크게 이바지했다고 할 수 있다. 상류 유한계급이 옛 문화를 가장 광범위하게 받아들이고 가장 효과적으로 발전시켰다고 할 수 있으니 말이다.

현대 산업사회에서는 일상생활의 안락과 편의에 유용한 기계 장치들이 고도로 발달했다. 그러므로 오늘날에는 옛 관습에 기댄 전통을 이어받은 명성이라는 규범을 구실로 내세우지 않고서는 거의 누구도 몸종이나 가내※^內 하인 따위의 피고용인을 고용하려고 하지 않을 것이다. 유일한 예외라면, 병약한 사람이나 심신이 허약한 사람의 간호를 위해 고용한 간병인 정도를 들 수 있을 것이다. 하지만 이들 고용인은 가내 하인이라기보다는 훈련받은 간호인이라고 보는 것이 더 적절하다. 따라서 간병인은 이런 규칙의 진정한 예외라기보다는 표면상 예외로 보일 뿐이다.

예를 들어 오늘날 아주 부유한 가정에서 가내 하인을 두는 주된 이유는 (표면적으로) 가족 성원들이 현대적 설비를 다루기 위해 필요한 일을 하려면 불편하기 때문이다. 그리고 가족 성원들이 그런 일을 하지 못하는 이유는 (1) 너무 많은 "사회적 직무"를 맡고 있고, (2) 해야 할 일이 너무 과중하고 많기 때문이다. 그 두 가지 이유를 달리 설명하면 이렇다. (1) 반드시 지켜야 하는 품위 규범에 따라, 부유한 가족은 표면상으로는 방문, 드라이브, 클럽 활동, 재봉 봉사회 활동, 스포츠, 자선 단체 활동, 그 밖의 다양한 사교 행사 등을 통한 과시적 유한행위에 모든 시간과 노력을 소비해야만 한다. 이러한 일에 시간과 에너지를 쏟는 사람들은 그 모든 의례적인 일은 물론이고 의상과 기타 과시적 소비에 부수적으로 따르는 일에 으레 신경 써야 하는 데 진절머리가 나지만 어쩔 수 없는 일이라고 개인적으로 털어놓는다. (2) 재화의 과시적 소비의 필요조건하에서 주택·가구·장식품·의상·식사 등에 걸쳐 요구되는 다양한 가재도구는 매우 정교해지고 다루기 힘들어지기 때문에 소비자들은 다른 사람의 도움 없이는 이 도구들을 필요한 방식에 맞게 다룰 수 없다는 것이다.

부유한 집안사람들은 일상적으로 품위 있는 삶을 유지하기 위해 도움을 받고자 고용한 사람들과의 개인적 접촉을 혐오하지만, 가정용품의 번거로운 소비의 부담을 위임하기 위하여 고용인들의 존재를 참고 견디며 임금을 지불하기까지 한다. 가내 하인들이나 상당한 지위를 보장받은 몸종 같은 특수한 계급이 존재할 수 있는 이유는 금전적인 체면이라는 도덕적 욕구를 만족시키기 위해서 육체적인 안락을 양보하는 이들이 있기 때문이다.

현대 생활에서 가장 널리 표현되는 대리 유한활동은 소위 가사라는 것이다. 가사는 가장의 개인적 이익을 위해서가 아니라 하나의 단일 공동체라고 하는 가족, 즉 주부를 표면적으로는 동등한 지위를 가진 한 일원으로 받아들인 집단의 명성을 위해서 수행되는 일종의 봉사로 급속히 변모한다. 가족—가사의 의무는 가족을 위해 수행된다—이 소유-결혼이라는 낡은 기반을 탈피하자마자 가사는 당연히 본래 의미의 대리 유한활동의 범주를 벗어나는 경향을 보인다. 다만 고용된 하인들이 수행하는 가사는 예외이다. 다시 말해, 대리 유한활동은 신분 관계나 고용된 용역의 기반 위에서만 가능한 것이기 때문에, 인간의 상호 소통 행위에서 늘 따라다니는 신분 관계가 사라지면 생활의 많은 영역에서 대리 유한활동도 사라질 것이다.

여기에 꼭 덧붙여야 할 가장 중요한 단서가 있다. 심지어 가장이 둘로 나뉘어 있더라도, 가족이 존속하는 한 가족의 명성을 위해서 이행하는 가사와 같은 비생산적 노동은 의미가 약간 바뀔지 모르나 여전히 대리 유한활동으로 분류되어야 한다는 것이다. 가사는 이제 예전처럼 독점적 지위에 있는 가장을 위해서가 아니라 외견상 개인들의 공동 집단인 가족을 위해서 이행되는 유한활동이다.

4장
과시적 소비

The Theory
of the
Leisure Class

일반적인 노동계급으로부터 대리 유한계급이 진화하고 분화하는 과
정을 논하면서 더욱더 세분화된 분업, 즉 여러 하인(피고용인)계급들의
분화 역시 언급했다. 주로 대리 유한활동을 직업으로 삼고 있는 사람들
인 하인(피고용인)계급들 중 일부는 새로운 보조 직무인 재화의 대리 소
비를 맡게 된다. 대리 소비의 가장 뚜렷한 형태는 하인들이 제복을 착용
한다거나 넓은 거처에서 거주하는 경향에서 찾아볼 수 있다. 이에 못지
않게 뚜렷하고 효과적이며 훨씬 더 널리 성행하고 있는 또 하나의 대리
소비 형태는 귀부인과 가정의 다른 성원들이 행하는 음식·의복·주택·
가구 등의 소비이다.

그러나 귀부인층이 출현하기 훨씬 이전에, 경제 진화의 어떤 시점부
터 이미 재력의 증거로 보여주는 재화의 전문적인 소비는 꽤 정교하게
이행되기 시작했다. 소비의 차별화가 일어나기 시작한 시점은 재력이
라고 부를 만한 것의 출현 시점보다도 앞선다. 소비 차별화의 기원은 약

탈문화 단계의 초입 단계에까지 거슬러 올라갈 수 있으며, 이런 점에서 최초의 소비 차별화는 약탈 생활이 시작되기 이전부터 시작되었다는 견해도 있다. 이처럼 재화 소비의 가장 원시적인 차별화는 주로 의례적인 성질을 지녔다는 점에서 우리에게 매우 익숙한 이후의 차별화와 유사하지만, 축적된 부의 차등에 근거하지 않는다는 점에서 이후의 차별화와는 다르다. 부의 증거로서 소비의 효용성은 하나의 파생적인 발전으로 분류되어야 한다. 소비의 효용은 남자들의 사고 습관 속에 예전부터 존재해 온, 확실히 자리 잡은 어떤 구별 짓기의 의식이 선택적 과정을 통해 새로운 목적에 적용한 것이다.

초기 약탈문화 단계에서 보이는 유일한 경제적 차별화는 강건한 남자들로 구성되는 명예로운 우월계급과 노동에 종사하는 여자들로 구성되는 천한 열등계급 간의 폭넓은 구별이다. 당시의 이상적인 생활양식에 따르면, 여자들이 생산한 물건을 소비하는 것이 남자의 직무였다. 여자들 몫의 소비는 여성들의 노동에 수반되는 것에 지나지 않으며, 그것도 여자들에게 지속적으로 노동을 시키기 위한 수단일 뿐이지, 안락과 충만한 생활을 지향하는 소비는 결코 아니다.

재화의 비생산적인 소비는 근본적으로 용맹성의 징표이자 인간 존엄의 특권으로서 명예로운 것이다. 특히 좀 더 탐나는 물건을 소비하는 경우에는 소비 그 자체가 본질적으로 명예로운 일이 된다. 특별히 선정한 음식을 소비하거나 희귀한 장식품을 자주 소비하는 것은 여자나 아이들에게는 금기시된다.

만일 천한 (노예)계급의 남자들이 존재한다면 그들에게도 마찬가지로 금기시된다. 문화가 더욱 발달함에 따라 금기는 다소 엄격한 성격을 띠는 단순한 관습으로 변할 것이다. 하지만 그처럼 유지되고 있는 구별의 이론적 근거가 무엇이든 간에(금기이든 좀 더 광범위한 관습이든 간에) 관습적인 소비 양식의 특징은 쉽게 변하지 않는다. 근본적인 노예 소유 제도를 갖고 있는 외견상 평화적 산업 단계에 도달하면, 비천한 노동계급은 생존에 필요한 것들만 소비해야 된다는 일반적인 원칙이 다소 엄격하게 적용된다. 그러면 속성상 사치품이나 안락한 생활을 위한 물건은 유한계급의 차지가 된다. 금기에 따라 특정한 음식과 유독 특별한 음료들은 상류계급만 소비할 수 있도록 엄격하게 관리된다.

음식물에 대한 의례적인 차별은 술이나 마약류의 이용에서 가장 잘 나타난다. 이들 소비품은 값이 비싼 경우 고귀하고 명예로운 것으로 여겨진다. 그러므로 비천한 계급, 주로 여자들은 아주 싼 값으로 술이나 흥분제를 구입할 수 있는 나라를 제외하고는 값비싼 소비품의 소비를 금할 것을 강요당한다. 고대 때부터 모든 가부장 체제에서 사치품을 준비하고 제공하는 것은 여자들의 일이었고 명문가에서 태어나 자란 남자들은 이 사치품들을 소비하는 특권을 누렸다. 그래서 술이나 마약 같은 흥분제를 마음대로 복용하여 주정을 부리거나 병적인 결과를 초래하는 것은 방종을 마음껏 부릴 수 있는 사람들의 우월한 지위를 간접적으로 증명하는 징표로 명예로운 것이 된다.

어떤 사람들 사이에서는 지나친 방탕으로 몸을 망치는 행위가 남성적인 특성으로 너그럽게 용인되기도 한다. 그렇게 방탕한 생활로 병든 몸에 대한 별명이 "고귀함"이나 "품위"와 같은 의미를 지닌 일상어로 통용되는 일까지도 일어난다. 사치스러운 악덕의 증상이 상류층 지위의 징표로 관습적으로 인정되고, 그에 따라 미덕이 되기도 하고 사회적인 존경을 받기도 하는 경향은 상대적으로 초기 문화 단계에서만 나타난다. 그러나 사치스러운 악덕에 붙은 명성은 지나친 방종에 빠진 부유층이나 귀족계급의 남자들에게 가해지는 비난을 크게 경감시킬 만큼 오랫동안 상당한 위력을 발휘한다. 그와 동일한 차별적인 구별 짓기 때문에 여성이나 약자나 열등한 사람 쪽에서 저지르는 같은 종류의 방종에 대해서는 세인의 비난이 거세진다. 보다 더 성숙해졌다는 현대인들 사이에서도 이처럼 전통적인 차별적 구별 짓기는 위력을 잃지 않는다. 유한계급들이 남긴 전례가 관습적인 규범으로서의 강제력을 유지하고 있는 곳에서는 여성이 흥분제를 복용하는 것은 여전히 예전처럼 금욕의 대상으로 철저히 다스려진다.

명망 있는 계급의 여성들이 좀 더 철저히 흥분제 복용을 절제하고 있는 사실을 이처럼 강조하는 것이 상식을 무시하고 지나치게 논리만을 따지는 것으로 보일지도 모른다. 그러나 사실에 관심이 있는 사람이라면 누구나, 더욱더 철저한 여성들의 절제가 어느 정도 강제적인 관습에 기인하고 있다는 것을 쉽게 알 수 있다. 이런 관습은 일반적으로 여자를 재산으로 여기는 가부장제의 전통이 가장 강한 위력을 발휘하는 곳에서 가장 강하게 나타난다. 어떤 의미에서 이와 같은 관습은 범위와 엄격성 면에서는 크게 완화되었지만 그 의미는 아직까지도 사라지지 않았다. 이러한 전통에 따르면, 재산으로 간주되는 여자는 주인의 안락이나 좋은 평판에 기여하는 소비를 제외하고는 생존에 필요한 것만을 소비해야 한다. 진정한 의미에서 사치품 소비는 소비자 자신의 안락을 위한 소비이다. 그러므로 이는 곧 주인이라는 징표이다. 그 밖의 다른 사람이 하는 사치품 소비는 단지 주인의 관용하에서만 가능하다. 그러므로 대중의 사고 습관이 가부장제 전통에 의해 깊이 형성된 사회에서 자유롭지 못한 종속계급의 사치품 사용이 관습적으로 비난받는 경우는 사치품 금기의 유산으로 볼 수 있다.

주인의 안락이나 기쁨을 크게 손상시키거나 다른 이유에서 사용의 정당성이 의문시되는 특정한 사치품을 종속계급이 사용하는 경우는 특히 강하게 금기시된다. 서양 문명의 대단히 보수적인 중산층은 다양한 흥분제의 복용에 반대하는 두 가지 이유 중 둘 다는 아니더라도 적어도 한 가지 이유 때문에 흥분제 복용이 비난받아 마땅하다고 여긴다. 가부장제의 예법 관념이 강하게 남아 있는 게르만 문화권의 중산계급 사이에서, 여자는 마약성 음료나 술을 최대한 금기시해야 한다는 생각이 강하다. 이 점은 간과할 수 없는 매우 중요한 사실이다. 많은 제한, 즉 가부장제의 전통이 점차 약화되면서 더욱더 다양해진 제한 때문에 여성이 자기 주인을 위해서만 소비해야 한다는 일반 원칙은 정당화되고 의무가 된다. 물론 여성의 의상이나 가재도구에 대한 지출은 예외적인 것이라는 반론도 있다. 그러나 결국 이러한 예외적인 것이 훨씬 더 명확히 일반 원칙에 들어맞는 것으로 나타날 것이다.

초기의 경제 발전 단계에서 무제한적인 재화의 소비, 특히 고급 제품의 소비—이론적으로 말하면 최저 생계유지를 위한 소비를 초과하는 모든 소비—는 보통 유한계급에게 발생하는 일이다. 재화의 사유제, 그리고 임금노동이나 소규모 가족 경제를 기반으로 산업 체계를 갖춘 평화적 단계의 후기에 이른 이후로는 특정 계급의 소비 제한은 적어도 형식적으로 사라지는 경향을 보인다. 하지만 다양한 전통이 구체화되고 일관성을 획득하는 초기의 외견상 평화적 단계에서 차별적인 소비의 원칙은 관습법으로서의 힘을 가지게 된다. 그리고 다양한 전통은 유한계급 제도가 후기 외견상 평화적 단계의 경제생활에 영향을 미치는 수단이 된다. 소비의 원칙은 소비의 규범 역할을 하기에 이른다. 그 원칙에서 눈에 띌 정도로 벗어난 소비는 정도를 이탈한 비정상적인 소비 형태로 간주되고, 경제가 더욱더 발전하는 과정에서 곧 배제되고 만다.

외견상 평화적 단계의 유한신사는 생존과 육체적 활동에 필요한 최소한도의 것을 훌쩍 넘는 많은 생활용품을 소비할 뿐 아니라 소비하는 재화의 특수한 질을 따지기도 한다. 음식, 음료, 술, 주택, 용역, 장식품, 의복, 무기와 장비, 오락, 부적, 그리고 우상이나 신물神物 등을 최고급으로 아낌없이 소비한다. 소비품들이 점차 개선되는 과정에서 볼 수 있는 혁신의 동력과 원리와 당면 목표는 의심할 여지없이 개인의 안락과 행복을 위해 개선되고 좀 더 공들인 생산물이 한층 더 높은 효율성을 갖추는 데 있다. 그러나 그것이 소비의 유일한 목적으로 남은 것은 아니다. 명성의 규범이 곧 모습을 드러내 그 기준에 따라 존속할 수 있는 혁신을 포착한다. 보다 더 훌륭한 재화의 소비는 부의 증거가 되기 때문에 명예로운 것이 된다. 반면에 질적으로나 양적으로 규범 기준에 미달되는 소비는 열등함과 결함의 징표가 된다.

이처럼 음식과 음료 따위의 질적인 우수성을 놓고 까다롭게 구별 짓는 양상의 발달은 곧 유한신사의 생활양식뿐만 아니라 (신사가 되기 위한) 훈련 활동과 지적 활동에도 영향을 미친다. 유한신사는 더 이상 단순히 힘과 기지와 용맹성을 갖춘 남자, 성공한 진취적인 남성에만 머물지 않는다. 무지해 보이지 않기 위해서 취향도 길러야 한다. 이제 고급 소비재와 저급한 소비재를 정확히 구별하는 것이 의무가 되기 때문이다. 다양한 풍미를 지닌 훌륭한 고급 요리, 남자다운 격에 맞는 술과 장신구, 격에 맞는 멋진 의복과 건축물, 무기, 오락, 댄서, 그리고 마약성 약물 따위를 잘 감별할 줄 아는 감식가가 된다. 이러한 심미적인 능력을 함양하는 데는 시간과 노력이 필요하다. 따라서 이런 능력을 유한신사가 갖추는 데 필요한 요구 조건의 압박에 따라 그의 유한생활은 변화해, 표면적인 유한생활을 영위하는 법을 적절히 터득하는 일에 다소 힘들게 적응하는 경향이 있다. 유한신사가 합당한 재화를 자유롭게 소비해야 한다는 요구 조건과 함께 재화를 예법에 맞게 소비하는 방법도 제대로 알아야 한다는 요구 조건도 함께 따라나온다. 유한생활은 올바른 격식에 맞게 수행되어야 한다. 앞 장에서 지적한 바대로, 거기에서 훌륭한 예절이 나온다. 품위 있는 예절과 생활양식이야말로 과시적 유한과 과시적 소비의 규범에 부합하는 조항들이다.

가치 있는 재화를 과시적으로 소비하는 것은 유한신사가 명성을 얻는 수단이다. 부를 축적해 감에 따라 다른 사람의 도움 없이 혼자만의 노력으로는 자신의 부유함을 충분히 입증할 수 없게 된다. 그렇기 때문에 값진 선물을 하거나 화려한 축제나 연회를 벌여, 친구들이나 경쟁자들의 도움을 이끌어 낸다. 선물이나 축제는 아마도 유치한 과시의 기원과는 다른 것에서 유래되었을 테지만 매우 일찍이 이러한 목적에 부합하는 효용성을 획득해서 그 특질을 오늘날까지 유지해 오고 있다. 이렇게 볼 때 선물이나 축제의 효용은 지금껏 오랫동안, 이런 관습들이 의존하는 실질적인 근거로 존재해 왔다. 포틀래치[01]나 무도회와 같은 사치스런 연회는 특히 부의 과시 목적에 부합한다. 연회의 주최자는 경쟁자와 자신을 비교하고자 하며, 경쟁자는 이런 방식으로 주최자의 목적을 위한 수단으로 기여한다. 경쟁자는 연회의 주최자를 대신해서 소비하는 동시에 주최자가 혼자서는 소비할 수 없는 넘쳐나는 훌륭한 물품의 소비를 목격한 증인이 될 뿐만 아니라 주최자의 능숙한 예법을 목격한 증인이 되기도 한다.

물론 다른 동기에서 여는 좀 더 온건한 성격의 사치스런 연회도 있다. 축제 모임의 풍습은 아마 주연과 종교 행사의 동기에서 비롯되었을 것이다. 이러한 동기는 이후 발전된 사회에서도 존재하지만, 이 동기만 유일하게 존속되고 있는 것은 아니다. 현대판 유한계급의 축제나 연회의 일부는 종교적 필요성 때문에 계속 열리고 대부분은 오락과 여흥의 필요성 때문에 지속적으로 열릴 테지만 이 모두는 시샘을 자아내는 차별화의 목적에 기여한다. 그럼에도 축제나 연회는 좀 더 명확히 공언한 동기—종교적, 혹은 오락과 여흥의 필요성과 같은—에 차별화시키려는 의도가 전혀 없음을 그럴듯하게 가장하는 데 효과적으로 기여한다. 따라서 이와 같은 사교적 예의의 경제적 효과는 재화의 대리 소비에서든 까다롭고 비용이 많이 드는 예법의 성과를 과시하는 것에서든 줄어들지 않는다.

---

01 북서부 아메리카 인디언들이 서로 경쟁하듯 과시적으로 음식과 선물을 나누는 선물 교환 축제.

❖

부가 축적되면서 유한계급의 기능과 구조가 더욱 발전하고 계급 내에서 분화가 일어난다. 다소 정교해진 지위와 위계 체계가 발생하기도 한다. 분화는 부의 세습과 그에 따른 계급의 세습을 통해 더욱 촉진된다. 상류계급의 세습은 의무적인 유한생활의 세습과 함께 이루어진다. 유한생활을 누릴 수 있는 충분한 능력을 가진 상류계급은 품위 있는 유한생활을 지속하는 데 필요한 풍족한 부를 갖추지 않고서도 세습될 수 있다. 명문가는 명예롭고 자유롭게 마음대로 소비할 수 있는 재화를 충분히 소유하지 않아도 계승될 수 있다.

그 결과 이미 언급한 바 있는 가난한 유한신사가 등장한다. 이 반쪽짜리 유한신사들은 위계적인 계층 체계의 지배를 받게 된다. 출신 성분이나 부의 면에서 혹은 양쪽 모두에서 상류 내지 최상류의 부유한 유한계급에 가까운 신분의 남성들은 신분이 낮은 집안 출신이고 경제력이 취약한 남성보다 높은 지위에 선다. 이 낮은 계층, 특히 가난하거나 생계를 꾸려나가기 힘든 지경에 있는 유한신사들은 높은 지위의 유한계급에 의존하거나 충성하는 방법으로 유한계급과 관계를 맺는다. 그렇게 함으로써 후견인으로부터 유한생활을 누릴 수 있는 수단을 좀 더 많이 얻을 수 있고 후견인 덕분에 명성을 좀 더 높일 수 있다. 결국 후견인의 아첨꾼이나 가신이나 하인이 되고 만다.

후견인의 후원과 원조를 받는다는 것은 가난한 유한신사들이 후견인의 지위에 대한 지표이자 후견인의 잉여 부의 대리 소비자라는 것을 의미한다. 그와 동시에 이처럼 많은 종속 유한신사들은 자산에 대한 권리를 거의 소유하지 못한 자들이다. 그렇기 때문에 개중 일부는 대리 소비자로 평가받을 수 없고 일부는 부분적으로만 평가받을 수 있다. 하지만 후견인의 가신이나 식객인 자들 대부분은 무조건 대리 소비자로 분류될 수 있다. 이들 대다수는 물론이고 좀 더 낮은 등급의 다른 귀족 대다수는 이제 자신들의 아내, 자녀, 하인, 가신 등을 아우르는 다소 포괄적인 대리 소비자 집단에 귀속된다.

이처럼 등급화된 대리 유한과 대리 소비의 체계를 규정하는 규칙에 따르면 유한활동이나 소비는 주인에게 귀속되며, 따라서 대리 소비자들은 공정한 명성이라는 이득을 얻는 주인을 명확히 부각하는 방식으로 직무를 수행해야 한다. 이들이 주인이나 후견인을 위해서 이행하는 소비와 유한활동은 주인이나 후견인이 명성을 높이려는 목적으로 한 투자라 할 수 있다. 축제와 아낌없는 선물 공세에서 이러한 사실이 확연히 드러나며, 이럴 경우 대중적인 평판을 통해서 명성은 즉시 주인이나 후견인에게 돌아간다. 심복과 가신들이 유한활동과 소비를 대리 이행하는 경우, 그들은 후견인 곁에 상주하며 자신들의 소비 재원을 전부 후견인에게서 얻는다는 걸 모든 사람에게 밝힘으로써 후견인의 명성을 높인다.

이런 식으로 존경을 보장하는 집단이 늘어남에 따라, 유한생활의 가치를 높여주는 활동임을 보여주기 위한 수단이 더 많이 필요하게 된다. 그리고 이 필요를 실현하기 위해서 제복, 배지, 정복이 유행하게 된다. 제복이나 정복의 착용은 매우 종속되어 있는 상태를 의미하며, 사실이건 표면상이건 노예 상태의 표시라고까지 말할 수 있다. 제복이나 정복을 착용한 사람들은 대략적으로 두 계급, 즉 자유로운 자와 노예 혹은 고귀한 자과 비천한 자로 분류될 수 있다. 수행하는 직무도 고귀한 일과 비천한 일로 구분될 수 있다. 물론 이런 구분이 실제로 엄격하게 일관성을 유지하는 것은 아니다. 한 개인이 비천한 직무 중에서 비교적 덜 비천한 일을 하고, 고귀한 직무 중에서 비교적 덜 명예로운 일을 하는 경우도 흔히 있을 수 있다. 그렇다고 해서 일반적인 구분을 간과해서는 안 된다. 수행되는 표면상의 봉사(직무)의 성질에 근거해 기본적으로 고귀한 일과 비천한 일로 나뉘는 구분이, 봉사(직무)를 받는 사람의 지위나 제복을 착용한 사람의 지위에 근거해 명예로운 일과 치욕적인 일로 나뉘는 이차적인 구분에 의해서 부정된다는 사실은 혼동을 더할 수 있다.

아무튼 유한계급에 합당한 본래 직업인 정치, 전투, 사냥, 무기와 장비의 관리 따위, 요컨대 외견상 약탈적 직업으로 분류될 수 있는 일들은 고귀한 활동이다. 반면에 수공예, 기타 생산노동, 하인 직무 따위와 같이 산업계급에게 적당한 일은 비천한 활동이다. 그러나 매우 높은 지위에 있는 사람들을 위해 수행하는 비천한 직무는 매우 명예로운 일일 수 있다. 이를테면 여왕의 시녀, 왕의 거마馬 관리관이나 왕의 사냥개 사육관 등이 그런 직무라 할 수 있다. 왕의 거마 관리관과 사냥개 사육관은 어떠한 일반적인 관계의 원칙을 시사한다. 이 경우처럼 문제의 비천한 직무가 전투와 사냥과 같이 기본적인 유한직職과 직접적인 관계가 있다면, 이 직무에 반영된 명예로운 성격을 쉽사리 획득할 수 있다. 이로써 본질적으로 비천한 부류에 속하는 직업에 커다란 명예가 따라붙는다.

후기 평화적 산업 발달 단계에서는 제복을 착용한 게으른 용병 집단을 고용하는 관습은 점차 사라진다. 후견인이나 주인의 휘장과도 같은 예속인들이 하는 대리 소비는 정복(제복) 차림의 하인들에만 국한된다.

그러므로 결국에 제복(정복)은 노예 상태, 아니 노예근성의 표지가 된다. 무장한 가신의 제복에는 항상 명예로운 성격의 무언가가 따라 다녔지만 제복(정복)이 하인을 나타내는 표지가 되면서, 명예로운 성격은 소멸된다. 이제 제복은 제복을 입어야 하는 사람들 대부분에게 불쾌감을 주는 것이 되어 버렸다. 우리는 아직도 굴종의 오명이 주는 고통에 매우 민감한 만큼, 사실상의 노예 상태에서 크게 벗어나지 못하고 있다. 어떤 회사에서 직원들을 구분하기 위해 착용하도록 규정한 정복이나 제복에까지 이 반감이 표출된다. 미국에서는 이런 혐오감이 정복이나 제복을 착용해야 하는 공무원, 군인, 시민마저 약간, 그리고 애매하긴 하지만 불신하는 지경까지 이르게 됐다.

　노예 상태가 사라지면서 유한계급 신사에게 딸려 있던 대리 소비자들의 수가 대체로 감소하는 경향을 보인다. 물론 유한계급 신사를 위해 대리 유한활동을 수행하던 예속인들의 수는 훨씬 더 큰 폭으로 감소하는 경향을 보일 것이다. 전적이거나 일관적이지는 않지만, 대체로 이 두 집단의 감소 추세는 일치한다. 최초로 대리 소비와 대리 유한활동을 위임받은 예속인은 아내 혹은 본처였다. 예상할 수 있는 것처럼, 이 제도의 후기 발전 단계에서 이러한 직무를 관습적으로 수행하던 사람들의 수가 점차 줄어들며, 마지막으로 아내만이 남는다. 사회적으로 상류계급에 속하는 자들에게는 대리 소비와 대리 유한활동이 대단히 많이 필요하다. 그리고 아내는 당연히 그 일을 주관하는 데 상당히 많은 하인들의 도움을 받게 된다. 하지만 사회적 계급이 낮아지면 대리 유한활동과 대리 소비의 직무가 오직 아내에게만 위임되기에 이른다. 서양문화권 사회에서는 이처럼 아내에게만 대리 유한활동과 대리 소비가 떠맡겨지는 현상을 하위 중산층에서 찾아볼 수 있다.

그런데 여기서 기이한 반전이 일어난다. 하위 중산계급의 가장이 유한생활이라는 허영을 전혀 부리지 않는 일은 흔히 볼 수 있다. 환경의 강압 아래 허영은 폐기되고 마는 것이다. 그럼에도 중산계급의 아내는 여전히 가정과 주인의 명예를 위해 대리 유한활동을 수행한다. 어떤 현대 산업사회에서도 사회적 계급이 낮으면 근본적인 사실이라 할 수 있는 가장의 과시적 유한활동은 상대적으로 크게 줄어든다. 중산계급의 가장은 경제적 상황 때문에 오늘날의 평범한 비즈니스맨들이 그렇듯이, 대체로 산업적인 성격을 띠는 직업에 몸담아 생활비를 벌어야 하는 처지로 전락한다. 하지만 아내가 수행하는 대리 유한활동과 대리 소비, 하인들이 수행하는 보조적인 대리 유한활동은 명성을 위해서라면 결코 무시될 수 없는 관습으로 여전히 유행하고 있다. 아내가 자기를 위해서 시대의 상식이 요구하는 수준의 대리 유한활동을 정식으로 이행하도록, 최선을 다해 성실히 일하는 남편을 발견하는 건 결코 특별한 일이 아니다.

아내가 수행하는 유한활동은 물론 단순한 게으름이나 태만의 표시는 아니다. 아내의 유한활동은 거의 항상 일정한 형식의 노동이나 가사, 혹은 사교를 위한 예의상의 행동이라는 구실로 이루어진다. 이는 결과적으로 아내가 어떤 돈벌이가 되거나 실질적인 유용성 있는 일에 매여 있지 않는다는 사실을 과시하는 것 외에 어떤 궁극적인 목적을 거의 가지지 않거나 전혀 가지지 않는다는 점을 입증한다.

앞서 예절을 다루면서 언급했듯이 중산계급의 주부가 모든 시간과 노고를 들여 일하는 반복적인 가사 일은 대부분 이러한 성격을 지닌다. 주부가 집안일에 신경을 쓴 결과가 장식적인 느낌이 들지 않고 말끔하지 않으면 중산계급의 예절에 길들여진 남자들의 감각을 만족시키지 못한다. 집안을 장식하고 정돈하는 이유는 가장의 취향에 호소하고자 함이다. 하지만 가장의 취향이라는 것은 예의 규범의 선택적 지침에 따라 형성된 것으로 노동을 허비했음을 증거로 보여야 한다. 노동을 허비한 결과에 우리가 만족하는 것은 주로 그것에서 만족감을 느끼도록 배워 왔기 때문이다. 유한활동 성격의 가사 의무는 형태와 색채의 적절한 배합을 하는 데, 그리고 말 그대로 심미적인 것으로 분류될 수 있는 다른 목적에 매우 열심이다. 그리고 어떤 실질적인 심미적 가치를 지닌 효과를 가끔 얻는다는 것은 부정할 수 없다.

여기에서 역설한 것의 대부분은 생활의 쾌적함과 관련한 주부의 노고는 시간과 자산을 과시적으로 낭비하는 법칙에 의해서 형성된 전통적 지침을 따른다는 사실이다. 만일 아름다움이나 안락이 성취된다면 —그렇다면 다소 우연한 상황일 것이다— 이는 낭비된 노고라는 위대한 경제 법칙을 따르는 수단과 방법으로 성취한 것이 분명하다. 중산계급의 가정용품 중 "남 앞에 자랑할 만한" 명예로운 것들은 한편으로는 과시적 소비품이고, 다른 한편으로는 주부가 수행하는 대리 유한활동을 입증할 만한 용품이다.

아내가 행하는 대리 소비의 필요조건은 대리 유한의 필요조건에 못 미치는 재력을 지닌 계층에서도 여전히 적용된다. 의례적인 청결 따위에 노고를 낭비하는 허영이 거의 없는 낮은 계층과 표면상의 유한활동을 의식적으로 시도하는 일이 전혀 없는 계층에서도 아내는 체면 때문에 가족과 가장의 명예를 위해 얼마간의 재화를 과시적으로 소비해야 한다. 아내는 처음에는 이론적으로나 실제로나 남성을 위해 고된 일을 하는 노동력이자 노예, 즉 남자가 소비하는 재화의 생산자였으나 오늘날 낡은 제도가 진화한 결과, 남편이 생산한 재화의 의례적인 소비자가 되었다. 그러나 아내는 이론상으로 여전히 남자의 노예로 남아 있는 것이 분명하다. 대리 유한활동과 대리 소비를 습관적으로 수행한다는 것은 자유가 없는 하인의 영속적인 표시이기 때문이다.

중하층계급의 가정이 행하는 대리 소비는 유한계급의 생활양식의 직접적인 표현으로 볼 수는 없다. 재력 수준에서 볼 때 유한계급에 속하지 않기 때문이다. 여기서 유한계급의 생활양식이라는 말은 좀 거리감이 느껴지는 표현인 듯하다. 유한계급은 명성이라는 관점에서 사회구조의 최상층에 위치한다. 그러므로 유한계급의 생활양식과 가치 기준은 사회적 명성의 규범을 제공한다. 이 기준에 어느 정도 부합하게 생활하는 것이 지위가 낮은 모든 하층 계급의 의무가 된다. 현대 문명사회에서 사회계급을 구분하는 경계선은 모호하고 일시적인 것이 되어 버렸다. 그리고 이런 현상이 발생하는 어디서든 상류계급이 부과하는 명성의 규범은 사회구조 전반에 걸쳐 큰 저항을 받지 않고 최하층까지 강제적인 영향력을 확장한다. 그 결과 각 계층의 구성원들은 자신들보다 바로 위 계층에서 유행하는 생활양식을 품위 있는, 이상적 생활양식으로 받아들이고 이에 맞춰 살기 위해 에너지를 쏟는다. 그렇게 살지 못해 생기는 명성과 자존심의 상처를 겪지 않으려면 적어도 표면적으로라도 공인된 규범을 따라야 한다.

고도로 조직화된 산업사회에서 명성의 근거는 결국 재력이다. 재력을 과시하여 명성을 획득하거나 유지하기 위한 방법으로는 유한활동과 재화의 과시적 소비가 있다. 이 두 가지 방법은 여건만 된다면 하층계급에서도 유행한다. 그리고 이 두 가지 방법을 활용하는 하층계급에서는 이 두 가지 일 모두가 대부분 가정주부와 자녀들에게 위임된다. 겉보기에 아내가 할 수 있는 유한생활이 하나도 없어 보이는 하층계급에서도 재화의 과시적 소비가 존재하며, 아내와 자녀들이 과시적 소비를 한다. 물론 가장도 과시적 소비를 할 수 있으며, 보통 실제로 그렇게 한다. 하지만 훨씬 더 낮은 계층인 빈민가 주변을 맴도는 빈민층 가정의 경우, 가장은 물론이고 곧 자녀들마저 사실상 체면치레를 위한 값진 물품의 소비를 중단하고, 오직 아내만이 가정의 금전적인 체면 유지의 유일한 대변인으로 남는다. 사회의 그 어떤 계층도, 심지어 최극빈 계층의 사람들마저도 인습적인 과시적 소비를 전부 그만두지는 못한다. 이러한 소비 범주의 최소한의 품목은 극도로 궁핍해지지 않는 한 누구도 단념하지 않는다. 최소한의 장신구를 구비하거나 최소한의 금전적인 체면치레를 위해서라면 아무리 비참하고 불편한 생활도 감내할 것이다. 이처럼 고차원적이고 정신적인 욕구를 모두 거부할 만큼 물질적인 결핍의 압력 앞에 아주 비굴하게 굴복한 계급이나 국가는 없다.

앞서 과시적 유한활동과 과시적 소비의 성장에 관해 벌인 조사 연구를 보면, 명성 획득을 목적으로 하는 유사한 두 가지 효용성이 공통적으로 낭비 요소에 있다는 사실을 알 수 있다. 과시적 유한활동은 시간과 노력의 낭비이고, 과시적 소비는 재화의 낭비이다. 양자는 모두 부의 소유를 증명하는 방법이고, 관습적으로 동등한 것으로 인정받는다. 두 방법 중 어느 쪽을 선택하느냐 하는 것은 다른 원천에서 비롯된 다른 예법의 기준에 의해 영향을 받는 경우를 제외하고는 단순히 선전을 위한 방편의 문제이다. 경제 발전의 각 단계에서 편의상의 이유로 둘 중 어느 한쪽을 택할 수 있을 것이다. 문제는 두 방법 중 어느 쪽이 영향을 미치고자 하는 사람들의 믿음을 가장 효과적으로 공략할 수 있느냐 하는 것이다. 과거의 관습을 보면 이 문제에 대해 상황에 따라 다른 답을 내놓았다는 것을 알 수 있다.

공동체나 사회 집단이 그저 일반적인 평판 하나에 크게 영향을 받을 만큼 작고 구성원들이 밀집해 있는 한, 즉 좋은 평판을 얻기 위해 개인이 순응해야 하는 인간의 환경이 개인적인 친교나 이웃 사이의 잡담의 영역에 한정되어 있는 한, 두 가지 방법의 효과는 거의 같다. 따라서 사회 발전의 초기 단계에서는 각각의 방법이 거의 똑같이 잘 이용되었을 것이다. 하지만 분화가 점점 더 심해지고 인간의 환경이 필연적으로 폭넓어지면서, 소비는 체면 유지의 통상적인 수단으로 유한활동보다 높은 위치를 차지하기 시작한다. 이런 현상은 후기 평화적인 경제 단계에서 특히 두드러지게 나타난다. 의사소통 수단의 발달과 인구 이동에 따라 개인은 이제 많은 사람들의 시선에 노출될 수밖에 없게 되었다. 많은 사람들은 자신들이 직접 보는 앞에서 개인이 과시하는 재화 (그리고 어쩌면 교양) 말고는 개인의 명성을 판단할 방법이 없다.

현대 산업 조직도 다른 방침에 따라 동일한 방향으로 작용한다. 현대 산업 체제의 절박한 현실 상황에서 개인과 개인, 가정과 가정은 흔히 나란히 위치한다. 개인과 개인, 가정과 가정 사이에는 병렬 관계라는 의미 이상의 접촉은 거의 없다. 기계적으로 말하면, 이웃은 흔히 사회적으로는 이웃도 지인도 아니다. 그러나 이웃의 일시적인 좋은 평가는 여전히 효용이 높다. 타인의 일상생활에 무감각한 이런 관찰자들에게 자신의 재력을 인식시킬 수 있는 유일한 실질적인 방법은 지불 능력을 끊임없이 과시하며 입증하는 것이다. 현대사회에서는 서로의 일상생활을 알지 못하는 많은 사람들이 대규모 모임에 참석하는 일이 과거에 비해 훨씬 더 빈번하다. 사람들은 교회, 극장, 무도장, 호텔, 공원, 상점 등과 같은 장소에 자주 드나든다. 일시적인 관찰자들에게 인상을 남기고 그들의 주목을 받는 것에 자기만족감을 느끼려면 자신의 재력을 알리는 서명을 남겨야 한다. 남들이 자신을 알아볼 수 있는 필체로 말이다. 그러므로 현재의 발전 추세는 유한활동에 비하여 과시적 소비의 효용성을 높이는 방향으로 나아가고 있는 것이 분명하다.

명성 획득의 수단으로서의 유용성뿐만 아니라 체면 유지의 요소로 강조되는 소비가 개인의 인간적 접촉이 가장 광범위하게 이루어지고 인구 이동이 가장 많은 사회에서 (여러 명성 획득의 수단 및 체면 유지의 요소들 가운데) 가장 비중이 높다는 사실은 주목할 만하다. 과시적 소비는 시골 사람들보다 도시 사람들에게 상대적으로 소득의 더 많은 몫을 지출하도록 요구하며, 그런 요구는 더욱더 불가피해진다. 결과적으로 도시인은 버젓한 체면 유지를 위해서 농촌 사람에 비해 습관적으로 근근이 살아가는 경향이 훨씬 더 많다. 그러므로 이를테면, 미국의 농부와 그의 아내와 딸들은 소득 수준이 비슷한 도시 직공 가족에 비해 유행에 한참 뒤처진 옷을 입고 세련되지 못한 예법을 따른다. 이것은 도시인이 천성적으로 과시적 소비가 주는 특유의 만족감을 훨씬 더 열성적으로 추구한다는 의미도 아니고, 시골 사람들이 금전적인 체면을 덜 중요하게 여긴다는 의미도 아니다. 과시적 소비의 일시적 효과가 높을 뿐만 아니라 과시적 소비의 증거를 보여줄 것을 자극하는 요인이 도시적 삶에서 한층 더 결정적 위력을 발휘한다는 말이다. 도시인은 과시적 소비에 훨씬 더 쉽게 의존하고, 타인보다 앞서려는 경쟁 속에서 자신의 과시적 소비의 표준적인 기준을 더 높은 수준까지 끌어올린다. 그 결과 도시에서 어느 정도 금전적인 체면을 과시하기 위해서는 과시적 소비 방면에 상대적으로 더 많은 비용을 지출할 수밖에 없다. 이처럼 더 높은 관습적인 기준에 맞춰야 하는 필요조건은 불가피한 것이 된다. 체면 유지의 기준은 어떤 계급에서나 점점 높아진다. 버젓한 체면 유지의 필요조건을 갖추려면 계급 신분을 잃을 각오를 해야만 하는 것이다.

소비는 시골에서보다 도시에서 생활수준을 나타내는 훨씬 더 큰 요인이 된다. 시골 사람들 사이에서 소비는 이웃끼리의 잡담을 통해 알려지는 저축과 가정의 생활용품에 의해서 어느 정도 중요한 위치를 차지한다. 저축과 생활용품에 대한 세평은 금전적인 명성의 일반적인 목적에 똑같이 기여하기에 충분하다. 사치스럽게 누리는 가정생활용품과 유한활동은—그렇게 사치스럽게 누린다는 사실이 알려지면—물론 대부분 과시적 소비의 항목으로 분류된다.

저축도 과시적 소비로 여겨진다. 기능공 계층의 저축률이 상대적으로 낮은 것은 농장이나 작은 마을에 사는 사람들의 저축에 비해 기능공의 저축이 자신들이 처해 있는 환경과 관련해서 선전 수단으로서의 효과가 적다는 사실에 어느 정도 기인한다는 것은 의심할 나위가 없다. 농장이나 작은 마을에 사는 사람들은 모두 이웃들의 일들, 특히 금전 상태를 잘 알고 있다. 단순히 이 자체만을 우선적으로 고려한다면 기능공과 도시 노동계급은 선전 효과가 적다는 이유로 저축액을 심각하게 줄이지는 않을 것이다. 그러나 저축의 선전 효과가 적다는 자극이 계속 누적되는 가운데 체면 유지를 위한 지출 기준이 상승하면, 저축 성향을 저해하는 효과는 극대화될 수밖에 없다.

명성의 규범이 낳은 예절의 적절한 실례로는 사람들 사이에서 공공연하게 행해지는 음주, 이를테면 "한턱내는 행위"와 흡연을 들 수 있다. 보통 이런 행위는 도시의 노동자, 수공업자, 그리고 도시의 하층 중산계급 사이에서 습관적으로 일어난다. 숙련 인쇄공들은 이런 형태의 과시적 소비를 대단한 유행이라도 되는 듯 실컷 누리다가 종종 누가 봐도 비난받을 만한 물의를 일으키는 계급으로 통하기도 한다. 이런 관점에서 보면, 이 계급 특유의 습관은 대체로 사람들이 이 계급의 속성이라고 생각하는 어떤 불분명한 도덕적 결함에서 기인하거나, 이들의 직업이 모종의 알 수 없는 방식으로 끼치는 어떤 도덕적으로 해로운 영향력에서 기인하는 것으로 보인다. 일반적인 인쇄소의 식자공이나, 인쇄실 근무자의 상황은 다음과 같이 요약할 수 있다. 어떤 인쇄소나 도시에서 습득한 기술은 어디서나 쉽게 통한다. 즉 특수한 훈련으로 인한 타성에 빠지는 일이 거의 없다. 또한 이 직업은 평균 이상의 지능과 일반 지식을 요한다. 따라서 이 직업의 종사자들은 보통 대부분의 다른 직종 종사자들에 비해 이직 시 노동 수요의 작은 변동도 잘 대처하는 편이다. 덕분에 향수병으로 인해 생길 타성에 젖는 일도 거의 없다. 더불어 임금은 비교적 쉽게 직장을 옮길 수 있을 만큼 높다. 그 결과 인쇄업에 종사하는 노동자의 이직률이 높다. 아마도 이 직종과 비슷한 다른 어떤 어떠한 직종의 노동자들보다도 이직률이 높을 것이다.

이 직종의 종사자들은 새로운 직장의 동료들과 빈번히 접촉하는데, 동료들과 맺는 관계가 일시적이거나 순간적이지만 관계를 유지하는 당분간은 좋은 평을 듣는 것이 중요하다. 이들은 동료애라는 감정에 의해 강화되기도 하는 인간의 과시 성향에 이끌려 동료들에게 좋은 평을 얻기 위해 아낌없이 소비하기도 한다. 다른 경우와 마찬가지로 여기서도 이와 같은 소비 관행이 유행하면 이내 규범화되고, 규범은 관행을 체면 유지의 공인된 기준으로 구체화시킨다. 그 이후부터는 체면 유지의 기준이 앞으로 유행하게 될 소비 방향으로 나아가기 위한 출발점이 된다. 왜냐하면 인쇄업계에서 누구나 당연히 따르는 낭비의 기준에 아무 생각 없이 그저 순응하는 것은 이로울 게 없기 때문이다.

따라서 일반적인 노동자들보다 인쇄공들 사이에서 낭비벽이 훨씬 더 크게 널리 유행하는 이유는 적어도 어느 정도는 이직이 더 용이하고 직장 동료들과의 관계와 사람들과의 교류가 좀 더 일회적인 성격을 띠기 때문이다. 그러나 낭비를 크게 하는 본질적인 이유는 요컨대 우월감과 금전적인 체면을 과시하려는 성향 이외의 어떤 것도 아니다. 바로 그런 성향 때문에 프랑스의 소작농은 근검절약하고 미국의 백만장자는 대학이나 병원, 박물관을 건립하는 것이다. 만일 과시적 소비의 규범이 인간 본성의 전혀 다른 특성들에 의해 현저하게 상쇄되지 않았더라면, 도시의 기능공과 노동자계급에 속한 사람들의 임금과 소득이 아무리 높다고 하더라도 저축할 가능성은 논리적으로는 없다.

부와 부의 과시 이외에도 다른 명성의 기준과 다소 강제적인 다른 행동 규범이 있다. 아울러 이들 기준과 행동 규범 중 일부는 광범위하고 근본적인 과시적 낭비의 규범을 강조하거나 제한하기에 이른다. 선전 효과의 단순한 테스트를 통해서 우리는 유한활동과 재화의 과시적 소비가 처음부터 금전 경쟁의 영역을 아주 균등하게 양분하고 있었다는 것을 예상할 수 있다. 경제 발전이 지속되고 사회의 규모가 팽창함에 따라 유한활동은 점차 설 자리를 잃고 위축되는 경향을 보인다고 예상할 수 있을지도 모른다. 반면에 재화의 과시적 소비는 상대적으로든 절대적으로든 점차 중요성이 커져, 결국에는 최소한의 생계에 필요한 돈만 남겨두고 나머지 돈을 모조리 탕진해 가며 모든 이용 가능한 생산물을 소비 대상으로 흡수할 것이라 예상할 수 있을 것이다.

하지만 지금까지 보인 실제 발전 방향은 이상적인 도식과는 다소 달랐다. 유한활동은 처음부터 최고의 지위를 차지했고, 외견상 평화적 문화 시기에는 부의 직접적인 징표이자 품위 기준의 한 요소로서 낭비적 재화의 소비보다 훨씬 더 우위를 차지했다. 이후 낭비적 소비는 기반을 다져 현재는—비록 최소한의 생계에 필요한 것 이상의 모든 생산물을 모조리 흡수하지 못하기는 하지만—의심할 여지없이 최고의 지위를 차지하고 있다.

일찍이 명성 획득의 수단으로서 유한활동이 차지하고 있던 우월한 지위의 기원은 고대의 고귀한 일과 비천한 일의 구별에서 찾을 수 있다. 유한활동이 명예롭고 반드시 필요한 일이 된 부분적인 이유는 그것이 비천한 노동을 면제받았다는 사실을 보여 주기 때문이다. 이미 오래전에 발생한 고귀한 계급과 비천한 계급의 분화는 명예롭다거나 천하다는 식으로 직업들을 차별적으로 구분하는 것에 근거하고 있다. 그리고 이러한 전통적인 구별은 초기 외견상 평화적 단계에서는 불가피한 품위의 규범으로 발전한다.

유한활동은 여전히 소비만큼이나 부의 증거로서 대단한 효력을 지닌다는 사실로 인해 우월한 위치에 선다. 사실상 상대적으로 작고 안정된 인간 환경에 개인이 놓여 있는 문화 단계에서 유한활동은 막강한 효력을 발휘하기 때문에 모든 생산적 노동을 멸시하는 옛 전통에 기대 무일푼인 유한계급을 무수히 양산하며, 사회의 산업 생산을 최저 생계유지 수준으로 제한하는 경향마저 보인다. 물론 이처럼 극단적인 산업 억제는 피할 수 있다. 명성을 추구하는 일보다 훨씬 더 엄격한 강제 상태에서 노예처럼 일하는 노동자는 노동자계급의 최저 생계유지 수준을 초과해서 생산물을 생산하도록 강요당하기 때문이다. 그 결과 명성의 기반이 되는 과시적 유한활동의 효용성이 상대적으로 감소하는 것은 부의 증거 역할을 하는 소비의 상대적 효용성이 커지는 것에 어느 정도 원인이 있다. 아울러 과시적 낭비의 관습과 조금은 상반되고 이질적인 또 다른 힘도 어느 정도 영향을 미친다.

여기서 말하는 이질적인 요인은 제작 본능이다. 다른 환경에서라면, 제작 본능은 남자들이 생산 능률성과 인간에게 유용한 모든 것을 호의적으로 바라보게 만든다. 또한 제작 본능은 자산이나 노력을 낭비하는 것을 멸시하게 만든다. 제작 본능은 모든 남자들에게 존재하며 심지어 매우 험난한 상황에서도 표출된다. 따라서 어떤 소비가 실제로 엄청나게 낭비하는 것일지라도, 적어도 분명히 표면상의 목적에 걸맞은 그럴듯한 구실을 갖고 있을 것이다. 제작 본능이 특별한 환경에서 공훈에 대한 선호, 그리고 고귀한 계급과 비천한 계급 간의 차별적인 구별로 귀결되는 방식에 대해서는 이미 앞 장에서 살펴보았다. 제작 본능은 과시적 낭비의 법칙과 상충되는 한, 본질적인 유용성을 고집하는 것이라기보다는 명백히 무익한 것을 혐오하고 미학적으로 용납하지 않는 불변의 감각을 표현하는 것이다. 제작 본능이란 본능적인 감정의 성질에 속하는 것이기 때문에, 제작 본능의 지침은 주로 제작 본능의 요구 조건에 명백하고 뚜렷하게 위배되는 것들에 직접적인 영향력을 행사한다. 제작 본능이 요구 조건에 실질적으로 위배되는 것들―오직 심사숙고한 끝에 평가할 수 있는―에 행사하는 영향력은 즉각적인 것이 아니며 상대적으로 약한 강제력을 통해서만 가능하다.

모든 노동이 예외 없이 혹은 일반적으로 노예에 의해서 계속 수행되는 한, 모든 생산적인 노력은 비천하다는 사고가 계속 남자들의 정신을 사로잡고 있을 것이기 때문에 제작 본능은 산업적 유용성 면에서는 효과를 크게 발휘하지 못한다. 그러나 (노예제와 신분제를 갖춘) 외견상 평화적 단계가 (임금노동제와 현금 지불제를 갖춘) 평화적 산업 단계로 이행하면서 제작 본능은 훨씬 더 효과적으로 작용하기 시작한다. 그러면 이제 제작 본능은 무엇이 가치 있는 것인가에 대한 남자들의 견해를 적극적으로 조성하기 시작하고 적어도 자기만족의 보조적 규범으로 등장한다. 모든 외적인 고려와는 별개로, 오늘날 어떤 목적을 성취하고자 하는 성향이 조금도 없거나 인간에게 유용한 어떤 대상이나 사실, 그리고 관계를 스스로 조성하려는 마음이 없는 사람들(성인)은 사라져 가는 소수에 불과하다. 목적 성취 성향은 명예로운 유한생활을 누리고 저속한 유용성을 기피하도록 부추기는 보다 직접적이고 강제적인 동기의 압박에 심하게 억눌리기 때문에 겉치레로서만 드러낼지도 모른다. 예컨대, "사회적 의무들", 준예술적 혹은 준학문적인 성취, 집안을 가꾸고 꾸미는 일, 자선 재봉회 활동이나 드레스 리폼, 그리고 의상, 카드놀이, 요트 타기, 골프, 기타 다양한 스포츠의 능숙한 활동 등으로 드러낼 것이다. 그러나 목적 성취 성향이 환경의 압박 때문에 무위로 귀결될 것이라는 사실은 본능의 존재를 반증할 수 없다. 가짜 알이 가득한 둥지에 암탉을 유인해 앉힌 것이 포란抱卵 본능의 실체를 반증할 수 없듯이 말이다.

오늘날은 이처럼 개인의 이익이든 집단의 이익이든 간에 저급하게 생산하지 않으려는 어떤 결단력 있는 활동을 찾아보기가 쉽지 않다. 이 사실은 현대의 유한계급과 외견상 평화적 단계의 유한계급 사이에서 보이는 태도의 차이를 명시적으로 보여 준다. 앞서 언급했듯이, 초기 단계에서 모든 것을 지배하는 노예 및 신분 제도는 순수한 약탈적 목적 이외의 목적을 지향하는 행위는 과감히 배척했다. 물론 적대적인 집단이나 집단 내의 예속계급에게 강제적인 공격이나 억압을 상습적으로 가하는 경향을 보이는 모종의 습관적인 활동(일)은 여전히 찾아볼 수 있다. 이런 활동은 실질적으로 유용하거나, 표면상으로나마 유용성 있는 일이 아니며, 유한계급의 강제력을 누그러뜨리고 유한계급의 에너지를 딴 데로 돌리는 데 이바지한다. 이를테면, 사냥의 관습도 어느 정도 같은 목적에 기여한다. 공동체가 평화적 산업 체제로 발전하고 훨씬 더 완전해진 토지의 점유권이 사냥을 할 수 있는 기회를 축소시키면서, 목적을 성취하려는 에너지는 어떤 다른 방향에서 배출구를 찾을 수밖에 없게 된다. 유용한 활동에 따라붙는 치욕 역시 강제 노동이 사라짐에 따라 둔감해졌다. 이에 따라 제작 본능이 한층 더 지속적이고 일관적으로 표출되기에 이른다.

최소 저항선이 약간이나마 변화하면서, 예전에 약탈 활동에서 배출구를 찾았던 에너지는 이제 표면적으로나마 유용한 목적을 향해 배출구를 찾게 된다. 겉으로 보기에도 유용한 목적이 없는 유한활동은 비난을 받는 것이다. 특히 서민이라는 출신 성분 때문에 '명예로운 유유자적'의 전통과는 동떨어져 있는 유한계급의 대부분은 더욱더 비난받기일쑤였다. 그러나 생산적 활동이라는 특징을 가진 모든 직업을 멸시하는 명성의 규범은 여전히 위력을 발휘하며, 실질적으로 유용하거나 생산인 직업에 대해서는 아주 일시적으로 유행하는 것 이상의 것은 허용하지 않는다. 이로써 유한계급이 이행하는 과시적 유한활동에 어떤 변화가 생긴다. 본질의 변화라기보다는 형식의 변화였다. 이처럼 두 가지 상충되는 요구 조건을 일치시키려면 겉치레에 의존할 수밖에 없다. 의례적인 성격을 띠는 온갖 복잡한 예법과 사회적 의무들이 발달하고, 공식적 양식과 명칭에 맞게 구현한 (사회) 개선이라는 그럴 듯한 목적을 내건 다양한 단체들이 결성된다. 사람들이 드나드는 일이 많아지고 말들이 난무할 테지만, 말 많은 사람들은 끝내 자신들의 교섭이 어떤 실질적인 경제적 가치를 지니는지 반추할 기회조차 갖지 않을 것이다. 아울러 유용한 목적을 가진 직업의 겉치레와 그 직업의 본질이 조밀하게 짜이면서, 어떤 중요한 목적을 향해 움직이는 목적의식적 활동의 요소가 다소 부각된다.

좀 더 좁은 영역의 대리 유한활동에서는 유사한 변화가 앞서 일어났다. 발전된 평화적 단계에서 가정주부는 가부장제의 최전성기 때처럼 눈에 띌 정도로 태만하게 시간을 보내기보다는 부지런히 가사에 몰두한다. 이처럼 가사노동이 발전하는 양상의 두드러진 특징에 관해서는 이미 언급한 바 있다. 재화나 용역이나 인간 생활을 막론하고 과시적 소비의 진화 과정 전체를 살펴보면 소비자의 명성을 효과적으로 높이려면 사치품을 소비해야 한다는 뚜렷한 의미를 발견할 수 있다. 명성을 얻으려면 반드시 낭비를 해야 한다. 최소한의 생존을 위한 생필품도 소비하지 못하는 극빈자와 비교되는 경우가 아니라면 기본적인 생활필수품을 소비하는 것만으로는 영예를 얻을 수 없다. 극빈자와 비교해서는 가장 평범하고 시시한 체면치레 수준 말고는 어떠한 소비 기준도 내세울 수 없다.

부 이외의 면에서 선망을 자아내는 차별적인 비교를 하게 만드는 생활 기준도 여전히 존재할 수 있다. 예컨대 도덕적 능력, 육체적 능력, 지적 능력, 심미적 능력 등을 다각도로 비교할 수 있다. 오늘날에는 이처럼 온갖 방면으로 비교하는 것이 유행이다. 이렇듯 여러 방면에서 이루어지는 비교는 일반적으로 재력의 비교와 매우 밀접하게 관련되어 있기 때문에 거의 구별할 수도 없다. 특히 지적, 심미적 능력이나 숙련도를 일반적으로 평가할 때 그렇다. 그 결과 우리는 사실상 금전적인 차이에 불과한 것을 흔히 심미적 차이나 지적인 차이로 해석하곤 한다.

어떤 면에서 '낭비'라는 용어를 사용하는 것은 적절하지 않다. 이 말은 일상생활에서 사용될 때는 비하하려는 의도가 깔려 있다. 이 책에서는 동일한 범위의 동기와 현상을 적절히 표현할 만한 더 나은 용어가 없기 때문에 그대로 사용하고자 한다. 이 용어를 인간의 생산물이나 인간의 생활을 불합리하게 소비한다는 의미처럼 모멸적인 뜻으로 여겨서는 안 된다.

경제 이론의 관점에서 보면, 낭비적인 소비는 다른 어떠한 소비에 비해서 더 합리적인 것도 덜 합리적인 것도 아니다. 여기서 "낭비"라고 부르는 것은 대체로 인간 생활이나 행복에 기여하는 것이 없기 때문이지, 그런 소비를 선택한 각각의 소비자의 입장에서 볼 때 노력이나 비용을 낭비하거나 오용하기 때문이 아니다. 만일 소비자가 낭비적 소비를 선택하면, 이 소비 행위는 낭비라는 이유로 비난받지 않을 다른 소비 형태와 비교해 소비자에게 상대적으로 얼마나 유용한가 하는 문제로 일단락된다. 소비자가 선택한 것이 어떤 형태의 소비이든, 혹은 소비자가 소비를 선택할 때 추구하는 목적이 무엇이든 간에 소비자가 선호한다면 이 소비는 소비자에게 유용한 것이다. 소비자 개인의 관점에서 본다면, 타당한 경제 이론의 범위 내에서는 낭비라는 문제가 생기지 않는다. 따라서 기술적 용어로 사용하는 "낭비"는 과시적 낭비의 규범 아래에서 소비자가 추구하는 동기나 목적을 비하하는 의미는 전혀 없다.

한편, 일상언어에서 사용하는 "낭비"라는 용어가 허비의 속성을 지닌 소비를 비하하는 의미를 갖고 있다는 사실은 주목할 만하다. 낭비는 허비에 불과하다는 상식적 이해 자체가 제작 본능에서 나온 것이다. 낭비에 대한 대중의 비난이 의미하는 바는 평범한 사람이 마음 편히 살아가기 위해서는 모든 인간의 노력과 즐거움에서 인류 전체의 생활과 행복의 증진을 볼 줄 알아야 한다는 것이다. 어떤 경제적 사실이 절대적인 인정을 받으려면 개인을 넘어선 유용성, 즉 인류 전체의 관점에서 본 유용성이 검증되어야 한다. 타인과 비교되는, 한 개인의 상대적인 이점이나 경쟁적인 이점은 경제적 양심을 충족시키지 못하며, 그에 따라 경쟁적인 소비는 경제적 양심의 인정을 받지 못한다.

엄밀히 말하면, 선망을 자아내는 차별적인 재력의 비교에서 나온 지출을 제외한 어떠한 소비도 과시적 낭비의 항목에 포함시키지 말아야한다. 그러나 특정한 품목이나 요소를 과시적 낭비의 항목에 포함시키기 위해서 소비하는 사람이 소비 품목이나 요소를 낭비로 인식할 필요는 없다. 처음에는 주로 낭비적인 것이라 여겨졌던 생활수준 요소도 나중에는 소비자에게 생활필수품이 되는 경우도 흔히 생긴다. 그러므로 생활수준 요소는 소비자가 습관적으로 소비하는 여느 품목처럼 필수품이 될 수 있다.

과거에는 낭비적인 것이었다가 나중에 필수품에 포함되는, 그러니까 위에서 말한 것처럼 변하는 원칙이 적용되는 양식의 사례로는 양탄자와 태피스트리, 은제 식기, 웨이터의 서비스, 실크해트, 풀 먹인 리넨 제품, 다양한 종류의 보석 및 의상 등을 들 수 있다. 그러나 이와 같은 소비 습관과 관습이 형성된 이후 여기서 소비되는 물품이 필수품으로 자리 잡는 것은 용어의 기술적 의미로 낭비적인 것과 낭비적이지 않은 것으로 지출을 분류하는 것과는 아무런 관계가 없다.

낭비성 소비와 비낭비성 소비를 분류하기 위해 모든 지출이 거치는 검증은 소비가 전반적인 인류의 삶을 향상시키는 데 직접적으로 기여하느냐의 문제, 즉 소비가 보편적으로 받아들여지는 생활 과정을 촉진하느냐의 문제이다. 왜냐하면 이 검증이 제작 본능의 판정의 근거이며 제작 본능은 경제적 진리 혹은 경제적 타당성의 문제를 판가름하는 최종 항소법정이기 때문이다. 이 문제는 냉정한 상식에 의해 언도되는 판정에 관한 것이다. 그러므로 문제는 개인적 습관과 사회 관습의 현존 상황에서 일정한 지출이 특정한 소비자의 만족이나 마음의 평안에 도움이 되느냐에 있는 것이 아니고 (체득한 취향과 관습 및 전통적인 체면 유지의 규범은 차치하고라도) 지출의 결과가 안락이나 풍족한 생활을 누리는 데 실질적인 이익이 되느냐의 여부에 있는 것이다. 습관적인 지출이 선망을 자아내는 차별적인 재력의 비교 습관에서 비롯한 관습에 의존하는 한, 다시 말해 금전적인 명성의 원칙이나 상대적인 경제적 성공의 원칙이 뒷받침되지 않고서는 관습화와 규범화될 수 없다고 인식되는 한 낭비의 항목으로 분류되어야 한다.

일정한 지출의 대상이 과시적 낭비의 범주에 들기 위해서는 오로지 낭비적인 성격만 있어야 한다고 볼 수는 없다. 한 물품은 유용성과 낭비성을 모두 갖출 수 있으며, 소비자에게 주는 효용 면에서도 유용성과 낭비성이 굉장히 다양한 비율로 뒤섞여 나타날 수 있다. 소비재는 물론이고 생산재도 대체로 이 두 가지 요소가 배합되어 있는 것을 볼 수 있다. 그럼에도 일반적으로 소비재는 낭비적 요소가 우세한 경향을 보이고 생산재는 반대로 유용성의 요소가 우세한 경향을 보인다. 언뜻 보면 순수한 허식적인 요소만 있는 듯 보이는 품목에서조차 적어도 표면적으로는 유용한 목적이 존재한다는 것을 언제든 찾아볼 수 있다. 반면에 인간의 손으로 만든 가장 조악한 기구는 물론이고 어떤 특수한 산업 공정을 위해 만든 특수 기계 장치와 공구에서조차 자세히 들여다보면 보통 과시적 낭비 혹은 최소한의 허식적인 습관의 흔적을 뚜렷이 확인할 수 있다. 어떤 물건이나 용역이 근본적인 목적이나 주된 요소를 과시적 낭비에 아무리 뚜렷하게 두고 있다고 하더라도 효용성 면에서 유용한 목적이 완전히 결여되어 있다고 주장하는 것은 위험한 발언일 것이다. 그리고 근본적으로 유용성 있는 생산물의 가치는 직접적으로든 간접적으로든 낭비적인 요소와는 전혀 무관하다고 주장하는 것 역시 위험한 발언이기는 매한가지다.

5장
금전상의 생활 기준

현대사회의 대다수 사람들이 육체적 안락을 위해 필요 이상으로 지나치게 많은 지출을 하는 직접적인 이유는 남의 눈에 띄는 돈이 많이 드는 소비를 남들보다 월등히 누리려는 의식적인 노력 때문이 아니라 체면 유지의 관습적인 기준에 맞춰 소비하는 물품의 양과 질을 따지려는 욕망 때문이다. 이 욕망은 엄격하고 불변하는 기준—즉 이 기준에 반드시 부응해야만 하고, 이 기준을 넘어서 가게 하는 어떤 유인이 없다는 의미에서—을 따라 움직이는 것이 아니다. 기준은 유동적이다. 특히 금전적인 능력을 높이는 습관을 들일 수 있는 시간과 그렇게 늘어난 금력에 따라 더 큰 규모의 새로운 지출 능력을 가질 만한 시간만 허용된다면, 기준은 무한정 확대될 것이다.

부의 증대에 맞추어 습관화된 지출 규모를 확대하는 것보다 일찍이 익숙해진 지출 규모를 줄이기가 훨씬 더 어렵다. 습관적으로 소비하는 많은 품목들은 거의 다 순전히 낭비적인 것이며, 따라서 명예를 주는 것뿐이다. 그러나 그 품목들이 체면 유지의 소비 규모에 통합되고, 따라서 생활양식의 필수적인 일부가 되고 나면 그것들을 포기하기란 육체적 안락에 직접 도움이 되거나, 심지어는 생명과 건강에 반드시 필요한 많은 품목들을 포기하는 것만큼이나 어렵다. 다시 말해 정신적 행복을 주는 명예롭고 과시적이며 낭비적인 소비는 오직 육체적 행복이나 생존을 위한 "낮은 수준의" 욕망에 기여하는 많은 소비보다 훨씬 더 불가피한 것이 될 것이다. "높은" 생활수준을 낮추는 것은 예전부터 상대적으로 낮은 생활수준을 더 낮추는 것만큼 어렵다. 생활수준이 낮은 사람이 허리띠를 더 졸라매는 것은 육체적으로 안락한 생활수준을 낮추는 문제이지만, 높은 생활수준을 낮추는 것은 도덕적인 문제이다.

생활수준을 낮추는 일은 어렵지만 과시적 소비를 새로이 늘리는 것은 상대적으로 쉽다. 사실상 과시적 소비는 으레 늘어나기 마련이다. 과시적 소비를 늘릴 수 있는 수단을 가지고 있으면서도 늘리지 않는 경우를 드물게 볼 수 있는데, 그럴 경우 대중은 그런 행동에 대해 설명을 요구하며, 그 점에 대한 설명이 미흡할 경우 쩨쩨하게 구는 인색한 인간이라는 비난이 돌아간다. 이에 반해, 소비를 부추기는 자극에 신속하게 반응하는 행동은 정상적인 행위로 받아들여진다. 이는 보통 우리의 소비 행동을 좌우하는 소비 지출 기준이 이미 완전히 정해진 평균적이고 통상적인 소비 지출이 아니라는 점을 시사한다. 이 기준은 우리가 도달할 수 없거나 막대한 부담을 감수해야만 도달할 수 있는 이상적인 소비 기준이다. 따라서 이와 같은 소비의 동기는 경쟁, 즉 우리 자신의 분류 습관상 같은 계급에 속하는 사람들을 능가하도록 우리를 충동질하는 (선망을 자아내는) 차별적인 비교라는 자극이다.

대체로 이와 같은 명제는 각 계급은 사회적 척도에 비추어 자기보다 한 단계 상위계급을 선망하며 경쟁하지만, 자신보다 아래 계급이나 월등한 계급과는 좀처럼 비교하려고 하지 않는다는 진부한 말로 표현된다. 바꾸어 말하면, 다른 경쟁의 목적과 마찬가지로 체면을 유지하는 소비의 기준도 세평 속에서 바로 상위계급의 관습에 의해서 정해진다는 것이다. 이리하여 특히 계급 구별이 다소 모호한 사회에서는 알아채지 못할 정도로 서서히 이행되어 온 명성과 체면 유지의 모든 규범과 소비 기준의 기원을 찾으면, 결국 부유한 유한계급인 최상류 사회계급 및 금력계급의 사고 습관으로까지 거슬러 올라가게 된다.

공동체가 품위 있거나 명예로운 것으로 받아들이는 생활양식의 대체적인 윤곽은 최상류계급이 결정한다. 그리고 이처럼 가장 이상적인 형태의 사회를 구현하는 양식을 교훈적이고 모범적으로 선보이는 것이 이 계급의 임무이다. 그러나 상류 유한계급은 특정한 물질적인 제한 조건하에서만 이러한 성직에 준하는 임무를 수행할 수 있다. 이 계급이 의례적인 필요조건에 관한 대중의 사고 습관을 마음대로 변혁하거나 전복시킬 수는 없다. 어떤 변화가 대중 사이에 전파되어 사람들의 습관적인 태도를 변화시키는 데는 시간이 필요하다. 특히 방사체 역할을 하는 상류계급에서 사회적으로 멀리 떨어진 계급일수록 습관을 변화시키는 데 더 많은 시간이 필요하다. 인구 이동이 적거나 여러 계급들 간의 격차가 크거나 비약적으로 바뀌는 경우일수록 변화 과정은 더 느리게 일어난다. 하지만 시간만 허용된다면 공동체의 생활양식의 형태와 세부사항에 대해 유한계급이 행사할 수 있는 결정권은 광범위하다. 이에 반해 명성의 본질적 원리에 유한계급이 미칠 수 있는 변화의 허용범위는 좁다. 유한계급이 제시하는 모범과 수칙은 유한계급보다 낮은 모든 계급에게 규범적인 영향력을 발휘한다. 그러나 명성 획득의 형태와 방법을 관리함으로써 전승되는 수칙을 만들 때—하층계급의 관습 및 정신적인 태도를 조성할 때—이와 같은 관습과 태도를 규정하는 권위 있는 규범은 제작 본능에 의해서 다양하게 조정되는 과시적 낭비 규범의 선택적 지침 하에서 끊임없이 작용한다. 일반론과 심리적 내용 측면에서 볼 때, 바로 그 두 관점 사이에 놓인 인간 본성의 또 다른 광범위한 원칙인 약탈 의지가 이러한 규범에 추가되어야 할 것이다. 공인된 생활양식의 형성에 미치는 심리적 내용의 효과에 대해서는 아직 논의하지 않았다.

명성의 규범은 특정 계급의 생활양식을 규제하는 경제 상황, 전통, 정신적 성숙도에 부합해야 한다. 특히 주목해야 할 것은 규범이 처음부터 아무리 권위가 높고 명성 획득에 반드시 필요한 기본적인 요건에 부합했더라도, 시간이 흐름에 따라 혹은 규범이 경제적인 하층계급까지 전파되는 과정에서, 문명인들에게 통용되는 체면 유지의 궁극적 동기, 즉 금전적 성공을 차별적으로 비교하려는 목적에 부합하는 유용성과 배치된다는 사실이 밝혀지면 하나의 특정한 형식적 관례는 어떤 환경에서도 영향력을 유지하지 못한다는 점이다.

분명 이러한 소비 규범은 어떤 사회나 어떤 계급에서도 생활 기준을 결정하는 데 상당한 영향력이 있다. 시대나 특정한 사회적 지위를 막론하고 일반화되어 있는 생활 기준이 결국 명예로운 소비가 취할 형식에, 그리고 사람들의 소비에 대한 "상위" 욕구, 즉 명예로운 소비 욕구의 지배력에 상당한 영향력을 행사하는 것도 분명하다. 이런 점에서 공인된 생활 기준이 행사하는 통제력은 주로 부정적인 성격을 띤다. 통제력은 일단 습관화된 과시적 소비의 규모를 줄이는 것을 막는 역할만 할 뿐이다.

생활 기준은 본질적으로 습관적인 것이다. 일정한 자극에 반응하는 습관적 기준이자 방식이다. 일단 형성된 습관을 깨뜨리기 어렵듯 습관화된 기준을 낮추는 것도 어렵다. 생활 기준을 높이는 것이 비교적 쉽다는 것은 생활 과정이 활동을 전개하는 과정이며, 생활 과정은 자기표현에 대한 저항이 감소하면 언제 어디서나 손쉽게 새로운 방향으로 펼쳐진다는 것을 의미한다. 그러나 이와 같이 일정한 낮은 저항선에 따라 표현 습관이 형성되고 나면, 표현 습관의 배설물은 환경이 변해 외적 저항이 거세지더라도 습관화되어 익숙한 배출구를 찾을 것이다. 이처럼 흔히 습관이라 불리며, 어떤 주어진 방향으로 과장되어 표현되는 능력은 외적 환경이 변해 주어진 방향으로 생활을 영위하는 데 상당한 저항이 발생해도 이를 상쇄할 수 있다. 개인의 생활 기준을 조성하는 다양한 습관 혹은 습관적 양식과 표현의 방향성 사이에 상당한 차이가 있듯이, 저항이 있는 환경에서 습관을 지속하는 것과 일정한 방향으로 배출할 수밖에 없는 불가피성 사이에는 상당한 차이가 있다.

현대 경제 이론의 용어로 바꿔 말하면, 남자들은 모든 방면의 소비를 줄이기를 꺼려하지만 그중에서도 특정한 방면의 소비를 줄이는 것은 더욱더 꺼려한다. 따라서 어떤 습관화된 소비든 단념해야 할 땐 마지못해 단념하지만, 그중에서 유독 단념하기를 꺼려하는 소비 부문도 있기 마련이다. 소비자가 가장 완강히 고집하는 소비 물품이나 형태는 주로 이른바 생필품이거나 최저 생계유지에 필요한 품목이라는 것이다. 최저 생계유지에 필요한 품목은 물론 엄격히 제한된 일정량의 물품이 아니며 종류나 질이 일정불변한 것도 아니지만, 당장 생계유지에 필요한 다소 제한적인 소비의 총량에 해당한다고 볼 수 있을 것이다. 이러한 최소량의 소비품은 보통 소비를 점진적으로 줄이는 경우에 마지막에 단념하는 것이라고 생각할 수 있다. 즉, 개인의 생활을 지배하는 가장 오래되고 가장 뿌리 깊은 습관, 유기체로서의 개인의 생존에 영향을 미치는 습관은 일반적으로 가장 지속적이고 필수적인 것이다.

이러한 습관을 넘어선 좀 더 높은 욕구들, 즉 개인이나 종족에게 뒤늦게 형성된 습관들은 다소 불규칙적으로 나타나며 결코 고정적인 점진적 변화로 나타나지 않는다. 예컨대 흥분제(술)를 습관적으로 복용하려는 욕구, (종말론적인 의식에서 바라는) 구원 욕망, 명성 추구욕 등과 같은 일부의 고차원적인 욕구들은 어떤 경우에는 좀 더 낮은 욕구나 좀 더 기본적인 욕구보다도 앞설 것이다. 일반적으로 오랜 시간에 걸쳐 형성된 습관일수록 깨기가 어렵고 지금까지 이어 온 생활 과정의 습관적 형식과 일치하는 습관일수록 지속적으로 영향력을 발휘할 것이다. 만일 습관적인 행동에 숨어 있는 인간 본성의 독특한 속성 혹은 습관 속에서 발휘하는 독특한 습성이 이미 생활 과정과 매우 깊은 관계를 맺고 있거나 특정한 종족의 생활사와 밀접히 결합되어 있는 속성이나 습성이라면 보다더 강해질 것이다.

특정한 습관의 형성은 단순히 습관 형성의 기간만의 문제는 아니다. 개인에 따라 다양한 습관이 형성될 때 나타나는 편안함의 정도만 다양한 것이 아니라, 다양한 습관을 포기할 때 나타나는 심리적 거부감 역시 다양하다는 것이 이를 뒷받침한다. 선천적인 습성과 기질상의 속성은 개인의 생활양식을 지배하게 될 습관의 정도를 결정하는 데 습관 형성의 기간만큼 대단히 중요하다. 그리고 보편적인 유형의 유전적인 습성, 다시 말해 어떤 공동체의 지배적인 인종(민족)적 기질은 공동체의 습관적 생활 과정을 표현하는 범위와 형식을 결정하기까지 한다. 유전적인 특이체질이 개인의 습관을 신속하고 결정적으로 형성하는 데 얼마나 중요한 역할을 하는지는 삶을 온통 지배하는 알코올 중독 습관이 때로 너무 쉽게 형성되는 것을 보면 알 수 있다. 알코올 중독처럼 쉽게 필연적으로 형성되는 습관의 또 다른 사례로는 특별한 종교적 습성을 타고난 사람에게서 나타나는 독실한 종교 생활 습관을 들 수 있다. 낭만적 사랑이라는 특별한 인간 환경에 유독 쉽게 익숙해지는 습관화 경향도 동일한 의미를 갖는다.

남자들은 유전적 습성 면에서나 삶의 활동을 특정한 방향으로 수월하게 전개하는 상대적 능력 면에서나 각기 다르다. 아울러 상대적으로 강한 특유의 습성, 상대적으로 뛰어난 특유의 표현 능력에 부합하는 습관, 기질 혹은 표현 능력에 따른 습관은 남자의 행복에 중대한 영향을 미친다. 생활의 기준이 되는 몇 가지 습관에 상대적으로 집착하게 되는 과정을 결정하는 이런 습성의 요소는 남성들이 과시적 소비를 하면서 습관적 소비를 포기하는 것을 극히 싫어하는 이유를 설명해준다. 이러한 몇 가지 습관의 토대로 여겨지는 습성 혹은 성향은 현실에서 경쟁으로 나타난다. 차별적 비교 성향, 즉 경쟁 성향은 옛날부터 발전해온 인간 본성의 보편적 특징이다. 경쟁 성향은 형식이 뭐가 됐든 간에 곧잘 정력적인 활동으로 나타나며, 일단 습관적으로 표출되고 나면 대단히 집요하게 발현된다. 개인이 경쟁 성향을 명예로운 소비의 방향으로 표현하는 습관을 일단 형성하면—즉 일정한 자극이 주어졌을 때 습관적으로 뿌리 깊은 경쟁 성향이 이끄는 대로 반응하면—습관적 소비를 포기하는 것에 몹시 반감이 생긴다.

반면 한 개인이 금력을 획득해 생활 과정을 좀 더 광범위하고 멀리까지 전개할 수 있는 지위에 오르면, 그의 혈통에 오래도록 뿌리박혀 있는 기질들은 생활의 새로운 전개 방향을 결정하는 데 영향을 미칠 것이다. 아울러 이런 기질은 이미 현실 사회에서 관련 형식에 따라 활발하게 표출되고 있다. 현재 공인된 삶의 양식이 제시하는 특정한 방식을 따라, 언제라도 쓸 수 있는 물질적 수단과 기회를 행사하면서 표현되고 있는 것이다. 특히 이 기질은 개인의 종합적 힘에 새롭게 덧붙여진 힘이 스스로를 표현할 수 있는 형식과 방향을 결정하는 데 큰 영향력을 발휘한다. 구체적으로 말하면, 과시적 소비가 생활양식의 한 요소로 자리 잡은 모든 사회에서 개인의 지불 능력의 증대는 어떤 공인된 과시적 소비 노선에 상응하는 소비 형식을 취하기 쉽다.

경쟁 기질은 자기보존 본능을 제외하면 본래의 경제적 동기들 중에서 가장 강하고 기민하고 집요한 동기일 것이다. 산업사회에서는 경쟁 기질이 금전 경쟁으로 나타난다. 그리고 적어도 현재의 서양 문명사회에서 이 기질은 사실상 과시적 낭비의 형식으로 나타난다고 말할 수 있다. 그러므로 과시적 낭비 욕구는 가장 원초적인 육체적 욕망이 충족되고 나면, 사회의 산업적 효율이나 생산된 재화가 아무리 증가해도 그 증가분을 모조리 빨아들일 힘이 있다. 만약 현대의 상황에서 이런 결과가 나오지 않는다면, 그 이유는 일반적으로 개인의 부의 증가 속도가 너무 빠르기 때문에 소비 습관이 그것을 미처 따라잡지 못하는 데에서 찾을 수 있다. 혹은 개인이 보통 예상되는 총 소비량이 주는 눈부신 전시 효과를 높이려는 목적으로 부의 증가분의 과시적 소비를 후일로 미루는 데서 이유를 찾을 수 있을지도 모른다.

산업 효율의 향상 덕분에 적은 노동으로 생계 수단을 확보할 수 있게 되자, 사회의 산업노동자들은 에너지를 좀 더 편안한 수준으로 낮추기 보다는 오히려 과시적 소비의 높은 성과를 내는 데 에너지를 쏟게 된다. 산업 효율이 향상되면 긴장감이 경감될 수 있다지만 사실 긴장감은 경감되지 않는다. 생산의 증가량은 일반적으로 경제 이론상 고차원적 욕구나 정신적 욕구에서 비롯된 과시적 소비 예법에 따라 무한정 확대되는 과시적 소비 욕구를 충족시키는 데 전용된다. 존 스튜어트 밀이 "지금까지 발명된 모든 기계들이 과연 인간의 일상적인 노고를 덜어 주었는지 의문이다"라고 말할 수 있었던 것도 생활 기준에 과시적 소비라는 요소가 존재하기 때문이다.

한 사람이 속한 공동체나 계급에서 공인된 소비 기준은 주로 그 사람의 생활 기준이 어떤 정도일지를 결정한다. 이 소비 기준은 개인이 습관적으로 이 기준을 주시하고 이에 맞는 생활양식을 받아들이게 해서 상식적으로 옳고 좋은 것이라는 인식을 갖게 한다. 그렇게 소비 기준은 개인의 생활 기준을 직접 결정한다. 그러나 소비 기준은 멸시와 배척을 당하지 않기 위해서 적절한 관례로 공인된 소비 규모를 따를 것을 널리 전파시키는 간접적인 방식으로 대중의 생활 기준을 결정하기도 한다.

유행하는 생활 기준을 수용하고 그에 따라 생활하는 것은 일반적으로 개인의 안락과 인생의 성공에 필수적인 것이라 해도 좋을 만큼 기분 좋고 적절한 일로 여겨진다. 어떤 계급의 생활 기준도 과시적 낭비의 요소에 관한 한, 일반적으로 그 계급의 소득 능력이 허용하는 만큼 높으며 꾸준히 높아지는 경향을 보인다. 그러므로 생활 기준이 남자들의 진지한 활동에 미치는 영향은 남자들이 가능한 한 많은 부를 획득하려는 목적에 몰두하게 만들고 금전적으로 이득이 없는 일을 거부하게 만든다. 동시에 생활 기준이 소비에 미치는 영향은 추구하고 있는 훌륭한 명성을 구경꾼들에게 뚜렷이 과시하고자 하는 방향으로 소비를 집중하게 한다. 반면 시간이나 자산의 명예로운 소비와는 무관한 성향과 습성의 발현은 배척되어 중지되는 경향을 보인다.

이처럼 과시적 소비를 위한 차별화로 인해 대부분의 계급의 가정생활은 남들의 시선 앞에 공개되어 노출된 부분의 화려함에 비해 상대적으로 초라할 수밖에 없다. 차별화의 부수적인 결과로 사람들은 자신의 사생활을 남의 눈으로부터 숨기는 습관을 갖게 된다. 비난을 받지 않고 비밀리에 할 수 있는 소비에 관한 한 사람들은 이웃들과의 모든 접촉을 기피한다. 그리하여 산업적으로 발달한 대부분의 사회에서는 사람들이 각자의 가정생활에 대해서 배타적 권리를 내세우게 되었다. 또한 훨씬 더 간접적인 파생적 결과로 모든 사회에서 상류계급의 예법의 커다란 특징인 프라이버시와 감정을 드러내지 않는 냉담함이 생겨나기도 한다. 명예로운 소비의 필요조건이 절실한 계급의 출생률이 낮은 것 역시 과시적 낭비에 기반을 둔 생활 기준에 절실하게 적응하고자 한 것에서 기인한다. 자식 하나를 명예롭게 키우는 데 필요한 과시적 소비와 그에 따른 증가 비용은 엄청나므로 과시적 소비를 강력하게 억제하는 역할을 한다. 이처럼 비용의 증가는 아마도 맬서스^{Thomas Robert Malthus}의 신중한 억제[01] 중에서 가장 효과적인 것이다.

육체적인 안락과 생계유지에 필요한 소비 가운데 상대적으로 눈에 띄지 않는 요소를 축소한다는 점에서, 또한 자녀가 적거나 없다는 점에서 생활 기준의 요소가 미치는 효과는 아마 학문 연구에 종사하는 계급에게서 가장 잘 찾아볼 수 있을 것이다. 계급의 생활 특징이라 할 수 있는 천부적 재능과 학식은 탁월하고 희소한 것으로 여겨지므로, 이 계급은 관습적으로 자신들의 금전적인 지위가 보장하는 위치보다 더 높은 사회적 지위에 설 수 있다. 따라서 그에 부응해 체면 유지에 필요한 소비 규모가 높이 정해지고, 그 결과 생활의 다른 목적을 위한 소비의 여유는 대단히 줄어든다. 주변 환경에 힘입어 이런 소비 문제에서 무엇이 좋고 옳은가에 대한 이 계급의 관념적 기준은 물론이고 학자들의 금전적 체면에 대한 사회의 기대치는 명목상 자신들과 사회적으로 동등한 비非학계에 속한 계급에 비해 지나치게 높다. 이는 이 계급의 부와 소득 능력을 일반화해서 평가하기 때문이다. 학문적인 직업을 성직자들이 독점할 수 없는 현대사회에 학문 연구를 업으로 하는 사람들은 필시 경제적으로 자기들보다 우월한 계급과 접촉할 수밖에 없다. 이러한 상류 계급들 사이에 성립된 금전적인 체면 유지의 높은 기준은 엄격한 규칙이 거의 완화되지 않은 채 학자계급에 주입된다. 그 결과 현대사회에서 학자계급만큼 소득의 큰 몫을 과시적 낭비에 소비하는 계급은 없다.

---

01 영국의 고전주의 경제학자 토머스 로버트 맬서스는 주저인 『인구론An essay on the principle of population』에서 인구 급증을 막는 방법으로 출산율을 낮추는 '예방적 억제'와 그렇지 않을 경우 뒤따를 수 있는 전쟁, 기근, 전염병으로 사망률이 높아지는 '적극적 억제'를 들었다.

6장
금전상의 취향 규범

이미 여러 번 지적한 바 있듯이, 소비를 규정하는 규준은 일반적으로 과시적 낭비의 필요조건이지만, 어떠한 경우에서든 소비자의 행동 동기가 이처럼 빤하고 순진한 형식의 원리라고 이해해서는 안 된다. 일반적으로 소비자의 소비 동기는 확립된 관습을 따르고자 하는 소망, 거슬리는 남의 이목과 평판을 피하고자 하는 소망, 그리고 소비재의 종류, 양, 품질의 선택은 물론이고 품위 있는 일에 시간과 노력을 투자하는 일 역시 공인된 체면 유지 규범을 따라하려는 소망이다. 일반적으로 규범적 관습에 대한 이러한 관념이 소비자의 동기 속에 존재하며 직접적인 강제력을 발휘한다. 특히 타인의 시선 앞에서 행해지는 소비라면 더욱 그렇다.

남들의 눈에 전혀 띄지 않는 소비품들에서도 규범적인 낭비의 요소를 상당히 많이 볼 수 있다. 예컨대 속옷, 식품, 주방 용품, 그 외 과시보다는 편익을 목적으로 제작된 가재도구들이 그런 소비품이다. 이와 같은 실용적인 물품들을 면밀히 살펴보면, 그 상품의 가격을 올리고 상품성을 높이지만, 표면적으로 편익을 위해 고안된 물질적 목적에 부합할 만큼 실용성을 높이지는 못하는 특징들을 발견할 수 있다.

과시적 낭비 법칙의 선택적 감시 아래 재화를 소비하고 시간과 노력을 투입할 때, 소비자를 사치와 낭비의 기준에 구속시키는 효과를 발휘하는 공인된 소비 규범의 규칙이 발생한다. 이러한 규범적인 관습의 발생은 경제생활에 직접적인 영향을 미칠 뿐만 아니라 다른 방면의 행동에도 간접적이고 우회적인 영향을 미친다. 특정 방면의 생활 표현에 관한 사고 습관은 다른 방면의 생활에서 무엇이 좋고 옳은가에 관한 습관적인 견해에도 불가피하게 영향을 미친다. 한 개인의 의식적인 생활의 본질을 형성하는 사고 습관들이 유기적으로 복합된 체계에서는 경제적 이익이 모든 다른 측면의 이익과 분립되어 있지 않고 완전히 별개의 것도 아니다. 예들 들어 앞서 이미 언급했듯이 어떤 특정한 이익은 명성(획득) 규범과 관련성이 있을 수 있다.

과시적 낭비의 원리는 훌륭하고 명예로운 생활이나 명품 따위를 보는 안목에 대한 사고 습관을 형성시키는 일을 주도한다. 그렇게 함으로써 이 원리는 금전적인 명예의 규칙과는 주로 관계가 없으나 직접적 혹은 부수적으로 어느 정도 경제적 의미를 지닌 다른 행동 규준에 저항할 것이다. 이런 점에서 명예로운 낭비의 규범은 의무감, 미적 감각, 효용에 대한 감각, 믿음이나 의례의 타당성에 대한 감각, 진리에 대한 과학적 감각 등에 직간접적으로 영향을 미칠 수 있다.

명예로운 소비의 규범이 습관적으로 도덕적 행위 규범을 가로막는 특별한 경우와 방법에 관해서 여기서 논의할 필요는 없다. 이 문제는 공인된 도덕률에서 이탈하는 행위를 감시하고 경고하는 것을 임무로 삼고 있는 사람들이 크게 주목하고 예증했던 문제이다. 사유재산 제도가 사회생활을 지배하는 경제적, 법적 특징으로 자리 잡은 현대사회에서 도덕률의 뚜렷한 특징들 가운데 하나는 신성불가침의 재산권이다. 사유재산을 신성시하는 습관이 과시적 소비를 통한 명성 획득을 위해 부를 추구하는 다른 습관에 의해 부정된다는 명제를 굳이 강조하거나 그 명제에 대한 동의를 구하고자 예증할 필요는 없다. 대부분의 재산권 침해, 특히 중대한 침해는 이러한 명제의 논리에 포괄된다.

재산권 침해로 막대한 재산을 취득한 경우 침해자는 소박한 도덕률만을 위배했을 뿐이라는 이유로 극한 형벌이나 비방을 받지 않는 일이 흔히 일어난다. 범법 행위로 막대한 부를 취득한 도둑이나 사기꾼은 좀도둑보다 준엄한 형벌을 면할 가능성이 더 높다. 그리고 이들 도둑이나 사기꾼은 불린 부를 이용하고 부정하게 취득한 재산을 품위 있게 소비함으로써 훌륭한 명성을 얻기 마련이다. 부정하게 취득한 재산을 품위 있게 소비한다면, 교양 있는 예절 감각을 지닌 사람들의 공감을 매우 효과적으로 얻을 수 있으며, 보기에도 부정하게 부를 쌓은 자의 부도덕성을 완화시켜 주기까지 한다.

또한 좀 더 요점에 다가가 보면, 재산권 침해 행위의 동기가 아내와 자식들에게 "남부럽지 않은 버젓한" 생활양식의 수단을 줄 만한 가치가 있는 동기일 경우엔, 우리가 범법 행위를 너그럽게 봐주는 경향이 있다는 사실은 주목할 만하다. 만일 아내가 "온갖 호사를 누리며 자랐다"는 사실이 추가되면 그 점은 부가적인 정상참작 사유로 인정된다. 즉, 재산권 침해 행위가 범법자의 아내로 하여금 경제적 체면 유지 기준의 요구에 맞게 시간과 물질을 남편을 위해 대리 소비할 수 있게 하려는 목적에서 범한 명예로운 범죄라면 너그럽게 봐주는 경향이 있다는 것이다. 이런 경우 익숙해진 과시적 낭비를 인정하는 습관은 소유권 침해를 비난하는 습관을 부정하고 때로는 신상필벌의 원칙을 깨뜨리는 수준에까지 이르게 된다. 명예로운 범법 행위가 눈에 띌 정도로 뚜렷한 약탈이나 해적 행위의 요소를 지니고 있는 경우에는 특히 그렇다.

여기서 이 주제를 더 이상 추적할 필요는 없을 것이다. 그러나 신성 불가침의 소유권 개념과 밀접하게 연결된 모든 중요한 도덕의 실체는 그 자체가 부를 숭상하는 전통적 가치의 심리적 침전물이라 해도 결코 틀린 말이 아닐 것이다. 그리고 이처럼 신성시되는 부는 주로 과시적 소비로 얻는 훌륭한 명성 때문에 가치가 있다는 점도 덧붙여야 한다. 과학적 정신이나 지식의 탐구와 경제적인 체면 유지의 관계는 다른 장에서 상세히 다룰 것이다. 또한 경제적 체면 유지와 관련된 신앙과 의례의 가치와 타당성에 대한 관념도 여기서 언급할 필요는 없을 것이다. 이 주제도 다음 장에서 부수적으로 다룰 것이다. 그러나 신성한 것들 중에서 무엇이 옳고 가치가 있는가에 대한 대중적인 취향을 형성하는 데 명예로운 소비의 관습이 미치는 영향에 대해서 언급할 것은 많다. 그에 따라 평범한 종교 의식 및 관념과 과시적 낭비의 원리 사이의 관계도 언급할 수 있을 것이다.

분명히 과시적 낭비의 규범은 경건한 소비라고 불리는 대부분의 것들에도 적용될 수 있다. 예컨대 종교적 건축물, 제의祭衣, 기타 유사한 종류의 물건의 소비가 그렇다. 신神은 손으로 건립하지 않은 사원을 좋아한다고 여기는 현대 종파에서조차 성전과 기타 소품들은 명예로운 낭비적 소비를 목적으로 건립되고 장식된다. 사치스럽고 웅장한 사원이 신도의 마음을 대단히 고양시키고 안정시키는 데 영향을 미친다는 사실을 납득하고자, 관찰이나 성찰을(어느 쪽이든 다 도움이 되겠지만) 할 필요는 없다. 신성한 장소 주변에 널려 있는 빈곤과 불결함의 흔적이 그것을 바라보는 모든 사람들에게 비참한 수치감을 심어 준다는 사실을 숙고해 보는 것도 그와 같은 사실을 이해하는 데 도움이 될 것이다. 어떠한 종교 의식에 쓰는 부속물이든 금전상으로 나무랄 데가 없어야 한다. 미학적인 관점이나 기타 유용성의 관점에서 이러한 부속물의 허용 범위가 어떻든 간에 이 요구 조건은 피할 수 없다.

또한 모든 사회에서, 특히 주거가 갖는 금전적인 체면 유지 기준이 높지 않은 지역에서는 지역 교회나 사원의 건축 양식이나 장식이 신도들의 주택에 비해서 훨씬 더 화려하고 과시적인 낭비의 성격을 띤다는 사실은 주목할 만하다. 이러한 경향은 기독교도나 비기독교도를 막론하고 거의 모든 교파나 종파에서 나타나지만 특히 좀 더 유서 깊고 성숙한 종파에서는 더욱 강하게 나타난다.

동시에 교회나 사원은 일반적으로 신도들의 육체적 안락에는 거의 기여하지 못한다. 사실상 성소는 신도들의 초라한 주택보다도 신도들의 육체적 행복에 그다지 크게 기여하지 못한다. 그뿐만 아니라, 사람들은 교회나 사원을 위해 돈을 지출할 때면 언제든, 신도들의 안락에 기여할지도 모르는 것은 무엇이 됐든 명시적으로 있어서는 안 된다는 진선

미에 대한 올바른 계몽적 관념이 있다고 생각한다. 만일 안락이라는 요소가 교회나 사원의 부속 시설에 허용된다면, 적어도 용의주도하게 은폐되거나 금욕이라는 가면을 써야만 한다.

오늘날 아낌없이 엄청난 비용을 들여 건립한 가장 유명한 교회에서는 금욕의 원칙에 따라 특히 부속 시설을 겉보기에 금욕적 고행의 수단으로 활용하기까지 한다. 종교의 경건한 소비에 관해 예리한 심미안을 갖고 있는 사람들 중에 금욕적 낭비의 고통을 본질적으로 옳고 훌륭한 것이라고 받아들이지 않는 사람은 거의 없다. 경건한 소비는 대리 소비의 성격을 띤다. 경건한 금욕의 규범은 과시적 낭비의 금전적인 명성에 근거하며, 대리 소비는 대리 소비자의 안락에 명시적으로 기여해서는 안 된다는 원리가 금욕의 규범을 뒷받침한다.

성소에 모신 성인이나 신이 자신들에게 투영된 사치스러운 취향을 충족하기 위해 존재한다고 여기지도, 그 충족을 위해 재산을 마음대로 쓸 수 있다고 여기지도 않는 모든 종파의 성소(교회나 사원)와 부속 시설들은 이처럼 금욕적인 성격을 지닌다. 그러나 신의 생활 습관이 세속의 가부장제 권력자의 생활 습관에 훨씬 더 가까운 종파에서는 신이 스스로 소비품을 사용할 수 있다고 여겨진다. 그런 점에서 이 종파는 신성한 부속물의 성질이 좀 다르다. 성소와 그 부속 시설들은 세속적인 주인이나 소유주가 과시적으로 소비하게 될 재화의 양식에 더 가까운 것이다. 반면에 성구聖具가 단지 종교 의식에만 사용되는 경우에는, 즉 신의 종에 의해 대리 소비되는 경우 신성한 재산은 오직 대리 소비용으로만 존재하는 재화에 적합한 성격을 지닌다.

여기서 성소와 성구는 대리 소비자의 안락하고 풍족한 생활을 증진시키기 위해 고안된 것도 아니고, 그런 것들의 소비 목적이 소비자의 안락이라는 인상을 주기 위해 고안된 것도 아니다. 대리 소비의 목적은 소비자의 풍족한 생활을 증진시키는 것이 아니라 소비를 통해서 주인의 금전적인 명성을 높이는 것이기 때문이다. 그래서 성직복은 유난히 비싸고 화려하고 불편하다. 반면 신의 종인 성직자가 '신과 함께하는 일원의 자격으로 신에게 봉사하는 자'라는 걸 인정하지 않는 종파의 성직복은 간소하고 질박하다. 그런 종파는 성직복이 마땅히 그래야만 한다고 여긴다.

품위 있는 사치의 경건한 기준을 확립할 때만 낭비의 원리가 의례적 유용성의 규준이 속한 영역을 침범하는 것은 아니다. 낭비의 원리는 의례의 수단과 방법에도 영향을 미치고, 또한 대리 소비와 대리 유한 활동을 낳기도 한다. 성직자가 취해야 할 최선의 태도는 초연하고 여유롭고 무심한 태도여야 하며, 감각적인 쾌락을 유발시키는 것들에 더럽혀지지 않아야 한다. 이것은 물론 정도의 차는 있지만 모든 종파와 교파의 성직자에게 요구되는 태도이다. 그러나 신을 의인화한 모든 종파에서는 성직 생활에서 시간의 대리 소비라는 특징이 나타난다.

이와 동일한 보편화된 대리 유한활동의 규범은 경건한 종교 의식의 외적인 세부 내용에도 확연히 드러난다. 규범은 모든 구경꾼들의 눈에 명확히 보일 수 있도록 나타내기만 하면 된다. 모든 의식은 신앙 형식의 시연으로 환원되는 뚜렷한 경향이 있다. 신앙 형식의 발전 경향은 상대적으로 성숙해 있고, 성직 생활과 성직복이 보다 더 금욕적이면서도 장식적이고 엄격한 종파에서 아주 확연히 나타난다. 하지만 이러한 신앙 형식은 성직자, 제의祭衣, 성소에 대한 양식이 그리 엄격하지 않은 신흥 종파의 예배 형식과 방법에서도 찾아볼 수 있다. 예배("예배"란 말은 논의되는 문제의 중요성을 상기시킨다)의 시연은 종파가 유서 깊고 일관성을 갖춰 감에 따라 더욱더 형식화되고, 시연의 형식성은 적절한 종교적 취향에 들어맞는다.

거기에는 충분한 이유가 있다. 예배의 시연이 형식을 갖추고 있다는 사실은 하인(성직자)들이 행하는 실질적으로 유익한 봉사의 세속적인 필요성 이상으로 하인(성직자)들의 봉사를 받는 주인(신)을 격상시킨다는 것을 예리하게 알려 주기 때문이다. 하인들은 맡은 일 말고는 아무 일도 하지 않는 자들이며, 결국 하인들이 이익을 남기지 않기 때문에 주인에게 명예로움이 돌아가는 것이다. 이런 점에서 성직과 하인의 직무 사이에 밀접한 유사성이 있다는 사실은 지적할 필요도 없다. 어느 경우이건 봉사는 형식적인 수행일 뿐이라고 하는 봉사의 명백한 형식성을 인식하는 것은 이런 문제에서 무엇이 타당한지를 감지하는 우리의 정서에도 딱 들어맞는다. 성직자는 직무를 수행하는 과정에서 직분을 능숙하게 처리할 수 있는 능력을 암시하는 듯한 민첩함이나 능란한 솜씨를 내보여서는 안 된다.

물론 이 모든 것들에는 금전적인 명성 규범의 전통 아래 살고 있는 신도들이 신에게 귀속시키는 기질, 취향, 성향, 생활 습관에 관한 명백한 함축적 의미가 존재한다. 과시적 낭비의 원리는 남자들의 보편적인 사고 습관을 통해 신에게 복종하는 인간과 신의 관계 및 신에 대한 신도들의 관념에 영향을 미쳤다. 소박한 종파일수록 과도한 금전적 미덕의 특성을 뚜렷이 보이지만 이와 같은 특성은 어디에서나 볼 수 있다.

문화 단계나 계몽 정도와는 상관없이 사람들은 모두 자신들이 믿는 신의 인격 및 습관적 환경에 관한 믿을 만한 정보가 현저히 부족한 상황을 보충하고 싶어 한다. 사람들은 상상력을 동원해 신의 존재와 생활양식의 이미지를 풍부하게 그려 내고자 이상적인 훌륭한 남자의 특징들을 신에게 습관적으로 부여한다. 그리고 신과의 영적인 교감을 추구할 때는 접근 방법과 수단을 당시 남자들이 믿는 이상적인 신과 가능한 한 동화시킨다. 신은 공인된 방법에 따라, 신성과 특별히 공명한다고 대중이 생각하는 어떤 물질적 환경을 동반하여 가장 우아하고 강렬하게 현존하기 시작하는 것으로 여겨진다. 물론 사람들은 대체로 (위엄 있어 보이는 모든 영적 교감에서) 본질적으로 가치 있고 아름답다고 생각하는 인간의 태도나 환경이 영적 교감에 부합하는 이상적 태도와 용품이라고 받아들인다.

이런 점에서 명성의 금전적 기준이 실재함을 보여주는 모든 증거를 금전 경쟁의 밑바탕에 깔린 규범으로 직접적이고도 과감하게 재검토함으로써 종교의 경건한 태도를 분석하려는 오류를 범할 수 있다. 또한 일반적인 인식처럼, 대중들은 금전적으로 열등한 존재라는 단순한 이유 때문에 신을 금력이 높은 지위를 선망하는 존재로, 누추한 상황과 환경을 기피하고 멸시하는 습성을 가진 존재로 보는 오류도 범할 수 있다.

아울러 모든 상황을 고려해볼 때, 금전적인 명성의 규범은 신의 속성에 대한 우리의 관념뿐만 아니라 신과 영적 교감을 하는 데 적합하고 적절한 방법과 상황이 무엇인지에 대한 우리의 관념에도 직간접적으로 커다란 영향을 미치는 듯 보인다. 신은 유난히 평온하고 여유로운 생활습관을 지니고 있어야만 한다고 생각된다. 그리고 경건한 설교자는 신도들을 종교적으로 교화시키거나 경건한 환상에 호소하고자 시적 상상력을 동원해 신의 거처를 묘사할 때면 으레 신도들의 상상력 앞에 풍요와 권능을 상징하는 수많은 휘장과 수많은 사도들에 둘러싸인 성좌를 내세운다. 그처럼 흔히 신의 거룩한 거처를 묘사할 때, 사도들의 직무는 일종의 대리 유한활동이라 할 수 있다. 사도들은 자신들이 칭송하는 신의 특성과 공훈을 (산업적인 면에서) 비생산적으로 시연하는 데 대부분의 시간과 노력을 소비하기 때문이다.

신의 거룩한 거처의 배경은 귀금속과 온갖 값비싼 보석들의 광채로 가득하다. 종교의 경건한 환상이 우둔하게 표현될 경우에는 금전 규범이 종교의 경건한 이상을 극단적인 수준까지 침해하기에 이른다. 이 극단적 사례가 남부 흑인들의 종교적 심상에서 나타난다. 남부 흑인들의 설교자는 황금보다 싼 것에는 어떤 것에도 몸을 굽힐 수 없다. 이처럼 금전의 미덕을 강조하는 일은 황금색에 놀라운 효과를 부여한다. 소박한 취향을 가진 사람일수록 그런 효과를 침기 어려울 것이다. 그러나 성당한 성구聖具에 대한 남자들의 관념을 선도하는 의례적 타당성의 이상을 보충하기 위해, 금전적 가치의 이상을 받아들이지 않았던 종파는 거의 없을 것이다.

마찬가지로 신의 종인 성직자는 산업적으로 생산적인 노동을 해서는 안 된다고 여기고 그런 정서에 따라 행동하게 된다. 또한 신이 머무는 곳이나 성소의 경내에서는 인간에게 유용한 어떠한 종류의 일도, 어떠한 작업도 해서는 안 된다. 아울러 신이 머무는 곳에 오는 사람이면 누구나 옷과 몸에서 모든 세속적이고 산업적인 노동의 성격을 띠는 것을 깨끗이 털어내야 하고, 옷은 평상복보다 훨씬 더 비싼 의복을 갖춰 입어야만 한다고 여긴다. 뿐만 아니라 신을 기리고 신과의 영적 교감을 하도록 정해진 휴일에는 누구도 인간에게 유용한 일을 해서는 안 된다고 생각하고 그 정서에 따라 행동한다. 성직자와는 거리가 먼 속인도 일주일에 하루는 대리 유한활동을 이행해야만 한다.

이처럼 종교 의식 및 신과의 관계에서 무엇이 적합하고 타당한지에 무지한 남성들이 드러내는 의식에서 보듯, 금전적인 명성의 규범이 경건한 종교적 판단에 미치는 영향력은 직접적이든 간접적이든 분명히 존재한다.

명성의 규범은 소비재의 아름다움이나 실용성에 대한 대중의 감각에도 비슷한 정도로, 아니 훨씬 더 광범위하고 결정적인 영향을 미쳐 왔다. 금전적인 체면 유지의 필요조건은 실용품이나 예술품의 아름다움과 실용성에 대한 감각에 지대한 영향을 미친다. 물품들은 과시적으로 낭비되는 특성 때문에 애용되는 경향이 있다. 그리고 표면적인 용도에는 적합하지 않고 낭비적인 성격이 강할수록 더욱더 효용 가치가 있는 물품으로 여겨진다.

아름답다는 이유로 가치 있게 평가되는 물건의 효용성은 비싼 가격에 크게 의존한다. 가정용품의 예를 보면 이러한 의존 관계를 분명히 알 수 있다. 값이 10~20달러 되는 수제 은 스푼은 제품의 일차적인 의미에서, 흔히 기계로 만든 은 스푼보다 실용성이 더 높다고 할 수는 없다. 오히려 알루미늄과 같은 "저급한" 금속으로 만든 10~20센트짜리 기계제 스푼보다도 실용성이 떨어질지도 모른다. 수제 은 스푼은 표면적인 목적으로 볼 때 사실상 기계제 은 스푼보다 실용성이 떨어진다. 문제를 이런 관점에서 본다면 값이 더 비싼 스푼의 주된 용도 중의 하나—주된 용도가 하나뿐이 아니라면—가 간과되고 있다는 반론이 당연히 제기될 것이다. 수제 스푼은 우리의 취향과 미적 감각을 만족시키는 반면에, 저급한 금속으로 만든 기계제 스푼은 야만적인 효용 말고는 아무 소용도 없다는 주장이 제기될 수도 있다. 반론이 제기하듯 그 사실은 의심의 여지가 없어 보이지만, 깊이 생각해 보면 반론은 결정적인 주장이기보다는 그럴듯한 논리에 지나지 않는다는 것이 명백해질 것이다. 다음과 같이 얘기할 수 있을 것이다.

(1) 두 가지 스푼의 상이한 재료는 각각 사용 목적에 맞는 미와 실용성을 갖추고 있으나, 수제 스푼의 재료는 저급한 금속에 비해 표면의 결이나 색깔의 고유한 미가 아주 월등히 뛰어나다고 볼 수는 없고 기계적 실용성도 월등히 우수하다고 볼 수 없지만, 가격은 100배나 비싸다. (2) 수제라고 말하는 스푼을 자세히 검사해보니, 사실은 교묘한 모조품으로, 전문가의 정밀한 감정 없이는 누구라도 선과 표면이 수제와 똑같다는 인상을 받을 만큼 아주 솜씨 있게 만든 모조품에 지나지 않는다는 사실이 밝혀진다면 사용자가 그 제품을 아름다운 대상으로 감상하는 것에서 얻는 만족감을 감안하더라도, 제품의 효용은 즉시 80~90퍼센트, 혹은 그 이상 저하되고 말 것이다. (3) 만약 두 개의 스푼이 매우 치밀한 감정 전문가의 감정에도 불구하고 차이를 찾지 못할 만큼 외관상 거의 동일하게 보여, 모조품의 무게가 가볍다는 점을 알아내는 방법만이 차이를 밝혀낼 수 있다고 해보자. 그러면 값싼 스푼은 희귀품이 아닐뿐더러, (아주 적은 비용으로 구입할 수 있다면) 형태와 색상이 수제 스푼

과 똑같다고 해서 기계제 스푼의 가치를 높이지도 못할 것이고 사용자가 그 제품을 보며 느끼는 "미적 감각"의 만족도를 크게 향상시키지도 못할 것이다.

스푼은 전형적인 사례이다. 값비싸고 아름답다고 여겨지는 물건을 사용하고 감상하는 것에서 얻는 우월한 만족감은 보통 미를 명분으로 내세워 은폐한 고가품에 대한 만족감이다. 뛰어난 물건을 높이 평가하는 것은 아름다움에 대한 순수한 평가라기보다는 흔히 이 물건의 뛰어난 명성에 대한 평가라 할 수 있다. 과시적 낭비의 필요조건은 보통 의식적으로는 우리의 취향 규범에 나타나지 않지만, 그럼에도 우리의 미에 대한 감각을 선택적으로 형성하고 유지시키며, 합리적으로 아름다운 것으로 인정되는 것과 그렇지 못한 것을 구별하는 우리의 판별 능력을 선도하는 강제 규범으로 존재하고 있다.

이렇게 볼 때 어떠한 구체적인 사례에서 실용성과 낭비성의 구별이 어려운 경우는 아름다운 것과 명예로운 것이 혼합되어 있는 경우다. 과시적 낭비의 명예로운 목적에 이바지하는 물건이 동시에 아름다운 물건인 경우도 흔히 있다. 그리고 노동은 과시적 낭비의 명예로운 목적에 맞게 물품에 효용성을 부여함과 동시에, 물품에 형태와 색상의 아름다움을 부여할 수 있고 실제로 종종 이런 일이 발생하기도 한다.

보석이나 귀금속을 비롯한 여러 장식 및 치장용 물건들이 그렇듯, 많은 사물들은 먼저 아름다운 사물로서의 효용성 때문에 과시적 낭비품으로서의 효용성을 갖게 되기에 문제는 더욱 복잡해진다. 예컨대, 금은 고도의 감각적 아름다움을 지니고 있고, 높이 평가받는 미술 작품은 대다수는 아니지만 상당수가—흔히 재료는 제한적이지만—본질적으로 아름답다. 옷감과 풍경화를 비롯해 그 외의 많은 경우들도 정도는 약하지만 마찬가지이다. 이들 물건 자체에 고유의 아름다움이 없었다면 이토록 사람들이 탐내는 대상이 되지도 못했고, 소유자와 사용자들의 자랑스러운 독점물이 되지도 못했을 것이다. 그럼에도 이들 물건이 소유자에게 유용한 이유는 일반적으로 물건이 본질적으로 아름답다는 데 있기보다는 오히려 물건을 소유하고 소비함으로써 명예를 얻을 수 있거나 불명예를 피할 수 있다는 데 있다.

다른 관점에서 본 유용성은 별개의 문제로 하더라도, 이러한 대상들은 아름다우며, 전유되고 독점될 수 있기 때문에 가치가 있다는 효용성을 지닌다. 그렇기 때문에 탐욕의 대상이 되고, 이 물건을 독점하여 향유하는 것은 소유자의 미적 감각을 충족시킴과 동시에 소유자의 경제적 우월감을 충족시킨다. 그러나 순수한 의미에서 그 대상의 아름다움이 독점이나 상업적 가치의 근거가 되기보다는 오히려 독점하고 있고 상업적 가치가 있기 때문에 아름다운 것이다. "보석의 감각적인 아름다움이 아무리 대단해도 사실 싸구려였다면, 얻을 수 없는 보석만의 차별적인 특색을 더해 주는 것은 희소성과 높은 가격이다." 사실 일반적으로, 과시적 낭비품을 소비함으로써 얻을 수 있는 명예의 성격을 제외하면, 보석과 같은 아름다운 물건을 독점적으로 소유하고 사용하고자 하는 동기는 비교적 약하다.

일부 개인적인 장신구를 제외하면 보석과 같은 일반적인 종류의 장신구는 대부분 그것에 눈독 들이는 사람이 소유하든 소유하지 못하든 명예 이외의 다른 모든 목적에도 똑같이 기여할 것이다. 그리고 개인적인 장신구 역시 장신구를 가질 수 없는 사람들과 비교해서 이를 착용한 사람(혹은 소유자)에게 명예심을 심어주려는 데 그 목적이 있다는 사실을 덧붙일 필요가 있다. 아름다운 물건의 심미적 유용성은 물건을 소유한다고 해서 크게 높아지지도, 일반적으로 높아지지도 않는다.

지금까지의 논의를 일반화해 보면, 어떠한 가치 있는 물건이라도 우리의 미적 감각에 호소하려면 미적 필요조건과 높은 가격의 필요조건을 동시에 충족시켜야 한다. 하지만 이것이 다가 아니다. 이밖에도 고가의 규정은 우리가 물건을 평가할 때 고가의 상표와 물건의 아름다운 특징들을 떼려야 뗄 수 없게 하나로 결합시키고, 여기서 나온 결합 효과를 단순히 미의 평가라는 항목에 적용시킴으로써 우리의 취향에도 영향을 미친다. 고가 상표는 고가품의 아름다운 특징으로 인식되기에 이른다. 상표는 명예로운 고가의 표시로 만족감을 주며 그렇게 얻은 기쁨은 물건의 아름다운 형태와 색깔이 주는 기쁨과 혼합된다. 그에 따라 이를테면 어떤 의상의 심미적 가치를 꼼꼼히 따졌을 때 거의 모든 근거들이 그 의상이 금전적으로 명예롭다는 사실을 밝혀 줄 경우에 우리는 옷을 "흠잡을 데 없이 아름답다"고 공언하는 것이다.

이처럼 고가라는 요소와 아름다움이라는 요소의 결합과 혼합은 아마 의복과 가구에서 가장 좋은 예를 찾아볼 수 있을 것이다. 의복과 관련한 명성의 규칙은 어떤 의복의 모양, 색상, 재료, 일반적인 효과 등이 시대의 요구에 부합하는 것으로 받아들여질 수 있는지를 결정한다. 그리고 이 규칙을 벗어나는 것은 우리의 취향에 거슬리고 미학적인 진실을 위배하는 것으로 간주된다.

유행하는 의복을 구경하고 인정하는 일을 결코 단순한 허식으로만 볼 수는 없다. 우리는 기꺼이, 그리고 우리 중 대부분은 진심으로 유행하는 옷들이 좋은 것이라고 생각한다. 예를 들어, 유행하는 옷이 윤이 나는 고급 옷감으로 마감한, 엷은 회색 계통의 제품이면 거친 옷감에 짙은 색상의 옷은 왕왕 우리에게 불쾌감을 줄 것이다. 똑같은 고급 보닛[01]이라 하더라도 올해 모델은 작년 모델보다 오늘 우리의 감성에 훨씬 더 강하게 호소하기 마련이다. 그러나 25년이라는 세월을 두고 전망해 보면 나는 앞으로 이 모델 중 어느 쪽이 고유한 미의 영예를 차지하게 될지는 극히 어려운 문제라고 생각한다. 다시 말해, 단순히 인간의 모습과 물리적으로 대치시켜 생각해 보면, 신사의 모자나 에나멜가죽 구두의 광택이 닳아 해진 옷소매의 비슷한 광택에 비해서 본질적으로 더 아름답다고 할 수는 없을 것이다. 그럼에도 아직 (서양의 문명사회에서) 교양 있는 사람들은 모두 본능적으로, 진심으로 신사의 모자나 에나멜가죽 구두의 광택을 매우 아름다운 현상이라고 고집하고, 닳아 해진 옷소매의 광택은 모든 감각에 거부감을 줄 수 있기 때문에 기피한다는 것은 의심의 여지가 없다. 심미적인 동기 이외의 다른 동기에서 비롯된 어떤 절박한 이유가 없다면, 문명사회의 실크해트[02]와 같은 고안품을 누가 쓰고 싶어 했을지 몹시 의심스럽다.

습관적으로 더욱더 고가 물품의 상표를 눈여겨보게 되고 아름다움과 명성을 습관적으로 동일시하면서 아름답지만 값싼 물건은 아름답지 않다고 여기게 된다. 이런 이유로 예컨대 어떤 아름다운 꽃들을 관습적으로 불쾌한 잡초로 여기는 일이 생겨났다. 그리고 비교적 재배하기가 쉬운 다른 아름다운 꽃들은 비싸고 사치스러운 꽃을 살 형편이 안 되는

---

01 여자나 어린 아이가 뒤에서부터 머리 전체를 싸듯이 가려 쓰는 모자.
02 춤이 높고 둥글며 딱딱한 원통 모양에 윤기가 있는 깁으로 싸인 서양의 남성 정장용 모자.

중하층계급의 환대를 받는다. 그러나 비싼 꽃을 쉽게 살 수 있는 사람들이나 꽃가게의 꽃들 중에서 더 높은 금전적인 미를 지닌 꽃을 한눈에 알아볼 수 있는 교양을 갖춘 사람들은 중하층계급이 선호하는 종류의 꽃들을 저속하다고 배척한다. 반면에 본질적으로 이런 종류의 꽃들의 아름다움에 훨씬 못 미치는 다른 꽃들이 막대한 비용으로 재배되고 있고, 고상한 환경에서 좋고 나쁜 것을 구별할 줄 아는 안목을 기르는 교육을 받아 고급 취향을 갖춘 꽃 애호가들로부터 많은 칭송을 받곤 한다.

사회의 각 계급마다 보이는 상이한 취향의 다양성은 가구, 주택, 공원, 정원 등의 경우처럼 다른 종류의 많은 소비재에서도 뚜렷이 엿보인다. 이러한 다양한 종류의 물품에서 무엇이 아름다운 제품인가 하는 견해의 다양성은 소박한 미적 감각을 결정하는 규준의 다양성은 아니다. 심미적인 재능의 선천적 차이가 아닌 것이다. 오히려 감식가가 속한 계급의 명예로운 소비의 범주에 어떤 물건이 온당히 속할지를 결정하는 명성 규칙의 차이이다. 취향과 예술이라는 명분하에 소비자의 품격을 손상시키지 않고 소비될 수 있는 물건을 가르는 예법 전통의 차이이다. 이러한 전통들은 다른 이유로 발생하는 변화를 어느 정도 참작하더라도 해당 계급의 경제적인 생활수준에 의해 다소 엄격하게 결정된다.

계급에 따라 사용하는 물건의 금전적인 미의 규칙이 다르며, 관습적인 미적 감각의 표현 방식은 금전적 명성의 필요조건에 의해 학습되지 않은 미적 감각의 표현 방식과는 다르다는 사실을 보여 주는 많은 흥미로운 실례를 일상생활에서 찾아볼 수 있다. 이런 사례 중 하나는 바로 서양인들의 취향을 변함없이 자극하는 잘 다듬어진 잔디밭이나 정원, 공원이다. 잔디밭이나 정원, 공원은 특히 장두^{長頭} 금발 인종[03]이 대다수 인 사회의 부유한 계급의 취향에 잘 맞는다. 잔디밭은 두말할 필요 없이 단순한 감상용으로써 감각적인 미의 요소를 지니며, 의심할 여지 없이 거의 모든 인종과 계급의 시선을 단박에 사로잡는다. 하지만 틀림없이 잔디밭은 다른 어떤 인종보다도 이들 인종의 눈에 더 아름답게 보일 것이다. 다른 어떤 인종보다도 널따란 잔디밭을 높이 평가하는 것은 이 인종이 오랫동안 습윤 기후 지역에 거주하던 유목 민족이 었음을 나타내는 장두 금발 인종의 다른 기질적 특징들과 일치한다. 잘 다듬어진 잔디밭은 잘 관리된 목초지나 방목장을 바라보면서 쾌히 만족감을 느끼는 기질을 타고난 사람들의 눈에 더 아름답게 보인다.

심미적인 목적에 비추어 보면 잔디밭은 소 방목지이다. 그리고 오늘날 경우에 따라—부대 환경의 사치성이 검약에 관한 모든 비난을 차단하는 곳에서—장두 금발 인종의 전원 풍경이 잔디밭이나 사유지에서 젖소를 키우는 방식으로 복원되고 있다. 그런 곳에서 키우는 젖소는 일반적으로 값비싼 품종이다. 소를 생각하면 불가분하게 검약이라는 저속함이 연상되는데, 이런 연상은 소라는 동물을 장식적인 용도로이용하는 데 언제나 걸림돌이 될 수 있다. 따라서 검약을 연상시키지 않을 만큼 사치스러운 환경이 아니라면, 어떤 경우라도 취미로 소를 키우는 일을 피하는 게 마땅하다. 목초지를 연상시키기 위해 목축 동물을 매

<hr>

03 두개골이 길고 좁으며, 머리칼이 금발인 인종.

우 선호하는 경우에는 소 방목장에 어쩔 수 없이 사슴, 영양 혹은 외국산 동물과 같은 다소 불충분한 대용 동물을 방목하기도 한다. 대용 동물은 서양 남자의 목가적 시선에선 소처럼 아름답게 보이지는 않지만, 값이 월등히 비싸고 무용한 동물이라는 점에서 명성을 얻는 수단으로 좋기 때문에 선호된다. 이런 동물들은 현실적으로나 연상시키는 바에 있어서나 저속한 돈벌이와는 무관하다.

공원은 물론 잔디밭과 같은 범주에 속한다. 공원도 기껏해야 방목지를 모방했을 뿐이다. 공원은 물론 목초지로 유지되는 것이 가장 좋으며, 잘 가꾼 목초지를 한 번이라도 본 사람에게는 강조할 필요도 없겠지만, 풀밭에서 노니는 가축은 그 자체만으로 공원을 훨씬 더 아름답게 꾸며 줄 것이다. 그러나 대중적인 취향의 금전적인 요소를 표현하기 위해 공원을 관리하는 경우는 아주 드물다는 사실은 주목할 가치가 있다. 전문적인 관리인의 감독 아래서 숙련된 노동자가 최선을 다해 가꾸면 어느 정도 비슷하게 방목장을 모방할 수 있을 테지만 결과적으로는 목초지의 미적 효과에는 못 미칠 것이 분명하다. 하지만 가축 떼는 일반 대중들에게 검약과 유용성을 강하게 연상시키기 때문에 공공 유원지에 가축을 방목하는 것은 참을 수 없을 정도로 값싸게 보일 것이다. 이러한 유원지 관리 방법은 비교적 비용이 적게 들기 때문에 상스러워 보인다.

공원의 또 다른 양상도 동일한 일반적인 경향을 보인다. 수수함과 있는 그대로의 유용성을 가장한 허식과 결부된 사치성이 교묘히 전시된다. 개인의 정원도 중산계급의 생활 습관이나 지금은 사라져가는 세대의 어린 시절보다도 더 앞선 시기의 상류 계급 전통 아래 취향을 습득한 사람들이 관리하거나 소유한 경우에는 언제나 이와 동일한 특징을 보인다. 오늘날 상류계급의 교양 있는 취향에 맞는 정원들은 그리 뚜렷하게 특징을 보이지는 않는다. 과거 세대의 교양을 갖춘 사람들과 현재 세대의 교양을 갖춘 사람들 사이에 이처럼 취향이 다른 이유는 경제적 상황이 변했기 때문이다.

보편적으로 받아들여지는 이상적인 유원지의 관점뿐만 아니라 다른 관점에서도 비슷한 차이를 보인다. 대부분의 다른 나라와 마찬가지로 미국에서도 지난 반세기 동안 검약이 필요 없을 정도로 부를 소유한 사람은 극소수에 불과했다. 통신 수단이 불완전하였기 때문에 이런 소수의 사람들은 뿔뿔이 흩어져 있었으며 서로 제대로 접촉하지 못했다. 따라서 비경제성을 도외시한 취향을 발전시킬 만한 기반이 없었다.

이러한 현실에서 교양 있는 취향을 가진 사람들은 저속한 검약에 강한 반감을 드러냈다. 그리고 이따금씩 소박한 미적 감각이 사치스럽지 않거나 검소한 환경을 인정하는 모습을 보이는 곳 어디에서나 이와 같은 인정에 대해 "사회적 확인"을 해 줄 수 있는 비슷한 생각을 가진 사람들로 구성된 유력한 집단이 거의 없었다. 적은 비용으로 유원지를 관리할 수 있음을 보여 주는 증거를 무시할 만한 유력한 상류계급의 견해가 없었던 것이다. 따라서 유한계급과 중하류계급 사이에 이상적인 유원지의 기본 구조에 대한 견해에는 별 차이가 없었다. 두 계급은 똑같이 목전의 금전적인 악평이 두려워 자신들의 이상적인 유원지를 만들었다.

그러나 오늘날에는 두 계급이 생각하는 이상적인 유원지의 차이가 뚜렷이 나타나기 시작했다. 한 세대 내지 그 이상의 세대를 거쳐 오면서 계속해서 노동을 면제받고 돈 걱정을 하지 않아도 되었던 유한계급은 이제 취향의 문제를 놓고 의견을 형성하고 유지할 수 있을 만큼 세력이 커졌다. 유한계급 구성원들의 기동력이 향상되면서 계급 내부에서 쉽게 '사회적 확인'을 받을 수 있게 된 것이다.

이렇듯 상류계급 내부에서 검약을 면제받은 일이 너무 당연해졌기 때문에 검약의 면제는 금전적인 체면 유지를 하는 근거로서 그 효용성을 대부분 상실했다. 따라서 오늘날 상류계급의 취향 규범은 부단한 사치성의 과시와 절약에 대한 엄격한 배제를 그다지 철저하게 강조하지 않는다. 그리하여 공원과 유원지의 전원풍과 "자연적인 것"을 선호하는 경향이 사회적 수준과 지적 수준이 높은 계급에서 나타나게 된다. 이러한 선호는 대체로 제작 본능의 발로이며, 그것이 초래하는 결과는 다양한 밀도를 지닌다. 아울러 변하지 않고 그대로 있는 경우는 좀체 없다. 종종 앞서 언급한 전원풍에 대한 허식과 크게 다르지 않은 것으로 점차 선호가 변해 가기도 한다.

직접적이고 다양한 용도가 확연히 드러나 보이는 소박하고 실용적인 고안품을 선호하는 경향은 중산계급의 취향에서조차 존재한다. 그러나 이런 경향은 명예로운 무익성 규범의 부단한 지배력의 통제를 지속적으로 받는다. 그 결과 전원풍의 울타리, 다리, 정자, 누각, 기타 장식성 구조물과 같은 고안물처럼 실용성이 있는 척 가장하기 위한 다양한 수단과 방법을 만들어 낸다. 이런 위장된 실용성의 표현으로서, 아마 경제적인 미감을 자극하는 으뜸의 자극물들로부터 가장 동떨어져 있는 것은 전원풍의 철책과 격자 울타리나 평지를 가로지르는 우회 차도일 것이다.

상류 유한계급이 크게 성장하면서 적어도 어떤 점에서는 금전적인 미의 가장되고 변형된 실용성을 사용하지 않게 되었다. 그러나 최근에 유한계급에 합류한 사람들이나 중하층계급 사람들의 취향은 주로 자연적인 성장의 아름다움 때문에 찬양되곤 하는 대상들에까지 심미적인 아름다움을 보충해 줄 금전적인 미를 여전히 요구한다.

대중의 취향은 장식 정원이나 공원의 전통적인 화단을 높이 평가하는 풍조를 보면 알 수 있다. 심미적인 미보다는 금전적인 미를 앞세우는 중산계급의 취향의 좋은 실례는 최근 콜럼버스 박람회[04]를 개최하는 유원지의 개조 공사에서 찾을 수 있다. 여기서 볼 수 있듯 시각적으로 사치스러운 전시를 피해야 할 곳마저도 전부 명성을 위한 사치의 요건을 아주 거침없이 드러내고 있다. 개조 공사를 통해서 실제로 발휘될 수 있는 예술적 효과는 같은 유원지가 금전적인 취향 규범의 지배를 받지 않는 사람들의 손에 맡겨졌을 때 발휘되었을 효과와는 상당한 차이가 있다. 그리고 도시의 상류계급도 공사의 진척 상황을 전적으로 찬성하며 지켜보고 있는데, 이는 도시의 상류계급의 취향과 중하류계급의 취향의 차이가 거의 없다는 사실을 시사하는 것이다. 이처럼 진보한 금전과시 문화의 대표적인 도시에 사는 주민들의 미적 감각은 과시적 낭비라는 문화적 대원칙에서 벗어나는 것을 몹시 꺼린다.

자연에 대한 사랑 자체는 아마 상류계급의 취향 규칙에서 빌려 왔을 것이다. 그런데 상류계급의 금전적인 미 규범의 지침 아래 예기치 않은 방식으로 표현되어 분별없는 구경꾼의 눈에도 조화롭지 못한 결과를 초래하기도 한다. 예컨대 미국에서 보편화된, 나무가 없는 지역에 나무를 심는 관례는 하나의 명예로운 소비로 여겨지며 이는 수목이 울창한 지역으로까지 전파되기에 이르렀다. 그렇다 보니, 농가의 뜰 주변이나

---

04 크리스토퍼 콜럼버스의 신대륙 발견 400주년을 기념하기 위해 1893년 시카고에서 개최한 세계 박람회.

길가에 자라던 지역의 천연 수목을 베고 즉시 각종 외래종 묘목을 심는 것이 숲이 우거진 산림 지역의 마을 사람들이나 농부에게 결코 이상한 일로 보이지 않는다. 이리하여 참나무, 느릅나무, 너도밤나무, 호두나무, 솔송나무, 참피나무, 자작나무 등의 수목이 이룬 울창한 산림을 벌목하고 그 자리에 연한 재질의 단풍나무, 사시나무, 잘 부러지는 버드나무 등의 묘목을 이식하는 것이다. 돈을 아끼느라 울창한 숲의 나무들을 그대로 방치하는 것은 장식적이고 명예로운 목적에 이바지할 물건이 지니고 있어야 하는 품격을 손상시키는 일로 여겨진다.

마찬가지로 금전적인 명성이 제시하는 보편적인 취향의 지침은 동물들의 아름다움을 평가하는 일반적인 기준에서도 볼 수 있다. 일반적인 미학적 등급으로 젖소의 지위를 정할 때, 취향의 규범이 하는 역할에 대해서는 이미 언급한 바 있다. 예를 들어 농가 안뜰의 닭, 돼지, 소, 양, 염소, 마차를 끄는 말 등과 같은 다른 가축들도 공동체에 산업적으로 상당히 유용하다면 사실상 동일한 효과를 지닌 취향 지침이 적용된다. 이런 가축들은 생산재의 성질을 가지고 있으며 유용하고 종종 영리적인 목적에 이바지한다. 그렇기 때문에 가축들을 선뜻 아름답다고 할 수는 없다.

비둘기와 앵무새를 비롯한 애완용 조류, 고양이, 개, 경주마와 같은 동물처럼 일반적으로 산업적인 목적에 이바지하지 않는 가축들은 사정이 다르다. 이런 동물들은 일반적으로 과시적 소비 품목이며, 따라서 그 성질상 명예로운 것이며 아름다운 것으로 여기는 것은 합리적이다. 상류계급은 이런 동물들을 관습적으로 찬미한다. 이에 반해 경제력이 낮은 계급, 그리고 검약을 금하는 엄격한 규범을 어느 정도 저버린 일부 소수의 상류 유한계급은 아름다운 것과 추한 것 사이에 완고하고 고정된 금전적인 경계선을 긋지 않고 두 부류의 동물들 모두에게서 아름다움을 찾는다.

명예롭고 아름답다는 평판을 듣는 가축의 경우에는 꼭 언급되어야 할 부수적인 가치를 가지고 있다. 오직 비영리적이라는 성질 때문에 명예로운 부류의 가축에 속하는 조류들을 제외하면 특별히 주목할 만한 동물로는 고양이, 개, 경주마가 있다.

고양이는 개와 경주마에 비해 명성에 별 기여를 하지 않는다. 왜냐하면 고양이를 키우는 게 그다지 낭비라 할 수 없으며 심지어 고양이가 유용한 목적에 기여할 수도 있기 때문이다. 이와 동시에 고양이의 기질은 명예로운 목적에 적합하지도 않다. 고양이는 인간과 대등하게 살며, 오래전부터 가치, 명예, 명성과 관련한 모든 차별의 기반이었던 신분 관계를 전혀 알지 못하고, 자기 주인과 주인의 이웃 간의 차별적인 비교의 근거가 되어 줄 만한 역량도 없다. 이렇게 볼 때 고양이에 적용되는 마지막 원칙의 예외라면 앙골라 고양이와 같이 진기하고 특별한 품종에서 찾을 수 있다. 이 고양이는 값이 비싸다는 이유로 다소 명예로운 가치를 지니고 있으며, 따라서 금전적인 근거로 아름답다고 할 수 있는 특별한 자격을 갖추고 있다.

개는 특수한 기질을 타고 났을 뿐만 아니라 유용성이 없다는 점에서도 장점이 있다. 개는 흔히 아주 좋은 의미에서 인간의 벗이라고 일컬어지며 녀석의 지능과 충성심은 찬사를 받는다. 이것은 개가 인간의 충복으로 타고난 기질상 무조건 순종하며 노예처럼 재빨리 주인의 기분을 알아차리는 재주를 지니고 있다는 의미이다. 개는 인간과 맺고 있는 신분 관계에 아주 적합하며, 당면 목적을 위해 유용한 기질로 보아야 할 이러한 특성과 더불어 미학적 가치가 비교적 모호한 몇 가지 특성들을 가지고 있다.

개는 가축 중에서 가장 불결하고 습성이 가장 험악한 동물이다. 이런 까닭에 개는 주인에게 비굴하게 꼬리를 치며 알랑거리는 태도를 보이고, 다른 모든 사람들에게는 서슴없이 해를 입히고 불안감을 심어 준다. 그렇기 때문에 개는 우리의 지배 성향을 충족시켜 귀여움을 받는다. 또한 개는 값이 비싸고 보통 산업적인 목적에 기여하는 바가 없기 때문에 명성을 얻게 해 주는 동물로 여기는 사람들의 사고에 확고한 자리를 차지한다. 이와 동시에 개는 가치 있는 일이자 명예로운 약탈 충동의 표현이라 할 수 있는 사냥을 떠올리게 한다.

개는 이처럼 유리한 입장에 서 있기 때문에 형태와 동작의 아름다움이든 기특한 정신적 특성이든 할 것 없이 전부 관습적으로 인정되고 찬양받을 수 있을 것이다. 그렇다 보니 많은 사람들은 개 사육자에 의해 기괴한 모양으로 개량된 온갖 잡종 개들조차 아름답다고 믿게 된다. 다른 애완동물도 마찬가지지만, 이런 변종 개들은 기형이 갖는 특이한 형태의 기괴함과 불안정성에 비례하여 미적 가치가 평가되고 등급이 정해진다. 개를 키우는 직접적인 목적에 비추어 보면, 기괴한 형태와 불안정성에서 비롯된 이러한 차별적인 효용성은 더 큰 희소성과 그에 따른 높은 가격으로 환원될 수 있다. 유행하는 스타일의 남성용 애완견과 여성용 애완견과 같은 개의 기형성의 상품 가치는 높은 생산비에 달려 있고, 소유주에게 그 가치는 주로 과시적 소비품으로서의 효용성에 있다. 명예로운 낭비성을 반영함으로써 소비품에 하나의 사회적 가치가 간접적으로 투영된다. 그리하여 언어와 관념이 쉽사리 대체되어 소비품은 아름다운 것으로 찬미되고 명성을 얻는다.

이들 동물에 쏟는 관심은 결코 실리적이거나 유용한 일이 아니므로 명성을 얻는 일이기도 하다. 개와 같은 동물들에게 관심을 갖는 습관은 비난받을 리 없기 때문에, 대단히 강인한 대상 그리고 충직한 기질에 대한 습관적 애착으로 발전한다. 그러므로 애완동물에 대한 애착에는 애착 대상에 대한 감정과 선택을 유도하고 조성하는 규준으로서 다소 간접적으로 작용하는 사치의 규범이 존재한다. 곧 언급하겠지만, 인간에 대한 애착에도 이와 같은 규범이 작용한다. 하지만 규범이 작용하는 방식은 애완동물에 대한 애착의 경우와는 조금 다르다.

빠른 말의 경우는 개와 매우 유사하다. 빠른 말은 대체로 비싸거나 산업적 목적으로는 낭비적인 성격을 지니고 있고 쓸모가 없다. 사회복지를 증진시키거나 인간 생활을 보다 편리하게 만드는 측면에서 빠른 말이 가지고 있는 생산적인 효용성은 대중의 미적 감각을 만족시키는 역동적인 힘과 재주를 전시하는 형태로 나타난다. 물론 이러한 전시는 실질적으로 유용하다.

말은 개와 같은 노예근성의 정신적 기질을 타고나지 않았다. 그러나 말은 환경의 "생기 있는" 힘들을 자신에게 유용한 용도와 의사에 맞게 변환시켜 자신의 우월한 개성을 표현하고자 하는 주인의 충동에 효과적으로 봉사한다. 빠른 말은 수준의 차이는 있지만 적어도 잠재적으로는 경주마이다. 말이 주인에게 특별히 유용하려면 경주마여야 한다. 빠른 말은 주로 경쟁 수단으로서의 능력 때문에 효용성이 있다. 자기의 말이 이웃의 말을 추월하는 것은 주인의 공격성과 우월감을 충족시킨다. 여기서 효용성은 실리적인 것이기보다는 대체로 낭비적이고 과시적인 것이 분명하기 때문에 명예로운 것이다. 따라서 빠른 말에게는 명성이라는 강력한 가상적 지위가 따라온다. 게다가 본래의 경주마는 비산업적인 용도이지만 도박의 도구로서 명예로운 용도를 지니고 있다.

빠른 말은 금전적인 명성의 규범이 그 말의 아름다움이나 유용성에 대한 자유로운 평가를 정당화한다는 점에서 미적으로 행운을 타고났다. 말에 투영된 허식에는 외면적으로는 과시적 낭비의 원리가 존재하고 이면에는 지배와 경쟁을 지향하는 약탈적 습성이 존재한다.

더욱이 말은 아름다운 동물이다. 경주마 애호가 축에 끼지도 않고 경마 상금에 정신이 팔려 미적 감각을 잠시 잃어버린 부류에 속하지도 않는 사람들의 무지한 취향의 관점에서는 그리 특별히 아름다워 보이지는 않을 테지만 말이다. 소박한 취향의 관점에서 본다면 가장 아름다운 말은 사육사가 선택적으로 육성시킨 경주마에 비해 심하게 변형되지 않은 몸체를 지닌 말일 것이다. 작가나 연설가—특히 시종일관 진부한 웅변을 하는 연설가—가 수사적인 의도로 동물의 우아함과 유익함을 설명하고 싶을 때면 여전히 습관적으로 말을 예로 든다. 그리고 그들은 글을 끝내거나 연설을 마치기 전에 보통 자신이 염두에 두고 예로 든 말이 경주마라는 점을 분명히 밝힌다.

이러한 문제와 관련해 나름 적당히 교양 있는 취향을 가진 사람들 사이에서 누군가가 다양한 말과 개의 등급을 평가할 경우엔 변별력이 있는 또 하나의 명성 규범이라 할 수 있는, 유한계급의 명성 규범의 영향을 좀 더 직접적으로 받는다는 사실을 주목해야 한다. 예를 들면, 미국의 유한계급의 취향은 영국의 유한계급 사이에서 유행하는 관례와 습관을 따라서 어느 정도 형성된다. 개들에 대한 유한계급의 취향은 말에 대한 취향에 비해 범위는 좁지만 역시 같은 경향을 보인다. 말, 특히 기껏해야 낭비적인 과시의 목적에 소용되는 승용마는 일반적으로 영국산에 가까울수록 아름답다는 견해가 진실로 받아들여질 것이다. 명예로운 관습의 목적에 비추어 보면, 영국의 유한계급은 미국의 상류계급에 해당되며, 따라서 하류계급이 지향할 본보기로 여겨진다.

아름다움을 평가하는 방법을 터득할 때든 취향의 판단력을 갖출 때든 모방이 꼭 가식적인 편애로 귀결되거나 어쨌든 위선적이거나 허세적인 편애로 귀결된다고 볼 필요는 없다. 편애는 다른 근거에 의존할 때와 마찬가지로 이런 근거들에 의존할 때도 취향의 판정에 진지하며 실질적인 역할을 한다. 차이점이라면 취향은 명성을 얻는 데 걸맞다는 것이지 미학적인 진실을 위한 것은 아니라는 점이다.

짚고 넘어가자면 모방은 단순한 말의 육체에 대한 미적 감각 이상으로 확대된다. 마구와 승마술도 모방의 대상이 되기 때문에 승마의 구보뿐만 아니라 올바르거나 좋은 평판을 받고 있는 아름다운 안장이나 승마 자세도 영국식 관습에 의해서 결정된다. 금전적인 미의 규범하에서 무엇이 어울리고 무엇이 어울리지 않은지를 결정하는 상황은 때로는 우연히 일어난다. 그런 상황이 얼마나 우연히 일어날 수 있는지 밝히려면, 영국식 안장과 그 불편한 안장을 필요하게 만든 유별나게 까다로운 말의 걸음걸이는 영국의 도로가 수렁과 진창으로 뒤덮여 있을 정도로 열악했던 터라 좀 더 편한 걸음걸이로 걷는 말은 사실상 통행할 수 없었던 시대가 낳은 유물이라는 사실을 언급하면 될 터이다. 그 결과 오늘날 품격 있는 취미로 승마술을 즐기는 사람은 불편한 자세와 까다로운 걸음걸이에 꼬리를 짧게 자른 땅딸막한 말을 탄다. 왜냐하면 18세기 내내 영국의 도로들은 말다운 걸음걸이로 걷는 말이나 야생마의 고향처럼 땅이 단단하고 사방이 훤히 트인 지역에서 쉽게 움직일 수 있도록 자라온 동물은 통행할 수 없는 환경이었기 때문이다.

금전적인 명성 규범이 영향을 미치는 취향 규범이 단지 가축을 포함한 소비재에 국한된 것은 아니다. 인간의 미도 그와 유사한 영향을 받는다고 말할 수 있다. 논쟁이 될 만한 문제는 피하기 위해서, 이를테면 통속적인 전통에 따라 유복한 성년 남자를 연상시키는 당당한 (유한계급다운) 태도와 비만한 풍채를 선호할지도 모르는 대중의 편애와 금전적인 명성 규범의 관련성에 논의의 중점을 두지 않을 것이다. 이러한 특징들은 어느 정도 개인적 미의 요소로 받아들여진다. 그러나 개인적인 미의 요소들 중에는 여성미라는 요소도 있는데, 항목별로 평가받을 수 있을 정도로 대단히 구체적이고 특수한 성격을 가지고 있다. 상류계급이 여성들을 용역의 관점에서 평가하는 경제 발전 단계에 있는 사회에서, 이상적인 여성미는 튼튼하고 수족이 큰 여자라는 것이 다소 원칙처럼 되어 있다. 평가의 근거는 체격이며 용모는 부차적인 근거에 지나지 않는다. 이처럼 초기 약탈문화의 이상적인 여성미에 관해 잘 알려진 사례는 호메로스의 서사시에 등장하는 처녀들일 것이다.

이상적인 여성미는 뒤이어 등장한 사회의 발전 단계에서 변화를 겪는다. 상류계급 부인들은 관습적인 양식에 따라 대리 유한활동을 하는 것밖에 없었다. 그 시기의 이상적인 여성미는 지속적으로 시행되는 유한생활에서 초래되거나 그것에 동반하는 특징들을 담고 있다. 당시 상황에서 인정되는 이상적인 여성미는 기사도 시대의 시인과 작가들이 아름다운 여성을 묘사한 표현에서 찾아볼 수 있을 것이다. 당시의 관습적인 양식에 따르면 상류계급의 숙녀들은 지속적으로 보호받고 모든 유용한 노동을 철저히 면제받아야 하는 존재였다. 그 결과 기사도 시대나 낭만주의 시대의 이상적인 여성미는 주로 얼굴에 중점을 두고 우아한 얼굴과 섬세한 손과 발, 날씬한 몸매, 특히 가녀린 허리를 강조한다. 당시의 여성 초상화나 기사도 정신과 감정을 모방한 현대의 낭만주의적인 그림을 보면 여성의 허리가 몹시 쇠약하게 느껴질 정도로 가늘게 묘사되어 있다.

현대 산업사회에서도 상당히 많은 사람들이 그러한 여인을 이상적인 미인으로 생각하고 있다. 그러나 현대사회 중에서도 경제적 발전과 시민의 성장이 가장 뒤떨어져 있고 신분 제도와 약탈 제도의 잔재가 가장 많이 남아 있는 사회일수록 앞서 말한 특징을 가진 여인을 이상적인 미인으로 보는 경향이 가장 집요하게 보존되고 있다고 말할 수 있을 것이다. 즉, 기사도 시대의 이상적인 여성미는 현재 실질적으로 가장 근대화되지 않은 사회에서 가장 잘 보존되고 있다. 이처럼 감상적이거나 낭만적인 성격을 지닌 이상적인 여인의 잔재는 유럽 대륙에 속한 여러 나라의 유복한 계급의 취향에서 자유로이 나타난다.

산업 발전이 높은 수준에 도달한 현대사회에서 상류 유한계급은 그

계급의 여성들이 모든 비천한 생산노동의 오명을 벗을 수 있을 만큼 막대한 부를 축적하였다. 그러자 대리 소비자 신분의 여성은 사람들의 몸에 대한 애착에서 차지하는 현 위상을 상실하기 시작한다. 그 결과 이상적인 여성미는 허약할 정도로 가냘프고, 청초하고 위험할 정도로 날씬한 몸에서 손발을 비롯해 여러 신체 부위가 큼지막한 몸을 마다하지 않는 고대적인 유형의 여성미로 되돌아가고 있다.

경제 발전 과정에서 서양문화권의 사람들이 생각하는 이상적인 여성미는 육체적인 풍채가 좋은 여인에서 날씬한 숙녀로 변했으나 다시 고대의 풍채 좋은 여성으로 되돌아가기 시작한다. 이런 경향은 전부 금전경쟁의 조건이 변함에 따라 일어나는 현상이다. 어떤 시대에는 긴박한 경쟁이 튼튼한 노예와 같은 여자들을 필요로 했고 또 다른 시대에는 긴박한 경쟁이 대리 유한의 과시적 이행과 그에 따른 명백히 무능력한 여자들을 필요로 했다. 그러나 오늘날의 상황은 후자의 요건으로는 더 이상 충족할 수 없는 상태로 크게 변하기 시작했다. 현대 산업의 효율성이 높아지면서 여성의 유한생활은 명성의 척도로서 그 역할이 크게 낮아진 만큼, 최고의 금력 등급을 나타내는 결정적인 징표로서 더 이상 기여하지 못하기 때문이다.

과시적 낭비의 규준이 이상적인 여성미에 행사하는 이와 같은 일반적 통제력 외에도, 여성미에 대한 남자들의 감각에 얼마나 구체적으로 커다란 제약을 가하는지를 보여 주는 한두 가지 세부 사항이 있어 상세히 언급하겠다. 이미 지적했듯이 과시적 유한생활이 명성의 수단으로 대단히 중시되는 경제적 진화 단계에서 이상적인 여성미의 요구 조건은 섬세하고 조그만 손발과 날씬한 허리이다. 다른 특징들과 함께, 이런 특징들은 보통 여성들의 신체적 결함과 관련이 있다. 이런 특징을 가진 여성은 유용한 노동을 할 수 없으며, 따라서 주인의 부양을 받아 가며 한가로운 생활을 영위할 수밖에 없다는 사실을 보여 준다. 이런 여성은 무익하며, 건사하려면 돈이 많이 들기 때문에 금력을 입증하는 증거로서 가치가 있다. 그 결과 이러한 문화 단계에 속한 여자들은 그 시대의 교양 있는 취향의 필요조건에 좀 더 잘 맞추기 위해서 자신의 몸을 변형시키려고까지 마음먹는다. 그리고 금전적인 체면 유지 규범의 지침에 따르는 남자들은 인공적으로 조성한 여성들의 병적인 특징에 매력을 느끼게 된다. 서양문화 사회에서 오랫동안 널리 유행했던 바짝 조인 허리와 중국의 전족이 그런 사례에 속한다. 바짝 조인 허리와 전족은 모두 그런 문화에 길들여지지 않은 감각을 가진 사람의 눈에는 혐오스러운 기형으로 보일 게 분명하며, 편하게 받아들이려면 습관화되어야 한다. 그러나 기형적인 신체 특징은 금전적인 명성의 필요조건이 인정하는 명예로운 세부 항목으로 남성들의 생활양식에 부합하기 때문에, 남성들이 매력적으로 생각한다는 사실은 의심할 여지가 없다. 기형적인 특징은 이상적인 여성미의 요소로 기능하게 된, 금전적이고 문화적인 미의 세부 항목인 것이다.

여기서 사물들에 대한 미적 가치와 차별적인 금전적 가치 사이에 존재하는 암묵적인 관계를 평가자가 의식하는 것은 물론 아니다. 어떤 사람이 취향의 판단을 내리려 할 때, 문제가 되는 미의 대상이 낭비적인 것이고 명예로운 것이기 때문에 합리적으로 아름답다고 인정할 수 있겠다고 생각하고 숙고한다면, 그 판단은 취향에 대한 진정한 판단이 아니며, 이와 관련해서는 고려할 필요도 없다. 여기에서 명성과 감지된 대상의 아름다움 사이에 존재한다고 강조되는 관계는 명성이라는 사실이 평가자의 사고 습관에 미친 영향에 의해서 성립된다. 평가자는 자신과 관련이 있는 대상에 관해서 다양한 종류의 가치 판단, 즉 경제적, 도덕적, 미학적, 혹은 명성에 입각한 가치 판단을 하는 습관을 가지고 있다. 그리고 평가자가 어떠한 다른 근거를 바탕으로 주어진 대상을 찬양하는 태도는 심미적인 목적에 비추어 대상을 평가할 때, 대상의 평가 등급에 영향을 미칠 것이다. 이와 같은 태도는 명성의 근거와 마찬가지로 심미적인 근거와 밀접히 관련되어 있는 근거들을 바탕으로 평가할 경우에 특히 더 영향을 미칠 것이다.

심미적 목적에 따른 평가와 명성의 목적에 따른 평가는 그리 명확히 구분되지 않는다. 이 두 종류의 평가 사이에 특히 혼동이 일기 쉽다. 왜냐하면 명성의 목적에 따른 대상의 가치는 특수한 기술적인 용어로 표현되어서 언어상으로는 으레 구별이 되지 않기 때문이다. 그 결과 미의 범주와 요소를 명시하기 위해 흔히 사용되는 용어가 금전적인 가치의 불특정한 요소를 숨기는 데 이용되며, 그에 따라 결과적으로 개념의 혼란이 일어나기 십상이다. 이리하여 대중은 명성의 요구 사항들을 미적 감각의 요구 사항들과 합쳐진 것으로 이해하게 된다. 결국 명성의 공인된 징표를 수반하지 않는 미는 수용되지 않는다. 그러나 금전적인 명성의 필요조건과 소박한 의미에서의 미의 필요조건은 크게 일치하지는 않는다. 따라서 주변 환경에서 금력에 적합하지 않은 것을 제거하면, 결과적으로 금력의 필요조건에 적합하지 않은 미적 요소를 상당히 광범위한 영역에 걸쳐 완전히 제거하게 된다.

취향의 기본적 규준은 여기서 논의하고 있는 금전적 제도가 발생하기 훨씬 전부터 존재했을 정도로 아주 오랜 기원을 가지고 있다. 결국 과거 남성들의 사고 습관에 있던 선택적 적응의 힘에 의해, 아름다움의 필요조건은 대부분 남성들이 수행하는 직무 그리고 자신들의 목적에 기여하는 방법을 제시하는 간단한 양식을 구현한 값싼 도구나 건축물에 의해 가장 잘 충족되었다.

여기서 현대심리학의 입장을 떠올려보는 것도 좋을 터이다. 형식미는 통각統覺 능력의 문제로 보인다. 아마 이보다 광범위한 명제를 내세워도 무방할 것이다. 만약 추상abstraction이 미의 요소로 분류되는 연상, 암시, '표현'으로 이루진 것이라면, 어떤 지각된 대상의 아름다움은 정신이 자신의 통각 활동을 그 대상이 제시하는 방향으로 순조롭게 펼치는 것을 의미한다.

하지만 통각 활동이 순조롭게 펼쳐지거나 혹은 스스로를 표현하는 방향이라는 것은 오랫동안 철저하게 이뤄진 습관화가 정신을 이끌어가는 방향과 같다. 미의 본질적 요소에서 이 습관화는 매우 철저하고 오랫동안 형성된 것이기 때문에 통각 형식의 방향뿐만 아니라 생리적 구조와 기능의 적용까지도 영향을 미친다.

경제적 이해관심이 아름다움의 구조에 개입한다면, 경제적 관심은 어떤 목적의 적합성을 제안하거나 표현하는 식으로, 그리고 (분명하고 쉽게 추론할 수 있는) 생활 과정에 따를 것을 제안하거나 표현하는 식으로 개입한다. 어떤 대상의 경제적 편의성 혹은 경제적 유용성에 대한

'표현', 다시 말해 대상의 경제적 아름다움이라고 불리는 것은 삶의 물질적 목적을 위해 (이 아름다움이 하는) 역할과 효율성을 깔끔하고 명백하게 제시함으로써 가장 잘 만들어진다.

이렇게 볼 때, 유용한 대상들 중에서도 단순하고 소박한 물건들이 미학적으로 최상이다. 그러나 금전적 명성의 규범은 개인이 소비하는 물품들 중에서 값싼 것을 배척하기 때문에, 아름다운 것을 소유하고자 하는 우리의 갈망은 타협에 의해 충족될 수밖에 없다. 명예로운 낭비적 소비의 증거가 되고, 동시에 유용한 것과 아름다운 것에 대한 우리의 비판적 감각을 충족시키며, 혹은 적어도 (우리의 비판적 감각을 대치하는) 어떤 습관을 충족시키는 고안품이 나타나면 미의 규준을 우회할 수밖에 없다.

미의 규준이 작동하지 않는 보조적 취향 감각은 바로 진기한 것을 보는 감각이다. 이 감각은 남성들이 독창적이고 기이한 물건에 대해 갖는 호기심이라는 대리 감각 안에서 도움을 받는다. 이런 이유로 아름다운 것이라고 여겨지는 것들과 아름다운 것으로 구실을 하는 대부분의 물건들은 상당히 독창적인 디자인으로, 보는 사람을 어리둥절하게 한다. 엉뚱한 제안이나 희한한 것을 보여줌으로써 구경꾼들을 당혹스럽게 하는 것이다. 이런 의도와 함께 이 물건에는 표면적인 경제적 목적을 이루기 위해 들어가는 가장 효율적인 노동을 넘어서 과도한 노동이 들어갔다는 흔적을 남긴다.

이러한 경향은 우리의 일상적 습관과 일상적인 접촉의 영역 밖에서, 즉 우리의 편견 영역 밖에서 일어나는 실례를 통해 증명될 수 있을 것이다. 하와이의 인상적인 깃털 망토나 폴리네시아 제도의 몇몇 섬에서 볼 수 있는 유명한 의례용 손도끼의 손잡이 조각을 예로 들 수 있다. 장식물은 형태, 선, 색상이 아름다운 구성미를 보인다는 점에서, 그리고 디자인이나 구조에서 매우 훌륭한 솜씨와 독창적인 재주를 확인할 수 있다는 점에서 더할 나위 없이 아름답다. 동시에 다른 어떤 경제적 목적에도 적합하지 않다는 점을 분명히 보여 준다.

하지만 낭비적 노동 규범이 이끄는 대로 기발하고 특이한 물건을 만드는 것이 언제나 좋은 결과를 낳는 것만은 아니다. 결과적으로 미와 실용성의 표현이라 할 만한 모든 요소들이 사실상 완전히 억압되어 사라지고, 기발한 재주와 노동을 허비했음을 보여주는 대용물로 전락하는 일이 빈번하다. 우리 일상생활의 주변에 널려 있는 많은 물건들은 물론이고 일상복과 장식물 같은 물품까지도 규범적인 전통의 압력이 없었다면 너그럽게 봐줄 만한 물건들이 되지 못했을 것이다. 이처럼 미와 실용성을 대신하는 독창적이고 소비적인 대용물의 실례로는 주택 건축물, 가정용 공예품이나 수예품, 다양한 의복, 특히 여성 의복과 사제복에서 찾아볼 수 있다.

미의 규범은 일반성의 표현을 요구한다. 과시적 낭비의 요구에 따른 "진기함"은 우리의 취향이 담긴 물건의 모양을 특이한 성질 덩어리로 만들어 버린다는 점에서 미의 규범과 상충된다. 더욱이 그런 특이성은 고가高價의 규범의 선택적 감시의 지배를 받는다.

이처럼 의도가 과시적 낭비의 목적에 선택적으로 적응하는 과정과 금전적인 미가 예술적 미를 대체하는 일은 건축의 발달에 특히 효과가 있었다. 미적 요소를 명예로운 낭비의 요소들로부터 분리시키려는 사람의 눈으로 본다면, 비교적 눈에 거슬리지 않는 수준 이상이라고 단언할 수 있는 문명화된 현대의 주택이나 공공건물을 발견하기란 극히 어려울 것이다. 미국 도시에서 비교적 고급에 속하는 주택이나 아파트의 정면이 각양각색인 것은 각양각색의 건축학적 고민을 반영한 것으로 사치에 따르는 불편을 암시한다. 미적 대상으로 고려해 보면 이런 건축물에서 예술가의 손길이 미치지 않은 측면과 후면의 창 없는 벽이 일반적으로 건물에서 가장 아름다운 곳이다.

이미 언급했듯이 취향의 규범에 영향을 미치는 과시적 낭비의 법칙은 심미적인 목적 이외의 다른 목적에 부합하는 재화의 실용성에 대한 우리의 관념에도 영향을 미칠 것이다. 물론 영향의 한계 범위는 조금 변할 수는 있다. 재화는 인간 생활을 보다 더 풍요롭게 하기 위한 수단으로서 생산되고 소비된다. 그리고 재화의 효용은 무엇보다도 이러한 목적을 위한 수단으로서의 유효성에 있다. 절대치로 보면, 이 목적은 무엇보다도 개인의 풍족한 생활이다. 그러나 인간의 경쟁 지향적 성향은 재화의 소비를 차별적 비교의 수단으로 여김으로써, 소비재에 부차적 효용성을 부여해 상대적인 지불 능력을 보여 주는 증거로 활용한다.

소비재의 이러한 간접적 또는 부차적인 용도는 소비에 명예로운 성격을 부여하고, 곧 경쟁적인 소비의 목적에 가장 기여하는 재화에도 명예로운 성격을 부여한다. 값비싼 재화를 소비한다는 것은 가치 있는 일이며, 표면상 기계적인 목적에 부합하는 유용성을 초과해 상당한 정도의 비용을 쏟아넣은 재화는 명예로운 것이다. 그러므로 재화에 불필요하게 과도한 비용을 들였다는 흔적은 가치 있는 물건임을 보여주는 표시이다. 말하자면 재화를 소비함으로써 간접적이고 차별적인 목적을 아주 효율적으로 이룰 수 있다는 표시인 것이다.

이와 반대로, 재화가 추구하는 기계적 목적에 부응해 너무 값싼 모양새를 취하거나 만족스런 차별적인 비교의 근거가 될 만한 사치의 여지를 내포하지 않는다면, 그 재화는 천박한 것이며 따라서 매력이 없는 것이다. 이런 간접적인 효용성은 "좀 더 고급한" 재화에 많은 가치를 부여한다. 어떠한 물건이 교양 있는 효용 감각을 만족시키기 위해서는 이런 간접적인 효용성을 조금이라도 내포하고 있어야만 한다.

남자들은 처음에는 검소한 생활 태도를 많은 돈을 쓸 능력이 없고 금전적으로 성공하지 못했음을 나타낸다는 이유로 비난하지만, 나중에는 값싼 물건들을 싸구려라는 이유만으로 본질적으로 불명예스럽고 가치 없는 것이라 천시하는 습관에 빠져들게 된다. 시간이 흐르면서 다음 세대들은 이전 세대로부터 칭찬받을 가치가 있는 소비의 전통을 물려받고, 소비재와 관련된 금전적인 명성의 전통적인 규범을 더욱 정교하게 만들고 강화한다. 마침내 우리는 더 이상 아무런 거리낌 없이 "싸구려는 천한 것이다"라는 경구를 공식화할 정도로 값싼 물건들은 전부 가치가 없다고 확신하게 된다. 비싼 것을 예찬하고 값싼 것을 천시하는 습관이 우리의 사고에 너무나 깊이 뿌리박힌 나머지 우리는 모든 소비에 걸쳐, 심지어 과시하려는 의도가 전혀 없고 남의 눈에 전혀 띄지 않게 소비되는 재화를 소비할 때마저도 조금이라도 낭비적인 사치성에 본능적으로 집착하게 되었다.

우리는 심지어 남의 눈에 띄지 않는 가정에서 일상적인 식사를 할 때조차 값비싼 리넨 식탁보 위에 놓인 (흔히 예술적인 가치가 의심스러운)

손으로 그림을 그려 넣은 자기와 수제 은 식기로 식사를 하면 진심으로 한층 더 우쭐해지는 기분을 느낀다. 이런 점에서 가치 있는 것으로 여겨지는 생활수준에서 퇴보한다는 것은 인간의 존엄을 가혹하게 모독하는 것으로 느껴지게 마련이다.

이런 이유로 지난 수십 년간 저녁 만찬을 빛내는 가장 기분 좋은 광원은 양초였다. 촛불은 바야흐로 교양을 갖춘 사람들의 눈에는 석유등, 가스등, 혹은 전깃불보다 더 부드럽고 피로감을 덜 주는 빛으로 느껴진다. 가장 저렴하게 구할 수 있었던 가정용 조명이 양초였던 최근 30년 전까지만 해도 이런 말은 할 수 없었을 것이다. 바로 이 순간에도 양초는 의식용 조명으로 사용하는 것을 제외하면 결코 만족스럽거나 효과적인 빛을 낸다고 할 수는 없다.

아직도 생존해 있는 한 정치학자는 이러한 총체적인 문제에 대한 결론을 "싸구려 외투는 그 옷을 걸친 사람을 싸구려도 만든다"라는 경구로 요약하였는데, 이 경구의 설득력에 공감하지 못하는 사람은 아무도 없을 것이다.

재화에서 과도한 사치를 나타내는 징표를 찾는 습관과 모든 재화는 간접적이거나 차별적인 성질의 어떤 효용성을 산출해야만 한다고 규정하는 습관은 재화의 효용성을 측정하는 기준을 변화시킨다. 소비자가 상품을 평가할 때 명예로운 요소와 야만적인 능력이라는 요소는 서로 분리되지 않으며, 함께 재화의 총체적 유용성을 형성한다. 이렇게 형성된 유용성의 기준에서는 어떠한 물품도 물질적인 충분함만으로는 합격점을 받을 수 없다.

소비자가 만족스럽게 받아들일 만큼 완벽하려면 물품은 명예로운 요소도 보여 주어야 한다. 그 결과, 소비품의 생산자들은 명예로운 요소에 대한 요구를 충족시킬 수 있는 재화의 생산에 노력을 기울인다. 생산자들은 앞서 언급한 것과 동일한 재화의 가치 기준의 지배를 받고 있으며 특유의 명예로운 교양을 갖추지 못한 제품을 찾아내면 진심으로 괴로워하기 때문에, 더욱더 민첩하고 효과적으로 명예로운 교양을 갖춘 물건을 생산하는 데 힘쓸 것이다. 그러므로 오늘날 명예로운 요소를 조금이라도 담고 있지 않은 재화는 어떤 거래에서도 공급되지 않게 되었다.

디오게네스^{Diogenēs}처럼 소비에서 명예롭거나 낭비적인 요소를 모두 배제할 것을 고집한 소비자라면 현대 시장에서는 아주 작은 욕망조차 충족할 수 없을 것이다. 사실상 그가 스스로 노력해서 욕망을 직접 충족해 보려 한다면, 소비 문제에 관한 현재의 사고 습관에서 벗어난다는 것은 불가능하지는 않더라도 어렵다는 것을 깨닫게 될 것이다. 결국 스스로 만든 제품에 헛된 노동이라는 명예롭고 유사-장식적인 요소를 자기도 모르게 본능적으로 결합시키지 않고서는, 단 하루치 소비를 위한 생활필수품도 조달하지 못할 것이다.

구매자는 소매시장에서 실용품을 선택할 때 실질적인 유용성의 표시보다는 물건의 훌륭한 만듦새와 솜씨에 이끌리는 경우가 많다는 것은 익히 알려진 사실이다. 재화가 팔리려면 물질적 용도의 효용성 외에도 값이 꽤나 비싸다는 징표를 보여 주기 위해 상당량의 노동력이 투입되어야만 한다. 이처럼 확연히 높은 비용을 유용성의 규범으로 만드는 습관은 물론 소비품의 총가격을 높이는 역할을 한다. 그 습관은 물건의 가치를 어느 정도 가격과 동일시함으로써 우리로 하여금 값싼 것을 경계하게 만든다. 소비자의 입장에서는 가능한 한 싼값으로 필요한 유용성을 갖춘 상품을 구입하려고 부단히 애쓰는 것이 일반적인 일이다. 그러나 재화의 유용성을 입증하는 증거와 유용성의 구성 요소로서 확연히 값이 비싸야 한다는 관습적인 필수 조건은 소비자로 하여금 커다란 과시적 낭비의 요소를 포함하지 않은 재화를 저급품으로 배척하게 만든다.

일반 사람들이 유용성의 징표로 생각하는 소비재의 특징 대부분을 여기서는 과시적 낭비의 요소로 언급하고 있지만, 이런 특징은 단지 비싸다는 이유 말고도 다른 이유 때문에도 소비자의 마음을 끌 수 있다는 점을 덧붙이자고 한다. 과시적 낭비의 특징은 설사 재화의 실질적인 유용성에 기여하는 바가 없을지라도 일반적으로 기술과 유능한 솜씨의 증거로 작용한다. 그렇기 때문에 명예로운 유용성을 나타내는 어떤 특별한 징표가 처음 유행하고 나서 이후에 물품 가치의 정상적인 구성 요소로서 그 기반을 유지한다는 사실은 의심의 여지가 없다.

훌륭한 솜씨를 과시하는 것은 당시에는 생각하지도 않았던 전혀 동떨어진 무익한 결과를 초래할 수 있긴 하지만, 단순히 그 자체로서 만족스러운 것이다. 솜씨 좋은 제작품을 관조하는 것은 미적 감각을 만족시킨다. 그러나 훌륭한 솜씨에 대한 증거나 목적을 향한 수단의 독창적이고 효과적인 적응을 보여 주는 증거가 장기적으로 과시적 낭비 규범의 승인을 받지 못하면 결국에는 문명화된 현대의 소비자들의 인정을 받지 못할 것이라는 사실도 덧붙여야겠다.

이러한 입장은 소비 경제에서 기계제품이 차지하고 있는 위치 때문에 교묘하게 강화된다. 동일한 목적에 기여하는 기계제품과 수공제품의 물질적인 차이점은 일반적으로 기계제품이 본래의 목적에 더 적합하게 기여한다는 데 있다. 기계제품은 좀 더 완전한 제품이며 목적을 이루는 수단에 좀 더 완벽하게 적응한 모습을 보인다. 하지만 이런 점이 경시와 비하의 수령에서 기계제품을 구해 내지는 못한다. 기계제품은 명예로운 낭비의 기준에서 보면 저급하기 때문이다.

수공은 낭비적인 생산 방식에 가깝다. 그러므로 수공으로 생산된 재화는 금전적인 명성의 목적에서 보면 좀 더 실용적이다. 따라서 수공의 징표는 명예로운 것이며 이러한 징표를 나타내는 재화는 동종의 기계제품보다 높은 등급을 차지한다. 수공이라는 명예로운 징표는 늘 그런 것은 아니지만 일반적으로 제작자가 설계대로 완벽하게 제작하지 못했음을 보여 주는 수제품의 불완전성과 불규칙성의 형태를 띤다. 결국 수제품이 우월한 이유는 어느 정도 조잡한 면이 깃들어 있기 때문이다. 조잡함의 여지는 제작 비용을 적게 들였다는 증거가 될 수 있기 때문에 결코 서투른 솜씨를 보일 만큼 크게 드러나서는 안 되며, 같은 이유에서 오직 기계만을 이용해서 이상적으로 정밀한 제품을 만들어 냈다는 암시를 줄 만큼 적게 드러나서도 안 된다.

수제품이 교양을 갖춘 사람들의 눈에 우월한 가치와 매력을 지닌 것으로 보이는 이유는 명예로운 조잡함의 증거를 볼 수 있기 때문인데, 이는 훌륭한 감식안이 있느냐의 문제로 귀결된다. 명예로운 조잡함을 보려면 재화의 관상학이라고 불릴 만한 안목이 있어야 하는데 여기에는 훈련과 올바른 사고 습관이 필요하다. 일상적으로 사용하는 기계제품은 완벽함이 과도하기 때문에 흔히 그런 제품을 찬양하고 선호하는 사람들은 기품 있는 소비의 격식을 따지지 않는 저속하고 교양 없는 사람들이다. 기계제품이 의례용으로 열등하다는 사실은 완제품의 생산 과정상 (고비용의 기술혁신으로 구현된 완벽한 기술과 솜씨만으로는) 기계제품이 인정받거나 영구적인 호평을 보장받기엔 충분치 않다는 것을 보여 준다. 기술혁신에는 낭비적 과시 규범이 뒷받침되어야 한다. 재화의 관상학으로 볼 때 어떤 특질이 제아무리 만족스럽다 해도, 제아무리 효율적 작업의 취향을 잘 입증한다고 해도 금전적 명성의 기준에 어긋난다는 사실이 입증되면 용인되지 않을 것이다.

많은 사람들은 "평범한 것" 혹은 바꿔 말해 저렴한 생산비로 인해 발생하는 소비재의 의례적인 열등함이나 불결함을 매우 심각한 문제로 여겨 왔다. 기계제품에 대한 반감은 흔히 기계제품의 평범성에 대한 반감으로 형성된다. 평범한 것은 많은 사람이 구입할 수 있는 (금전적인) 범위 내에 존재한다. 그러므로 평범한 제품의 소비는 명예롭지 못하다. 평범한 제품은 다른 소비자와의 차별적인 비교에서 유리하지 못하기 때문이다. 따라서 기계제품을 소비하는 것, 심지어 이 제품을 바라보는 것조차 필연적으로 하층계급의 낮은 생활수준에 대한 불쾌감을 연상시킨다. 민감한 사람이라면 지극히 불쾌하고 우울한 기분을 유발하며, 천박한 느낌이 넘친다는 이유를 들어 기계제품을 처다보려고도 하지 않을 것이다.

자신의 취향을 거만하게 드러내는 사람, 그리고 자신들이 가진 다양한 취향 판단의 근거들을 구별할 수 있는 재능, 습관, 혹은 동기를 갖고 있지 않은 사람은 (이미 언급한 방법으로) 명예감의 해방을 미적 감각 및 유용성에 대한 감각의 해방과 한데 뒤섞는다. 이렇게 해서 나온 복합적 가치판단으로 평가자는 물건의 미와 유용성을 판단한다. 싸구려나 평범함을 보여주는 흔적이 예술적인 부적당함의 명확한 표시로 받아들여지는 경우도 심심치 않다. 또한 미학적 예법의 규약이나 세칙이, 다른 한편으로는 미학적 혐오의 규약이나 세칙이 취향에 따라 구축되는 일도 흔하게 일어난다.

이미 지적한 바와 같이 현대 산업사회에서는 값싸고, 따라서 품격이 없는 일상 소비품은 일반적으로 기계제품이다. 기계제품의 관상학적인 일반적 특징은 수제품과 비교해서 만듦새가 훨씬 더 완벽하고 디자인의 세세한 솜씨가 훨씬 더 정확하다는 점이다. 따라서 수제품의 눈에 띄는 불완전성은 명예로운 속성이 되고, 미적 관점에서나 유용성의 관점에서 모두 우월한 징표로 여겨진다. 이렇게 결함이 있는 것들이 찬양받는 일이 생겼고, 존 러스킨John Ruskin이나 윌리엄 모리스William Morris 같은 사람은 당시 결함이 있는 것들을 열렬히 찬양하는 대변자가 되었다.[05] 그리고 이러한 이유로 그때부터 조잡한 것과 헛된 노고에 대한 그들의 선전 활동은 주목을 받으며 활발히 이어졌다. 또한 그 때문에 수공업이나 가내공업으로 돌아가자는 선전 활동도 일었다. 여기저기서 결함을 찬양하고 나섰던 시대적 상황에서 멋지게 등장한 이들 남성의 작품이나 사상 대부분은 싼값에 좀 더 완벽해 보이는 제품이 나오는 시대였다면 불가능했을 것이다.

물론 여기서 말하고자 하는 것이나 말할 수 있는 것은 이러한 유파가 제시하는 미학적 교육의 경제적 가치에 관한 것뿐이다. 그 말은 멸시의 의미로 받아들일 게 아니라 주로 소비 및 소비재의 생산에 영향을 미치는 이런 교육적 경향을 특성화한다는 의미로 이해해야 할 것이다.

---

05 존 러스킨은 19세기 영국의 미술 및 건축 평론가로 노동의 가치를 찬양하고 검소한 삶을 지향했다. 윌리엄 모리스는 19세기 영국의 건축가, 예술가, 시인, 소설가, 사회운동가로 산업혁명의 기계화에 반대하고 수작업의 아름다움과 중요성을 강조했다.

❖

취향의 발달에 대한 편견이 생산 과정에 작용하는 방식을 가장 설
득력 있게 보여 주는 사례는 아마 모리스가 말년에 몰두했던 출판업에
서 찾아볼 수 있을 것이다. 켈름스콧 프레스[06]의 출판 작업은 일반적으
로 오늘날의 예술 서적 출판과 비교하면 다소 미흡한 면은 있지만 활자,
용지, 삽화, 제본 재료와 제본 작업 등에 걸쳐 크게 뒤지지 않는 수준이
다. 최근 출판 산업이 내세우는 서적의 우수성은 다루기 까다로운 재료
에 부족한 설비로 작업 결과에 대한 확신 없이 분투해야 했던 출판 시
대의 조잡한 서적과 얼마나 유사하게 만드느냐에 달려 있다. 이런 서적
은 수작업을 요하기 때문에 훨씬 더 비싸다. 또한 유용성만을 고려해서
제작한 서적보다 다루기가 훨씬 더 불편하다. 그렇기 때문에 이런 서적
들은 구매자가 자유롭게 소비할 수 있는 능력뿐만 아니라 시간과 노력
을 낭비할 수 있는 능력도 내세운다. 이런 이유로 오늘날의 인쇄업자들
은 "현대 조판 양식"에 비해 읽기는 쉽지 않으나 인쇄지에 투박한 모양
새의 느낌을 주는 "구식 조판 양식"과 기타 구식 활자 양식으로 되돌아
가고 있다.

과학 관련 문제를 가장 효과적으로 소개하는 것 말고는 다른 목적이
없는 과학 잡지조차도 평행 괘선이 비쳐 보이는 종이에 고문체로 인쇄
하고 가장자리를 매끈하게 도련하지 않은 상태로 과학 논문을 출간할
만큼 금전 과시적인 미의 요구를 적극적으로 수용할 것이다. 하지만 내

---

06 윌리엄 모리스가 1890년 설립한 출판사.

용을 효과적으로 전달하고자 하는 경향과 무관해 보이는 책들이 더욱 더 이 방향을 지향할 것은 자명하다. 이래서 우리는 과도하게 많이 남긴 여백, 말끔하게 자르지 않은 가장자리, 공들인 조잡함과 정교한 투박함이 깃든 제본, 도련하지 않은 종이에 수작업으로 인쇄한 다소 투박한 느낌의 활자를 보게 되는 것이다.

켈름스콧 프레스는 구식 철자로 편집하고 고딕 활자로 인쇄하고 고급 양피지에 가죽 끈으로 제본한 현대용 서적을 발행함으로써 야만적인 유용성의 관점에서만 본다면 부조리한 사태를 초래했다. 예술 서적 제작의 경제적 위치를 확정하는 좀 더 이색적인 특징으로는 이처럼 기품 있는 책일수록 최대한 한정판으로만 발행한다는 사실을 들 수 있다. 한정판은 이 책이 희소하고 따라서 고가이며 소비자에게 금전 과시적인 차별성을 부여해 준다는 사실을 다소 노골적이지만 효과적으로 보증한다.

교양 있는 취향을 가진 도서 구매자가 이런 도서에 특별히 매력을 느끼는 이유는 책값이 너무 비싸고 만듦새가 너무나 서툴다는 점을 의식하고 솔직하게 인정하기 때문인 것은 물론 아니다. 기계제품보다 수제품이 우수하다는 평가와 마찬가지로 여기서 그런 책들을 선호하는 의식의 저변에는 값이 훨씬 비싸고 좀 더 서툰 솜씨로 만든 물건이 본질적으로 우수하다는 사고가 깔려 있다.

구식 제작 방식으로 제작된 서적을 모방한 책이 훨씬 더 우수하다고 여기는 이유는 미학적으로 우수한 효용성을 갖추고 있다고 흔히들 생각하기 때문이다. 그러나 서툰 솜씨로 제작된 책일수록 인쇄 매체로서도 훨씬 더 유용하다고 주장하는 교양 있는 애서가들을 보는 것이 생소한 일은 아니다. 구닥다리 서적의 우수한 심미적 가치에 관한 한 애서가의 주장에는 어느 정도 근거가 있을 수 있다. 그런 책은 오로지 미적인 목적에 맞게 디자인되어 있기 때문에 보통 디자이너의 관점에서는 나름 좋은 책이다.

이러한 주장의 요지를 보면, 디자이너의 일을 규정하는 취향의 규범은 과시적 낭비 법칙의 감독 아래 형성된 규범이고, 이 법칙이 요구하는 것에 어긋나는 취향의 규범은 전부 선택적으로 배제된다. 다시 말해 구닥다리 양식의 책이 아름답더라도 디자이너가 할 수 있는 일의 범위는 비미학적인 필요조건에 의해서 정해지는 것이다. 책이 아름다우려면 값이 비싸야 하는 동시에 표면상의 용도에 부적합해야만 한다. 하지만 디자이너의 경우 이 강제적인 취향 규범은 (최초 형태의) 낭비의 법칙에 의해서 전적으로 형성되는 것은 아니다. 취향 규범은 어느 정도 약탈적인 기질의 부차적인 표현, 즉 고풍스럽거나 진부한 것―그 중 특별히 발전한 것들 중 하나를 고전주의라 부르는―에 대한 존경에 부응해 형성된다.

미학 이론의 관점에서 보면 고전주의 규범이나 옛것에 대한 존경과 미적 규범 사이에 선을 긋는 것은 불가능하지는 않지만 극히 어려울 것이다. 미학적인 목적에서는 이처럼 선을 그어 구별하는 일이 불필요하며, 사실 구별 자체를 할 필요도 없다. 취향 이론의 관점에서 보면, 인정받은 이상적인 고풍의 표현은 어떤 근거에서 인정받았든, 미의 요소로서 최고의 평가를 받을 것이다. 그 타당성에는 의문을 제기할 필요가 없다. 하지만 본 연구의 목적에 비추어 보면, 즉 공인된 취향의 규범에는 어떤 경제적 동기가 있으며, 재화의 분배와 소비에 이 동기가 갖는 중요성이 무엇인지를 판정하고자 하는 목적에 비추어 보면, 위에서 한 구별이 도외시될 수 없다.

문명화된 소비 구조에서 기계제품이 차지하는 위치를 살펴보는 것은 과시적 낭비의 규범과 소비의 예절 규약 사이에 존재하는 관계의 본질을 지적하는 데 도움이 된다. 과시적 낭비의 규범은 본연의 예술과 취향의 문제에서나, 재화의 유용성에 대한 통념과 관련해서도 혁신이나 창의의 원리로 작용하지 않는다. 과시적 낭비의 규범은 혁신을 실현하고 새로운 소비품과 새로운 지출 요인을 포괄하는 창조적 원리와 달리 미래 지향적인 것이 아니다. 어떤 의미에서 보면 적극적인 법칙이라기보다는 소극적인 법칙이다. 창조적 원리라기보다는 규정적 원리인 것이다. 과시적 낭비는 어떤 관례나 습관을 만들어 내거나 그 원인이 되는 경우는 거의 없다. 과시적 낭비 활동은 선택적으로만 이루어진다. 과시적 낭비는 변화와 성장에 직접적인 동기를 부여하지는 않는다. 하지만 낭비의 필요조건을 따르는 것은 다른 동기들에 근거해서 이뤄질 수 있는 혁신을 존속시킬 수 있는 조건이다.

관례, 관습, 소비 방법은 어떻게 발생하든 간에 모두 명성 규범의 선택적 작용에 종속된다. '관례, 관습, 소비 방법이 낭비의 필요조건에 순응하는 정도'는 다른 유사한 관례와 관습과의 경쟁에서 살아남을 수 있는 적합성의 시금석이 된다. 다른 조건들이 동일하다면 낭비적인 관례나 습관이 뚜렷할수록 이 법칙 아래 존속할 수 있는 기회가 더 많을 것이다. 과시적 낭비의 법칙은 변화의 기원을 설명해 주기보다는 이러한 법칙의 지배 아래 존속하기에 적합한 형태의 영속성을 설명해 준다. 과시적 낭비 법칙은 수용할 수 있는 것을 발명하기보다는 적합한 것을 보

존하는 작용을 한다. 그 법칙의 기능은 모든 것을 검증하고 그 목적에
부합하는 것만을 확고히 보존하는 것이다.

7장
금전과시문화를
표현하는 의복

The Theory
of the
Leisure Class

이제부터는 지금까지 밝혀 온 경제적 원리들이 (삶의 과정에서 어떤 한 방향으로) 일상적 사실들에 어떻게 적용되는지를 실례로 상세히 제시하겠다. 이 목적에 부합하는 가장 적절한 사례는 의복 소비 부문이다. 의복에 표현되는 것은 특히 재화의 과시적 낭비의 법칙이다. 물론 금전적 명성의 원칙들과 관련 있는 다른 법칙도 의복에 표현될 수 있는 것으로 예시할 수 있다. 누군가의 금전상의 지위를 입증하는 다른 방법들도 그런 목적에 효과적으로 기여하므로, 언제 어디서나 유행한다. 하지만 의복 소비는 다른 대부분의 방법들보다 금전상의 지위를 입증하는데 이점이 있다. 의복은 언제나 사람들의 눈에 쉽게 띄기 때문에 쳐다본 누구에게라도 단번에 금전상의 지위를 알려 준다. 또한 의복 소비는 다른 어떤 소비 부문보다도 공인된 과시적 소비를 훨씬 더 뚜렷이 드러내며 훨씬 더 보편적으로 행해지고 있는 것도 사실이다.

모든 계급에 걸쳐 의복비가 지출의 대부분을 차지하는 이유는 신체를 보호하려는 목적 때문이라기보다는 품위 있는 모양새를 갖추려는 의도 때문이라는 상식에 누구나 어렵지 않게 동의할 것이다. 그리고 우리는 몸에 걸친 의복이 사회적 관습이 정해 놓은 복장 수준에 못 미치면 더없이 뼈저리게 초라한 느낌에 사로잡히고 말 것이다. 사람들이 편의 물품이나 생활필수품을 상당히 많이 줄이더라도 체면 유지를 위해 낭비적 소비를 하겠다는 물품 중에서 다른 어떤 소비품보다 의복이 높은 비율을 차지한다. 그러므로 아주 추운 날씨에 멋있게 보이려고 가벼운 옷차림을 하는 것도 결코 이상한 일이 아니다. 아울러 현대사회에서 의복의 상품가치는 대부분 착용의 기계적인 유용성보다는 유행성, 즉 상품이 지닌 명성에 있다. 의복에 대한 욕구는 분명히 "고차원적"이거나 정신적인 욕구이다.

의복에 대한 정신적 욕구는 전적으로 혹은 주로 소비를 과시하고자 하는 소박한 성향만은 아니다. 과시적 낭비의 법칙은 취향과 체면 유지의 규범을 형성시키는 것을 통해 주로 부차적인 수준에서 다른 물건들의 소비와 마찬가지로 의복의 소비를 관장한다. 보통 과시적으로 사치스러운 의복을 입거나 사는 사람의 의식적인 동기는 확립된 관습을 준수하고 공인된 취향과 명성의 기준에 맞춰 생활하고자 하는 욕구이다. 이런 동기는 그 자체로도 대단히 가치 있다.

하지만 사람은 바람직하지 않은 주목을 받거나 평판을 들으며 느낄 굴욕감을 피하기 위해 의복 예법의 규약을 따를 수밖에 없다. 더욱이 값이 비싸야 한다는 필요조건이 의복에 대한 우리의 사고 습관에 너무 깊이 각인되어 우리는 값싼 의복을 본능적으로 혐오한다. 우리는 깊게 생각해 보거나 분석해 보지도 않고 값싼 것은 가치 없다고 여긴다. "싸구

려 외투는 그 옷을 걸친 사람을 싸구려로 만든다", "싸구려는 천한 것이
다"라는 경구는 다른 부문의 소비보다도 의복 소비에 더욱 심각하게 적
용된다. 취향과 유용성, 이 두 가지를 근거로 값싼 의복은 "싸구려는 천
한 것이다"라는 격언에 따라 저급한 것으로 취급된다.

우리는 값이 비싸면 그만큼 유용하고 아름다운 것이라고 생각한다.
예컨대 수제 의복의 모조품이 값비싼 원래의 제품을 아무리 교묘하게
모조하더라도 우리 모두는 거의 예외없이 비싼 수제 의복이 상대적으
로 값싼 모조품보다 미적인 관점에서든 유용성의 관점에서든 훨씬 낫
다고 생각한다. 우리가 모조품의 형태, 색깔, 혹은 사실상 시각적 효과
에서 뭔가 미흡하게 느끼기 때문에 꺼림칙하게 여기는 것은 아니다. 꺼
림칙한 물건은 너무나 똑같이 모조되었기 때문에 정밀한 검사를 해 보
지 않고는 다른 점을 도저히 찾아낼 수 없을지도 모른다. 그럼에도 불구
하고 모조품이라는 사실이 밝혀지면 당장 미적 가치 및 상품 가치는 뚝
떨어지고 말 것이다. 그뿐만 아니라 모조품으로 밝혀진 의복의 미적 가
치가 진품에 비해 값이 싼 사실에 비례하여 동일한 비율로 떨어지더라
도 사람들은 모순을 발견하지 못하고 그런 점을 사실로 받아들일 것이
다. 결국 모조품은 더 낮은 금전적 등급으로 떨어지기 때문에 미학적으
로 사회적 지위를 잃는다.

지불 능력의 증거로서 의복의 기능은 단순히 그 옷을 입은 사람이 육
체적인 안락에 필요한 것 이상으로 값진 재화를 소비한다는 사실을 과
시하는 것에 그치지 않는다. 재화를 단순히 과시적으로 낭비하는 것은
나름의 효과가 있고 만족감을 준다. 과시적 낭비는 금전적인 성공을 입
증하는 명백한 증거이며, 따라서 낭비하는 사람의 사회적 가치를 입증

하는 명백한 증거이기도 하다.

그러나 의복은 낭비적인 소비를 입증하는 소박하고 직접적인 증거보다 좀 더 미묘하고 광범위한 가능성을 가지고 있다. 옷을 입은 사람이 마음껏 사치스럽게 소비할 여유가 있다는 것을 과시하는 것에 더해, 생활비를 벌 필요가 없다는 것을 이번에도 똑같이 보란 듯이 과시할 수 있다면 그 사람의 사회적 가치를 입증하는 증거는 상당히 강화될 것이다. 그러므로 의복은 그 목적에 효과적으로 기여하기 위해서는 비싸야 할 뿐만 아니라, 의복을 입은 사람이 어떤 종류의 생산적 노동에도 종사하고 있지 않다는 사실을 모든 사람들이 알아볼 수 있을 만한 분위기를 확실히 풍겨야만 한다. 우리의 의복 체계가 정교화되어 현재처럼 그 목적에 놀랍도록 완전히 적응해 온 진화 과정에서 이런 부차적인 방면의 증거는 당연히 주목받아 왔다.

일반적으로 품위 있다고 인식되는 의복을 면밀히 살펴보면, 모든 점에서 그 옷을 입은 사람은 습관적으로 어떠한 유용한 노동에도 종사하지 않는다는 인상을 풍기도록 고안되었다는 사실을 알 수 있을 것이다. 어떤 의복이든 더럽거나 닳아 해져서 그 옷을 입은 사람이 육체노동자라는 사실을 드러내면, 품위 있거나 좋은 옷으로 인정되지 않는다는 것은 말할 필요도 없다.

단정하고 깨끗한 의복이 주는 만족감의 효과는, 전적으로 그렇다고는 할 수 없지만, 주로 모든 산업 과정에서 면제받은 유한생활을 연상시키는 것에서 기인한다. 신사 고유의 품격을 한층 더 격상시켜 주는 에나멜가죽 구두, 깨끗한 린넨 의복, 광택이 나는 실크해트, 지팡이 등에 투영된 매력은 대부분 이런 차림새가 인간에게 당장 직접적으로 유용한 일에는 관여하지 않는다는 것을 단적으로 연상시키는 데서 발생한다. 품위 있는 의복은 값비쌀 뿐 아니라 유한생활의 징표이기도 하므로 품위라는 의복의 제 목적에 기여한다. 의복은 착용자가 상대적으로 많은 가치를 소비할 수 있다는 점을 과시할 뿐만 아니라, 동시에 생산적인 활동을 하지 않고도 소비한다는 사실을 입증한다.

여성복은 착용자가 생산직 종사자와는 거리가 멀다는 사실을 입증하는 데 남성복보다 훨씬 월등하다. 우아한 여성용 보닛이 남성의 실크해트보다 일하는 데 훨씬 더 불편을 준다는 일반적 논리는 강조할 필요도 없을 것이다. 여성용 구두 중에는 닦는 데 한가로운 여가 시간이 필요하다는 증거를 보여 주는 이른바 프랑스 힐이라는 것이 있다. 이 하이힐은 가장 단순하고 꼭 필요한 육체 활동마저도 극도로 곤란하게 만든다. 이러한 경향은 여성복의 특성을 잘 보여 주는 스커트나 기타 의상에서 더욱더 확연히 드러난다. 스커트에 집요하게 애착을 보이는 본질적인 이유는 값이 비싸고, 스커트를 입으면 뭘 하든 불편하고, 어떤 유용한 노동도 몹시 힘들기 때문이다. 여자가 지나칠 정도로 머리를 길게 기르는 습관도 같은 이유에서다.

여성의 의복은 현대 남성의 의복보다 훨씬 더 많은 노동의 면제를 받는다는 점을 입증할 뿐 아니라, 남성의 의복이 습관적으로 내세우는 것과 본질적으로 다른 매우 독특하고 특이한 특성을 보인다. 이러한 특징을 반영하는 전형적인 예로는 코르셋 같은 것을 들 수 있다. 경제 이론의 관점에서 보면, 코르셋은 여성의 생활력을 저하시키고 여성을 영구적으로 확실하게 노동에 적합하지 않은 불구로 만들기에 충분한 의상이다. 코르셋은 개인적 매력을 상실시키지만 그 상실은 매우 귀하고 가녀리게 보이는 모습 때문에 얻는 명성의 이득을 통해 상쇄된다. 여성스러운 여성 의복은 본질적인 사실의 관점에서 본다면 결국 여성복 고유의 특성으로 인해 유용한 노동을 효과적으로 방해하는 장애물이 되고 말 거라고 널리 인식될지도 모른다. 남성 의복과 여성 의복의 차이를 여기서는 단순히 하나의 특성으로만 지적했다. 이제 이런 차이를 낳은 원인을 논의할 것이다.

지금까지 우리는 폭넓고 지배적인 의복의 규준으로서, 광범위한 과시적 낭비의 원리를 파악했다. 우리는 이 원리를 보완하는 제2의 규준이라 할 수 있는 과시적 유한생활의 원리를 도출했다. 의복을 제작할 때, 이 규준은 의복 착용자가 생산노동에는 종사하지 않으며, (어떻게든 적절하게 드러내보일 수만 있다면) 생산노동에 종사할 수 없다는 사실을 과시하고자 하는 온갖 장치를 옷에 만들어 넣는 식으로 영향을 미친다.

이 두 가지 원리 외에도 이 문제에 대해 조금이라도 성찰해 본 사람이라면 누구라도 떠올릴 수 있는 제3의 원리가 있는데, 이 원리는 앞서의 원리들에 못지않은 구속력을 가진다. 의복은 확연히 눈에 띌 정도 값비싸고 불편해야 할 뿐 아니라 동시에 최신 유행에 따라야 한다. 지금껏 유행의 변화 현상에 대해서는 만족할 만한 설명이 없었다.

공인된 가장 최근의 예법에 따라 의복이 반드시 갖춰야 할 필수 조건이 있을뿐만 아니라 공인된 유행이 계절마다 빈번히 변한다는 사실은 누구나 잘 알고 있지만 이러한 흐름과 변화에 대한 이론은 아직 나오지 않았다. 물론 유행의 새로움의 원리는 과시적 낭비의 법칙 아래 도출할 수 있는 또 하나의 원리라고 한 치의 모순도 없이 사실 그대로 말할 수 있을 것이다. 확실히 각각의 의복이 짧은 시기 동안만 소용되고, 지난 시즌의 의복들은 이번 시즌에는 하나도 다시 입지 않는다면, 낭비적인 의복 소비는 크게 증가할 것이다. 이는 어느 정도까지는 좋겠지만, 결국은 좋을 리 없다. 이러한 점을 고려할 때 우리가 말할 수 있는 것은 과시적 낭비의 규준은 의복에 관한 모든 문제를 통제하고 감시하기 때문에 유행의 변화는 낭비의 필요조건에 부합해야만 한다는 사실이다. 현재 유행하는 스타일의 변화를 만들고 따르는 원인이 무엇인지에 대해서는 어떠한 해답도 내놓을 수 없으며, 일정한 시기에 특정한 스타일을 따르는 것이 왜 그토록 절대적으로 필요한지에 대해서도 설명할 길이 없다.

유행을 만들어 내고 혁신하는 동기로서 기여할 수 있는 창조적 원리는 의복을 탄생시킨 원시적이고 비경제적인 동기, 즉 장식의 동기에서 찾아볼 수 있을 것이다. 사치(고가) 법칙의 지침 아래 이러한 동기가 나타나는 방법과 이유에 대한 논의를 전개하지 않고서도, 유행에서 잇달아 일어나는 변화와 혁신은 대체로 과시하려는 데서 나온 노력이라고 말할 수 있다. 여기서 과시의 형식은 형태와 색채 혹은 효율성 면에서 이전 것보다 더 우리 감각에 잘 들어맞는다.

변화하는 스타일은 우리의 심미적인 감각을 사로잡을 만한 것을 부단히 찾으려는 탐색의 표현이다. 하지만 유행의 혁신은 매번 과시적 낭비 규준의 선택적 작용의 영향을 받기 때문에 혁신 범위가 어느 정도 제한될 수밖에 없다. 유행의 혁신은 유행이 배제한 것보다 더 아름다워야 하거나 흔히 있을 수 있는 사람들의 반감을 사지 말아야 할 뿐만 아니라 공인된 사치의 기준에도 부합해야 한다.

의복을 통해 아름다움을 갖추려는 부단한 노력의 결과는 얼핏 보아서는 예술적인 완벽성에 점차 접근하려는 것처럼 보인다. 우리는 인간의 몸에 아주 잘 어울리는 한 가지 또는 그 이상의 이런저런 의복의 어떤 추세에서 아주 뚜렷한 유행 경향을 볼 수 있으리라고 자연스럽게 기대할지도 모른다. 그리고 우리는 오랫동안 재능과 노력을 의복에 바쳐온 끝에 결국, 오늘날의 유행이 영구히 존속하는 예술적 이상에 가까운, 비교적 완벽하고 안정적인 양식을 성취했어야 하지 않을까 하는 희망의 실질적 근거를 가지고 있다고 느낄지도 모른다. 하지만 실상은 그렇지 않다. 오늘날의 의복 스타일이 10년 전, 20년 전, 50년 전, 혹은 100년 전의 스타일에 비해 본질적으로 인간의 몸에 더 잘 어울린다고 주장하는 것은 아주 위험한 일일 것이다. 반대로 2,000년 전에 유행하던 스타일이 가장 세련되고 정성들여 만든 오늘날의 제품보다도 더 잘 어울린다고 주장해도 전혀 모순 없이 자유롭게 받아들여질 수도 있다.

지금까지 내놓은 유행에 대한 설명은 충분치 못한 만큼 좀 더 고찰해봐야 할 것이다. 비교적 안정된 스타일과 유형의 의복이 세계 여러 곳에서 제작되었다는 사실은 잘 알려져 있다. 예를 들면 일본, 중국을 비롯한 동양의 여러 나라에서 이런 옷들이 제작되었다. 또한 그리스, 로마, 고대의 동유럽사람들, 이후에는 유럽의 거의 모든 국가의 농민들 사이에서 비교적 안정된 스타일과 유형의 옷을 만들어 입었다. 이러한 국민적, 대중적인 의복은 대부분 현대 문명의 거듭 변하는 스타일의 의복보다 훨씬 더 인간의 몸에 어울리고 예술성이 높다고 유능한 비평가들은 평가한다. 동시에 이런 의복은 적어도 일반적으로 사치스럽지 않은 게 분명하다. 말하자면 의복 구조에서 값비싼 비용을 과시하는 요소와는 다른 요소들이 쉽게 눈에 띈다.

이처럼 비교적 안정된 의복은 대체로 매우 엄격히 제한된 좁은 지역에서 통용되었고, 장소에 따라서 적은 범위의 체계적인 등급화 과정을 거쳐 변화한다. 또한 모두 우리보다 빈곤한 사람들이나 계급들이 만들었으며, 특정한 나라와 지역과 시대에서 이와 같은 의복을 입었던 주민이나 계급은 비교적 동질적이고 안정된 생활을 하고 정착해 있는 사람들이었다. 다시 말해, 시간과 특정한 관점의 시련을 이겨 낼 수 있는 안정된 의복은 비교적 기동성이 있는 오늘날의 부유한 사람들이 앞장서 유행을 선도하는 문명화된 현대의 대도시에 비해 과시적 낭비의 규준이 절대적으로 작용하지 않는 환경에서 만들어진다. 안정적이고 예술적인 의복을 만든 국가와 계급은 앞서 말한 환경에 놓여 있기 때문에 그들 사이에 벌어지는 금전 경쟁은 재화의 과시적 소비보다는 과시적 유한생활로 방향을 잡았던 것이다.

그러므로 우리 사회가 그렇듯 재화의 과시적 낭비의 원리가 가장 절대적으로 작용하는 사회에서 유행은 일반적으로 가장 불안정하고 사람의 몸에 가장 어울리지 않는 경향을 보인다고 할 수 있다. 이러한 모든 요인들이 값비싼 의복과 예술적인 의복 간의 대립을 야기한다. 사실상, 과시적 낭비의 규준은 의복은 아름답거나 사람의 몸에 어울려야만 한다는 요건과 모순된다. 또한 이런 대립 관계는 사치(고가) 규범이나 미적 규범만으로는 설명할 수 없는 유행의 끊임없는 변화를 해명한다.

명성의 기준은 의복이 낭비적인 지출을 과시할 것을 요구한다. 하지만 모든 낭비는 타고난 취향에는 거슬린다. 자연은 진공 상태를 몹시 싫어한다는 말도 있듯이 심리학적인 법칙은 모든 사람은—특히 여성은 훨씬 더—노력이든 소비든 무익한 것을 몹시 싫어한다고 이미 지적한 바 있다. 그러나 과시적 낭비의 원리는 분명히 무익한 소비를 요구한다. 결국 의복의 과시적인 사치성은 본질적으로 추하다. 그러므로 의복을 혁신할 때는 언제나 어떤 표면적인 목적을 드러내 보임으로써 비난을 피해 보려는 세심한 노력을 더하거나 변화시킨다는 것을 알 수 있다. 그와 동시에 혁신의 목적이 다소 명백한 위장 이상의 것이 되지 않도록 과시적 낭비의 필요조건이 막고 있다는 사실을 알 수 있다. 유행이 아무리 자유롭게 활개 치는 곳이라 해도 어떤 표면적인 용도의 위장을 벗어나는 경우는 흔치 않은 일이다. 하지만 의복 유행의 세부적인 요소가 지닌 표면적인 유용성은 항상 명백한 가장假裝이다.

또한 세부적인 요소의 본질적 무익성은 곧 회피할 수 없을 만큼 노골적으로 우리의 관심을 끈다. 결국 우리는 새로운 스타일에서 안식처를 찾는 것이다. 물론 새로운 스타일은 명예로운 낭비성과 무익성의 필요조건에 부합해야 한다. 새로운 스타일의 무익성은 곧 이전 스타일의 무익성만큼 싫증나는 것이 되어 버린다. 낭비의 법칙이 우리에게 내리는 유일한 처방은 똑같이 무익하고 지속할 수 없는 새로운 양식에서 위안을 찾으라는 것이다. 그러므로 유행하는 의복은 본질적으로 추하고 끊임없이 변한다.

지금까지 유행의 변화 현상을 설명했으니, 이제는 그 설명을 일상적인 사실에 적용해 볼 것이다. 일상적 사실들 가운데 하나로 들 수 있는 것은 익히 잘 알려져 있듯 사람들 모두가 갖고 있는 한때 유행하는 스타일에 대한 애착이 있다. 어떤 새로운 스타일이 유행하기 시작해 잠시 동안 인기를 누리면 적어도 유행하는 동안만큼은 사람들이 새로운 스타일에 대해 매력을 느낀다. 현재 유행하고 있는 것이 아름답게 느껴지는 것이다. 이는 현재 유행하고 있는 것이 철지난 것과는 다르다는 데서 위안을 얻기 때문이며, 한편으로는 좋은 평판을 얻기 때문이다.

앞 장에서 언급했듯이 명성의 규범은 우리의 취향을 형성하기 때문에, 현재 유행하고 있는 어떤 것의 새로움이 사라지거나 새롭고 참신한 양식이 등장해 기존 스타일로는 명성을 보증할 수 없을 때까지 유행하는 대상은 계속 적합한 것으로 인정될 것이다. 한때 유행했다고 하는 스타일의 미나 "멋짐"이 일시적이며 피상적인 것에 불과하다는 것은 변하기 쉬운 많은 유행들이 시대가 흐르면 사라진다는 사실로 입증된다. 6년이나 그 이상의 세월을 미리 내다본다면 현재 유행하는 최상의 것은 미래에는 흉할 정도는 아니더라도 기괴하게 보이기는 할 것이다. 무엇이든 최신품에 대한 우리들의 일시적 애착은 심미적인 근거 이외의 다른 것에 의존하고 있는데, 우리의 영속적인 미적 감각이 신제품을 받아들이지 못하고 거부하면 사라지고 말 것이다.

심미적인 혐오감이 발전하는 과정은 다소 시간이 걸린다. 여기서 소요되는 시간은 문제의 스타일이 지닌 본질적인 혐오스러움의 정도에 반비례한다. 유행의 혐오스러움과 불안정성 사이에 존재하는 이런 시간 관계는 빠르게 변하는 스타일일수록 그만큼 건전한 취향에 더 거슬린다는 추론의 근거가 된다. 따라서 추측하건대, 어떤 사회, 특히 사회의 부유층의 부와 기동성, 그리고 그들의 인간관계의 범위가 더욱더 확장할수록 의복과 관련한 과시적 낭비의 법칙은 더욱더 불가피하게 드러날 것이며, 미적 감각은 더욱더 무뎌지거나 금전적 명성의 규범에 의해 억압되는 경향을 보일 것이다. 아울러 유행은 더욱더 신속하게 변할 것이고 연이어 유행하는 온갖 스타일은 더더욱 기괴하고 용납할 수 없게 될 것이다.

지금까지 논의해 온 의복 이론과 관련하여 아직도 논의해야 할 문제가 적어도 하나는 남아 있다. 지금까지 언급한 원리의 대부분은 여자의 의복뿐만 아니라 남자의 의복에도 적용된다. 하지만 현대에 와서 그 원리는 거의 모든 점에서 여자의 의복에 좀 더 크게 적용된다. 물론 한 가지 점에서 여자의 의복은 남자의 의복과 본질적으로 다르다. 여자의 의복은 그 옷을 입은 사람은 모든 비천한 생산직을 면제받거나 그러한 일을 할 수 없다는 사실을 증명하는 특징을 더욱더 뚜렷이 강조한다. 여자 의복의 이러한 특징은 의복 이론을 완성하는 데뿐만 아니라, 이미 언급한 바 있는 과거와 현재의 여성의 경제적 지위를 확인하는 데서도 흥미롭다.

'대리 유한(생활)'과 '대리 소비'를 주제로 한 여성의 신분 관련 논의에서 살펴본 바와 같이, 가장을 대신해서 소비를 하는 것이 경제발전 과정에서 여성의 직무가 되었다. 여성의 의복도 이러한 목적에 맞게 고안되었다. 생산노동은 신분이 높은 여성의 명예를 손상시키는 일이 분명하다. 그러므로 여성의 의복을 만들 때는 그 옷을 입는 여성이 유용한 노동에 습관적으로 종사하는 일은 없으며 종사할 수도 없다는 (사실상 종종 허구인) 사실을 보는 사람들이 쉽게 인식할 수 있도록 각별히 신경을 써야 한다.

예법은 신분이 높은 여성들에게 같은 계층의 남성들보다 더 일관적
으로 유용한 노동을 삼가고 더 많은 유한생활을 과시할 것을 요구한다.
교양 있는 여자가 유용한 노동으로 생계를 꾸려야 한다는 생각은 우리
의 신경에 매우 거슬린다. 유용한 노동은 "여성의 영역"이 아니다. 여성
의 영역은 가정에 한정되어 있으며 여성은 가정을 "아름답게 꾸며야"
하고 가정의 "주된 장식물"이 되어야 한다. 남성 가장은 일반적으로 가
정의 장식품으로 취급되지 않는다. 예법이 여성에게 좀 더 비싼 의복과
용품을 과시하기 위해 부단히 신경 쓸 것을 요구한다는 사실과 관련해
서 보면 이러한 양상은 앞서 언급한 견해를 더욱더 강화한다.

과거의 가부장제로부터 전승된 우리의 사회 제도는 자기 가정의 지
불 능력을 입증하는 일을 특별히 여성의 직무로 만들었다. 문명화된 현
대의 생활양식에 따르면 여성은 자신이 속한 가정의 명성에 특별히 관
심을 기울여야 한다. 따라서 명성을 주로 뒷받침하고 있는 명예로운 소
비와 과시적 유한생활의 체제는 여성의 영역이다. 상류 금력계급의 생
활에서 실현되곤 하는 이상적인 생활양식에서는 이처럼 물질과 노동의
과시적 낭비에 신경 쓰는 일이 보통 여성의 유일한 경제적 직무가 될
수밖에 없다.

여전히 여성이 전적으로 남성의 재산이었던 경제 발전 단계에서는
과시적 유한생활과 소비를 영위하는 것은 여성에게 요구되는 직무의
일부였다. 여성은 자기 자신의 주인이 아니기 때문에 여성이 이행하는
뚜렷한 소비와 유한생활은 여성 자신의 명예가 아닌 주인의 명예를 높
일 것이다. 따라서 가정의 여성이 좀 더 사치를 부리고 좀 더 확실하게

비생산적인 모습을 보일수록 가정이나 가장의 명예를 높이는 데 좀 더 효과적이다. 여성들은 유한생활을 입증할 수 있는 능력뿐만 아니라 심지어는 유용한 활동을 할 수 없는 능력도 갖춰야만 하는 것이다.

이런 점에서 남성의 의복은 여성의 의복에 비해 뒤떨어지는 것이며, 그럴 만한 충분한 이유가 있다. 과시적 낭비와 과시적 유한생활은 재력을 입증하는 증거이기 때문에 명성을 안긴다. 재력은 결국 성공과 우월한 능력을 증명하기 때문에 명성을 안겨 주고 명예로운 것이 된다. 어떤 개인이 내세우는 낭비와 유한생활의 증거는 일관적으로 그의 무능력이나 뚜렷한 불편을 입증할 형식을 취할 수도 없고, 그런 점들을 입증할 정도까지 이를 수도 없다. 무능력이나 불편을 입증하는 식으로 증거를 제시하는 일은 우월한 능력이 아닌 열등감을 입증하는 것이어서 증거를 제시하는 목적 자체를 무산시킬 것이기 때문이다.

따라서 낭비적인 소비와 노동에서 면제되었음을 과시하는 것이 일반적으로 혹은 대체로 뚜렷한 불편이나 자발적으로 택한 신체적 무능력을 과시하는 정도까지 이르는 경우, 개인은 자신의 금전적인 명성을 얻기 위해서가 아니라 자신이 경제적 의존 관계를 맺고 있는 다른 사람을 위해서 낭비적 소비를 이행하고 신체적 무능력을 감수하는 것이라고 쉽게 추론할 수 있을 것이다. 의존 관계는 결국에는 경제적인 예속 관계로 귀착될 수밖에 없다.

이러한 일반적인 원리를 여성의 의복에 적용하여 그 문제를 구체적으로 설명하고자 한다. 하이힐, 스커트, 실용성이 없는 보닛, 코르셋 그리고 일반적으로 뚜렷하게 착용자의 편의를 도외시한 특징을 지닌 모든 문명화된 여성의 의복은 현대의 문명화된 생활양식에서 여성은 여전히 이론적으로 남성에게 경제적으로 의존하는 존재라는 것을, 아마고도로 이상화된 의미로는 여전히 남성의 동산動産이라는 것을 증명하는 품목이라 할 수 있다. 여성들의 모든 과시적 유한생활과 복장이 가정적인 특성을 갖는 이유는 여성이 경제적 직능의 분화 과정에서 주인의지불 능력을 입증하는 직무를 위임받은 하녀라는 사실 때문이다.

이런 점에서 여성의 의복과 가내 하인의 의복, 특히 제복을 착용한하인의 의복 사이에는 뚜렷한 유사성이 있다. 두 의복 모두가 불필요하게 고가라는 점을 교묘히 과시할 뿐만 아니라 의복을 입는 사람의 신체적인 편의도 완전히 경시한다. 물론 귀부인의 의복은 귀부인의 신체적인 결함을 드러내지는 않지만, 나태함을 교묘히 강조하고 있다는 점에서 가내 하인의 의복보다 월등하다. 이론상 금전과시문화의 이상적 양식에 따르면 안주인은 가정의 하인 수장이기 때문에 의복도 그처럼 월등히 우수한 것이다.

일반적으로 인식되듯 여성복과 유사한 성격의 옷을 입는 하인 이외에도 하인계급의 의복과 비슷하고 여성 의복의 여성스러운 특색을 많이 보여 주는 옷을 입는 계급이 적어도 또 하나 있다. 바로 성직자 계급이다. 성직자의 제의祭衣는 예속적 지위와 대리 생활의 증거를 드러내는모든 특징을 아주 뚜렷한 형태로 내보인다. 소위 제의라고 하는 의복은사제의 일상복보다 훨씬 더 장식적이고 기괴하고 불편하며 적어도 겉보기에는 입기에 몹시 곤란할 정도로 거북해 보인다.

한편, 성직자는 유용한 노동을 삼가고 대중의 시선 앞에 나설 때는 잘 훈련된 가내 하인처럼 태연하게 수심에 잠긴 표정을 지을 것이라 여겨진다. 말끔히 면도를 한 성직자의 얼굴은 그런 효과를 내기에 한층 더 좋을 것이다. 이렇듯 성직자계급의 태도나 의복이 하인계급의 태도와 의복과 흡사한 것은 두 계급의 경제적 기능이 유사하기 때문이다. 경제 이론상 성직자는 신이 내린 옷을 입고 적극적으로 신의 몸시중을 드는 몸종인 것이다. 성직자의 제복은 매우 비싸다. 숭고한 주인의 존엄성을 그럴싸하게 꾸미려면 당연히 비싸야 할 것이다. 아울러 제복은 입는 사람의 몸의 편의성은 거의 혹은 전혀 고려하지 않았다는 점을 과시하도록 고안된다. 왜냐하면 그 옷은 대리 소비품이니 만큼, 대리 소비로 얻는 명성은 하인이 아닌 그의 부재하는 주인에게 돌아가야 하는 것이기 때문이다.

여성과 성직자와 하인의 의복과 남성의 의복을 구분하는 경계선은 실제로 항상 일관되게 지켜지는 것은 아니다. 하지만 대중의 사고 습관에 그 경계선은 꽤 명확히 항상 존재한다는 사실만은 이론의 여지가 없을 것이다. 결점이 없는 훌륭한 복장을 맹목적으로 열망한 나머지, 남성의 의복과 여성의 의복 사이에 존재하는 관념적인 경계선을 넘어서, 디자인된 모양새로 보아 몸이 몹시 불편할 게 빤한 복장을 몸에 걸치는 남자도 물론 적지 않다. 그러나 이와 같은 의복은 남성이 입기에는 아주 비정상적인 옷이라는 점을 누구나 주저 없이 인정할 것이다. 우리는 그러한 복장을 습관적으로 "사내답지 못한" 옷차림이라고 부른다. 또한 그렇게 신경 써 차려입은 신사의 차림새를 마부의 옷차림새와 같다고 하는 말도 이따금 나온다.

이처럼 의복 이론에서 밝혀진 어떤 명백한 모순은 좀 더 상세히 검토해 볼 만한 가치가 있다. 특히 의복이 좀 더 발달한 발전 단계에서 모순이 다소 뚜렷한 경향을 보인다는 점을 감안하면 더욱더 검토할 가치가 있을 것이다. 코르셋의 유행은 여기서 예로 든 법칙이 그대로 적용되지 않는 예외적인 일임이 분명해 보인다. 그러나 좀 더 면밀히 검토해 보면 이 명백해 보이는 예외도 사실상 '의복의 어떤 요소나 특징이 유행할 수 있는 것은 금전상 지위를 보여주는 증거로서의 효용성에 달려 있다는 법칙'에 대한 증거라는 사실을 알 수 있다.

익히 알려져 있듯 좀 더 발전된 산업사회에서는 코르셋이 아주 한정된 특정 사회계층에서만 사용된다. 빈곤한 계급의 여성들, 특히 시골의 여성들은 축제일에 사치를 부릴 때 말고는 코르셋을 딱히 입을 일이 없다. 이들 계급의 여성은 열심히 일을 해야 하므로 일상생활에서 몸을 그토록 속박하면서까지 유한생활을 가장할 수는 없다. 축제 때 코르셋을 입는 것도 상류계급의 체면 유지 규범을 모방한 것일 뿐이다. 이처럼 빈곤하고 육체노동에 종사하는 하층계급을 제외하면, 코르셋은 거의 한두 세대 동안 최고의 부와 명성을 누리던 여성들을 포함한 모든 여성들이 사회적으로 흠 잡을 데 없는 지위를 누리기 위해서 반드시 착용해야 하는 것이었다.

이러한 원칙은 오명이라 할 육체적 노동을 할 필요가 없는 부유층이 많지 않고, 동시에 계급의 여론만으로도 계급 내부의 특별한 행동 준칙을 세울 수 있는 자급자족의 고립적인 사회 조직을 만들 수 있을 만한 규모의 사회에서만 통용되었다. 그러나 이제는 어느 사회에서나 부유한 유한계급이 크게 늘어났기 때문에 강요된 육체노동을 비방해 봐야

별 효과를 내지 못하고 말 것이다. 이런 이유로 유한계급 사이에서 코르셋은 거의 폐물로 전락했다.

이처럼 코르셋을 착용하지 않아도 된다는 규칙이 지배적인 상황에서 예외적인 경우가 있는데, 그것은 실제적인 것이기보다는 표면적인 것이다. 이 표면적인 예외는 고대의 준準산업 형태에 가까운 비교적 덜 발달된 산업 구조를 가지고 있는 나라의 부유층, 그리고 선진 산업사회에서 최근 부유층에 편입된 사람들 사이에서 볼 수 있다. 최근 부유층에 편입된 사람들은 이전의 경제적 하류층에서 이어받은 하층민의 취향과 명성의 규범에서 탈피할 만한 시간적인 여유가 없다. 바로 그런 연유로 예컨대 최근에 급속하게 부유해진 도시들의 상류계급 사이에서 코르셋이 여전히 유행하는 일이 드물지 않게 일어난다. 어떤 부정적 저의도 없는 전문용어로 표현하면 코르셋은 대체로 속물근성이 지배하는 시기, 즉 금전과시문화가 낮은 수준에서 높은 수준으로 이행해 가는 불안정한 과도기에 존속한다. 다시 말해, 코르셋의 전통이 있는 모든 나라에서는 코르셋을 착용한 여성이 신체의 무력함을 보여 줌으로써 명예로운 유한생활을 입증하는 목적에 기여하는 한 코르셋은 어디서든 계속 사용될 것이다. 개인의 능력을 감퇴시키기 위한 눈에 띄는 신체 구속물이나 다른 고안품도 그와 동일한 원칙이 당연히 적용될 수 있다.

여러 과시적 소비품도 이와 비슷한 경향을 보일 것이다. 그리고 정도는 낮지만 의복의 여러 가지 특징들도 그와 같은 경향을 보일 것이다. 특히 의복이 옷을 입은 사람의 몸을 두드러지게 불편하게 하거나 불편한 기색을 드러내는 특징을 가질 경우 더욱 그럴 것이다.

지난 100년간 특히 남성의 의복이 발전해 온 과정에서 눈에 띄는 하나의 경향을 볼 수 있다. 예컨대 흰색 가발을 쓴다든가 금몰[01]로 치장한다든가 항상 면도를 하는 습관처럼 당시에는 훌륭한 목적에 기여했을지 모르지만 오늘날 상류계급 사이에서는 쓸데없는 반복적 습관으로 보이는 진부한 소비의 방식과, 유한생활의 상징을 사용하는 일은 폐기되었다. 면도 습관은 최근 상류사회에서 조금 되살아났지만, 이것은 몸종들에게 부과했던 유행을 분별없이 일시적으로 모방하는 것일 뿐이다. 면도의 유행은 우리들의 할아버지 시대의 흰색 가발과 같은 길을 걷게 될 것이라 예상해도 좋다.

이러한 상징적인 표시들과—보는 모든 사람들에게 이 표시들을 사용하는 사람들의 습관적인 무용無用성을 대담하게 보여준다는 점에서 상징적 표시들과 닮았다고 할 수 있는—다른 표시들은 동일한 사실을 표현하는 좀 더 정교한 다른 방법으로 대치되었다. 이런 방법은 주로 호평을 얻고자 하는 소수의 상류사회의 훈련된 눈에는 이전 방법에 못지 않게 분명한 방법이다. 하지만 초기의 훨씬 더 조야한 과시 방법은 과시하는 사람이 호소해야 하는 사회 구성원인 대중의 대다수가 부와 유한생활의 증거들에서 미묘한 차이를 간파해 내는 훈련을 받지 않은 사람들인 한해서만 통하는 방식이었다. 과시 방법은 소비의 미묘한 기호를 이해하는 기술을 습득할 수 있는 유한생활을 누릴 만큼 충분히 부를 소유한 계급이 신장되었을 때야 개량된다.

"화려한" 의복은 훈련받지 못한 비속한 사람들의 감수성에 호소하여 특별한 인상을 남기려는 과도한 욕망을 드러내기 때문에 고상한 취

---

01 금을 도금한 장식용의 가느다란 줄이나 금실을 가로로, 견사를 세로로 하여 짠 직물.

향을 가진 사람들에게 불쾌감을 준다. 명문가 출신 사람들에게는 자신과 같은 상류계급의 세련된 감각에 걸맞은 명예로운 존경심만이 중요할 뿐이다. 부유한 유한계급이 매우 크게 성장하고 유한계급 구성원들 간의 접촉이 아주 광범위하게 이루어짐에 따라 명예로운 목적을 성취할 수 있는 인간 환경이 조성되었다. 그 결과, 심지어 찬양하거나 모욕할 수 있는 구경꾼 입장에 있는 사람들조차 생활양식에서 하층민의 요소들을 배척하려는 경향이 생겨난다.

이 모든 경향은 방법들을 개량하고, 좀 더 교묘하게 고안된 장치에 의존하고, 의복의 상징적 의미 체계를 정신적으로 의미화하는 결과를 초래한다. 그리고 상류 유한계급이 모든 품위 유지 문제를 첨단으로 선도해 감에 따라 결과적으로 사회의 나머지 계층도 의복의 양식을 점차 개량하게 된다. 사회의 부가 증대되고 문화가 진보함에 따라, 지불 능력은 바라보는 사람에게 점점 더 정밀한 식별력을 요하는 방식에 의해서 입증된다. 여러 선전 매체들을 이처럼 보다 더 정밀하게 구별하는 식별력은 사실상 고도의 금전과시문화의 매우 중요한 요소이다.

8장

산업노동의
면제와 보수주의

인간의 사회생활은 다른 종의 생활과 마찬가지로 생존 경쟁이다. 따라서 인간의 생활도 선택적 적응 과정이다. 또한 사회구조의 진화도 제도의 자연선택 과정이다. 지금까지 이뤘거나 이루고 있는 인간의 제도나 인간의 성격의 진보는 넓게 보면 가장 적합한 사고 습관의 자연선택의 결과라고도 할 수 있고, 인간의 삶을 통제하는 사회의 성장과 제도들의 변화와 함께 점진적으로 변화해 온 환경에 개인이 어쩔 수 없이 적응해 온 과정의 결과라고도 할 수 있다. 제도는 그 자체로 인간의 정신적 태도와 성향을 보편적이거나 지배적인 유형으로 형성시키는 선택과 적응 과정의 결과인 동시에 생활과 인간관계의 특별한 방법이며, 따라서 효율적인 선택의 요인이기도 하다. 그 결과 이제 변화한 제도는 최적의 기질을 타고난 개인들을 선택하는 경향을 더욱더 조장하고, 새로운 제도의 형성을 통해 개인들의 기질과 습관을 변화하는 환경에 더욱 잘 적응하도록 조장한다.

인간의 생활과 사회구조의 발전을 규정하는 힘들은 궁극적으로 생체 조직과 물질적 환경이라는 용어로 환원될 수 있다는 것은 의심할 여지가 없는 사실이다. 그러나 본 연구의 목적에 비추어 보면, 이런 힘들은 부분적으로는 인간적이고 부분적으로는 비인간적인 환경이라는 용어와 다소 일정한 육체적, 지적 조건을 갖춘 인간 주체라는 용어로 가장 잘 표현될 수 있을 것이다.

전체적으로 보든 평균적으로 보든 인간 주체는 다소 가변적이지만, 주로 유리한 변종이 자연선택에 의해 보존되는 법칙의 지배를 받는다는 것은 당연한 사실이다. 유리한 변종에 대한 선택은 대부분 인종적 유형에 대한 선택적 보존일 것이다. 다양한 인종적 요소들이 혼재되어 있는 모든 사회—다양한 인종의 사람들이 섞여 있는 사회—의 생활사를 보면, 어떤 특정한 시점에 지속적이고 상대적으로 안정된 몇 가지 유형의 신체나 기질들 가운데 한두 가지가 지배적인 힘을 발휘한다. 어느 특정한 시기에 위력을 발휘하는 제도를 아우르는 상황은 다른 유형에 비해 특정한 유형의 성격에 보다 더 강한 생존력과 지배력을 부여할 것이고, 과거로부터 물려받은 제도를 유지하고 더욱더 정교하게 만들도록 선택된 유형의 인간은 이러한 제도들을 자신의 취향에 맞게 상당한 정도까지 조형할 것이다.

그러나 상대적으로 안정된 유형의 성격과 사고 습관 사이의 (자연)선택과는 별도로, 지배적인 인종적 유형이나 유형들의 특징이라 할 수 있는 습성들의 일반적인 범위 내에서 사고 습관의 선택적 적응 과정이 동시에 일어나고 있다는 것은 의심할 여지가 없다. 물론 상대적으로 안정된 유형들 사이의 (자연)선택에 의해서 어떤 특정한 구성 집단의 근본적인 성격에 변이가 생길 수도 있다. 또한 그런 유형의 범위 내에서 이루어지는 세부적인 적응 과정에서 변이가 생길 수도 있고, 어떤 특정한 사회적 관계나 집단적 관계에 대한 특수한 습관적 견해들 사이에 이루어지는 선택 과정에서 변이가 생길 수도 있다.

이렇게 볼 때, 적응 과정의 성질에 관한 문제는 그 성질이 주로 안정된 유형의 기질이나 성격들 사이의 선택이든 아니면 변화하는 환경에 대한 인간들의 사고 습관의 적응이든 상관없이, 제도들이 어떠한 방식에 의해서든 변화하고 발전한다는 사실에 비하면 그리 중요한 것은 아니다. 제도의 성질은 본질적으로 이처럼 변화하는 환경의 자극에 반응하는 습관적인 방법이기 때문에 환경의 변화에 따라 변할 수밖에 없다. 제도들의 발전이 곧 사회의 발전이다. 제도는 실질적으로 개인과 사회의 특별한 관계와 특별한 기능에 관한 일반적인 사고 습관이다. 아울러 한 사회가 발전하는 과정에서 특정한 시기나 시점에 시행되는 총체적인 제도들로 이루어진 생활양식의 성격은 심리적인 측면에서 일반적인 정신적 태도나 일반적인 생활 이론으로 폭넓게 규정될 수 있다. 생활양식의 일반적 특성과 관련하여, 정신적 태도나 생활 이론은 결국 일반적인 유형의 성격이라는 용어로 환원될 수 있다.

오늘날의 상황은 선택적이고 강압적인 과정이 사물에 대한 남성들의 습관적 견해에 영향을 미치고, 그래서 결국 과거로부터 전승되어 온 관점이나 정신적인 태도를 변화시키거나 강화시킴으로써 내일의 제도를 형성한다. 제도, 즉 인간의 삶을 규정하는 사고 습관은 이전의 시기부터 혹은 다소 먼 옛날부터 이같이 수용되어 왔으며 과거로부터 정교하게 다듬어져서 수용된 것이다. 제도는 지나온 과정의 소산이며 과거의 환경에 적응한 결과이다. 따라서 현재의 필요조건과 완벽하게 일치할 수는 없다. 선택적 적응의 과정은 본질적으로 언제든 사회가 처할 수 있는 점진적인 변화 상황을 결코 따라잡을 수 없다. 적응을 강요하고 선택에 영향을 미치는 환경이나 상황, 생활의 긴박성이 매일매일 변하기 때문이며, 한 사회에서 잇달아 일어나는 각각의 상황은 확립되자마자 진부해지는 경향이 있기 때문이다. 한 단계의 발전이 이루어지면 이 단계는 새로운 적응을 요구하는 상황 변화를 조성한다. 상황의 변화는 적응의 새로운 단계로 향하는 출발점이 되며, 이 과정은 끝없이 이어진다.

지루하고 빤한 말처럼 들릴지 모르지만 오늘날의 제도, 즉 현재의 공인된 삶의 체계가 오늘날의 상황에 전적으로 들어맞지 않는다는 사실을 알 필요가 있다. 남자들의 현재의 사고 습관은 환경의 강요에 의해 변하지 않는 한 무한정 지속되는 경향이 있다. 그러므로 이렇게 전승되어 온 제도들, 그리고 사고 습관, 관점, 정신적 태도와 성향 등은 그 자체로 보수적이다. 이는 사회적 타성과 심리적 타성, 즉 보수주의의 요인이다.

사회구조는 오로지 사회의 여러 계급의 사고 습관의 변화를 통해서, 혹은 결국 사회를 구성하고 있는 개인들의 사고 습관의 변화를 통해서 변화하고 발전하고 변화한 상황에 적응한다. 사회의 진화는 본질적으로, 과거의 상이한 여러 환경에서 형성되고, 또 이 환경에 순응했던 사고 습관을 더 이상 용납하지 않을 환경의 압박 상황에서 개인들이 취하는 정신적 적응 과정이다. 이렇게 볼 때, 적응 과정이 영속적인 인종 유형의 선택과 생존의 과정인지 아니면, 개인의 적응 과정과 획득 형질의 유전 과정인지 하는 문제는 그리 중요하게 여길 필요는 없다.

사회의 진보는 특히 경제 이론의 관점에서 보면, 거의 완벽한 "외부 관계들에 대한 내부 관계의 적응" 상태에 계속 점진적으로 접근해 가는 과정이다. 하지만 이 적응은 결코 완벽하게 성립되지는 않는다. 왜냐하면 "외부 관계들"은 "내부 관계들"의 점진적인 변화 결과에 따라 지속적으로 변할 수밖에 없기 때문이다. 물론 적응 상태에 얼마나 접근했느냐 하는 정도는 적응의 편리성에 따라 클 수도 있고 작을 수도 있다.

변화된 긴급한 상황에 따른 남자들의 사고 습관의 재적응은 어떠한 경우든 공인된 관점을 더 이상 존속할 수 없게 만든 조건이 행사하는 강제력을 받을 때만, 마지못해 느리게 이루어질 뿐이다. 변화된 환경에 맞춘 제도와 습관적 관점의 재적응은 외부의 압력에 대한 반응으로 이루어진다. 재적응은 본질적으로 자극에 대한 반응이라 할 수 있다. 따라서 재적응의 자유와 편리성, 다시 말해, 사회구조의 성장 능력은 어떤 일정한 시기에 주어진 상황이 개개의 사회 구성원들에게 허용하는 자유의 한도, 즉 개별 구성원들이 환경의 구속력에 노출되는 정도에 크게 달려 있다.

만약 사회의 일부 구성원이나 계급이 본질적인 면에서 환경의 영향력으로부터 벗어나 있다면, 그 구성원이나 계급의 관점 혹은 생활양식은 변화된 보편적 상황에 훨씬 더디게 적응할 것이다. 그 결과 사회의 변화 과정이 지연되는 경향을 보인다. 부유한 유한계급은 변화와 재적응을 유발하는 경제적 힘의 파고로부터 안전한 피난처에 있다. 제도의 재조정을 유발하는 힘들은 특히 현대 산업사회의 경우, 결국에는 거의 전적으로 경제적인 성질에 속한다고 말할 수 있을 것이다.

모든 사회(공동체)는 경제 제도라고 불리는 것들로 구성된 구조라 할 수 있는 산업 메커니즘 혹은 경제 메커니즘으로 볼 수 있다. 경제 제도는 사회가 물리적인 생활 환경과 접촉하면서 생활 과정을 이행하는 습관적인 방법이다. 주어진 환경에서 인간 활동의 일정한 전개 방법들이 이처럼 정교해져 왔다면, 사회생활은 이와 같은 습관적 방향으로 꽤 용이하게 표현될 것이다. 사회는 과거로부터 학습하고 경제 제도로 구현한 방법에 따라 생활의 목적에 맞게 환경의 힘들을 이용할 것이다. 그러나 인구가 증가하고, 자연의 힘을 관리하는 인간의 지식과 기술이 확대되면서, 집단 구성원들 사이에 습관적으로 관계를 맺는 방법과 집단 전체가 생활해 나가는 습관적인 방법은 이전과 동일한 결과를 낳지 않을 뿐만 아니라, 그 결과로 빚어진 생활의 조건들도 다양한 사회 구성원들에게 더 이상 이전과 동일한 방식으로, 이전과 동일한 효과를 끼칠 수 있게 분배되거나 할당되지 않는다.

만약 예전의 환경 조건에서 집단이 이행하는 생활 과정을 지배하는 양식이 그 환경에서 이룰 수 있는 최상에 가까운 집단의 생활에 효율성이나 편리성을 제공했다면, 동일한 생활양식은 변화한 환경에서는 그만큼의 성과를 낳지는 못할 것이다. 인구와 기술과 지식의 조건이 변화한 상황에서도 전통적인 양식에 따라 이행해 온 생활의 편리성은 (어떤 경우에는) 예전의 조건에서보다 낮아지지 않을 수도 있을 것이다. 하지만 환경 조건이 변할 때마다 생활양식이 그에 맞게 변한다면, 생활의 편리성은 가능한 기대치보다 늘 줄어들 것이다.

집단은 개인들로 이루어져 있으며, 집단의 생활은 적어도 표면상으로는 개인들 각자가 개별적으로 영위하는 생활이다. 집단이 수용한 생활양식은 개인들이 인간이 생활하는 데 옳고 좋고 편리하고 아름다운 것으로 받아들인 견해이다. 환경에 대처하는 방법이 변함에 따라 생활 조건들을 재분배할 경우 집단 전체의 생활 편리성이 균등하게 변하지는 않는다. 변화된 조건들은 집단 전체의 생활 편리성을 향상시킬 수도 있지만 재분배는 일반적으로 집단의 일부 구성원들의 생활 편리성이나 만족도를 감소시키는 결과를 초래한다. 기술 방식이나, 인구 혹은 산업 조직이 향상되면, 적어도 사회의 일부 구성원들은 변화된 산업 방식에 편리하고 효과적으로 진입하려 할 때 생활 습관을 바꿀 수밖에 없다. 자신들이 기존에 갖고 있던 올바르고 아름다운 생활 습관에 관한 관념을 계속 받아들이며 살 수는 없을 것이다.

생활 습관이나 동료들과의 습관적인 인간관계를 변화시킬 필요가 있는 사람이면 누구나, 새롭게 발생한 절박한 상황이 요구하는 생활방식과 자신에게 익숙한 전통적인 생활양식의 불일치를 느끼게 된다. 이런 상황에 처한 개인들은 기존의 생활양식을 개조하도록 강한 압박을 받으며, 따라서 새로운 기준을 받아들이는 데 아주 쉽게 동조하는 것이다.

남자들은 생계 수단이 필요하기 때문에 앞서 말한 상황에 처한다. 환경의 압력은 집단에 가해지고, 집단의 생활양식을 재조정하게 만들며, 금전적인 절박성의 형태로 집단의 구성원의 삶을 침해한다. 그리고 이런 사실 때문에 외부의 힘들은 대부분 금전적 혹은 경제적 절박성의 형태로 해석된다. 또한 어떤 현대 산업사회든 간에 제도의 재조정에 이바지하는 힘들은 주로 경제적 힘이라고 말할 수 있는 것이다. 좀 더 구체적으로 말하면, 경제적 힘은 금전적인 압박의 형태를 취한다. 여기서 신중히 고찰한 재적응이나 재조정은 본질적으로 무엇이 좋고 옳은가에 관한 사람들의 관점의 변화이며, 무엇이 좋고 옳은가에 대한 사람들의 이해에 변화를 일으키는 수단은 대체로 금전적인 절박함이 주는 압박이다.

인간의 삶에서 무엇이 좋고 옳은가에 대한 사람들의 관점의 변화는 느리게 이루어진다. 특히 진보라고 불리는 방향, 즉 공동체의 사회적 진화의 출발점으로 볼 수 있는 고대사회에서 떨어져 나와 발전하는 변화는 더욱더 느리게 진행된다. 반면에 퇴보, 즉 어떤 인종에게 오랫동안 습관화되어 익숙한 과거의 특정한 관점으로 회귀하는 것은 훨씬 더 쉽다. 특히 과거의 관점에서 벗어나 이룬 발전이 과거의 관점과 이질적인 기질을 가진 인종 유형으로 대체되어 이루어진 것이 아닌 경우에는 회귀가 쉽게 일어난다.

서양 문명의 생활사에서 현대 문화의 바로 직전에 있는 문화 단계는 이 책에서 외견상 평화적 단계라고 부른 단계이다. 외견상 평화적 단계의 지배적인 생활양식의 특징은 신분의 법칙이다. 오늘날 남성들이 외견상 평화적 단계의 특징을 나타내는 지배와 인격적 예속이라는 정신적 태도로 얼마나 쉽게 회귀하는지는 새삼 지적할 필요도 없다. 이런 정신적 태도는 이후에 발생한 절박한 상황과 완전히 일치하는 정신 습관으로 명확히 대체되었다기보다는 오늘날의 절박한 경제적 상황으로 인해 불분명하게 정지 상태에 놓였다고 말할 수 있을 것이다.

서양문화권 사람들을 구성하는 모든 주요한 인종적 요소들의 생활사적 측면에서 볼 때, 약탈적이고 외견상 평화적인 경제적 진화 단계는 아주 오랫동안 지속되어 온 것으로 보인다. 따라서 이 문화 단계에 적합한 기질이나 성향은 상당히 강력하게 살아남았다. 이런 탓에 이 단계 이후 발달한 사고 습관을 강화하는 힘들에서 벗어나 있는 어떤 계급이나 사회가 이전 단계에 부합하는 심리적 구조의 광범위한 특징들로 빠르게 회귀하는 것이 어쩌면 당연할 정도다.

이미 잘 알려져 있듯 개인이나 심지어 유력한 남자들의 집단이 고도의 산업문화로부터 격리되고, 더 낮은 문화 환경이나 더 원시적인 성격의 경제 상황에 노출되면, 약탈적 유형의 특성을 보이는 정신 양상으로 재빨리 회귀하는 증거들을 보인다. 유럽인 중에서 장두 금발 유형은 서양문화에서 다른 인종적인 요소들보다 야만문화로 회귀하기 훨씬 더 쉬운 자질을 가지고 있는 듯이 보인다. 작은 규모로 일어나는 이러한 회귀의 예는 최근의 이민 역사와 식민지 역사에서 무수히 찾아볼 수 있다. 약탈문화의 독특한 특징이라 할 수 있으며, 현대사회에서 회귀의 가장 뚜렷한 증거로 빈번히 등장하는 맹목적 애국심의 비위를 거스를 수 있는 위험을 무릅쓰고 말하자면, 아메리카 식민지 사례는 엄청나게 거대한 규모의 회귀는 아니더라도 흔히 볼 수 없었던 대규모 회귀의 실례라 할 수 있을 것이다.

대체로, 유한계급은 고도로 조직화된 현대 산업사회라면 어디나 만연한 경제적 절박함의 압박과는 거리가 먼 삶을 산다. 생계 수단을 위한 투쟁의 절박함은 다른 계급과는 달리 유한계급에게는 그리 가혹한 일이 아니다. 이렇듯 특권적 지위를 누리고 있다는 점에서 모든 사회계급 중에서 유한계급이 제도를 더욱 발전시키고 변화된 산업 환경에 맞게 재조정해야 한다고 하는 상황의 요구에 가장 소극적으로 반응하는 계급이라는 사실을 알 수 있다.

유한계급은 보수적인 계급이다. 사회의 위급한 경제 상황은 유한계급의 구성원을 흔들거나 직접적인 악영향을 주지는 않는다. 유한계급은 완전한 의미에서 산업사회의 유기적인 부분이 아니기 때문에 변화된 산업 기술의 요구에 맞추기 위해 재산 상실의 위험을 감수하면서까지 외부 세계에 대한 이론적인 견해와 생활 습관을 바꿀 필요가 없다. 유한계급 구성원들에게 지금껏 습관화된 생활에 대한 관점과 생활방식을 포기하도록 만들 수 있는 것은 현존 질서에 대한 불안감뿐이다. 하지만 경제 상황이 위급하다고 해서 유한계급이 쉽게 불안감을 갖는 것은 아니다. 사회의 진화에서 유한계급의 역할은 진화의 운동을 지연시키고 낡은 과거의 것을 보존하는 것이다. 이 명제는 결코 별스러운 게 아니며, 오래전부터 대중들이 공통적으로 인식하고 있는 상식 중 하나이다.

부유층은 본질적으로 보수적이라고 하는 보편적인 믿음은 문화 발전과 관련해 부유층이 차지하는 지위와 이해관계에 대한 어떠한 이론적 견해의 별다른 도움을 받지 않고도 대중들 사이에서 널리 인정되어 왔다. 부유층의 보수주의에 관한 설명이 제시될 때마다, 대체로 부유층은 현재의 조건을 지속시켜서 무가치한 기득권을 지키고자 혁신을 반대한다는 시샘어린 설명을 들곤 한다. 여기에서 제시하려는 설명은 무가치한 동기에 대한 것이 아니다. 문화 양식의 변화에 대한 부유층의 반감은 대부분 본능적인 것이지, 물질적 이해타산에 근거한 것이 아니다. 인정되고 있는 기존의 행동 양식과 사물에 대한 시각에서 일탈하는 것에 대한 본능적인 반발인 것이다. 이는 모든 남자들에게서 엿보이는 공통적인 반발로, 오직 환경의 압박에 의해서만 꺾일 수 있다. 생활 습관과 사고 습관을 모두 바꾸는 것은 성가신 일이다.

이처럼 변화에 대한 관점에서 부유층과 보통 사람들의 차이는 보수주의를 자극하는 동기의 차이가 아니라 변화를 촉구하는 경제적 힘들에 노출되어 있는 정도의 차이에서 비롯된다. 부유층의 구성원들은 다른 사람들에 비해 혁신의 요구에 쉽사리 굴복하지 않는다. 이들은 혁신의 요구에 응하라는 압박을 받지 않기 때문이다.

부유층의 보수주의는 너무나 확고한 양상을 띠는 나머지 심지어 존경받을 만한 표시로까지 인정받기에 이른다. 보수주의는 부유한 사람들의 성향이며, 따라서 사회에서 보다 더 존경을 받는 요인이 되기 때문에 명예롭거나 장식적인 가치를 획득했다. 또한 보수적인 견해를 고수하는 것이 존경심에 대한 우리들의 관념에 당연히 포함될 정도로 보수주의는 규범적인 것이 되었다. 그리하여 보수주의는 사회적 명성의 관점에서 비난받지 않는 삶을 살고자 하는 사람에게는 불가피한 의무가 되어 버린다.

보수주의는 상류계급의 특성이기 때문에 품위가 있어 보이고 반대로 개혁은 하류계급에서 나타나는 현상이기 때문에 비속한 것으로 취급된다. 우리들로 하여금 모든 사회개혁론자들에게 등을 돌리게 하는 본능적인 반발과 배격의 가장 우선적이고 직접적인 요인은 사물의 본질적 비속성에 대한 감각이다. 그러므로 혁신자가 대변하는 사건의 실질적인 가치를 인정하는 경우 — 혁신자가 바로잡으려는 악이 시간적으로나 공간적으로나 인간적으로나 접촉이 어려울 정도로 멀리 있을 때, 사람들은 그 사건의 실질적인 가치를 인정하기 쉽다 — 조차도 사람들은 혁신자를 교제하기에는 몹시 꺼림칙한 인물로, 가급적 사회적 접촉을 피해야만 하는 인물로 여긴다. 개혁은 바람직하지 않은 형식인 것이다.

부유한 유한계급의 관례, 행동, 관점이 다른 계급들의 행동을 규정하는 규범적인 성격을 획득한다는 사실은 유한계급의 보수성의 영향력에 무게를 더하고 그 영향력이 미치는 범위를 넓힌다. 그 결과 유한계급의 선도를 따르는 것이 명망 있는 사람들의 의무가 된다. 훌륭한 형식의 화신이라는 높은 지위를 차지한 덕택으로 부유층은 사회의 진보를 저지하는 데 단순히 이 계급의 수적인 힘보다 훨씬 더 막강한 영향력을 발휘하게 되었다. 부유층의 규범적 선례가 다른 모든 계급으로 하여금 혁신에 더욱더 거세게 저항하도록 만들고, 사람들에게 이전 세대로부터 물려받은 바람직한 제도들에 애착을 갖도록 만든다.

전통적인 생활양식이 시대의 절박한 상황에 적응하지 못하게 만드는 장애물과 관련하여, 유한계급의 영향력이 같은 방향으로 작용하는 두 번째 방법이 있다. 상류계급이 주도하는 이 두 번째 방법은 엄밀히 말해서 앞서 언급했던 새로운 사고방식에 대한 본능적인 보수주의나 반감과 같은 범주에 속하지는 않는다. 하지만 적어도 혁신과 사회구조의 성장을 지연시키는 역할을 한다는 점에서 보수적 정신 습관과 많은 공통점을 가지고 있기 때문에 여기서 다루어도 좋을 것이다.

일정한 시기에 일정한 사람들 사이에서 유행하는 예절, 관례, 관습 등의 규약은 다소 유기적 통일체의 성격을 띤다. 따라서 그 체계의 어떠한 한 부분에서 상당한 변화가 일어나면, 총체적인 재편으로 이어지지는 않더라도 다른 부분에서 어떤 변화나 재조정이 뒤따르기 마련이다. 즉각적으로는 체계에 아주 미미한 정도로만 영향을 미칠 변화가 발생하는 경우 그에 따라 발생하는 관습들의 구조적 교란은 크지 않다. 그러나 이런 경우에도 체계 전반에 장기적으로 꽤 지대한 영향을 미치는 어느 정도의 교란이 뒤따를 것이라고 해도 과언이 아닐 것이다. 반면에 시행된 개혁이 전통적인 체계상의 가장 중요한 제도를 금지하는 일이나 전면적인 개정을 수반할 경우에는 체계 전체에 심각한 교란이 발생하리라는 사실이 즉각적으로 감지될 것이다. 또한 사회구조의 중요한 요소들 중의 하나가 새로운 형태로 재조정하면 그 과정이 전혀 미심쩍지 않더라도 고통스럽고 지루하게 느껴질 것이다.

전통적 생활양식의 급격한 변화에 따르는 난관을 여실히 보여 주기 위해서는 서양의 모든 문명국가에서 보이는 일부일처제, 부계 중심 제도, 사유재산, 유신론적 신앙 등이 철폐되는 과정을 제시하기만 하면 될 것이다. 아니면 중국의 조상 숭배, 인도의 카스트 제도, 아프리카의 노예 제도 등이 폐지되는 과정이나 이슬람 국가의 성평등이 확립되는 과정을 가정해 보기만 해도 될 것이다. 이 모든 사례들에서 일반적인 전통의 구조적 교란이 매우 심각하게 일어나리라는 점은 논할 필요조차도 없다. 위와 같은 혁신을 일으키려면 당장 문제가 되고 있는 생활양식뿐만 아니라 다른 부분의 생활양식에서도 사람들의 사고 습관의 전면적인 변화가 있어야 한다. 결국 이런 혁신에 대한 반감은 본질적으로 이질적인 생활양식을 기피하는 일에까지 이르게 된다.

기존의 생활방식에서 탈피할 것을 제안하는 어떠한 주장에 대해 선량한 사람들이 느끼는 반감은 일상에서 흔히 경험할 수 있는 사실이다. 사회에 유익한 충고나 훈계를 늘어놓기 좋아하는 사람들이 영국 국교회의 폐지, 이혼의 간소화, 여성 참정권의 채택, 알코올성 음료의 제조 및 판매 금지, 유산 상속의 폐지 및 제한 등처럼 비교적 사소한 변화가 사회에 막대한 악영향을 끼칠 거라고 열변을 토하는 것을 우리는 흔히 볼 수 있다. 이러한 혁신들이 "사회구조를 뿌리째 뒤흔들 것이다"라든가 "사회를 혼란에 빠뜨리고 말 것이다"라든가, "도덕의 토대를 파괴할 것이다"라든가, "삶을 견딜 수 없게 만들 것이다"라든가, "자연의 질서를 혼란시키고 말 것이다" 등등의 말을 우리는 듣곤 한다. 이러한 말들이 본질적으로 과장되어 있다는 건 의심의 여지가 없다. 그러나 모든 과장된 말이 그렇듯, 이 말은 자신이 표현하고자 하는 결과의 중요성을 생생히 감지하고 있음을 나타내는 증거이다.

혁신이 기존의 생활양식을 교란시키는 효과는 사회에 속한 남자들의 편의를 위해 고안된 일련의 장치들 중에서 단순히 하나의 항목만 변화시킨다기보다 훨씬 더 중대한 결과를 낳는 것으로 여겨진다. 가장 중요하고 너무나 명확한 혁신에 해당되는 것은 직접적인 중요성이 덜한 작은 변화에도 해당된다. 변화에 대한 거부감은 대체로 변화에 반드시 수반되기 마련인 성가신 재적응에 대한 거부감이다. 그리고 긴밀하게 연결된 기존의 문화 관련 제도 체제와 국민 관련 제도 체제는 사고 습관의 변화에 대한 남자들의 본능적인 저항감을 강화시킨다. 남자들은 스스로 수용하기로 한 그리 중요하지 않은 문제에 대해서조차 기존의 사고를 변화시키는 것에 강한 저항감을 보인다.

이렇듯 제도들 간의 긴밀한 결속 때문에 벌어지는 저항으로 인해 혁신에 반드시 필요한 재적응에 그 어느 때보다도 더 많은 신경 에너지를 소비할 수밖에 없다. 기존의 사고 습관을 변화시키는 과정은 불쾌감만 유발하는 것에 그치지 않는다. 기존의 생활 원리를 재조정하는 과정은 정신적 노력, 즉 변화된 환경에서 자신이 취해야 할 태도를 찾고 유지하기 위해서 겪어야 하는 다소 지루하고 힘겨운 노력을 수반한다. 이 과정은 모종의 에너지 소비를 요구하며 이 과정이 성공하려면 일상적인 생존 투쟁에서 소모되는 에너지를 초과하는 여분의 에너지가 필요할 것이다. 결과적으로 불만의 소지를 없앰으로써 불만을 제거하는 사치스런 생활 못지않게 영양 부족이나 과도한 육체적 고통에 의해서도 진보는 효과적으로 저지될 수 있다는 결론에 이른다. 극빈자들과 일상적인 생존 투쟁에 에너지를 모조리 쏟는 사람들은 누구나 힘들여 내일을 생각할 여유가 없기 때문에 보수적일 수밖에 없다. 동일한 맥락에서 아주 부유한 사람들은 현재의 상황에 불만을 가질 소지가 거의 없기 때문에 보수적일 수밖에 없다.

이러한 명제로부터 유한계급 제도는 하층계급의 생계 수단을 최대한 박탈해 소비를 축소시키고, 결국 하층계급의 가용 에너지를 줄임으로써 새로운 사고 습관을 배우고 받아들이기 위해 필요한 노력마저 불가능하게 만드는 방식으로 하층계급을 보수화시키는 역할을 한다는 결론에 이를 수 있다. 금력의 최상층이 부를 축적한다는 것은 금력의 최하층이 부를 박탈당한다는 것을 의미한다. 어디서든 대다수 국민들이 겪는 극심한 박탈이 혁신의 심각한 장애 요인이라는 것은 너무도 자명한 사실이다.

이처럼 부의 불평등한 분배가 발휘하는 직접적인 억제 효과는 동일한 결과를 야기하는 간접적인 효과의 뒷받침을 받는다. 이미 앞에서 살펴본 바와 같이, 명성의 규범을 확정하는 과정에서 상류계급이 선보인 절대적인 선례들이 과시적 소비 습관을 조장한다. 물론 모든 계급들 사이에서 체면 유지 기준의 주된 요소들 중 하나로 유행하는 과시적 소비가 전적으로 부유한 유한계급의 선례에서 기원한 것은 아니지만 그 선례가 과시적 소비 습관과 집착을 강화시킨다는 것은 의심할 여지가 없는 사실이다.

이와 관련하여 체면을 유지하기 위한 필요조건은 매우 중요하고 절대적이다. 그러므로 최저 생계유지 수준을 훨씬 초과해, 많은 재화를 소비할 수 있을 만큼 금전적인 지위가 매우 높은 계급들 사이에서도 근본적인 육체적 욕구를 충족시키고 남은 잉여 자금을 육체적 안락이나 생활의 만족을 더하는 데 쓰기보다는 품위를 과시하기 위한 목적으로 쓰는 경향이 흔하게 나타난다.

게다가 활용 가능한 잉여 에너지는 과시적 소비나 과시적 축재를 위한 재화 획득에 쓰이기 쉽다. 그 결과, 금전적인 명성을 위한 필요조건들은 (1) 넉넉잖은 최저 생계유지 비용을 제외한 나머지 금전을 과시적 소비를 위해 남겨 두고 (2) 기본적인 의식주 해결에 필요한 생활필수품을 소비하고 남는 가용 잉여 에너지를 전부 흡수해 버리는 경향이 있다. 이런 전반적인 경향은 사회에서 일반적인 보수적 태도를 강화시키는 결과를 초래한다. 유한계급의 제도는 직접적으로는 (1) 그 계급 특유의 타성을 통해서 (2) 과시적 낭비나 보수주의의 규범적인 선례를 통해서, 그리고 (3) 간접적으로는 그 제도 자체가 의존하고 있는 부와 생계 수단의 불평등한 분배 체계를 통해서 문화 발전을 즉각적으로 방해한다.

이에 덧붙여 말하자면 유한계급은 또한 상황을 지금과 같이 놔둠으로써 물질적인 이득을 얻을 수 있다. 어떤 시대든 일반적인 상황하에서 유한계급은 특권적 지위를 누리고 있으므로, 기존의 질서에서 이탈하는 것은 이 계급에게 이익보다는 손해를 끼칠 것으로 예상할 수 있다. 이 계급의 태도는 자기 계급의 이해관계에 의해서만 영향을 받기 때문에, 현 상황 그대로에 만족할 수밖에 없다. 계급적 이해관계상의 동기가 그 계급의 강한 본능적인 편견을 더욱 강화시키고, 그리하여 다른 어떠한 동기의 영향보다도 더욱 일관적으로 그 계급의 보수적인 성향을 형성시킨다.

물론 이 모든 현상을 사회구조 속에서의 보수주의나 반동의 대변자이자 매개자인 유한계급의 직무를 찬양하거나 비난하려는 방편으로 언급한 것은 결코 아니다. 유한계급의 직무가 행사하는 방해 활동이 유익할 수도 있고 반동적일 수도 있다. 이와 같은 방해 활동이 특정한 어떤 경우에 유익하냐 반동적이냐 하는 것은 일반론의 문제이기보다는 결의론決疑論의 문제이다. 보수성의 대변자들이 흔히 표현하는 (정치적 문제에 관한) 견해, 즉 보수적인 부유층이 혁신에 맞서 본질적이고 지속적인 저항을 주도하지 않았다면 사회 혁신과 실험은 사회를 더 이상 유지할 수 없고 견딜 수도 없는 상황으로 몰아갈 것이고 그 결과 불만이나 파괴적인 반발만이 판치게 될 것이라는 주장에도 일리가 있을지 모른다. 그러나 이러한 모든 주장은 현재의 논의에서 벗어나 있는 것이다.

모든 비난은 별문제로 하고, 또 무모한 혁신에 대한 그와 같은 견제의 불가피성에 관한 모든 문제는 차치하더라도 유한계급은 그 성질상 소위 사회적 진보나 발전이라고 불리는 환경에 재적응하는 것을 끊임없이 저지하는 역할을 한다. 유한계급의 특징적인 태도는 "존재하는 것은 모두 옳다"라는 격언으로 요약될 수 있을 것이다. 반면에 인간의 제도에 적용되는 자연선택의 법칙은 "존재하는 것은 모두 틀렸다"라는 원칙을 제시한다.

오늘날의 제도들은 오늘날의 삶의 목적에 비추어 모두 틀렸다고 볼 수는 없지만, 사물의 본질상으론 언제나 어느 정도는 틀렸다고 볼 수 있다. 제도들은 지나간 발전 과정 중 어느 시점의 지배적인 상황에 생활방식이 다소 불충분하게 적응한 결과물이다. 따라서 제도는 과거의 상황과 현재의 상황을 가르는 격차 이상의 어떤 것 때문에 틀린 것이 된다. 물론 여기서 "옳은 것"과 "틀린 것"은 당위성 여부에 대한 어떠한 성찰 없이 사용한 것이다. "옳은 것"과 "틀린 것"은 단순히 (도덕적으로 중립적인) 진화론적 관점에서 본 것이며, 효과적인 진화 과정과 친화성이 있느냐 없느냐를 지적하기 위한 의도이다.

유한계급의 제도는 영향력 혹은 계급의 이해관계와 본능을 통해, 교훈과 규범적인 선례를 통해 현존하는 제도들의 폐단을 영속화시키고, 심지어는 보다 낡은 생활양식으로의 퇴행을 조장한다. 낡은 생활양식은 그리 멀지 않은 과거로부터 내려온 공인된 진부한 생활양식보다도 현재 상황의 절박한 생활에 적응하기 훨씬 더 어렵게 만들 것이다.

이로써 바람직한 옛 방식의 보존이라는 주제에 대해서 모두 언급했지만, 어쨌든 제도는 변하고 발전한다는 것은 여전히 진실이다. 관습과 사고 습관은 누적되어 성장하고, 전통과 생활방식의 자연선택이 진행된다. 이러한 성장을 선도하기도 하고 지체시키기도 하는 유한계급의 직무에 관해서는 좀 더 언급할 필요가 있다. 하지만 여기서는 유한계급의 직무가 근본적이고 직접적으로 경제적 성격을 지닌 제도에 영향을 미친다는 사실을 제외하고는, 유한계급의 직무와 제도적 성장과의 관계에 대해서는 언급할 만한 것이 거의 없다. 이런 제도들, 즉 경제적 구조는 경제생활의 두 가지 상이한 목적 중 어느 쪽에 기여하느냐에 따라 대체로 두 가지 부류 혹은 범주로 구분할 수 있다.

고전적인 용어로 규정하자면, 제도들은 취득 제도이거나 생산 제도이다. 또한 이미 앞서의 장들에서 제시한 다른 관계와 관련해 이미 사용된 용어로 규정하자면, 이 제도는 금전적 제도 혹은 산업 제도이고, 또 다른 용어로 규정하자면 차별적인 경제적 이해관계에 기여하는 제도이거나 아니면 비차별적인 경제적 이해관계에 기여하는 제도이다. 기계적인 의미로 보면, 전자의 범주는 "사업(경영)"과 관련이 있고 후자의 범주는 "산업"과 관련이 있다. 후자의 부류는 대체로 지배계급과 직접적인 관련성이 없고, 따라서 법안이나 중요한 협약의 주요 안건으로 부각되는 일이 거의 없기 때문에 흔히 제도로 인식되지 않는다. 그런 제도들이 주목을 받을 때는 보통 금전이나 사업(경영) 측면에서다. 왜냐하면 우리 시대에 남자들, 특히 상류계급이 심사숙고하는 사안은 주로 경제생활의 측면이나 국면에 속하는 것이기 때문이다. 상류계급은 주로 경제적 사안 중에서도 사업(경영) 측면에만 관심을 보인다. 동시에 이 계급이 주로 의무로 삼는 것은 사회적인 현안을 놓고 심사숙고하는 일이다.

유한계급(즉, 산업 활동을 하지 않는 유산계급)이 경제 과정과 맺는 관계는 금전적 관계, 즉 생산 관계가 아닌 취득 관계이고 조력의 관계가 아닌 착취의 관계이다. 물론 간접적으로는 유한계급의 경제적 직무가 경제생활의 과정상 매우 중요할지도 모른다. 여기서 유산계급이나 산업 총수의 경제적 기능을 폄하할 의도는 전혀 없다. 다만 그들이 산업 과정 및 경제 제도와 맺는 관계의 본질을 지적하고자 할 뿐이다. 이들 유산계급이나 산업 총수의 직무는 기생적인 성격을 띠며, 관심사는 가능한 한 어떤 자산이든 자신들의 용도로 전용하고 무엇이든지 자신의 수중에 보존하는 일이다. 사업계의 관습들은 약탈 원리나 기생 원리의 선택적 감시 아래 성장해 왔다. 이와 같은 관습은 소유권에 대한 관습으로 시간적으로 다소 먼 과거인 고대의 약탈문화에서 유래하는 것이다.

금전 제도들은 지금과는 다소 다른 과거의 상황에서 성장했기 때문에 오늘날의 상황과 정확하게 일치하지는 않는다. 그러므로 그 제도들은 기대만큼 금전적 효과를 내기에는 부적합하다. 산업적인 생활이 변함에 따라 취득 방법도 변할 수밖에 없다. 그리고 개인 소득은 그 원천인 지속적인 산업 과정에 상응하며, 금력계급들은 개인 소득의 취득 방법으로 가장 효과적인 금전 제도들에 적응하는 데 관심을 갖는다. 그리하여 유한계급이 주도하는 제도의 성장은 유한계급의 경제생활을 조성하는 금전적인 목적에 부응하는 다소 일관된 경향을 보인다.

금전적 이해관계와 금전적인 정신 습관이 제도의 성장에 미치는 영향은 재산의 보호, 계약의 집행, 금융거래 기관, 기득권 등에 도움이 되는 법령과 관습들에서 찾아볼 수 있다. 파산 및 파산 기업의 재산 관리, 유한 책임, 금융과 통화, 노동자 단체나 기업인 단체, 트러스트와 기업 연합 등에 영향을 미치는 것이다. 이와 같은 사회적 제도 장치는 유산계급이 소유한 자산에 비례해서, 즉 유산계급이 유한계급에 낄 수 있는 서열에 비례해서 유산계급에게만 직접적인 중요성을 지닌다. 그러나 간접적인 면에서 사업 생활의 관습은 산업 과정과 사회생활에 가장 중요하다. 따라서 금력계급은 제도의 성장을 주도하면서, 기존 사회 체제의 보존뿐만 아니라 고유의 산업 과정의 형성에서도 사회의 가장 중대한 목적에 기여한다.

금전 제도의 구축과 개정의 직접적인 목적은 순탄하고 질서정연한 착취를 훨씬 더 용이하게 하려는 데 있다. 하지만 이런 착취는 직접적인 목적을 훨씬 뛰어넘어 좀 더 장기적인 효과를 발휘한다. 사업 활동이 보다 원활해질수록 산업 생활과 산업 외적 생활의 불안 요소가 줄어들 뿐만 아니라, 결과적으로 일상사에서 철저한 차별화를 요구하는 혼란과 분규가 해소됨으로써 금력계급 자체가 불필요한 것이 되어 버린다. 금전 거래가 빠르게 일상화될수록 산업 총수는 불필요한 존재로 전락할 수 있다. 이러한 결말은 말할 필요도 없이 언제인지 알 수 없는 막연한 미래에서나 일어날 수 있는 일이다. 현대 제도들의 금전적 이해관계에 유리하게 작용하는 개정 작업은 다른 한편으로는 산업 총수를 "영혼이 없는" 주식회사로 대체하는 경향이 있고, 그 결과로 소유권이라는 유한계급의 중대한 기능을 불필요한 것으로 만든다. 그러므로 유한계급이 미친 영향 때문에 경제 제도의 성장에 부과된 방향(경향)성은 간접적인 측면에서는 산업적으로 대단히 중요한 것이다.

9장
고대적 특성의 보존

The Theory
of the
Leisure Class

유한계급의 제도는 사회구조뿐만 아니라 사회 구성원의 개인 성격에도 영향을 미친다. 특정한 성향이나 견해가 생활의 권위 있는 기준이나 규준으로 인정받으면 곧 이를 규준으로 받아들인 사회 구성원의 성격에 영향을 미칠 것이다. 규준으로 인정받은 성향이나 견해는 사회 구성원의 사고 습관을 일정 부분 형성하고 남자들의 습성과 성향의 발달을 선택적으로 감시할 것이다. 이러한 결과는 한편으로는 모든 개인의 습관이 강압적으로, 교육적으로 적응하면서 일어나고, 한편으로는 부적합한 개인과 혈통의 선택적 도태에 의해서 일어난다. 공인된 생활양식이 강요하는 생활방식에 적합하지 않은 인적 요소는 대체로 억압당하고 도태된다. 금전 경쟁의 원리와 산업노동 면제의 원리는 이렇게 생활규범으로 승격되었고 남자들이 적응해야만 하는 상황에서 중요한 강압적 요인으로 자리 잡았다.

과시적 낭비와 산업노동 면제라는 이 두 가지 광범위한 원리는 남자들의 사고 습관을 지배한다. 이는 제도의 성장을 통제하고, 유한계급의 체계하에서 생활의 편의에 도움이 되는 인간 본성의 특성들을 선택적으로 보존하여 사회의 유력한 기질을 통제해 문화 발전에 영향을 미친다. 유한계급 제도가 인간의 성격을 형성시키는 주요한 경향은 정신의 생존과 격세유전의 방향으로 향한다. 그 경향이 사회의 기질에 미치는 영향은 본질적으로 정신 발전의 억제이다. 특히 후기 문화에 나타나는 제도는 대체로 보수적인 경향을 띤다. 이러한 명제는 본질적으로는 잘 알려져 있지만, 현대에 적용하는 경우에는 많은 사람들의 눈엔 신기하게 보일지 모른다. 그러므로 빤한 사실을 지루하게 반복하고 공식화할 수도 있는 위험을 무릅쓰고 그 논리적 근거를 요약해서 재검토해 보는 과정이 결코 공연한 일은 아닐 것이다.

사회의 진화는 공동생활 환경의 압력 아래서 기질과 사고 습관이 선택적으로 적응해 가는 과정이다. 사고 습관의 적응은 곧 제도의 성장이다. 그러나 제도의 성장과 함께 좀 더 본질적인 성격의 변화가 발생한다. 인간의 습관은 변화하는 급박한 상황에 따라 변화할 뿐만 아니라, 이러한 상황의 급박한 변화는 인간 본성의 변화를 초래한다.

사회의 인적 요소 자체는 생활 조건의 변화와 함께 변한다. 최근의 인종(민족)학자들은 인간 본성의 변화를 비교적 안정적이고 지속적인 여러 인종 유형들 혹은 인종적 요소들 사이의 선택 과정이라고 주장한다. 인간은 인간 본성의 어떤 특정한 유형, 즉 주요 특성에서 오늘날의 상황과는 다른 과거의 어떤 상황과 거의 부합하는 유형으로 회귀하거나 그 유형을 유지하려는 경향이 있다. 서양문화권 사람들에는 비교적 안정된 몇 가지 인종 유형이 있다. 이러한 인종 유형은 각각이 명확하고 구체적인 단일 패턴을 가진 엄격하고 불변하는 유형으로서가 아니라, 다수의 변종 유형 혹은 소수의 변종 유형으로서 오늘날의 인종 유전 형질 속에 잔존하고 있다. 몇몇 인종 유형과 그 잡종은 선사 시대와 역사 시대를 거치면서 문화가 성장하는 동안 기나긴 선택적 과정의 영향력 아래 있었고, 그 과정에서 인종 유형의 일부 변종이 생겨났다.

오랫동안 지속되어 온 일관된 추세의 선택적 과정 때문에 필연적으로 발생한 형질 변화는 인종의 생존을 논한 저술가들로부터 충분한 주목을 받지 못했다. 여기서는 서양 문명에 속하는 인종 유형이 비교적 뒤늦게 선택적 적응을 하면서 파생한 두 가지 주요한 인간 본성의 변종을 중심으로 논의하고자 한다. 흥미로운 점은 이 두 가지 상반된 방향의 형질 변화 중에서 어느 한쪽으로 변종을 촉진할 경우 오늘날의 상황에 영향을 미칠 수도 있다는 사실이다. 인종(민족)학의 입장은 간략히 요약할 수 있을 것이다. 그리고 가장 필수적인 세부 사항을 제외한 나머지 모든 사항들은 굳이 언급하지 않기 위해서, 유형들과 변종들의 목록 그리고 그것들과 관련이 있는 격세유전 체계나 생존 체계에 대해선 다른 목적으로는 쓰이지 않을 단순한 도식과 간편한 설명으로 제시하겠다. 우리 산업사회에 사는 남자들은 세 가지 고정된 주요한 인종 유형, 즉 우리 문화의 사소하고 예외적인 요소들을 제외하면 장두 금발형, 단두^{短頭} 브루넷형, 지중해형[01] 중 어느 하나에 속할 것이다. 하지만 주요 인종 유

---

01 단두 브루넷형은 두상이 위아래로 짧고 피부와 머리칼과 눈동자가 거무스름한 인종을, 지중해형은 일반적으로 라틴 계열의 인종을 말한다.

형은 적어도 두 가지 주요 변종—평화적 혹은 전前 약탈적 변종과 약탈적 변종—의 방향 중에서 어느 한쪽 방향으로 격세유전을 하는 경향이 있다. 이 두 가지 독특한 변종 중에서 평화적 혹은 전前 약탈적 변종은 개개의 경우에서 일반형에 가깝다. 왜냐하면 고고학적으로나 심리학적으로나 유용한 증거가 될 수 있는 최초의 공동생활 단계부터 자리 잡고 격세유전되는 대표적인 유형이기 때문이다.

이 변종은 약탈문화와 신분 제도와 금전 경쟁의 발달에 선행하는 평화적이고 야만적인 생활 단계에 살았던 사람들, 즉 현대 문명인의 조상을 대변한다. 이 유형의 제2의 변종 혹은 약탈적 변종은 주요 인종 유형들과 그 잡종이 보다 최근에 와서 변이를 거치면서 살아남았다. 말하자면 주요 인종 유형들이 약탈문화와 외견상 평화적 단계의 후기 경쟁문화 또는 고유한 금전과시문화의 규율 아래에서 주로 자연선택적 적응을 통해 변형을 겪으며 살아남은 것으로 보인다.

일반적으로 인정받고 있는 유전 법칙에 따르면 다소 먼 과거부터 지금껏 존재해 온 유전 형질이 있을지도 모른다. 일상적, 평균적 혹은 정상적인 경우에는 유형이 변하면 유형의 형질은 '유전적 현재'라고 불릴 수 있는 가까운 과거에 존재했던 형질과 흡사하게 유전된다. 이렇게 볼 때 이 유전적 현재를 대변하는 문화가 후기 약탈문화와 외견상 평화적 문화라고 할 수 있다.

일반적으로 현대 문명의 남성이 조상의 형질을 물려받아 유지하고자 하는 것은 최근의—유전적으로 여전히 존재하는—약탈문화 혹은 외견상 약탈문화의 특징이라 할 수 있는 인간 본성의 변종이다. 이 명제를 야만 시대의 예속계급 혹은 피지배계급의 후손들에 적용하는 것은 좀

한계가 있지만, 처음 생각한 것만큼 크지는 않을 것이다. 집단 성원 모두를 고려하면 약탈적, 경쟁적 변종은 높은 일관성이나 안정성을 확보하지는 못한 듯하다. 말하자면 현대의 서양 남자에게 유전된 인간 본성은 다양한 습성과 성향의 범위에서나 상대적 힘에서 일관성이 거의 없다. '유전적 현재'의 남성은 최근의 공동생활의 절박성이라는 목적에 비추어 보면 조금 구시대적인 유형이다. 현대의 남성이 주로 변종 법칙에 따라 회귀하려는 경향을 보이는 유형은 좀 더 고대적인 인간 본성이다. 반면에 일반적인 약탈형 기질에서 변화한 개인들에게서 나타나는 격세 유전의 특질로 판단하면, 전前 약탈적 변종은 기질적 요소의 분포나 상대적 힘 면에서 좀 더 큰 안정성과 균형성을 갖고 있는 듯 보인다.

개인이 물려받아 유지하려는 인종 유형의 초기 변종과 후기 변종 사이의 차이가 그렇듯, 이처럼 유전된 인간 본성의 차이는 서양인 집단을 형성하는 두세 가지 주요한 인종 유형 사이의 유사한 차이와 충돌하며 불명확해진다. 사회의 개인들은 사실상 지배적인 인종 요소들이 최대한 다양한 비율로 혼합된 잡종으로 여겨진다. 그 결과 이들 개인은 인종 유형을 구성하고 있는 하나 혹은 어느 하나로 회귀하는 경향을 보인다. 이들 인종 유형은 기질 면에서 약탈적 변종과 전 약탈적 변종 사이의 차이와 어느 정도 유사한 차이를 보인다.

장두 금발형은 단두 브루넷형보다 우세한, 그리고 특히 지중해형보다는 훨씬 더 우세한 약탈 기질, 혹은 적어도 훨씬 더 난폭한 기질의 특성을 보인다. 그러므로 어떤 사회의 제도나 유력한 정서가 약탈적 인간 본성에서 갈라져 나올 경우, 이것을 전 약탈적 변종으로의 회귀를 암시하는 것이라고 단언할 수는 없다. 이런 현상은 집단 성원 안에서 "좀 더 낮은 비율의" 인종 요소들 중 어느 하나의 우세성이 증가함에 따라 일어나는 것이다. 그러나 비록 우리가 원하는 것만큼 증거가 결정적인 것은 아니지만, 현대사회의 유력한 기질의 변화는 반드시 안정적인 인종 유형 사이의 선택에서 전부 비롯된 것은 아니라는 사실을 보여 준다. 증거는 여러 유형의 약탈적 변종과 평화적 변종 사이에 상당 부분 선택이 있었음을 보여 주는 듯하다.

여기서 현대 인류의 진화에 관한 개념이 꼭 필요한 것은 아니다. 이렇게 선택적 적응 개념을 이용하여 도달한 일반적인 결론이 만일 앞서 나온 다윈Charles Robert Darwin과 스펜서Herbert Spencer의 개념들을 대신할 수 있다면 이는 본질적으로 진실로 남는다. 사정이 이렇기 때문에 용어를 좀 더 탄력적으로 사용할 수 있을 것이다. '유형'이라는 단어는 기질의 변이變異를 가리키는 것으로 좀 느슨한 의미를 갖는다. 인종학자들이라면 뚜렷한 인종 유형이 아니라 인종 유형의 사소한 변이로 인식하는 것들이다. 논의를 위해 용어의 세밀한 구분이 필요하다면, 지금까지의 전후맥락을 보면 용어를 세밀하게 구분하려는 노력을 쉽게 파악할 수 있을 것이다.

이렇게 볼 때 오늘날 인종 유형은 원시적 인종 유형의 변종이라 할 수 있다. 오늘날 인종 유형은 변화를 겪으면서 야만문화의 규율 아래 변화된 형태로 어느 정도 고정되기에 이르렀다. '유전적 현재'의 남자는 그를 구성하는 인종 요소의 야만적 변종, 즉 노예적 변종이거나 귀족적 변종이다. 그러나 야만적 변종은 최고의 동질성이나 최상의 안정성을 이루지 못했다. 야만문화, 즉 약탈문화 및 외견상 평화적 문화 단계는 아주 오랜 기간 존속했지만 인종 유형을 확정할 정도로 오래 지속하지도, 성격이 불변하지도 못했다. 따라서 야만적 인간 본성의 변이는 꽤나 빈번히 일어난다. 그리고 현대의 생활 조건은 야만적인 표준으로부터의 이탈을 더 이상 지속적으로 억압하지 않기 때문에 변이가 오늘날 훨씬 더 확연히 드러난다. 약탈적 기질은 현대 생활의 모든 목적에 도움이 되지 못한다. 특히 현대 산업에는 더더욱 도움이 되지 못한다.

유전적 현재의 인간 본성에서 이탈하는 것은 흔히 초기 변종으로 회귀하려는 본성이다. 이러한 초기 변종을 대표하는 기질은 원시의 평화적 야만 단계를 특징짓는 기질이다. 야만문화가 출현하기 전에 지배적이던 생활 환경과 노동의 목적은 인간 본성을 형성하고 그것을 어떤 근본적인 특성들에 결부해 고정시켰다. 현대인들이 유전적 현재의 인간 본성에서 변이하는 경우에는 이와 같은 고대적이고 일반적 특성들로 회귀하는 경향이 강하다. 마땅히 인간적인 생활이라고 부를 수 있는 가장 원시적인 공동생활 단계에 살았던 남자들의 생활 조건은 평화적이었을 것으로 보인다. 그리고 이렇게 초기 생활 조건이나 환경과 제도 아래 살았던 남자들의 성격, 즉 기질과 정신적 태도는 태평스럽다고는 말할 수 없지만 평화적이고 온건했을 것이다.

이렇게 볼 때 평화적 문화 단계는 사회 발전의 최초 단계를 나타내는 특징을 보인다고 할 수 있을 것이다. 이렇게 추정할 수 있는 최초의 문화 단계를 지배했던 정신적 특징은 주로 인간 생활의 모든 편익에 대해 전폭적이지는 않지만 나름 만족스러운 공감을 표하고 억압이나 무익한 생활에 대해서는 불쾌한 반감을 표출하는 미숙하고 체계 없는 집단 연대감이었던 것으로 보인다. 전 약탈적인 미개인의 사고 습관에 널리 퍼져 있었던(강력하지는 않았으나, 대체로 유용했던) 이런 관념은 한 집단 성원 개인의 생활은 물론이고 다른 성원들과 습관적으로 접촉하는 방법에도 상당한 정도의 구속력을 발휘했을 것이다.

만약 우리가 문명사회나 미개사회를 막론하고 역사적인 현재에 유행하고 있는 관례나 견해들을 통해서 이처럼 분화되지 않은 초기 평화적 문화 단계가 존재했음을 밝히는 절대적 증거만을 찾으려 한다면, 대체로 모호하고 의심스러운 흔적만을 발견할 것이다. 오히려 이 단계의 명확한 존재 증거는 지속적이고 보편적인 인간 성격의 특성이라 할 만한 심리적 잔존물에서 찾아야 한다. 이런 특성은 아마도 약탈문화 단계의 배경에 가득했던 윤리적 요소들에 현저하게 남아 있을 것이다. 초기의 생활 관습에 적합했던 특성은 이후 개인의 생존 경쟁에 상대적으로 무익하게 되었다. 그리고 기질적으로 약탈 생활에 잘 맞지 않았던 집단 성원들의 윤리적 요소 또는 윤리적인 인종 집단은 억압을 당하고 뒷전으로 밀려났다.

약탈문화로 이행함에 따라 생존 경쟁의 성격은 비인간적인 환경에 맞선 집단의 투쟁에서 인간적인 환경에 맞선 투쟁으로 변화한다. 이러한 변화는 집단 구성원 개개인 간의 대립 및 대립 의식을 증대시킨다. 집단 내부에서의 성공 조건과 집단의 생존 조건도 어느 정도 변화하면서, 집단의 지배적인 정신적 태도도 점차 변하고 상이한 여러 가지 습성과 성향들은 공인된 생활양식에서 정당한 지배적 위치를 차지하게 되었다. 평화적 문화 단계의 유산이라 할 수 있는 이러한 고대적 특성들 중에는 우리가 (정직과 공평함의 의미를 담고 있는) 도의심이라고 부르는 인종적 연대 본능과 이 본능의 소박하고 비차별적인 표현으로 나타나는 제작 본능이 있다.

　최근 생물학과 심리학의 논의에 따르면 인간 본성은 습관이라는 말로 고쳐 써야 할 것이다. 그리고 그렇게 고쳐 쓸 경우 인간 본성은 대략적으로 평화적 특성들이 거주하는 유일한 장소이자 기반으로 드러날 것이다. 이와 같은 생활 습관은 너무나 보편적 성격을 가지고 있기 때문에 최근의 훈련, 혹은 단기간에 이룬 훈련의 영향 때문일 것이라고 볼 수는 없다. 생활 습관이 현대 생활 특유의 절박한 상황에 의해서 일시적으로 쉽게 억압된다는 사실은 이러한 습관이 아주 먼 옛날에 받은 훈련의 잔존 효과라는 점을, 이후 변화된 환경에서 남자들은 그렇게 배운 것에서 어쩔 수 없이 빈번하게 소소한 이탈을 할 수밖에 없었다는 점을 입증한다. 아울러 이들 습관이 특유의 절박한 상황의 압력에서 벗어나면 언제나 도처에 모습을 드러낸다는 사실은 이와 같은 특성이 유형의 정신적 기질로 고정되고 결합되는 과정이 분명 비교적 아주 오랫동안 결정적인 중단 없이 지속되었다는 점을 입증한다. 요점은 그 과정이 낡은 개념의 습관화 과정이냐 아니면 인종의 선택적 적응의 과정이냐 하는 문제로부터 크게 영향을 받지 않는다는 사실이다.

　약탈문화가 출현한 이래 현재까지 전 기간을 아우르는 신분 제도, 그리고 개인과 계급의 대립 체제 아래에 있는 생활의 특징과 절박한 상황은 여기에서 논의하고 있는 기질의 특성들이 약탈문화 기간 동안에는 거의 출현할 수도 고정될 수도 없었다는 사실을 입증한다. 평화적 특성들은 보다 초기의 생활방식으로부터 전해져, 막 사라지고 있거나 적어도 금방 사라질 조건 상태인 약탈문화와 외견상 평화적 문화 사이를 거치면서 살아남은 것이지, 앞서 전승되어 약탈문화의 후기에 고착된 것은 아닐 가능성이 높다. 평화적 특성들은 인종의 유전적인 특징으로, 약탈문화와 후기 금전과시문화 단계에서 성공의 필요조건이 변화됐음에도 불구하고 계속 존속한 것으로 보인다. 이 특성은 인종의 모든 구성원들이 어느 정도 보유하고 있는 집요한 유전적 형질(특성)에 속하며, 따라서 인종의 연속성을 뒷받침하는 광범위한 기반에 근거하는 유전의 힘에 의해 지속되어 온 것이다.

이와 같은 일반적인 특징은 약탈 단계와 외견상 평화적 단계 동안에 여기에서 논의되었던 특성들을 지배했던 선택 과정만큼이나 매우 엄격하고 지속적으로 이루어지는 선택 과정에서도 쉽사리 배제되지 않는다. 평화적 특성들은 대체로 야만적인 생활방식과 의도와는 거리가 먼 것이다. 야만문화의 두드러진 특징은 계급들 사이의, 그리고 개인들 사이의 끊임없는 경쟁과 대립이다. 경쟁의 규율은 평화적인 미개의 특성을 상대적으로 적게 가진 개인들과 후손들에게 유리하다. 따라서 경쟁의 규율은 평화적 특성들을 배제하는 경향이 있으며, 경쟁의 규율 하에 있는 집단 성원들은 평화적 미개의 특성들이 크게 약화되었다.

야만적 유형의 기질에 복종하지 않아도 크게 처벌하지 않는 경우조차도 적어도 순응하지 않는 개인과 후손에게는 다소 일관적인 억압이 가해질 수밖에 없었다. 생활이 대체로 집단 내 개인들 사이에 벌어지는 투쟁인 경우라면, 고대의 평화로운 특성을 뚜렷이 지니고 있는 것은 개인이 생활 투쟁을 벌이는 데 장애 요인이 될 것이다

여기서 추정하는 최초 단계와는 달리 이미 알려진 다른 문화 혹은 후기 문화 단계에서도 선한 본성, 공평성, 차별 없는 동정심과 같은 성품

은 개인의 생활을 그다지 향상시키지 못한다. 위와 같은 성품을 가짐으로써 이상적이고 정상적인 남자라면 경쟁의 소양을 조금이라도 갖추고 있어야 한다고 고집하는 대다수 사람들의 가혹한 취급으로부터 개인을 보호하는 데 도움이 될지 모른다. 그러나 이처럼 간접적이고 소극적인 효과를 제외하면 경쟁 체제에서는 앞서 말한 성품을 적게 가진 개인일수록 더 잘살 수 있다. 양심, 동정심, 정직, 생명에 대한 존중심 따위로부터 자유로울수록 금전과시문화에서 다방면에 걸쳐 개인적으로 성공을 거두기 수월하다고 말할 수 있다. 모든 시대를 통틀어 크게 성공한 남성들은, 부나 권력과는 거리가 먼 성공을 이룬 남자들을 제외하면, 보통 그런 성품으로부터 자유로운 인간이었다. 정직이 최선책이라는 말은 아주 좁은 범위와 특수한 의미로서만 통용될 수 있는 것이다.

계몽된 현대 서양 문명 사회에서 체득한 인생관을 통해 바라본다면 앞서 개략적으로 살펴보았던 성격을 가진 원시적이고 전 약탈적 미개인들은 큰 성공을 거두지 못했다. 원시인의 인간 본성 유형을 만든 문화 단계의 목적, 즉 평화적 미개 집단의 목적에 비추어 보아도 경제적 장점만큼이나 경제적 결점도 상당히 많이 있다. 이같은 결점은 동료 의식에서 비롯된 관용 때문에 생길 수 있는 '사건에 대한 편향적 감각'이 없는 사람들에게서 확연히 드러날 것이다. 원시적 미개인은 좋게 봐야 "영리하지만 아무짝에도 쓸모없는 자"인 것이다.

원시적 성격 유형의 결점을 추정해보면, 허약함, 비능률성, 비독창성, 비창의성, 순종적인 성품, 나태한 온화함과 함께 생기 넘치지만 비논리적인 정령숭배 등을 들 수 있다. 이러한 특성과 더불어 집단생활의 편익을 촉진한다는 의미에서 집단적 생활 과정에 나름 가치가 있는 다른 특성들도 있다. 이런 특성으로는 정직성, 평화로움, 선의, 인간과 사물에 대한 비경쟁적이고 비차별적인 관심 등이 있다.

약탈 생활 단계가 도래하면서 성공적인 인간 성격의 필요조건에 변화가 생긴다. 남성의 생활 습관은 새로운 인간관계의 체계하에서 새로운 절박한 상황에 적응해야만 한다. 앞서 말한 미개 생활의 특성들에 나타난 것과 동일한 에너지의 발현은 이제 새로운 행동 방향을 따라, 새로운 집단의 변화된 자극에 대한 습관적인 반응으로 나타나야 한다. 초기의 조건들에서 생활을 편리하게 해 줄 수 있는 것으로 충분히 여겨졌던 방법이 새로운 조건에서는 더 이상 적합하지 않다. 초기 상황이 이해관계의 대립이나 분화가 상대적으로 적은 특징을 보이는 반면에, 후기 상황은 경쟁이 끊임없이 격렬해지고 경쟁 영역이 좁아지는 특징을 보인다. 약탈문화 단계와 그 뒤를 잇는 문화 단계의 특색을 이루며, 신분제도 아래 살아남기에 가장 적합했던 남성 유형을 보여 주는 특성들은 (우선적으로) 폭력과 사기를 자유롭게 부리는 잔인성, 이기적 행동, 배타성, 속임수 등이다.

경쟁 체제의 엄격하고 지속적인 규율 아래 행해지는 인종 유형들의 (자연)선택은 위와 같은 특성들을 가장 풍부하게 타고난 인종의 생존에 도움을 줌으로써, 해당 특성이 현저한 우위를 점할 수 있도록 작용하였다. 동시에 그 인종이 예전에 습득한 좀 더 일반적인 습관들은 집단생활의 목적에 맞는 일정한 유용성을 갖추려는 일을 결코 멈추지 않았고, 일시적으로라도 완전히 멈춘 적이 없었다.

장두 금발형 유럽 남성이 최근의 문화에서 지배적인 영향력을 발휘하고 중심적인 지위를 차지하고 있는 것은 그들이 약탈적 인간의 특징을 유독 많이 갖고 있기 때문인 것으로 보인다는 사실은 지적할 만하다. 이러한 정신적 특성들은 타고난―아마 그 자체 집단들 사이에서, 혈통들 사이에서 일어난 (자연)선택의 결과라 할 수 있을―육체적 힘과 함께 특히 유한계급 제도의 초기 발전 단계에서 어떠한 인종 요소라도 유한계급 또는 지배계급의 지위에 오를 수 있게 하는 데 기여한다. 이것이 어떤 개인에게 정확히 그와 같은 정신적 특성들과 동일한 습성이 있다고 해서 그에 걸맞은 뚜렷한 개인적 성공을 보장한다는 의미는 아니다. 경쟁 체제하에서는 개인의 성공 조건이 계급의 성공 조건과 반드시 일치하지는 않는다.

어떤 계급이나 당파의 성공 요인은 당파심, 수뇌에 대한 충성심, 어떤 교의에 대한 집착 등으로 추정된다. 반면에 경쟁하는 개인은 야만인의 에너지, 진취성, 이기심, 불성실성 등과 함께 미개인처럼 부족한 충성심이나 당파심을 겸비해야만 자신의 목적을 가장 잘 성취할 수 있을 것이다.

덧붙이자면, 순수한 이기심과 비양심성을 기반으로 (나폴레옹과 같은) 찬란한 성공을 거둔 남자들은 흔히 장두 금발형보다는 단두 브루넷형의 신체적 특징을 더 많이 갖추고 있다는 사실을 지적할 수 있을 것이다. 그러나 이기적인 방식으로 적당히 성공을 한 개인들 대부분은 신체적으로 장두 금발형 인종 요소를 갖추고 있는 것으로 보인다.

약탈적 생활 습관에서 비롯된 기질은 경쟁 체제하에서 개인의 생활을 존속시키고 충족시키는 데 기여한다. 그와 동시에 집단의 공동생활이 다른 집단들과 강한 적대적인 경쟁 생활 관계를 이루고 있다면 그 기질은 집단의 생존과 성공에 기여한다. 그러나 산업적으로 좀 더 성숙한 공동체의 경제생활의 진화가 바야흐로 일대 전환을 일으키면서 공동체의 이해관계가 더 이상 개인의 경쟁적 이해관계와 일치하지 않게된다. 공동의 협력 집단이라는 자격을 갖춘 진보된 산업 공동체들은 지배계급의 약탈적 성향이 전쟁과 약탈의 전통을 고수하는 경우를 제외하면, 생활 수단과 생존권 쟁취를 위한 경쟁을 벌이지 않는다. 진보한 산업 공동체는 전통과 기질이라는 환경 이외의 다른 환경의 압박 때문에 더 이상 서로 적대적이지 않다. 이 공동체들의 물질적 이익 —아마 집단적인 명성의 이익은 별개로 하고— 은 더 이상 공존할 수 없는 것이 아니며, 그뿐만 아니라 어느 한 공동체의 성공은 현재는 물론이고 먼 미래까지도 분명히 집단 내 다른 공동체들의 풍요로운 생활을 증진시킨다. 어떤 공동체도 물질적으로 다른 어떤 공동체를 능가하려는 데 관심을 갖지 않는다. 그러나 개인들, 그리고 개인 상호간의 관계와 관련해서는 이와 똑같다고 볼 수는 없다.

현대의 모든 공동체의 집단적 이익은 산업 효율에 집중된다. 개인은 이른바 비천한 생산적 직업의 효율성에 비례해 공동체의 목적에 기여한다. 여기서 집단적 이익에 가장 잘 부합하는 것으로는 정령숭배적인 믿음과 사건의 발생 과정에 개입하는 초자연적인 힘에 의존하는 관념을 배제한 성실, 근면, 평화로움, 선의, 이타심, 그리고 인과관계를 인식하고 이해하는 습관 등이 있다. 이들 특성이 의미하는 평범한 인간 본성의 아름다움이나 도덕적 미덕이나 보편적 가치와 명성에 대해서는 구구절절 말할 필요가 없을 것이다. 그리고 영락없이 우세한 이런 특성의 유행이 낳았을 집단생활의 방식에 감탄할 이유도 없다. 논점에서 벗어나는 일이기 때문이다.

현대 산업사회의 성공적인 운영은 이러한 특성들이 동시에 작용할 경우에 가장 잘 보장되고, 성공적인 운영의 완성도는 인적 요소의 특징이라 할 수 있는 성실, 근면, 평화로움, 선의, 이타심, 인과관계를 인식하고 이해하는 습관 등의 체득 정도에 따라 달라진다. 현대 산업 상황의 환경에 웬만큼 잘 적응하기 위해서는 앞서 말한 특성들을 어느 정도 갖추고 있어야 한다. 복잡하고 포괄적이며 본질적으로 평화적이고 고도로 조직화된 현대 산업 공동체의 메커니즘은 이러한 특성들이 전부 혹은 대부분 최대한 실용성을 띨 때 가장 유리하게 작동한다. 약탈형 남성에게는 현대 집단생활의 목적에 유용한 수준만큼의 이러한 특성들이 전혀 없다.

이에 반해, 경쟁 체제하에서 개인이 즉각적으로 이익을 얻는 최선의 방법은 약삭빠른 거래와 부도덕한 경영이다. 앞서 언급한 공동체의 이익에 이바지하는 특징들은 개인에게는 이익보다는 손실을 끼친다. 개인의 기질 속에 있는 그와 같은 습성이 개인의 에너지를 금전적 이익 이외의 다른 목적으로 전용하기 때문이다. 또한 개인이 이득을 추구할 경우 그 습성은 자유롭고 단호한 성격의 민첩한 실천 경력을 통하기보다는 간접적이고 비효율적 산업 경로를 통해서 이득을 얻도록 이끈다. 산업 활동적인 습성은 개인에게는 거의 언제나 장애물로 기능한다. 경쟁 체제하에 있는 현대 산업사회의 구성원들은 서로 경쟁 상대이다. 그들은 저마다 양심을 도외시하고 기회만 있으면 아무렇지 않게 동료들을 속이고 해칠 수 있어야만 즉각적인 개인의 이익을 최대한 획득할 수 있을 것이다.

이미 언급했듯이 현대의 경제 제도는 대체로 명백한 두 가지 범주, 즉 금전 제도와 산업 제도로 나뉜다. 직업도 이와 같은 범주로 나뉜다. 금전 제도에 속하는 직업은 소유권이나 취득과 관련된 직업이고 산업 제도에 속하는 직업은 제작이나 생산과 관련된 직업이다. 제도의 성장에 관해 언급한 사실은 직업에 관련된 사항에도 해당된다. 유한계급의 경제적 이해관계는 금전적 직업과 관련이 있고 노동계급의 이해관계는 두 부류의 직업과 관련이 있으나 주로 산업적 직업과 관련이 있다. 유한계급으로 진입하는 통로는 금전적 직업인 것이다.

이들 두 부류의 직업은 각각 요구되는 습성에서 실질적으로 다르며, 두 직업의 훈련 방식 역시 두 가지 상반되는 계열을 따른다. 금전적 직업의 규율은 약탈적 습성과 정신을 보존하고 함양하는 역할을 한다. 금전적 직업에 종사하는 개인들과 계급을 교육시키고, 직업에 적합하지 않은 개인과 혈통을 선택적으로 억압하고 배제함으로써 두 가지 역할을 수행하는 것이다. 남성들의 사고 습관이 취득과 소유의 경쟁 과정에 의해서 형성되는 한, 남성들의 경제적 기능이 교환가치 측면에서 부의 소유권이 미치는 범위 그리고 가치의 교환을 통해 부를 관리하고 운영하는 것에 있는 한, 지금까지의 남성들의 경제생활 경험은 약탈적 기질과 사고 습관을 존속시키고 강화하는 데 도움이 된다. 현대의 평화적인 체제와 범위 안에서 약탈적 습관과 습성이 주로 취득의 생활을 통해서 육성되는 것은 당연한 일이다. 다시 말해 금전적 직업은 보다 낡은 방법인 강제적 강탈에 속하는 일반적이고 습관적인 일보다는 오히려 속임수에 속하는 일반적이고 습관적인 일에 능숙해지도록 해 준다.

약탈적 기질을 보존하는 경향이 있는 금전적 직업은 소유라는 유한계급 본연의 직접적인 기능과 취득과 축적이라는 보조적인 기능과 관계가 있는 직업이다. 금전적 직업은 경쟁 산업에 뛰어든 기업들의 소유권과 관련이 있는 사람들의 계급과 경제 과정에서 그 계급이 맡는 책임 범위를 포괄한다. 특히 금융업으로 분류되는 근본적인 경제 운영 부문도 포괄한다. 그밖에 대부분의 상업 관련 직업들이 이 직업에 포함될 것이다. 금전적 직업이 최고 수준으로 명확하게 발전하면 "산업의 총수"라는 경제적 지위를 만들어 낸다. 산업의 총수는 창의성이 있는 사람이라기보다는 교활한 사람이며, 총수의 지위는 사실상 산업 총수라기보다는 오히려 금력의 총수라 할 수 있다. 총수가 행사하는 산업 경영은 일반적으로 용납되는 직무다. 기계적인 효과를 내는 생산과 산업 조직의 세부적인 부문들은 "사무적인" 능력이 적은 아랫사람들, 즉 관리 능력보다는 제작 능력을 가진 사람들에게 위임된다. 교육과 선택을 통해서 인간 본성을 형성하는 경향성을 가진 보통의 비경제적인 직업들은 모두 금전적 직업으로 분류되어야 한다. 정치, 종교, 군사와 관련된 직업이 그런 직업에 속한다.

금전적 직업은 산업 관련 직업보다 훨씬 더 높은 명성을 인정받고 있다. 이리하여 유한계급의 명성의 기준은 차별적인 목적에 이바지하는 습성의 위신을 유지할 수 있게 된다. 이에 따라 유한계급의 품위 있는 생활양식은 약탈적인 특성들의 존속과 배양을 촉진시키기도 한다. 직업은 명성에 따라 위계적 등급으로 나뉜다. 대규모의 소유권과 직접 연관된 직업은 고유의 경제적 직업들 중에서 명성이 가장 높다. 그다음으로 높은 명성을 지닌 직업은 은행가와 법률가처럼 소유권과 금융업에 직접적으로 기여하는 직업이다. 금융업은 막대한 소유권을 연상시키며, 이러한 사실 덕분에 그에 걸맞은 명성이 따라붙는다는 것은 의심할 여지가 없다.

법률 관련 직업은 막대한 소유권을 암시하지는 않지만, 법률가의 업무에는 경쟁 목적 이외에 유용성이라는 오점이 전혀 없기 때문에 관습 체계상 높은 지위를 차지한다. 법률가는 능란하게 궤변을 늘어놓을 때나 상대의 궤변에 반론으로 맞설 때는 하나에서 열까지 오로지 약탈적인 속임수만을 구사한다. 이렇기 때문에 법률가로서의 성공은 항상 사람들의 존경과 공포를 자아냈던 야만적인 교활성을 천부적으로 많이 타고났다는 사실을 나타내는 징표로 인정받는다.

상업 관련 직업들은 소유권 요소를 많이 포함하고 유용성 요소를 적게 포함하지 않는 한 중간 등급의 명성밖에 얻지 못한다. 이 직업들은 보다 높은 욕구에 기여하느냐, 낮은 욕구에 기여하느냐의 여부에 따라 등급이 정해진다. 따라서 비천한 생활필수품의 소매업자는 수공업자나 공장노동자의 수준으로까지 등급이 떨어진다. 육체노동은 물론이고 기계 공정을 조작하는 노동도 존경받을 만한 사회적 지위 면에서는 불안정한 기반 위에 있다.

금전적 직업 분야와 관련해서는 자격이 필히 요구된다. 그런데 산업 관련 기업의 규모가 커짐에 따라 금전 관리의 책략적이고 약삭빠른 경쟁의 성격이 세부적으로 감소하기에 이른다. 말하자면 이렇게 거대화된 기업 규모 안에서 경제적 삶을 살아가는 사람들이 계속 증가하면서 사업은 경쟁자를 기만하거나 착취한다는 직접적인 인상이 크게 사그라질 정도로 일상적인 일이 되어버렸다. 그 결과 약탈적 습관을 탈피하는 일이 그 직업에 종사하는 하급자들에게까지 확산되기에 이른다. 소유권 및 관리의 직무는 사실상 더는 자격 요건의 영향을 받지 않는다.

생산 기술과 육체적인 생산 작업에 직접 종사하고 있는 개인이나 계급은 사정이 다르다. 이들의 일상생활은 산업의 금전적인 면이라 할 수 있는 경쟁 및 차별화의 동기와 책략을 습관화하는 과정이 아니다. 이들 계급은 언제나 기계적 사실과 작동 원리를 이해하고 조정할 줄 알아야 하고 그것들을 인간 생활의 목적에 부합하게 판단하고 활용해야만 한다. 이런 직업에 종사하는 사람들이 직접 접촉하고 있는 산업 과정의 교육적이고 선택적인 작용은 사고 습관을 차별화 없는 집단생활의 목적에 적응시키는 역할을 한다. 그렇기 때문에 유전과 전통을 통해 과거의 야만적인 인종으로부터 물려받은 특유의 약탈적 습성과 성향이 위축되는 것이다.

따라서 공동체의 경제생활의 교육적 효과가 항상 일관적으로 발휘되지는 않는다. 금전 경쟁과 직접 관련이 있는 경제활동 영역은 뚜렷한 약탈적 특성들을 보전하는 경향이 있다. 반면에 재화 생산에 직접 관련이 있는 산업 관련 직업은 대체로 그와는 정반대 경향을 보인다. 하지만 산업 관련 직업과 관련해서 유념해야 할 조건이 있다. 즉, 산업 관련 직업에 종사하는 사람들도 거의 모두 어느 정도는 (예컨대, 경쟁적인 임금 및 봉급의 결정, 소비품의 구매 등에서 보듯) 금전 경쟁 문제와 관련이 있다는 것이다. 그러므로 여기에서 제시한 여러 부류의 직업들 사이의 구별은 여러 부류의 사람들 사이의 엄정하고 불변하는 구별은 결코 아니다.

❖

현대 산업에서 유한계급의 직업은 약탈적 습관과 습성을 보존하고 있다. 유한계급 구성원들이 산업 과정에 참여하는 한, 이들이 받는 교육 훈련은 자신들 안에 있는 야만적인 기질을 보존하려는 경향이 있다. 그러나 또 다른 측면에서 언급해야 할 사항이 있다. 몹시 힘든 노동을 면제받을 만한 위치에 있는 개인들은 육체적인 기질과 정신적인 기질 면에서 모두 종족의 평균치와 크게 다르다 하더라도 자신들의 특질을 존속시키고 유전시킬 것이다. 격세유전의 특성이 존속하고 유전될 가능성은 환경의 압력으로부터 가장 보호받는 계급에서 가장 높다. 유한계급은 산업적 환경의 압력으로부터 어느 정도 보호받고 있기 때문에 평화적이거나 야만적인 기질로 회귀하는 비율이 이례적으로 높다. 그처럼 이상형異常型이거나 격세유전을 받는 개인들은 하층계급만큼 즉각적으로 억압을 받거나 배척당하지 않고서 전 약탈적인 계열의 생활을 전개할 수 있을 것이다.

물론 다음과 같은 일이 일어나지 않으리라는 법은 없다. 예를 들면 상류계급 중에 자선 활동에 관심을 가지는 경향이 있는 자들의 비율이 상당히 높은 편이며 개혁과 개선을 위한 노력을 지지하는 감정을 가진 자들도 꽤 많다. 그뿐 아니라 자선 활동과 개혁을 위한 노력의 대부분은 원시 야만적인 특징인 호감을 주는 "영리함"과 모순성을 나타내는 징표를 지닌다. 그러나 이러한 사실이 낮은 계급에서보다 높은 계급에서 격세유전이 되는 (평화적이거나 야만적인 기질로 회귀하는) 비율이 더 높다는 증거가 될 수 있는지에 대해선 아직 의심스러울 것이다. 설사 그와 똑같은 경향이 빈곤계급에 존재했더라도 아마 그렇게 쉽사리 드러나지는 않았을 것이다. 왜냐하면 빈곤계급은 자신들의 성향에 영향을 미칠 수단과 시간과 에너지를 갖고 있지 않기 때문이다. 따라서 앞서 언급한 계급에 따라 격세유전되는 비율 차이에 대한 자명한 증거는 의문시될 수 있다.

한 가지 또 다른 자격 요건과 관련하여, 오늘날의 유한계급은 금전적으로 성공한 사람들, 그리고 그런 점에서 약탈적 특성들을 보완하는 것을 넘어 한층 더 나아간 특성을 타고난 사람들로부터 충원되고 있다는 사실 또한 유념해야만 한다. 금전적 직업은 유한계급으로 들어가는 길이다. 금전적 직업은 선택과 적응을 이용해, 약탈 테스트에서 금전적으로 생존할 수 있는 자손만을 상류층에 오르도록 허락한다. 그리고 상류층에서 비약탈적 인간 본성으로 회귀하는 상황을 엿보이면 일반적으로 곧 적발되어 다시 낮은 금전 계층으로 퇴출되고 말 것이다. 어떤 가문이 상류계급에 계속 머무르려면 금전적인 기질을 지니고 있어야만 한다. 그렇지 못하면 가문의 재산은 사라져 버릴 것이고, 가문은 즉시 특권적 지위를 잃고 말 것이다. 이러한 예는 얼마든지 찾아볼 수 있다.

유한계급의 기반은 치열한 금전 경쟁에서 탁월한 능력을 보이는 개인과 혈통을 하류계급에서 선발하여 받아들이는 지속적인 선택 과정에 의해 유지된다. 상류층에 이르기 위해서 후보자는 평균치 이상의 금전적 성향을 지녀야 할 뿐만 아니라 상승 가도에서 겪는 심각한 물질적 난관을 극복할 수 있는 탁월한 천부적 재능을 지니고 있어야만 한다. 우연히 끼게 된 졸부를 제외하면 신참 유한계급은 선발된 자들이다.

이러한 선택적인 편입 과정은 물론 금전 경쟁이 유행하기 시작한 이후부터, 즉 유한계급 제도가 처음 정착된 이래로 계속 이어지고 있다. 그러나 선택의 정확한 근거는 항상 같지만은 않았고, 선택 과정은 항상 같은 결과를 낳지는 않았다. 초기 야만 단계 혹은 본래의 약탈 단계에서 적합성의 기준은 소박한 의미의 용맹성이었다. 유한계급에 편입하려면 후보자는 당파심, 위압적인 태도, 잔인성, 악랄함, 목표에 대한 집념 같은 기질을 타고나야 한다. 이러한 기질들은 부를 축적하고 지속적으로 보유하기 위해 꼭 필요한 자질이었다. 그 이후 유한계급의 경제적 기반은 부의 소유였지만, 부를 축적하는 방법과 유지하는 자질은 약탈문화의 초기부터 어느 정도 변해 왔다. 선택 과정의 결과, 초기 야만적인 유한계급의 지배적 특성으로는 과감한 공격, 예민한 신분 감각(관념)과 속임수를 쓰는 것에 거리낌이 없는 기질 등이 있다. 유한계급의 구성원들은 용맹성을 갖춤으로써 자신들의 지위를 유지했다.

후기 야만문화에 들어서자 사회는 외견상 평화적인 신분 체제 아래 안정적으로 취득하고 소유하는 방법을 일구어 냈다. 부의 축적을 위해 가장 좋은 입증된 방법은 단순한 공격과 거침없는 폭력에서 약삭빠른 실행과 속임수로 대체된다. 그때부터 상이한 여러 가지 습성과 성향들이 유한계급 내에서 보존되었을 것이다. 능수능란한 공격과 그에 상응하는 위압적인 태도는 무자비할 정도로 철저한 신분 관념(감각)과 함께 여전히 그 계급의 가장 훌륭한 특성으로 여겨졌을 것이다. 이러한 특성은 우리의 전통에서는 전형적인 "귀족의 미덕"으로 남아 있다. 그러나 절약·신중·속임수와 같은 크게 눈에 거슬리지 않는 금전적인 미덕을 점점 더 보충하는 미덕과 결부되기에 이르렀다. 시간이 흐르고, 현대의 평화적인 금전과시문화 단계에 접어들자, 절약, 신중, 속임수 따위의 습성과 습관은 금전적인 목적을 위해 상대적으로 큰 효과를 발휘했고, 유한계급의 일원으로 받아들여지고 그 지위를 유지하는 선택 과정에서 상대적으로 더 중요시되었다.

선택의 근거는 변해서 마침내 이제는 유한계급에 편입되기에 적격한 자질은 금전적인 능력밖에 없는 상황이 되었다. 오늘날까지 전해 오는 약탈적 야만인의 특성은 목표에 대한 집념이나 목표의 일관성이다. 이 것이 성공한 약탈민과 그에게 밀려난 평화적 미개인을 구분하는 특성 이다. 그러나 이런 특성이 금전적으로 성공한 상층계급에 속하는 남성 을 산업계급에 속하는 남성과 구별해 주는 특징이라고 말할 수는 없다.

현대 산업 생활에서 산업계급이 접하는 훈련과 선택은 상류계급의 경우와 마찬가지로 이러한 특성에 결정적 중요성을 부여한다. 사실 목 적에 대한 집념은 이 두 계급을 다른 두 계급, 즉 아무짝에도 쓸모없는 무능력자와 하층계급의 범법자로부터 구별해 주는 특징이라고 말할 수 있다. 산업노동자가 천성적으로 선하지만 의존적인 무능력자와 비교되 듯이 천부적인 재능 면에서 금전형 남성은 범법자와 비교된다. 이상적 인 금전형 남성은 자신의 목적을 위해서라면 재화나 인력을 비양심적 으로 횡령하고, 타인의 감정과 소망뿐만 아니라 자신의 행동이 끼칠 간 접적 영향도 전혀 개의치 않는다는 점에서 이상적인 범법자와 같다. 하 지만 좀 더 예민한 신분 감각을 소유하고 있고, 간접적 목적을 위해서 좀 더 일관적이고 긴 안목을 갖고 일한다는 점에서 이상적인 범법자와 는 다르다.

이 두 가지 유형 기질의 유사성은 "스포츠" 및 도박 기질과 목적 없 는 경쟁의 취향에서 좀 더 명확히 드러난다. 이상적인 금전형 남성은 약탈적 인간 본성의 부수적인 변종들 중의 하나라는 점에서 범법자와 묘한 유사성을 보인다. 범법자는 대체로 미신적 사고 습관을 지니고 있다. 범법자는 요행·주문呪文·점占·운명·징조·샤머니즘 의식 따위에 대한 강한 믿음을 가지고 있다. 환경이 허락한다면 이러한 성벽性癖은 어떤 노예 근성의 신앙적인 열정과 경건한 의식 행위에 대한 까다로운 집착으로 표출되기 쉽다. 그런 성벽은 종교보다는 강렬한 믿음에 가까운 특징이라고 말할 수 있을 것이다. 이런 점에서 범법자의 기질은 산업노동자나 의존적이고 무능력한 계급보다도 금력을 갖춘 유한계급과 더 많은 공통점을 가지고 있다.

현대 산업사회의 생활은, 즉 금전과시문화에서의 생활은 특정한 부류의 습성과 성향을 선택 과정을 통해서 발전시키며 보존하는 역할을 한다. 이러한 현대의 선택 과정의 경향은 단순히 어떤 불변하는 인종 유형을 격세유전시키는 것이 아니다. 오히려 인간 본성을 과거로부터 유전된 유형이나 변종과는 어떤 점에서 다른 인간 본성으로 변형시키는 경향이 있다. 진화의 목적지는 단일하지 않다. 정상적으로 확립되도록 진화의 작용을 받는 기질은 훨씬 더 안정적인 목표를 가지고 있다는 점에서, 훨씬 더 단일한 목적을 가지고 있고 한층 더 지속적인 노력을 보인다는 점에서 오래된 인간 본성의 변종들이 지닌 어떠한 기질과도 다르다.

경제 이론의 관점에서 보면 선택 과정의 목적지는—이런 발달 방향에서 벗어나는 대단히 중요한 경향이 아주 가끔 발생하기는 하지만—대체로 단일하다. 그러나 이러한 일반적 경향을 제외하면 발달 방향은 단일하지 않다. 경제 이론의 관점에서 보면 발달은 두 개의 서로 다른 방향으로 진행된다. 개인의 능력이나 습성에 대한 선택적 보존 측면에서 보면, 이 두 가지 방향은 금전적인 방향과 산업적인 방향이라 불릴 수 있다. 성향, 정신적 태도, 의도의 보존에 관한 한, 이 두 방향은 하나는 차별적 방향이나 이기적 방향, 다른 하나는 비차별적 방향이나 경제적인 방향이라 불릴 수 있을 것이다. 이 두 가지 발달 방향의 지성적 경향이나 인식적 경향과 관련해서 보면, 전자는 능동, 질적인 관계, 신분, 가치 등처럼 개인적 특징을 갖고, 후자는 결과, 양적인 관계, 기계적인 효율성, 유용성 등처럼 비개인적 특징을 갖는다고 할 수 있다.

금전적인 직업은 이 두 가지 부류의 습성과 성향 중에서 주로 금전적인 방향의 습성과 성향을 활성화시키고 그것들을 자기 집단 구성원 사이에 선택적으로 보존하는 역할을 한다. 반면 산업적인 직업은 주로 산업적인 방향의 습성과 성향을 활성화시키고 그것들을 보존하는 역할을 한다. 철저하게 심리적인 분석을 해 보면, 이 두 가지 부류의 습성과 성향은 각기 주어진 기질적인 경향의 다양한 표현에 지나지 않는다는 것을 알게 될 것이다.

개인은 통일체 또는 단일체이기 때문에 금전적인 방향의 부류에 속하는 습성과 의도와 관심은 인간 본성의 특정한 변종의 표현이라고 할 수 있다. 산업적인 방향의 부류도 마찬가지다. 어떤 특정한 개인이 다소 일관되게 어느 한쪽 방향으로 기우는 경향을 보이듯이, 이 두 방향은 양자택일을 해야 하는 인생의 방향으로 이해할 수 있을 것이다.

금전적 생활은 일반적으로 야만적인 기질을 보존하는 경향을 보인다. 하지만 초기 야만인의 특징인 육체적 손상을 입히는 것을 좋아하는 기질을 속임수와 타산 혹은 관리 능력으로 대체해 보존한다. 이처럼 파멸을 대신한 교묘한 속임수는 다만 알 듯 모를 듯 불명확하게 벌어진다. 금전적인 직업들 내부에서는 선택 작용이 이런 방향으로 아주 일관성 있게 진행되지만, 수익 경쟁을 제외한 금전적 생활의 규율은 일관성 있게 동일한 효과를 낳지는 않는다.

시간과 재화를 소비하는 데 현대 생활의 규율은 반드시 귀족적 미덕을 배척하거나 부르주아적 미덕을 조장하는 역할을 하지는 않는다. 관습적으로 품위 있는 생활양식은 초기 야만인의 특성들을 크게 발휘할 것을 요구한다. 이런 점과 관계가 있는 전통적인 생활양식의 일부 세부 사항들은 '유한'이라는 주제로 앞 장에서 언급하였고, 좀 더 세부적인 사항들은 뒤에 나오는 장에서 제시할 것이다.

지금까지 언급한 사실에 비추어 볼 때 유한계급의 생활과 생활양식은 야만적인 기질의 보존을 촉진한 것이 분명해 보인다. 즉, 주로 외견상 평화적인 변종 또는 부르주아적 변종의 보존을 촉진할 뿐만 아니라 어느 정도 약탈적 변종의 보존도 촉진하는 것으로 보인다. 그러므로 방해 요인이 없다면, 사회계급들 사이의 기질 차이를 밝혀낼 수 있을 것이다. 귀족적 미덕과 부르주아적 미덕, 즉 파괴적이고 금전적인 특성은 주로 상류계급들 사이에서 찾아볼 수 있으며, 산업적 미덕, 즉 평화적 특성은 주로 기계 산업에 종사하는 계급들 사이에서 찾아볼 수 있을 것이다.

이러한 경향은 일반적이고 대략적으로 보면 사실이지만, 구분 기준은 기대만큼 쉽게 적용되지도 않으며, 그리 결정적인 것이라 할 수도 없다. 구분 기준이 명확하지 못할 수밖에 없는 몇 가지 이유가 있다. 모든 계급은 어느 정도 금전 투쟁에 참여하고 있으며, 모든 계급에 걸쳐 금력의 특성을 갖추고 있는 것은 개인의 성공과 생존에 도움이 되기 때문이다.

금전과시문화가 지배하는 사회라면 어디서나 남성들의 사고 습관을 형성하고 경쟁적인 가계의 생존을 결정하는 선택 과정은 취득의 적합도의 토대 위에서 이루어진다. 결과적으로 금전적 능력이 산업적 능력과 전반적으로 양립할 수 없다는 사실만 고려하지 않는다면, 모든 직업의 선택적 작용은 금전적인 기질에 전적인 우위를 줄 것이다. 그 결과 "경제적 인간"으로 알려진 인간형이 정상적이고 결정적인 인간 본성의 유형으로 자리 잡게 될 것이다. 그러나 오직 이기적인 이익에만 관심을 두고 오로지 타산적인 인간 특성을 지닌 "경제적 인간"은 현대 산업의 목적에는 무익하다.

현대 산업은 당장 필요한 노동에 대해서 비개인적이고 비차별적인 관심을 요한다. 이렇지 않다면 정밀한 산업 과정이 전개될 수 없을 것이고, 사실상 구상조차 되지 못했을 것이다. 노동에 대한 이런 관심은 한편으로는 노동자를 범죄자와 구분 짓고 다른 한편으로는 노동자를 산업 총수와 구분 짓는다. 공동체 생활의 지속을 위해서는 노동이 반드시 수행되어야 하므로 특정한 직업군 내부에서는 해당 노동에 유리한 정신적인 습성만 제한적으로 선택하는 결과가 발생한다. 그러나 산업적 직업군 내부에서 일어나는 금전적 특성들의 선택적 배제는 불명확한 과정이기 때문에 심지어 직업군 내부에서도 결과적으로 야만적인 기질이 상당히 남아 있다는 사실을 충분히 인정할 수 있다. 바로 이러한 이유 때문에 오늘날에는 유한계급의 성격과 일반인의 성격을 명확히 구분할 수 없는 것이다.

정신적 기질의 관점에서 본 계급 구별에 관한 모든 문제도 역시 모호하다. 유전된 특성(유전 형질)과 매우 유사한 후천적으로 습득한 생활습관이 사회의 모든 계급에 존재하기 때문이다. 이 생활 습관은 집단 구성원들이 모방하는 유전적 특성들을 집단의 모든 구성원 속에서 발달시키는 역할을 한다. 이처럼 후천적으로 습득한 습관들 혹은 실제 자신의 특성인 양 가장한 성격상의 특성들은 대부분 귀족의 습관적 성향이다. 명성의 표본으로서 유한계급이 차지하고 있는 규범적 지위는 유한계급의 생활 이론의 많은 특징들을 하류계급에 부과한다. 그 결과 사회 전체에 걸쳐 언제나 이와 같은 귀족적 특성들이 어느 정도 지속적으로 장려되기에 이른다. 그렇기 때문에 귀족적 특성들은 유한계급의 수칙과 본보기가 없을 경우보다 일반 사람들 속에서 살아남을 기회가 훨씬 많게 된다.

귀족적인 인생관이 주입되고 결과적으로 다소 낡은 옛 성격의 특성들이 주입되는 하나의 중요한 통로는 가내 하인계급일 것이다. 이 하인계급은 주인계급과 접촉하면서 훌륭하고 아름다운 것에 대한 관념을 갖게 되며, 그렇게 어깨 너머로 습득한 선입관을 품고 신분이 낮은 동료들 사이에 끼어들어, 좀 더 고상한 이상적인 관념들을 공동체에 지체 없이 널리 유포한다. 이런 식의 유포가 아니었더라면 유한계급의 관념들이 널리 퍼지는 데 너무 많은 시간이 걸렸을 것이다. "그 주인에 그 하인"이라는 속담은 일반 대중이 상류계급문화의 많은 요소들을 신속하게 받아들인다는 통념보다 훨씬 더 큰 의미를 지니고 있다.

또한 금전적인 미덕의 생존과 관련하여 계급 간 차이를 줄이는 보다 폭넓은 영역의 사실들이 있다. 금전 투쟁은 수많은 영양 부족 계급을 양산한다. 생필품이 부족한 계급이나 체면 유지를 위한 소비 지출을 하지 못하는 계급이 생겨나는 것이다. 이 두 경우 중 어느 쪽이든 간에, 육체적인 욕구이든 좀 더 고차적인 욕구이든 간에, 그 결과는 일상적인 욕구를 충족시킬 수 있는 수단을 쟁취하기 위해 어쩔 수 없이 벌이는 투쟁을 야기한다. 불평등에 맞서 자기 권리를 찾으려는 투쟁의 긴장이 개인의 모든 에너지를 소멸시킨다. 개인은 오직 자신을 차별화시키는 목적을 이루는 데만 모든 노력을 쏟으면서 점점 더 편협하고 이기적인 인간이 되어 간다. 이 과정에서 산업적 특성들은 사용되지 않아 폐기되는 경향을 보인다. 그러므로 간접적으로 유한계급 제도는 금전적인 체면 유지 양식을 강요하고 하류계급에게서 가능한 한 많은 생활 수단을 박탈함으로써 사회의 모든 구성원들 사이에 금전적인 특성들을 보존시키는 작용을 한다. 그 결과 하류계급은 본래는 상류계급만의 것이었던 인간 본성의 유형에 동화되고 만다.

따라서 상류계급의 기질과 하류계급의 기질 차이는 그다지 크지 않은 것으로 보인다. 그러나 그처럼 차이가 크지 않다는 사실도 대체로 유한계급이 선행한 규범적 선례에서 기인하며, 그뿐만 아니라 유한계급 제도가 의존하는 과시적 낭비와 금전 경쟁의 광범위한 원칙을 일반 대중이 수용한 데서 기인한 것으로 보인다. 유한계급 제도는 공동체의 산업 효율성을 저하시키고 현대 산업 생활의 절박한 상황에 인간 본성이 적응하는 일을 저지하는 작용을 한다. 유한계급 제도는 (1) 낡은 옛 특성들을 유한계급 내부에 계승하고, 모든 외부계급에 유한계급의 혈액을 수혈해 그 특성들을 직접 전염시킴으로써, (2) 낡은 체제의 전통을 보존하고 강화해 유한계급의 혈액이 수혈되지 않는 외부에서도 야만적인 특성들이 생존할 수 있는 기회를 더 많이 조성함으로써, 지배적이거나 유력한 인간 본성을 보수적인 방향으로 이끈다.

그러나 이러한 특성들이 현대인들 사이에 잔존해 있느냐 배제됐느냐 하는 문제와 관련하여 특별히 중요한 의미를 지닌 종합적이거나 간략한 자료는 거의 찾아볼 수 없다. 따라서 손쉽게 얻을 수 있는 일상적인 사실들을 산만하게 재검토해 보는 것 외에는 여기에서 제시된 견해를 뒷받침할 만한 구체적인 성질의 논거는 찾아보기 힘들다. 일상적 사실을 상세히 기술하는 것은 진부하고 지루한 상황을 피할 수는 없지만 여기서 제시하는 논증을 빈약하게나마 완성하기 위해서는 반드시 필요해 보인다. 따라서 조금 유감스럽지만 다음 장에서 그런 사실을 단편적으로 상술하였음을 미리 알리는 바이다.

10장
용맹성의 현대적 유산들

유한계급은 산업사회 안에서 존속한다기보다는 오히려 산업사회에
의해 존속하고 있다. 유한계급이 산업과 맺고 있는 관계는 산업적인 관
계라기보다는 금전적인 관계이다. 금전적인 능력, 즉 유용성의 능력보
다는 취득 능력을 발휘해야만 이 계급에 편입될 수 있는 자격을 얻는
다. 따라서 유한계급을 구성하는 인적 요소의 선택적 변동은 계속되며,
이러한 선택은 금력 추구의 적합성의 기반 위에서 진행된다. 하지만 유
한계급의 생활양식은 대체로 과거의 유산이며 초기 야만 시대의 습관
과 이상을 대부분 구현하고 있다. 이와 같은 고대의 야만적인 생활양식
은 다소 완화된 형태로 하층계급에도 부과된다. 결국 야만적 생활양식
과 관습 체계는 선택과 교육을 통해서 인적 요소를 형성하는 작용을 하
고 이는 결국 주로 초기 야만 시대, 즉 용맹성과 약탈 생활의 시대에 속
하는 특성과 습관과 이상을 보존하는 방향으로 진행된다.

❖

　약탈 단계의 남성을 특징짓는 고대적인 인간 본성을 가장 직접적이
고 명료하게 표현한 것은 본연의 호전적 성향이다. 약탈 활동이 집단적
인 활동이라면 이러한 성향은 흔히 군인 정신 혹은 요즘에는 애국심이
라 불린다. 유럽의 문명국가들에서는 세습 유한계급이 중산층보다 훨
씬 더 많이 이러한 군인 정신을 품고 있다는 명제에 쉽게 동의할 수 있
으리라는 건 두말할 나위가 없다. 사실상 유한계급은 자존심 때문에 다
른 계급과는 분명히 선을 긋고자 하는데, 여기에는 확실히 그럴 만한 근
거가 있다. 전쟁은 명예로운 것이기 때문에 호전적 용맹성은 일반 남성
들의 눈에는 대단히 명예로운 것으로 보인다. 이처럼 호전적 용맹성에
대한 찬미 자체는 전쟁 예찬자의 약탈적 기질을 가장 잘 보여 주는 증
거인 셈이다. 전쟁에 대한 열광과 그 지표가 되는 약탈적 기질은 상류계
급, 특히 세습 유한계급 사이에 가장 널리 퍼져 있다. 게다가 상류계급
의 중요한 직업은 표면적으로는 정치이지만 그 기원이나 발전 과정상
역시 약탈적 직업이라 할 수 있다.
　적어도 습관화된 호전적 사고방식을 명예롭게 생각한다는 측면에서
세습 유한계급에 필적할 수 있는 계급은 하류계급의 범법자들뿐이다.
산업계급의 대부분은 평상시에는 호전적인 관심 사안에 비교적 냉담하
다. 이처럼 산업사회의 유력한 세력을 형성하고 있는 일반 대중은 흥분
하지 않을 때는 방어전 이외에는 어떤 싸움도 원하지 않는다. 사실 대중
들은 방위 태세의 강화를 촉구하는 선동에 대해서도 선뜻 감응하지 못
한다. 좀 더 문명화된 사회나 진보한 산업 발전을 이룬 사회에서는 호전

적 공격 정신이 일반 대중 사이에서 위축되어 있다고 말할 수 있을 것이다. 이것이 산업계급에는 군인 정신을 뚜렷이 표출하는 개인들이 별로 없다는 것을 의미하지는 않는다. 또한 대부분의 사람들이 오늘날 유럽의 몇몇 국가들에서 벌어지고 있고, 미국에서 한때 벌어졌던 일과 같은 어떤 특별한 선동에 자극받아 일시적으로 군국주의적인 열정에 휩싸이는 일이 없을 것이라는 의미도 아니다. 하지만 일시적인 광분의 시기를 제외하면, 그리고 고대의 약탈 유형의 기질을 타고난 개인들과 상류계급 및 최하류계급 사이에서 그와 유사한 기질을 타고한 개인들을 제외하면, 모든 현대 문명사회의 대중은 대단히 소극적인 호전성을 보이기 때문에 실제 침략에 맞선 방어전 말고는 전쟁은 불가능할 것이다. 일반적인 보통 남성들의 습관과 습성은 전쟁보다는 긴박하지 않은 방향으로 활동하는 것을 지향한다.

이처럼 계급 간의 기질적인 차이는 부분적으로는 몇몇 계급이 습득한 특성을 후대에 전한 유전 형질상의 차이에서 비롯된 것이겠지만, 어느 정도는 인종적인 차이에서 비롯된 것으로 보인다. 계급적인 차이는 사회의 몇몇 계급을 구성하는 인종적 요소들 사이의 차이가 큰 나라에서보다는 국민들의 인종적 동질성이 상대적으로 높은 나라에서 확실히 적게 나타난다. 이와 관련하여 주목할 만한 사실은 인종적인 요소들 사이의 차이가 큰 나라에서 유한계급에 뒤늦게 편입한 이들은 일반적으로 오늘날 유서 깊은 대표적인 귀족 가문의 후손에 비해 군인 정신을 적게 드러낸다는 점이다. 신참 유한계급은 최근 일반 국민들 사이에서 출현했는데, 그들이 유한계급에 편입할 수 있었던 것은 고대적 의미의 용맹성으로 분류할 수 없는 특성과 성향을 발휘했기 때문이다.

본래의 호전적 활동은 물론이려니와 결투 제도 역시 뛰어난 전투태세의 표시이다. 결투는 유한계급 제도의 하나이다. 결투는 본질적으로 의견 차이에 대한 최종적인 해결책으로 얼마간의 숙고 끝에 싸움에 호소하는 방책이다. 문명사회에서 결투는 세습 유한계급이 존재하고 있는 경우에만 정상적인 현상으로 유행하며, 유한계급 사이에서만 거의 독점적으로 행해진다. 이들 말고도 예외적으로 결투가 허용되는 자들로는 (1) 흔히 유한계급의 일원인 동시에 특별히 약탈적 사고 습관의 훈련을 받은 육해군 장교들, (2) 유전이나 훈련, 혹은 두 경우 모두에 의해서 (1)과 똑같은 약탈적 기질과 습관을 가진 하류계급의 범법자들이 있다. 의견 차이에 대한 일반적인 해결책으로 보통 결투에 의존하는 사람은 교양 있는 신사와 불한당뿐이다. 보통 남자가 결투를 벌이는 경우는 순간적으로 격분했거나 술에 취해 흥분한 나머지 평소 습관과는 달리 분노를 유발한 자극에 신중하게 반응하지 못할 때뿐이다. 그 상황이 되면, 보통 남자는 단순하고 분별력이 없는 형태의 자기주장 본능에 다시 의존한다. 다시 말해, 심사숙고 없이 일순간 고대적 정신 습관으로 회귀하는 것이다.

논쟁과 우열을 다투는 중대한 문제를 해결하는 최종적 방법으로서 결투 제도는 명성에 따르는 사회적 의무로서 이유 불문하고 반드시 행해야 하는 사적인 싸움으로 차츰 변해 간다. 유한계급 사이에서 벌어지는 결투의 관행으로는 특히 호전적인 기사도의 기괴한 유물인 독일 학생들의 결투가 있다. 나라를 막론하고 하류계급이나 사이비 유한계급의 범법자들에게는 아무런 이유 없이 동료와 싸움을 벌여 자신의 남자다움을 내세우고자 하는 일종의 사회적 의무와 같은 것이 있다. 이는 흔히 무뢰한에게서 엿볼 수 있으리라 여겨지는 관행과 유사한 것으로 그리 공식적인 것은 아니다. 이런 결투 관행은 사회의 모든 계층으로 확산되어, 소년들 사이에서도 유행하기에 이른다. 소년들은 보통 자신과 한패인 아이들이 싸움을 잘하는 능력에 따라 서열이 어떻게 되는지 항상 정확히 알고 있다. 그리고 소년들의 세계에서는 보통 싸움을 걸어 올때, 그것에 불복해 싸움을 거부하거나 싸움을 못하는 소년은 명성의 기반을 확보하지 못한다.

이러한 결투는 딱히 꼭 집어 특정할 수 없는 일정한 성장기 이상의 소년들에게 적용된다. 일상생활의 모든 일을 습관적으로 어머니에게 의존하려는 유년기나 근접 보호기에 있는 아이의 기질은 일반적으로 여기서 기술하고 있는 결투에 부합하지 않는다. 이렇듯 어린 시절에는 공격성이나 적대적 성향이 거의 없다. 소년이 이러한 평화적 기질에서 포식捕食성 기질로 변하거나 극단적인 경우 남에게 해를 끼치는 악한으로 변해 버리는 과정은 점진적으로 일어나고, 때로는 그 변화가 다른 어떤 경우보다도 개인의 광범위한 습성을 지배하며 완벽하게 이루어진다.

남자아이이든 여자아이이든 성장의 초기 단계에서는 선제적이고 공격적인 자기주장을 덜 내보이고, 자신이 살아 온 가족 집단으로부터 자신 및 자신의 관심사를 분리하려는 경향이 적게 나타난다. 그리고 소년은 꾸지람에 더 민감하고, 부끄러움과 수줍음이 더 많으며, 사람들과의 친밀한 접촉 욕구를 더 많이 보인다. 일반적으로 유년기의 이런 기질은 점진적으로, 일부는 신속하게 유아기의 특징들을 상실하면서 본연의 소년 기질로 변한다. 하지만 소년기의 생활에 포식성의 특징이 전혀 나타나지 않는 경우도 있고 기껏해야 모호할 정도로 약하게 나타나는 경우도 있다.

소녀들의 경우는 소년들처럼 포식성 단계로 완벽하게 이행되는 일이 드물다. 사실 대부분의 소녀들은 그런 단계로 이행하지 않는다. 그렇게 유년기에서 청소년기를 거쳐 성년기로 변화하는 과정은 관심사가 유아적인 목적과 습성에서 성인 생활의 목적과 역할과 인간관계로 옮겨가는 점진적이고 지속적인 과정이다. 성장 과정에서 일반적으로 소녀의 지배적인 포식성 기간은 소년에 비해 짧고, 그 시기 동안에 나타나는 포식적이며 고립적 태도는 대체로 소년에 비해 약하다.

남자아이의 포식성 기간은 보통 상당히 뚜렷하고 일정 기간 동안 지속적으로 이어지지만 (적어도) 성년기에 이르면 일반적으로 끝난다. 이렇게 말하려면 매우 실질적인 제한 조건이 필요할 것이다. 집단적 생활 과정의 목적에 부합하는 실용성을 갖추고 있고, 따라서 산업사회의 유능한 평균치의 사람으로 인정되는, 현대 산업생활을 영위하는 성년 개개인의 평균적인 기질을 "성년의" 기질로 이해한다면, 소년기의 기질에서 성년기의 기질로 이행하지 않거나 부분적으로만 이행하는 경우도 결코 드문 일은 아니다.

유럽인들의 인종적 구성은 다양하다. 심지어 어떤 경우에는 하류계급들도 평화를 저해하는 장두 금발형이 다수를 차지하고 있다. 반면에 다른 경우 인종 요소는 주로 세습 유한계급에서 발견된다. 호전적인 습성은 하류계급에 속하는 노동자계급의 소년들보다는 상류계급이나 장두 금발형 소년들 사이에 널리 퍼져 있는 듯 보인다.

이처럼 일반화시킨 노동계급 소년의 기질이 좀 더 충실하고 면밀한 현장 조사를 통해서 사실로 밝혀진다면, 호전적인 기질은 어느 정도 뚜렷한 인종적인 특징의 하나라는 견해에 설득력을 더할 것이다. 호전적인 기질은 유럽 국가들의 대다수 국민을 구성하고 있는 것으로 여겨지는 피지배층인 하류계급 인종 유형 남성보다 지배층인 상류계급 인종 유형, 즉 장두 금발형 남성에게 훨씬 더 많은 것으로 보인다.

소년의 경우는 몇몇 사회계급이 상대적으로 많이 타고난 용맹성의 문제와는 그리 깊은 관계가 없어 보일지도 모른다. 하지만 소년의 사례는 적어도 이러한 투쟁 충동이 노동계급의 평균적인 성인 남성이 지닌 기질에 비해 훨씬 더 고대적인 기질에 속한다는 사실을 증명해 주는 증거로서 나름의 가치가 있다.

아동 생활의 다른 많은 특성들과 마찬가지로 아동은 성인 남성의 성장 초기 양상을 축소판으로 잠시 재현한다. 이에 따르면, 소년이 공훈과 자신만의 고립적인 관심사에만 주의를 쏟는 경향을 초기 야만문화, 즉 본래의 약탈문화 관점에서 보면 정상적인 인간 본성으로 일시 회귀하는 것이라 할 수 있다. 다른 많은 점들과 마찬가지로 이 점에서도 유한계급과 범법자계급의 특징이 보여 주는 바에 따르면, 유년기와 청년기에 정상적인 (마찬가지로 초기 문화 단계에서 정상적이거나 습관적이던) 특성들은 성년기의 생활까지 지속된다. 이런 차이가 영속적인 인종 유형들 간의 근본적인 차이로부터 전적으로 연유한 것이 아니라면, 으스대는 범법자나 허울 좋은 유한계급의 신사를 일반 대중과 구별하는 특성들은 어떤 면에서 정상적인 발달이 억제되었음을 보여 주는 표시라 할 수 있다. 이런 특성들은 현대 산업사회의 일반 성인들이 도달한 발전 단계에 비해서 그들이 미숙한 단계에 머물러 있다는 표시로 볼 수 있다. 아울러 상류사회계층과 최하류 사회계층을 대표하는 이들은 맹렬하게 공훈과 고립을 지향하는 성향과는 다른 고대적 특성들을 노출하는 방식으로 자신들의 미숙한 정신 구조를 드러낸다는 점을 알 수 있다.

투쟁적 기질이 본래 미성숙한 것임을 확신하듯이, 우리는 본격적인 소년기와 성년기를 잇는 시기에 있는 제법 나이가 있는 학생들 간에 목적도 없고 장난에 가깝지만, 다소 조직적이고 치밀하게 평화를 깨는 행위들이 유행하고 있음을 확실히 안다. 일반적으로 이러한 소동은 청소년기에 국한되어 일어나며, 청소년기에서 성인 생활로 들어설 때까지 빈도와 강도는 줄어들지만 반복해서 일어난다. 이런 소동은 대체로 집단이 약탈적 생활 습관에서 보다 안정적인 생활 습관으로 이행하는 연속적 과정 속에서 개인의 생활에서 재현된다. 대부분의 경우 개인의 정신적 성장은 이러한 미숙한 단계에서 벗어나기 전에 끝난다. 이렇게 호전적 기질은 평생에 걸쳐 지속된다. 따라서 정신 발달상 결국 진정한 남자의 위치에 오른 개인들은 일시적인 고대 단계, 즉 대개 투사와 스포츠맨이 항상 가지고 있었던 정신 수준에 부합하는 일시적인 고대古代 단계를 거친 사람들이다. 물론 이런 점에서 개인들은 다양한 수준의 정신적인 성숙도와 절제력을 성취할 것이다. 그리고 평균 수준에 도달하지 못한 이들은 현대 산업사회에 녹아들지 못하는 조야한 인간성의 잔재로 남게 되고, 높은 산업 효율성과 충실한 집단생활을 촉진하는 선택적 적응 과정에 필요한 부속품으로 전락한다.

이처럼 억압된 정신 발달은 성인이 젊은이 특유의 흉포한 행위라는 공훈에 직접 뛰어드는 것으로 표현될 수 있을 뿐 아니라, 간접적으로 젊은이들에게 그런 식의 소동을 조장하고 선동하는 것으로도 표현될 수 있다. 또한 억압된 정신 발달은 자라나는 세대의 말년까지 지속될 수도 있고, 그 결과 사회를 좀 더 평화롭고 효율적인 방향으로 이끄는 모든 움직임을 방해할 수도 있는 흉포한 행위의 습관을 형성시키도록 조장한다. 공훈의 기질을 타고난 사람이 사회에서 청소년의 습관 발달을 지도하는 위치에 있다면, 용맹성을 보존하고 이런 기질로 회귀하는 방향에 그가 행사할 영향력은 매우 클 것이다. 이러한 사실은 예컨대, 최근 들어 많은 목사들을 비롯한 사회의 지도적 인사들이 "기독교 소년단" 및 그와 비슷한 유사 군사 조직에 관심을 갖도록 조장할 만큼 중요한 의미를 지닌다. 고등 교육 기관에서 "대학 정신"이나 대학 체육 활동 따위의 증진을 권장하는 것도 맥락상 똑같이 이해할 수 있다.

약탈적 기질을 표현하는 것은 모두 공훈이라는 항목으로 분류되어야 할 것이다. 약탈적 기질의 표명은 부분적으로는 경쟁적인 잔인한 태도의 단순하고 무분별한 표현이며, 부분적으로는 용맹성이라는 명성을 얻기 위해 의도적으로 실천하는 활동이다. 프로 권투, 투우, 육상, 사격, 낚시, 요트, 심지어 특징상 신체적인 효율성을 파괴하는 요소가 뚜렷하지 않은 기능 경기 등을 포함한 모든 종류의 스포츠도 그런 활동과 동일한 일반적 특징을 갖는다. 적대적인 전투의 기본 원리로부터 시작된 스포츠는 기술을 통해 (어떤 면에서도 구분할 수 없는) 잔꾀와 속임수로 변해 간다. 스포츠에 열중하는 이유는 약탈적인 경쟁 성향을 상대적으로 강하게 지니고 있는 고대적 정신 구조 때문이다. 모험적인 공훈을 세우려거나 위해를 가하려는 강력한 성향은 일상적인 용어로 스포츠맨십이라고 지칭하는 활동을 통해서 아주 명확하게 표명된다.

남자들을 공훈과 위해를 가하는 행위로 이끄는 기질이 본질적으로 소년의 기질이라는 것은 이미 언급한 약탈적 경쟁의 또 다른 표현들보다는 스포츠와 관련해서 볼 때 좀 더 사실에 가깝고 적어도 좀 더 명확해질 것이다. 유별나게 스포츠에 탐닉하는 것은 인간의 도덕성 발달이 억제되었음을 나타내는 표시이다.

모든 스포츠 활동에 존재하는 허세라는 요소에 주목하면, 스포츠를 좋아하는 남자에게서 볼 수 있는 소년 특유의 기질이 금방 확연히 드러난다. 스포츠는 아이들, 특히 소년들이 습관적으로 관심을 쏟는 게임 및 공훈과 함께 허세의 성질을 공유한다. 허세는 모든 스포츠에 동일한 비율로 깃들어 있지는 않지만 모든 스포츠에 상당히 존재한다. 허세는 앉아서 하는 기능 게임보다는 본연의 스포츠맨십과 운동경기에 훨씬 더 강하게 존재하는 것으로 보인다. 그러나 이러한 법칙이 일률적으로 적용되지는 않을 것이다. 예를 들어 매우 점잖고 사무적인 성격의 남자도 사냥에 나설 때는 사냥의 중요성을 마음에 새기기 위해서 필요 이상의 무기와 장비를 챙겨 가는 일이 흔히 있을 수 있다는 사실은 주목할 만하다. 사냥꾼들은 으레 일부러 의기양양한 걸음걸이에 매 순간 과장된 몸짓을 보이며 살금살금 접근하거나 아니면 갑자기 돌진하기 마련인데, 이런 행동들은 공훈 추구 행위에 수반되는 동작이다.

마찬가지로 운동경기에서도 거의 언제나 고함과 으스대는 행동과 겉보기에 신비스러운 분위기를 연출한다. 이런 행동과 분위기는 성격상 연극적인 요소를 띤다. 물론 이 모든 행위는 당연히 소년기의 허세를 연상시킨다. 게다가 운동경기에서 사용하는 은어는 대부분 전투 용어에서 빌려 온 매우 살벌한 표현들로 이루어져 있다. 비밀 통신의 필수 수단으로 채택된 은어를 제외하면, 모든 직업에 사용되는 특수한 은어는 해당 직업이 본질적으로 허세적인 성격을 지니고 있다는 사실을 입증하는 증거로 인정될 수밖에 없을 것이다.

스포츠가 결투 및 이와 유사한 평화를 저해하는 활동과 다른 또 하나의 특징은 공훈 충동과 잔인한 행동 충동 이외의 다른 동기들이 스포츠에 끼어드는 것을 허용하는 특수성을 가진다는 점이다. 설사 다른 동기가 있다 해도 그럴 그 가능성은 적지만, 스포츠에 탐닉하는 다른 이유들이 빈번히 따라붙는다는 사실은 다른 동기들이 때때로 부차적인 방식으로 나타난다는 것을 의미한다. 스포츠맨—사냥꾼과 낚시꾼—은 자신이 즐기는 유희거리에 자연에 대한 사랑이나 레크리에이션 욕구 따위의 이유를 다는 습관이 있다. 이들은 늘 이와 같은 이유를 덧붙이는데, 사실 이런 이유는 스포츠맨의 생활상 매력의 일부가 되긴 하지만 주된 동기는 될 수 없다. 이러한 표면적인 욕구들은 스포츠맨이 사랑한다는 "자연"의 본질적인 특징을 잘 보여주는 동물들의 생명을 빼앗기 위한 조직적인 노력 없이도 좀 더 쉽게, 충분히 충족될 수 있을 것이다. 사실 스포츠맨의 활동에서 가장 눈에 띄는 결과는 자신의 힘이 닿는 데까지 모든 생물을 파괴함으로써 자연을 끔찍한 황폐로 만들어버리는 것이다.

그럼에도 지금 존재하고 있는 관습 아래에서 레크리에이션 욕구와 자연과 접촉하고자 하는 욕구는 자신들이 선택한 경로를 통해 가장 잘 충족할 수 있다고 하는 스포츠맨의 주장도 나름 근거가 있다. 과거의 약탈적 유한계급이 만든 규범적 전례가 강제하는 훌륭한 품행 규범을 이

유한계급의 뒤를 이은 후계자들은 힘겹게 지키면서 보존해왔다. 이러한 규범은 스포츠맨이 비난을 받지 않고 다른 규범 조건을 통해 자연과 접촉하는 것을 허용하지 않을 것이다. 스포츠는 최고의 형식을 갖춘 일상적인 유한활동으로서 약탈문화 시대부터 물려받은 명예로운 활동이라는 점에서, 충분히 인정받는 예법을 갖춘 유일한 형식의 옥외 활동이 되었다. 따라서 사냥과 낚시의 직접적인 동기는 레크리에이션과 옥외 생활의 욕구일지도 모른다. 조직적 살육을 빙자해 옥외 활동의 욕구를 반드시 충족시키도록 강제하는 요인은 규범, 즉 위반하면 불명예와 그에 따른 자존심의 상처를 감수해야 하는 규범이다.

다른 스포츠의 경우도 다소 비슷하다. 그중에서 운동경기는 가장 좋은 사례이다. 물론 이와 관련해서도 명예로운 생활 규약상 허용되는 어떤 형태의 활동, 운동, 레크리에이션에 관한 규범적 관례가 있다. 운동경기에 탐닉하거나 운동경기를 찬양하는 사람들은 스포츠가 레크리에이션과 "체육"을 위한 가장 유용한 수단을 제공한다고 주장한다. 그리고 규범적 관례도 이 주장을 뒷받침한다.

명예로운 생활의 규범은 과시적 유한활동으로 분류될 수 없는 모든 활동을 유한계급의 생활양식으로부터 배제한다. 결과적으로 이와 같은 규범은 규정을 통해 과시적 유한활동이 아닌 모든 활동을 공동체의 생활양식에서 일반적으로 배제하는 것이다. 동시에 목적이 없는 체육 활동은 참을 수 없을 만큼 지루하고 싫증나는 것으로 여겨진다. 따라서 다른 관계와 관련해서 지적했듯이, 체육 활동은 설사 거기에 부여한 구실에 지나지 않더라도, 적어도 목적이 겉으로는 그럴듯해 보일 수 있는 형식의 활동이어야 한다. 이렇게 스포츠는 그럴듯하게 가장한 목적과 함께 본질적으로 무익한 활동의 필수 요건을 충족시킨다. 이에 더해 스포츠는 경쟁의 장을 제공하고 바로 그런 이유 때문에 매력이 있는 것이다.

어떤 직업이 품위를 갖추려면 유한계급의 명예로운 낭비 규범을 따라야만 한다. 동시에 모든 활동이 부분적으로라도 습관적인 생활의 표현으로 지속되기 위해서는 객관적으로 유용한 목적의 효용성이라는 일반적인 인간의 규범에 부합해야 한다. 유한계급의 규범은 엄격하고 포괄적인 무용성無用性을 요구한다. 반면에 제작 본능은 목적이 있는 행동을 요구한다. 예절에 관한 유한계급의 규범은 본질적으로 유용하고 목적이 있는 모든 생활방식을 공인된 생활양식에서 선택적으로 배제하는 식으로 광범위한 영역에 걸쳐 서서히 작용한다. 반면 제작 본능은 충동적이기에, 일시적이고, 즉각적인 목적에 만족할 것이다. 정상적인 생활 과정에서 목적이 있는 활동 경향과는 본질적으로 유리된 요소인 무익한 활동이 복잡한 성찰적 의식 속으로 들어올 때만 어떤 행동의 이면에서 감지되는 무용성이 행위자의 의식을 불안하게 하고 억제한다.

개인의 사고 습관은 하나의 유기적 복합체를 만드는데, 이 유기적 복합체는 어쩔 수 없이 생활 과정에 유용한 방향으로 움직이는 경향이 있다. 체계적 낭비나 무익한 활동을 유기적 복합체에 하나의 생활 목적으로 동화시키려 할 경우 곧 반발이 뒤따른다. 그러나 이런 반발은 유기체로 하여금 즉각적이고, 성찰이 없이 할 수 있는 기민하고 경쟁적인 활동을 하게 하면 피할 수 있다. 사냥, 낚시, 운동경기 등과 같은 스포츠는 약탈 생활의 특징인 기민함, 경쟁적 잔인함, 그리고 교활함을 발휘할 수 있게 해준다. 성찰 능력이나 자신의 행동 이면에 숨은 경향을 파악하는 능력을 별로 타고나지 않은 개인이라면, 그리고 삶이 본질적으로 조야하고 충동적인 행동을 하는 사람이라면, 스포츠의 직접적이고 성찰 없는 목적성은 우월성의 표시라는 점에서 그의 제작 본능을 어느 정도 만족시킬 것이다. 개인의 지배적 충동이 포식성 기질의 성찰 없는 경쟁적 성향이라면 특히 그럴 것이다. 그와 동시에 예절 규범은 그에게 금전적으로 나무랄 데 없는 생활의 표시로서 스포츠를 장려할 것이다. 어떤 일정한 직업을 품위 있는 레크리에이션이라는 전통적이고 습관적인 양식으로 영위하려면, 두 가지 필요조건, 즉 이면에 감춰진 낭비성과 당장의 합목적성을 충족시켜야만 한다. 그러므로 다른 형태의 레크리에이션이나 운동은 훌륭한 교양과 섬세한 감수성을 지닌 사람들에게는 도덕적으로 불가능한 것이라는 의미로 보면, 스포츠는 현재의 상황에서 가장 유용한 레크리에이션 수단이다.

운동경기를 옹호하는 신분이 높은 상류사회의 구성원들은 일반적으로 운동경기가 발전에 대단히 중요한 수단으로 기여한다는 이유를 들어, 운동경기를 옹호하는 자신과 이웃들의 태도를 정당화한다. 운동경기는 또한 경기 참가자의 체력을 향상시킬 뿐만 아니라 일반적으로 참가자와 관중의 남자다운 정신을 함양시킨다고들 한다. 미식축구는 운동경기의 유용성 문제가 제기될 때마다 미국인이라면 누구나 가장 먼저 떠올릴 만한 특별한 경기이다. 미식축구는 현재로서는 경기를 육체적 혹은 도덕적 구제의 수단으로서 찬성하거나 반대하는 사람들의 머릿속에서 가장 먼저 떠올릴 경기일 테니 말이다. 따라서 이 같은 전형적인 운동경기는 운동이 경기 참가자의 성격과 체력의 발전에 미치는 영향을 설명하는 데 도움을 줄 것이다.

미식축구와 체육의 관계는 투우와 농업의 관계와 같다는 말은 일리가 있다. 미식축구 같은 경기 제도가 유용성을 갖추려면 용의주도한 훈련과 육성이 필요하다. 경기에 동원되는 소재가 짐승이든 인간이든 간에, 신중히 선별하여 훈련을 시켜야 (야생 상태의 특성을 가지고 있으나 길들여지면 위축되는 경향이 있는) 어떤 습성과 성질을 확보하고 강화할 수 있다. 이러한 사실은 경기를 하면 언제나 정신과 육체의 야생적이거나 야만적인 습관이 전적으로 일관성 있게 복원되는 결과로 이어진다는 것을 의미하지는 않는다. 오히려 일면적인 야만성 혹은 야생성으로의 복귀라 할 수 있다. 다시 말해, 야생적 환경에서 개체의 자기보존과 충만한 삶에 이바지했을 특성은 도태되고, 손상과 황폐화를 일삼는 야생적 특성은 복원되고 강화되는 것이다. 미식축구에 깃든 문화는 이색적인 잔인성과 교활성의 산물을 낳는다. 미식축구 문화는 초기 야만적 기질을 복원하며, 동시에 사회·경제적으로 위급한 상황의 관점에서 봤을 때 결점을 보완해 주는 장점에 속하는 미개인의 기질을 억압한다.

운동경기의 훈련에서 강화되는 체력—그 훈련이 제 효과를 발휘한다고 할 때—은 다른 조건들이 동등할 경우 경제적인 유용성에 기여한다는 점에서 개인과 집단 모두에게 유익한 것이다. 운동경기에 어울리는 정신적 특성도 집단의 이익과 대비해서 보면 개인에게는 경제적으로 유익하다. 구성원들이 이러한 특성들을 어느 정도라도 갖춘 공동체라면 전부 같은 경향을 보인다.

현대의 경쟁은 대부분 약탈적 인간 본성의 특성에 기반을 둔 자기주장의 과정이다. 이러한 특성들이 현대의 평화적 경쟁에 돌입해 세련된 형태를 띠게 되면서 약탈적 특성을 어느 정도 소유하는 것은 문명인이 생활하는 데 거의 필수불가결한 사항이 되었다. 하지만 약탈적 특성은 경쟁적인 개인에게는 반드시 필요한 것이지만 공동체에 직접적으로 유용한 것은 아니다. 집단생활의 목적에 부합하는 개인의 유용성에 관한 한, 경쟁의 효율성은 유용하지만, 오직 간접적으로만 유용할 뿐이다. 잔인성과 교활성은 다른 공동체를 적대적으로 상대하는 경우를 제외하고는 공동체에 아무런 도움이 되지 않는다. 또한 잔인성과 교활성이 개인에게 유용할 수 있는 이유는 다만 그 개인이 처한 인간 환경에 동일한 특성들이 상당 부분 활동적으로 존재하기 때문이다. 이러한 특성들을 충분히 갖고 태어나지 않은 채 경쟁적인 투쟁 속으로 뛰어드는 개인은 마치 뿔 없는 송아지가 뿔 달린 소 떼의 한가운데로 뛰어드는 것만큼이나 불리한 입장에 서게 된다.

약탈적 성격의 특성들을 소유하고 함양하는 것은 경제적 이유 말고 다른 이유에서도 바람직한 일일 수 있다. 야만적 습성에 대한 심미적, 윤리적인 편애가 보편화되어 있고, 약탈적 성격의 특성이 이러한 편애에 대단히 효과적으로 기여하기 때문에, 약탈적 특성의 심미적, 윤리적 유용성은 그것이 초래할 수 있는 경제적인 비유용성을 상쇄할 것이다. 하지만 이러한 논의는 현재의 논점을 벗어난다. 그러므로 전반적으로 스포츠가 바람직하다거나 권장할 만하다 하는 따위의 문제나 스포츠의 경제적인 가치 이외의 다른 가치 문제에 대해서는 여기서는 언급할 필요는 없다.

일반적으로 스포츠 활동이 육성하는 남자다움의 유형에는 찬미할 만한 것이 많다. 그렇게 남자다움을 나타내는 막연한 일상어로 자신감과 우정이라는 것이 있다. 요즘 자신감과 우정으로 말하는 특징은 다른 관점에서 보면 공격성과 당파심으로 표현할 수 있을 것이다. 이처럼 남자다운 특질이 널리 인정받고 찬양되며, 이런 성질이 남자답다고 불리는 이유는 이와 같은 기질이 개인에게 유용한 이유와 동일하다. 공동체의 구성원들, 특히 공동체에서 취향 규범을 선도하는 계급은 남자다운 특질을 충분히 타고났기 때문에, 다른 사람이 이런 성향이 없으면 결점으로 여기고, 이례적으로 많이 소유하고 있으면 우월한 장점으로 평가한다. 약탈적인 남자의 특성은 현대의 일반인들에게서 결코 사라지지 않는다. 여전히 현존하고 있으며, 뭐가 됐든 간에 자신을 표출하게 하는 감성의 자극이 있기만 하면 언제라도 뚜렷하게 나타난다. 이런 자극이 우리의 습관적 업무를 형성하고 일반적인 일상적 이해관심의 범위를 구성하는 특정 활동과 별달리 충돌하지 않는다면 언제라도 출현하는 것이다.

모든 산업사회의 일반인들은 경제적인 측면에서 봤을 때, 약탈적 남성의 특성이라는 고약한 성향으로부터 벗어나 있다. 하지만 이는 약탈적 성향이 부분적이고 일시적으로 사용되지 않아, 잠재의식적인 동기의 이면에 숨어 있다는 것을 의미할 뿐이다. 개인에 따라서 다양한 잠재력을 가진 약탈적 성향은 일상적인 강도 이상의 강한 자극에 호출될 때마다 남자들의 행동과 감정을 공격적으로 만들 수 있다. 아울러 약탈문화와는 이질적인 직업이 개인의 일상적인 관심과 감정을 침해하지 않을 경우에는 언제든 강력히 드러난다.

이러한 현상은 유한계급과 그 계급에 종속된 사람들의 일부에게서 나타나곤 한다. 그러므로 유한계급에 편입되려면 스포츠를 좋아해야 한다. 이런 까닭에 구성원들의 상당수가 노동을 면제받을 정도로 충분히 부를 축적하고 있는 산업사회에서는 스포츠가 급속히 발달하고 스포츠 감각이 있는 사람들의 수가 급속히 성장한다.

포식성 충동이 모든 계급에 동등하게 스며들어 있지는 않다는 점을 보여 주는 평범하고 친숙한 사실이 하나 있다. 지팡이를 가지고 다니는 습관이다. 이는 단순히 현대 생활의 한 양상으로 보면 그리 대수롭지 않은 일로 보일 것이다. 하지만 지팡이를 가지고 다니는 습관은 현재의 논점과 관련해서 보면 중요하다. 이 습관이 가장 널리 유행하고 있는 계급, 즉 일반인들이 지팡이를 생각하면 머릿속에 우선 떠오르는 계급은 유한계급의 남자들과 스포츠맨과 하류계급의 비행소년 들이다. 아마도 여기에 금전적인 직업에 종사하는 남자들을 더할 수 있을 것이다. 산업에 종사하고 있는 보통 남자들은 포함되지 않는다. 또한 여자는 몸이 쇠약할 때 외에는 지팡이를 짚고 다니지 않으며, 지팡이를 들고 다닐 때도 다른 용도로 사용한다. 물론 그처럼 지팡이를 지니고 다니는 관행은 대체로 예절 관습의 문제이지만 예절 관습의 근거는 관습을 선도하는 계급의 성향이라 할 수 있다.

지팡이는 짚고 다니는 사람의 손이 유용성이 없는 일을 하고 있다는 사실을 광고하는 목적으로 쓰이기 때문에 유한생활의 증거로서 효용성을 지닌다. 아울러 지팡이는 무기라는 점에서 야만인의 절실한 욕구를 충족시켜 준다. 그처럼 손에 쥐기 좋은 원시적인 공격 수단의 휴대는 온건한 잔인성을 타고난 사람의 마음을 아주 든든하게 해 준다.

❖

언어적 한계 때문에 여기서 논하고 있는 습성, 성향, 생활의 표현 등에 비난의 의미가 명확히 함축되어 있을 거라는 점을 완전히 피할 수는 없다. 그러나 인간의 성격이나 생활 양상 어느 것에 대해서도 암시적으로 비난하거나 찬양하려는 의도는 전혀 없다. 일반적인 인간 본성의 다양한 요소들은 경제 이론의 관점에서 다루었으며 논의된 특성들도 집단생활 과정의 편리성에 미치는 직접적인 경제적 영향과 관련해서 평가하고 등급을 매겨 보았다. 다시 말해, 경제적 관점에서 파악한 것으로, 이런 현상이 직접적으로 인간 집단이 환경 그리고 (현재와 가까운 미래에 집단의 경제적 상황에 필요한) 제도적 구조에 좀 더 완벽하게 적응하는 것을 촉진하거나 저해하는 작용과 관련해서 평가한 것이다. 약탈문화로부터 물려받은 특성들은 이러한 논의의 목적에 그다지 유용하지 않다. 그럼에도 불구하고 약탈적인 남성의 강력한 공격성과 집요함은 대단히 가치 있는 유산이라는 사실을 간과하지 말아야 한다. 그리하여 여기서는 약탈적 습성과 성향의 경제적 가치—좁은 의미의 사회적 가치도 일정 부분 고려한—를 다른 관점에서 본 가치를 반영하지 않고서 판단해 보고자 했다.

현대의 산업적인 생활양식의 지루하고 평범한 양상과 비교해 볼 때, 그리고 공인된 도덕성의 기준과 특히 미학적이고 시적인 기준에 따라 판단해 볼 때, 원시적인 남성 유형의 유물은 여기에서 부여한 가치와는 아주 다른 가치를 가질지도 모른다. 하지만 이런 점들은 여기서 논의하는 것들과는 무관하기 때문에 이 자리에서는 그에 대한 의견을 굳이 표명할 필요는 없을 것이다.

여기에서 허용할 수 있는 것은 우리가 논의하고자 하는 목적과는 무관한 우월성의 기준이 인간 본성의 약탈적 특성이나 그 특성의 발달을 촉진하는 활동에 대한 우리의 경제적 평가에 영향을 미치지 못하게 해야만 한다는 점을 미리 밝히는 정도에 그칠 수밖에 없다. 이러한 제한 요건은 스포츠에 활발하게 참여하는 사람들은 물론이고 경기를 관람만 하는 사람들에게도 적용된다. 스포츠적인 성향에 관해 여기서 언급한 것은 곧 다룰, 일반적으로 종교 생활이라고 말하는 것에 대한 다각적 고찰에도 적절히 적용된다.

바로 앞 문단은 약탈적 습성과 스포츠 성향을 논하는 데 일상 언어는 변명이나 반대하는 의미를 풍기지 않고서는 거의 사용할 수가 없다는 사실을 부수적으로 말해준다. 이 사실은 스포츠와 공훈으로 표현되는 성향에 대해 냉정한 일반 남성들이 일반적으로 취하는 습관적인 태도를 보여 준다는 점에서 중요하다. 또한 운동경기뿐만 아니라 다른 대부분의 약탈적 성격의 활동을 찬미하거나 옹호하는 모든 숱한 이야기들의 저변에 흐르는 반대의 숨은 뜻을 논하는 데도 어느 것 못지않게 편리한 입장일 것이다.

적어도 야만적 생활 단계로부터 전승된 다른 대부분의 제도들을 대변하는 자들을 보면, 운동경기와 기타 약탈적 활동들을 변호하는 방식과 동일한 '변호의 사고방식'을 발견할 수 있다. 변호할 필요가 있다고 여겨지는 이러한 낡은 제도들 중에는 다른 제도들과 함께 현존하는 모든 부의 분배 체계와 그에 따른 신분의 계급적 차별, 과시적 낭비에 속하는 모든 혹은 거의 모든 소비 형태, 가부장 제도하의 여성들의 지위,

그리고 다양한 특징을 가지는 전통적인 종교상의 교리 및 종교 의식, 특히 교리의 통속적인 표현과 공식적으로 인정된 종교 의식에 대한 소박한 견해가 포함되어 있다. 따라서 이것을 스포츠 및 스포츠형 성격을 찬양하면서 취하는 옹호적 태도와 연관시켜서 적당한 어법으로 바꾼 다음 우리의 사회적 유산의 다른 관련 요소들 편에 서서 옹호하는 변론에도 적용할 수 있을 것이다.

여기에는 스포츠는 물론이고 스포츠형 성격의 밑바탕에 깔린 일반적인 범위의 포식성 충동과 사고 습관도 상식에 위배된다고 하는 감정 — 즉, 옹호론자 자신이 제아무리 장황하게 변호하더라도 대개 모호하기만 하고 스스로도 인정하지 못하지만 보통 변론의 태도에서 인지할 수 있는 감정 — 이 존재한다. "대부분의 살인자들은 매우 그릇된 성격의 소유자다"라는 경구는 도덕주의자의 관점에서 바라볼 때, 포식성의 기질에 대한 가치 평가와 그 기질의 노골적인 표출과 행사를 징계하는 효과에 대한 가치 판단을 보여 준다. 이런 경구는 집단생활의 목적에 부합하는 약탈적인 정신 습관의 유용성 정도에 따라 성인 남성의 건전한 감각이 얼마나 표출될 수 있는지를 암시한다. 이 가설은 약탈적 태도의 습관화에 수반되는 모든 활동에 반대하는 듯하다. 또한 그것을 입증할 책임은 포식성 기질의 복원과 그 기질을 강화하는 관습을 변호하는 자들에게 있는 것으로 보인다.

스포츠와 같은 종류의 기분 전환과 모험심을 옹호하는 강한 대중의 감정도 존재하지만, 그와 동시에 이러한 감정의 근거에는 정당성이 없다는 일반적인 의식이 사회에 만연해 있기도 하다. 여기에서 필요한 정당성은 대개 다음과 같은 사실을 보여줌으로써 얻게 된다. 즉 스포츠는 본질적으로는 사회적 분열 효과를 초래하는 약탈적인 성격을 지니고, 또한 스포츠의 직접적인 효과는 산업적으로 유용성이 없는 성향으로 회귀하는 것으로 나타나지만, 그럼에도 스포츠는 간접적이고 우회적으로는—극성 유도polar inductio 혹은 반대 자극counter-irritation이라는 쉽사리 이해하기 어려운 과정을 통해서—사회적 혹은 산업적 목적에 유용한 정신 습관을 육성하는 활동으로 인식되고 있다는 사실 말이다. 말하자면 스포츠는 본질적으로 선망을 자아내는 차별적인 공훈의 특성을 가지고 있지만, 결과적으로는 간접적이고 불명확한 효력을 통해 비차별적인 일에 기여하는 기질을 발달시키는 것으로 추정된다.

일반적으로 이 모든 가설을 경험적으로 입증하려는 시도가 있다. 아니, 어쩌면 이러한 가설은 주의 깊게 살펴본 사람이라면 분명히 알 수 있는 경험의 일반화라 할 수 있을 것이다. 이런 논지를 증명하면서 앞서 언급했던 '남자다운 미덕들'이 스포츠에 의해 육성된다는 사실을 증명하는 것을 제외한다면, 원인에서 결과에 이르는 추론에서 신뢰할 수 없는 근거들은 어느 정도 철저하게 피할 수 있을 것이다. 하지만 바로 이 남자다운 미덕들이 필요로 하는 것이 (경제적) 합리성이기 때문에, 증거의 사슬은 시작부터 끊어지고 만다. 가장 일반적인 경제 용어로 말한다면, 이러한 변론들은 그 논리가 어떻든 간에, 스포츠가 사실상 기술(제작성)이라고 널리 불리는 것을 촉진한다는 것을 증명하고자 하는 노력이다.

생각이 있는 스포츠 옹호자라면 이런 촉진이 스포츠의 효과라는 것을 자기 자신이나 다른 사람들에게 설득시키지 못하는 한 만족하지 못할 것이며, 설사 설득이 통한다고 해도 대개 만족하지 못할 것이다. 신랄한 어조로 문제의 관례를 변론하고, 자신의 입장을 옹호하고자 열변을 토해내는 것을 보면 자신의 변론에 불만을 느끼고 있음을 확연히 알 수 있다.

그런데 왜 변론이 필요한 것일까? 스포츠를 좋아하는 대중의 감정이 널리 퍼져 있는 데도 왜 이 사실이 충분히 정당화되지 않는 것일까? 약탈 및 외견상 평화적인 문화 아래 인종을 오랫동안 지배해 온 용맹성의 규율은 현대의 남성들이 잔인성과 교활성을 표출하는 데서 만족감을 느끼는 기질을 유전시켰다. 그렇다면 왜 스포츠를 정상적이고 건전한 인간 본성의 정당한 표현으로 받아들이지 않을까? 용맹성의 유전 형질을 포함해서 현세대의 감정으로 표현되는 모든 성향들에 부과된 규준 이외에 준수해야 할 다른 규준은 어떤 것인가?

설득력 있는 잠재적인 규준은 제작 본능으로, 이 본능은 약탈적인 경쟁 성향보다 훨씬 더 근본적이고 고대적인 규정에 속하는 본능이다. 약탈적인 경쟁 성향은 제작 본능이 특수하게 발전한 성향으로, 대단히 오래된 성향임에도 불구하고 상대적으로 단명한 변종에 불과하다. 이 경쟁적인 약탈 충동 혹은 스포츠맨십 본능이라고 부를 수도 있는 충동은 이 본능이 발전하고 분화한 모체인 원초적인 제작 본능과 비교해서 본질적으로 불안정하다. 이러한 잠재적인 생활 규준에 비추어 보면, 약탈적 경쟁과 스포츠 생활은 뒤떨어지는 것이다.

유한계급 제도가 스포츠와 차별적인 공훈의 보존에 기여하는 방법과 정도는 물론 간단히 말할 수 없다. 이미 언급한 것처럼 산업계급에 비해 유한계급의 감정이나 성향이 호전적인 태도와 의도에 훨씬 더 호의적인 경향을 보인다. 스포츠에 대해서도 이와 비슷한 경향을 보인다. 그러나 유한계급 제도가 스포츠 생활에 대한 일반적인 감정에 행사하는 영향력은 주로 예절 바른 생활의 규범을 통해 간접적으로 이뤄진다. 이러한 간접적 효과는 약탈적인 기질과 습관의 생존을 촉진하는 방향으로 작용한다. 아울러 프로권투와 투계를 비롯해 스포츠 기질을 저속하게 표출하는 유사한 활동처럼 상류 유한계급의 예의범절 규약이 배척하는 변종 스포츠 활동에도 해당된다.

최근에 인정받은 예의범절의 세칙이 무엇이든 간에, 제도적으로 인정받은 공인된 품위 규범은 경쟁과 낭비는 좋은 일이고 그와 반대되는 것은 불명예스러운 일이라고 노골적으로 말한다. 하층사회 공간의 어스레한 빛 속에서는 예의범절 규약의 세칙은 바람대로 수월하게 이해되지 않으며, 따라서 광범위한 기초적인 품위 규범은 적용 범위나 '세부적 내용 수준에서 인정되는 예외들'을 도외시한 채, 다소 무분별하게 적용된다.

운동경기에 직접 참여하든 감정적·도덕적으로 운동경기를 옹호하든, 운동경기를 즐기는 것은 어느 정도 뚜렷한 유한계급의 특징이라 할 수 있다. 또한 스포츠 탐닉은 유한계급이 하류계급의 범법자들과 공유하는 특성이자, 유한계급이 공동체 전체에 퍼져 있는 격세유전적인 요소들, 이를테면 지배적인 포식성 경향을 갖춘 격세유전적인 요소들과 공통성을 지니는 특성이다. 서양 문명국가의 국민들 중에 스포츠와 운동경기를 구경하는 즐거움을 전혀 느끼지 않을 정도로 포식성 본능을 갖고 있지 않은 개인은 거의 없지만, 산업계급에 속하는 일반 개인들은 스포츠 습성이라는 것을 체질화할 정도로 스포츠 애호심을 드러내지는 않는다.

산업계급에게 스포츠는 생활의 중요한 양상이라기보다는 때에 따라 즐길 만한 기분 전환용 활동이다. 그러므로 이런 일반인들이 스포츠 성향을 배양하고 있다고 말할 수는 없다. 스포츠는 평범한 개인들이나 심지어 상당히 많은 개인들에게 쓸데없는 짓거리까지는 아닐지라도, 일반적인 산업계급의 스포츠 애호는 처음부터 (사고 습관의 유기적 복합체를 형성하는 지배적 요인으로 생각해) 사활이 걸린 영구적인 관심사가 아니라 하나의 일시적인 흥밋거리로서 다소 기분 전환을 시켜 주는 추억과 같은 성질을 갖는다.

이러한 성향이 오늘날 스포츠 생활로 표출될 경우, 매우 중요한 경제적 요인으로 보이지는 않을 것이다. 단순히 성향 자체로만 본다면, 산업 효율이나 어떤 개인의 소비에 미치는 직접적인 영향 면에서 중요한 의미를 가지지 않는다. 그러나 스포츠를 이런 식으로 보는 성향이 두드러진 인간 본성이 널리 퍼지고 성장하는 것은 어느 정도 중요한 문제다. 이렇게 되면 경제성장률과 경제 발전이 이룬 성과의 성격 모두와 관련해서 집단의 경제생활에 영향을 미친다. 대중의 사고 습관이 이런 유형의 성격에 어느 정도 지배를 받는다는 사실은 좋든 나쁘든 간에 집단생활이 환경에 적응하는 정도뿐만 아니라 집단의 경제생활의 범위, 방향, 기준, 이상에도 커다란 영향을 미칠 수밖에 없다.

야만적인 성격을 형성하는 다른 특성들도 이와 유사한 효과가 있다고 말할 수 있다. 경제 이론의 목적에 비추어 보면 또 다른 야만적인 특성들은 용맹성으로 표현되는 포식성 기질의 부수적 변종들로 볼 수 있을 것이다. 이 특성들 대부분은 주로 경제적인 성격을 갖지 않으며 직접적인 경제적 연관성도 별로 없다. 또 다른 야만적 특성들은, 이런 특성을 지닌 개인이 적응하는 대상인 경제적 진화 단계를 명시하는 데 기여하기 때문에, 오늘날의 위급한 경제 상황에 적응하는 정도를 나타내는 외부 척도로서 중요하다. 게다가 개인의 경제적 유용성을 증대시키거나 축소시키는 습성이라는 점에서도 어느 정도 중요하다.

❖

야만인의 생활에서 표출되는 것을 보면 알 수 있듯이 용맹성은 두 가지 주요한 방향, 즉 폭력과 속임수로 표출된다. 이 두 가지 표출 형태는 정도의 차이는 있지만 현대의 전쟁, 금전적 직업, 스포츠 및 운동경기에서도 비슷하게 나타난다. 두 가지 방향의 습성은 스포츠 생활뿐 아니라 좀 더 중요한 형태의 경쟁적인 생활을 통해서도 함양되고 강화된다.

전략이나 잔꾀는 전투와 사냥은 물론이고 시합에서도 항상 나타나는 요소이다. 이 모든 활동에서 전략은 흉계와 교묘한 속임수로 발전하는 경향을 보인다. 교묘한 속임수, 허위, 공갈은 일반적으로 모든 운동경기의 진행 방법이나 시합에서 부동의 지위를 차지한다. 심판을 두는 습관, 그리고 허용 가능한 속임수와 전략적 이점의 한도와 세부 사항을 정하는 상세한 전문적인 규정은 상대방을 속이기 위한 기만적인 책략과 시도가 시합의 우발적인 특징이 아니라는 사실을 충분히 입증한다.

스포츠의 습관화는 그 성격상 속임수라는 습성을 좀 더 완벽하게 발달시키는 데 도움이 될 것이다. 그리고 남자들을 스포츠로 이끄는 약탈적 기질이 공동체에 만연하다는 것은 개인적으로나 집단적으로 타인의 이익을 무정하게 무시하는 일과, 교활한 습관이 만연하다는 것을 의미한다. 법이나 관습의 정당성 아래 속임수에 의존하는 것은 무슨 구실을 들더라도 편협할 정도로 이기적인 정신 습관의 표현이다. 이러한 스포츠의 성격이 지닌 특징의 경제적 가치는 더 이상 상세히 논할 필요가 없을 것이다.

이와 관련하여 주목할 점은 운동선수를 비롯한 기타 스포츠맨들의 가장 뚜렷한 외면적 특징이 대단히 뛰어난 민첩성이라는 점이다. 율리시스의 천부적인 재능과 공훈은 운동 시합을 대단히 격상시켰다는 점에서나 동료들 사이에서 민첩한 스포츠맨에게 보내는 갈채를 이끌어 냈다는 점에서 아킬레스의 재능과 공훈에 필적할 만하다.

상황마다 다르긴 하지만 청소년이 명문 중학교나 고등학교에 입학한 이후 프로 스포츠맨이 되려면 맨 처음 필요한 것이 민첩함이다. 그리고 시선을 끄는 외면적인 특징으로 민첩함은 운동경기, 경주 또는 유사한 경쟁적인 성질을 지닌 다른 경기들에 지대한 관심을 갖고 있는 남자들의 많은 주목을 계속 받게 된다. 하층계급의 비행 청소년들의 행동을 보면 스포츠맨과 정신적으로 유사함을 확인할 수 있다. 비행 소년들은 흔히 눈에 띨 정도로 민첩한 모습을 보이고, 운동선수로서의 명예를 노리고 있는 젊은 선수에게서 흔히 볼 수 있는, 짐짓 꾸민 듯한 과장된 행동을 보인다. 그런데 그런 행동은 악명을 떨치고 싶은 젊은이들 사이에서 속칭 "강인함"이라 불리는 특성을 보여 주는 가장 뚜렷한 징표이다.

민첩한 남자는, 다른 공동체들을 상대하기 위한 민첩한 실행력이라는 목적에 적합하지 못하는 한, 공동체 입장에서는 경제적 가치가 없는 존재이다. 그런 남자의 기능은 일반적인 생활 과정을 촉진할 수 없기 때문이다. 직접적인 경제적 영향력이라고 해 봐야 그의 기능은 기껏 집단

의 경제적 자산을 집단의 생활 과정과는 이질적인 방향으로 증가시키
는 것밖에는 없다. 이는 마치 의학계에서 가끔 양성 종양과 악성 종양을
구분하는 불명확한 선을 넘는 경향 때문에 악성 종양을 양성 종양으로
진단하는 일과 매우 흡사하다.

　잔인성과 민첩성, 이 두 가지 야만적인 특성은 포식성 기질이나 정신
태도를 조성한다. 이 두 특성은 이기적인 편협한 정신 습관의 표현이다.
또한 선망을 자아내는 차별적인 성공을 추구하는 생활의 개인적인 편
의 목적에 매우 유용하다. 이 두 특성은 매우 높은 심미적 가치를 지니
고 있으며 금전과시문화에 의해서 양성된다. 그러나 두 특성은 모두 집
단생활의 목적을 위해서는 쓸모가 없다.

11장
행운에 대한 믿음

The Theory
of the
Leisure Class

도박 성향은 야만적인 기질의 또 다른 부수적 특성이다. 도박 성향은 스포츠맨 그리고 일반적으로 호전적이며 경쟁적 활동을 습관적으로 하는 남자들 사이에 거의 보편적으로 퍼져 있는 부수적인 변종 성격이다. 이러한 특성도 역시 직접적인 경제적 가치를 지닌다. 도박 성향이 상당히 보편화되어 있는 모든 공동체에서 이 특성은 고도 산업의 총체적 효율성을 저해하는 요인으로 인식된다.

도박 성향이 오직 약탈적 유형의 인간 본성에만 속하는 특징으로 분류되어야 한다는 데에는 의구심이 든다. 도박 습관의 주요 요인은 행운에 대한 믿음이다. 그리고 이러한 믿음은, 적어도 그 믿음의 맹아는 약탈문화에 앞서는 인간 진화의 한 단계에서 찾아볼 수 있다. 행운에 대한 믿음이 도박 성향의 주요 요인으로서 스포츠 기질로까지 나타나는 형태로 발달한 것은 약탈문화 아래에서였을 것이다. 현대문화에서 특수한 형태로 나타나는 믿음은 아마도 약탈문화 규율의 소산일 것이다. 그러나 행운에 대한 믿음은 본질적으로 약탈문화보다 훨씬 오래전에 생긴 습관이다.

　행운에 대한 믿음은 사물을 정령숭배적인 시각으로 이해하는 하나의 형식이다. 이 믿음은 본질적으로는 초기 단계에서 야만문화로 전승되고 야만문화를 거치며 변형되어, 약탈적인 규율이 부과하는 특수한 형식 아래 인간 발달의 최근 단계에까지 이어진 특성으로 보인다. 어쨌든 이 믿음은 다소 먼 과거로부터 물려받은 것으로, 현대 산업 과정의 필요 조건들과는 거의 양립할 수 없으며, 현대의 집단적 경제생활의 높은 효율성을 다소 저해하는 고대적 특성으로 봐야 할 것이다.

　행운에 대한 믿음은 도박 습관의 토대이지만, 노름 습관을 구성하는 유일한 요소는 아니다. 체력과 기량의 승부에 내기를 거는 도박은 행운에 대한 믿음 이상의 동기에 의해서 진행되는데, 이런 동기가 없다면 행운에 대한 믿음은 아마 스포츠 생활의 두드러진 특징으로 나타나지 않았을 것이다.

　행운에 대한 믿음 이상의 동기는 승리할 것으로 예상되는 승자 혹은 승자 측이 패자 측의 희생을 대가로 자기편의 우위를 강화하려는 욕망이다. 내기 도박의 금전 득실의 차가 클수록 승자는 더욱더 뚜렷한 승리감을 얻고 패자는 더욱더 고통스럽고 굴욕적인 패배감을 맛본다는 사실만을 염두에 두어서는 안 된다. 물론 이 사실만으로도 물질적인 비중이 하나의 동기임을 알 수 있다. 하지만 내기 도박은 일반적으로 도박을 하는 자들의 승리 기회를 높여 줄 거라는 어떤 기대감(확실한 말로 공언 받기는커녕 암묵적 인정조차도 받지 못한다) 때문에 하게 마련이다. 이러한 목적으로 소비된 자산과 열성은 도박의 승부에선 결코 헛된 것이 아니다.

여기서 제작 본능이 특수하게 표출되는데, 이 본능을 뒷받침하는 것은 훨씬 더 명백한 관념, 즉 물활론적인 사물들의 조화가—사건에 내재하는 성향이 매우 능동적이고 활동적인 충동질에 의해서 자기편에 유리하게 가라앉기도 하고 강화되기도 하면서—자기편의 승리를 가져다준다는 관념이다. 내기 도박의 동기는 모든 경기에서 자신이 좋아하는 편을 지지하는 형태로 자유롭게 표출되며, 따라서 틀림없이 약탈적 특징을 가진다.

행운에 대한 믿음이 내기 도박으로 표출되는 것은 본연의 포식성 충동을 보조하는 충동으로 나타나는 것이다. 따라서 행운에 대한 믿음은 내기 도박의 형태로 표현되는 한 약탈적 성격의 필수요소로 간주할 수 있을 것이다. 이러한 믿음은 그 맹아기에는 본질적으로 초기의 미분화된 인간 본성에 속하는 고대적인 습관이었다. 하지만 약탈적인 경쟁 충동의 조력을 받아 도박 습관의 특수한 형태로 분화된 경우에는 고도로 발달되어 특수한 형태를 갖춘 야만적인 성격의 한 특성으로 분류되어야 한다.

행운에 대한 믿음은 연속적으로 일어나는 현상들 속에서 발생하는 우연적인 필연성을 감지하는 감각이다. 행운에 대한 믿음은 다양하게 변형된 모습으로 나타나는데, 이 믿음이 상당히 보편적으로 받아들여지는 사회에서는 경제적 효율성 측면에서 매우 커다란 중요성을 갖는다. 그렇기 때문에 행운에 대한 믿음의 기원, 내용, 그리고 이 믿음이 경제 구조 및 기능과 관련해서 미치는 영향에 대해 좀 더 상세한 논의가 필요하다. 뿐만 아니라 이 믿음의 성장, 분화, 지속성과 유한계급의 관계에 관해서도 논의가 필요하다.

약탈문화의 야만인과 현대사회의 스포츠맨에게서 가장 쉽게 찾아볼 수 있는 (발전되고 완성된 형태를 갖춘) 행운에 대한 믿음은 적어도 두 가지 구별되는 요소—동일한 기본적 사고 습관의 두 가지 상이한 단계로, 혹은 행운에 대한 믿음이 진화하는 과정에서 동일한 심리적 요인을 보이는 연속적인 두 단계로 이해할 수 있다—로 구성된다. 이러한 두 가지 요소가 일반적으로 동일한 방향으로 진행되는 믿음의 발달 과정의 연속적 단계라고 해서 어떤 개인의 사고 습관 속에 두 요소가 공존하지 못하는 것은 아니다. 사실들에 유사 인간적 성격을 부여하는 초기의 정령숭배적 믿음이나 관계와 사물들에 대한 정령숭배적 관념은 좀 더 원시적인 형태(혹은 좀 더 고대적인 단계)이다.

고대인들은 주위 환경에서 접하는 눈에 띄게 뚜렷한 필연적 대상들과 사실들이 모두 유사 인간적인 개체성을 지닌 것으로 여겼다. 고대인들은 이런 대상들과 사실이 불가사의한 방식으로 복합적인 원인들에 개입하여 사건들에 영향을 미치는 의지력, 더 정확히 말하면 성향을 지니고 있다고 생각했다. 스포츠맨은 행운과 기회 혹은 우연적 필연성을 모호하고 불완전한 정령숭배 신앙처럼 지각한다. 이는 대개 아주 모호한 방식으로 대상과 상황에 적용된다. 하지만 행운에 대한 믿음은 지금까지는 보통 기량이나 기회를 다투는 시합의 용구와 부대용품 같은 대상들에 들어 있는 성향의 발현을 누그러뜨리거나, 속이고 회유하며 아니면 방해할 가능성을 암시하는 것으로 정의되었다.

어느 정도 효력이 있다고 느껴지는 마스코트나 부적을 몸에 지니는 습관을 갖지 않은 스포츠맨은 거의 없다. 내기를 건 경기에 참여하는 자들이나 경기 기구에 불운이 깃들어 있다고 본능적으로 두려워하는 사람들, 혹은 자기편 선수나 선수단에게 응원을 보내는 것이 자기편의 힘을 강화시켜 주며 그래야만 한다고 느끼는 사람들, 혹은 자신들이 기른 "마스코트"가 장난 이상의 어떤 의미를 지니고 있다고 느끼는 사람들은 마스코트나 부적을 몸에 지니는 일이 적지 않다.

이처럼 대상이나 상황에 내재한 불가사의한 목적론적 성향을 본능적으로 느끼는 것은 행운에 대한 믿음의 단순한 형태이다. 대상이나 사건들은 결국 정해진 목적에 이르고 만다는 것이다. 최종적인 목적이나 목표가 우연히 정해진 것으로 여겨지든 계획적으로 추진된 것으로 여겨지든 그 결과는 마찬가지다. 믿음은 단순한 정령숭배적인 형태에서 불가해한 초자연적인 힘에 대한 다소 뚜렷한 믿음(앞서 언급한 부수적이고 파생적인 형태 혹은 단계의 믿음)으로 서서히 변해 간다. 이 초자연적인 힘은 그 힘을 연상시키는 가시적인 대상을 통해 작용하지만, 개별성의 관점에서 보면 그 대상과 동일시되지는 않는다.

여기서 사용하고 있는 "초자연적인 힘"이란 용어는 초자연적인 것을 말할 때의 힘의 본성에 대한 암시 이상의 의미를 함축하고 있지는 않다. 이 용어는 좀 더 발전된 정령숭배적인 믿음을 지칭하는 용어에 지나지 않는다. 초자연적인 힘은 반드시 완전한 의미의 인격적인 힘으로 이해할 필요는 없지만 모든 활동, 특히 모든 경기의 결과에 어느 정도 자의적으로 영향을 미칠 수 있을 정도의 인격적인 속성을 갖고 있는 힘으로 볼 수는 있다. 특히 아이슬란드의 전설과 초기 게르만족의 설화를 화려하게 장식한 하밍기아^{hamingia} 혹은 깁타^{gipta01}에 대한 보편적인 믿음은 초^超물질적인 성향에 대한 이런 관념을 보여 주는 사례이다.

믿음으로 표현되거나 믿음의 형태를 취하는 성향은 다양한 방식으로 개별성이 부여되지만 인격화되는 일은 거의 없다. 아울러 개별화된 성향은 때로 환경에 굴복하는 것으로 여겨지는데 보통은 정령 혹은 초자연적 특징을 가진 환경에 굴복하는 것이라고 생각한다.

이 믿음을 보여주는 널리 알려진 실례—상당히 진보된 분화 단계에 속하며, 호소 대상인 초자연적 힘의 의인화된 인격화를 수반하는—로는 결투 재판을 들 수 있다. 결투 재판에서 초자연적 힘은 필요에 따라 심판의 역할을 하며, 개개 경쟁자들의 요구의 공정성과 정당성 따위를 결정하는 어떤 규정된 기준에 따라서 경쟁의 결과를 정하는 것으로 여겨진다. 사건에서 불가사의하지만 정신적으로는 필연적인 경향을 인식하는 감각은 예컨대 오늘날의 문명국에서조차 흔히 지각없는 사람들에게 매우 중요한 의미를 띠는 "자신의 싸움이 정당하다는 것을 아는 사람은 세 사람 몫의 무기로 무장한 셈이다"라는 널리 받아들여지는 격언에서 보듯이 현재 대중의 믿음 속에서 모호한 요소로 여전히 남아 있다. 하밍기아에 대한 믿음 혹은 보이지 않는 손이 인도한다는 믿음은(위의 격언을 받아들이는 것에서 유래한다) 현대인들에게 희미하고 불확실하게 남아 있다. 아울러 어쨌든 이 믿음은 정령숭배적 성격이 확실히 없는 다른 심리적 순간들과 뒤섞여 있는 듯 보인다.

·

---

01 초자연적인 힘이 부여한 행운.

지금 여기서 최근의 초물질적인 성향에 대한 두 가지 정령숭배적인 이해가 이전에 존재하던 이해에서 나왔음을 보여줌으로써 심리적인 과정이나 인종적인 혈통 문제를 좀 더 상세히 검토할 필요는 없을 것이다. 물론 민속심리학이나 종교적 교의 및 제례의 진화 이론을 다루는 사람들에게는 이 문제가 대단히 중요할지도 모른다. 두 가지 이해 방식이 지속적인 발전상의 연속적 단계로서 서로 관련이 있느냐 하는 보다 더 근본적인 문제도 마찬가지다. 다만 여기서 이 문제를 언급하는 이유는 현재 펼치고 있는 논의의 관심이 다른 방향에 있음을 말하기 위해서이다.

경제 이론의 관점에서 보자면, 행운에 대한 믿음의 두 가지 요소나 단계, 혹은 인과관계를 벗어나는 사건의 경향이나 성향에 대한 믿음은 본질적으로 동일한 성격을 지니고 있다. 이런 믿음은 개인이 접촉하는 사실과 결과에 대한 개인의 습관적인 관점에 영향을 미치고, 결국 산업적인 목적에 부응하는 개인의 유용성에 영향을 미치는 사고습관이기에 경제적으로 중요한 의미를 가진다. 따라서 어떠한 정령숭배적인 믿음의 아름다움, 가치, 은혜에 관한 문제는 차치하고, 경제적인 요인 특히 산업 행위자로서 개인이 지닌 유용성과 관련해서 앞서 언급한 믿음의 두 가지 요소나 단계의 경제적 의의를 논의해야 할 것이다.

이미 언급했듯이, 오늘날의 복잡한 산업 과정 속에서 최고도의 유용성을 갖추려면 개인은 사실들을 인과관계의 관점에서 쉽게 이해하고 연관시켜 설명할 수 있는 습성이나 습관을 타고나야 한다. 산업 과정은 전체적으로 보나 세부적으로 보나 양적인 인과관계의 과정이다. 산업 과정의 관리자뿐만 아니라 노동자에게도 요구되는 '지능'은 양적으로 결정된 인과관계를 이해하고 그것에 적응하는 능력에 지나지 않는다. 이러한 이해와 적응의 능력은 우둔한 노동자들에게는 결여되어 있기 때문에 이러한 능력을 증진하기 위해 노동자들을 대상으로 교육을 진행하는 것이다. 물론 이 교육은 노동자들의 산업 효율성을 증진하고자 하는 목적이 있다.

개인이 타고난 유전적인 습성이나 훈련을 통해 배운 것 때문에 사실들과 결과를 인과관계나 실제 사실이 아닌 다른 근거에 입각해서 설명한다면, 이는 개인의 생산적 효율성이나 산업적 유용성을 저하시킬 것이다. 사실들을 정령숭배적인 방식으로 이해하려는 경향 때문에 생긴 이러한 효율성의 저하는 총체적으로 보면, 즉 정령숭배적인 경향을 보이는 공동체 일원 전체를 고려해서 보면 아주 확연해진다.

애니미즘의 경제적 결함은 어떤 다른 체제하에서보다 현대의 대규모 산업체제하에서 한층 더 명백하게 드러나고, 그 결과도 훨씬 광범위하다. 현대 산업사회에서 산업은 상호 조정이 가능한 기관들과 기능들의 포괄적인 체계로 조직화되고 있으며, 이 추세는 지속적으로 확대되고 있다. 따라서 모든 편견을 버리고 현상을 인과적으로 이해하는 것이 산업 관계자들로서는 효율성을 위해서 점점 더 필수적인 것이 되고 있다. 수공업 체제하에서는 뛰어난 솜씨, 근면성, 억센 근력이나 인내력 같은 장점들이 노동자의 사고 습관에 깃든 정령숭배적인 편견을 대부분 상쇄할 수 있을 것이다.

수공업과 거의 유사한 자질을 요구하는 전통적인 농업에 종사하는 농부들이 갖춘 장점도 마찬가지로 이와 같은 편견을 대부분 상쇄할 수 있을 것이다. 수공업 직공과 전통적 농부가 주로 의존하는 원동력은 자기 자신이며, 일과 관련이 있는 자연력은 대부분 노동자의 통제력이나 결정권이 미치지 못하는 영역에서 작용하는 불가해한 우발적인 힘으로 이해된다. 대중의 시각에서 보면, 이러한 산업 형태에는 인과관계의 관점에서 이해해야 하고, 숙명적으로 반복해서 돌아가는 포괄적 연쇄 기계 공정(산업의 운영과 노동자의 움직임은 여기에 적응해야 한다)에 맡겨진 산업 과정이 비교적 적다.

산업 방식이 발달함에 따라 수공업 종사자들이 정보 습득에서 밀려나고 인과관계를 수용하지 못하는 상황에 처하면서 이들의 가치는 점점 더 낮은 평가를 받게 된다. 산업 조직은 점점 더 기계적인 성격을 띠게 되고, 이 산업 조직에 속한 남성의 직무는 자연력이 자신의 일에 미칠 수 있는 영향력을 판별하고 선별하는 일이 되었다. 산업에 종사하는 노동자는 이전 시대에는 자기 자신이 원동력 역할을 했다면, 이제는 양적인 결과와 기계적 사실을 판별하고 평가하는 역할로 변한다. 주변 환경에서 원인을 쉽게 파악하고 편견 없이 평가할 수 있는 능력의 경제적인 중요성이 상대적으로 점차 커지고 있다.

이런 경향에 비례해 사실의 전후 관계를 쉽게 이해할 수 없도록 편견을 갖게 하는 복합적인 사고 습관들의 모든 요소가 노동자의 산업적 유용성을 저하시키는 방해 요인으로서 점점 더 중요시되고 있다. 사회 구성원의 습관적 태도에 위와 같은 편견이 미치는 영향이 누적되면서, 양적 인과관계 이외의 다른 근거로 일상적인 사실들을 설명하는 경향에 깃든 아주 사소하거나 눈길을 끌지 않는 편견조차 한 사회의 집단적인 산업 효율성을 현저하게 저하시킬 수도 있다.

정령숭배적인 정신 습관은 미분화된 초기 형태의 불완전한 정령숭배적인 믿음에서 생겨나거나, 사실들에 투영된 성향을 의인화하고 인격화한, 훨씬 더 완벽해진 후기 단계의 믿음에서 생겨날 것이다. 이처럼 생생한 정령숭배적인 관념이나 초자연적인 힘 혹은 보이지 않는 손의 인도에 의존하는 습관의 산업적 가치는 어느 경우에나 모두 동일하다. 개인의 산업적 유용성에 미치는 영향력 또한 똑같다. 하지만 이러한 사고 습관이 개인의 복합적인 사고 습관을 지배하거나 형성하는 정도는 개인이 주변 환경의 사실들을 상대로 정령숭배의 공식이나 의인화 공식을 습관적으로 적용할 때 얼마나 직접적으로, 얼마나 절박하게, 그리고 얼마나 배타적으로 적용하느냐에 따라서 달라진다.

정령숭배 습관은 어떤 경우든 인과관계에 대한 판단을 어렵게 만든다. 그러나 사실들에 인간의 성향이 투영되어 분별력도 없고 애매모호한 초창기의 정령숭배적 관념은 좀 더 발전된 형태의 의인주의[02]에 비해, 훨씬 더 보편적으로 개인의 지적 작용에 영향을 미칠 것으로 예상된다. 정령숭배 습관이 소박한 형태로 나타나는 경우에는 그 적용 범위와 영역이 한정되거나 제한되지 않는다. 따라서 정령숭배 습관은 생활의 모든 방면에서, 개인이 물질적인 생활 수단과 관계를 맺을 수밖에 없는 곳이라면 어디에서든 개인의 사고에 뚜렷한 영향을 미칠 것이다.

정교한 의인화 과정을 통해 명확해진 정령숭배가 좀 더 성숙하게 발전해서, 다소 일관된 방식으로 거리가 먼 대상과 비가시적인 대상에만 제한적으로 적용된다면, 점점 증가하는 일상적 사실들은 정령숭배가 말하는 초자연적 힘에 의존하지 않고도 잠정적으로 설명할 수 있게 된다. 고도로 발달한 인격화된 초자연적인 힘은 사소한 일상적인 사건을

---

02 인간 이외의 존재인 신이나 자연을 인격화, 의인화하는 입장.

다루기에는 편리한 수단이 아니다. 따라서 수많은 사소하고 비속한 현상들을 인과적 전후 관계를 따져 설명하려는 습관이 힘을 얻는다. 이런 식으로 도출해 낸 잠정적인 설명은 특별한 문제가 생겨 개인이 가진 충실한 믿음을 흔들기 전까지는 사소한 목적에 한해서 결정적인 설명으로 기꺼이 받아들여진다. 그러나 특별한 위기 상황이 발생할 경우에는 만일 의인주의에 대한 믿음을 가지고 있는 개인이라면 대체로 보편적인 해결책으로 초자연적인 힘에 의지할 것이다.

인과성을 초월하는 성향이나 힘은 곤경에 처했을 때 의지할 수 있는 매우 유용한 방편이지만 그 성향이나 힘의 유용성은 완전히 비경제적인 것이다. 특히 인격화된 신(신성)이 일관성과 전문성을 획득한 경우라면 하나의 피난처이며 위안의 원천일 것이다. 물론 이와 같은 성향이나 힘은 곤경에 처한 개인에게 인과적 전후 관계를 따져 현상을 설명해야 하는 어려움에서 벗어날 수 있는 수단을 제공해 준다는 이유 외에도 추천할 이유는 많다.

심미적·도덕적·정신적인 관심의 관점에서 보거나, 비교적 직접적인 관점인 정치적·군사적·사회적 정책 입장에서 보더라도, 인격화된 신(신성)의 명확하고 충분히 인정받은 가치에 관해서 여기서 상세히 언급할 필요는 없을 것이다. 문제는 사람의 산업적 유용성에 영향을 미치는 사고 습관인 초자연적인 힘에 대한 믿음이 그다지 인상적이지도, 긴급하지도 않은 경제적 가치를 지니고 있다는 점이다. 아울러 좁은 의미의 경제 영역에 국한해서 살펴본 이 연구는 좀 더 간접적인 경제적 효과를 포괄하는 데까지 확대해 나가기보다는 초자연적인 힘을 믿는 사람의 사고 습관이 노동자로서의 유용성에 직접적으로 어떤 영향을 끼치는지로 부득이 제한할 수밖에 없다. 물론 간접적인 효과를 추적하기란 무척 어렵고, 이에 대한 연구는 인격화된 신성과의 영적 접촉으로 향상된 생활과 관련해 널리 퍼져 있는 선입관의 방해를 받기 때문에 간접적 효과의 경제적 가치를 탐구하는 일은 현재로서는 전혀 결실이 없을 게 분명하다.

지력이 현대 산업에서 각별한 중요성을 지닌다는 점을 생각할 때, 정령숭배적 사고 습관은 신봉자의 지적 효율성을 저하시키는 방향으로 즉각적이고 직접적인 영향을 끼친다고 볼 수 있다. 이러한 효과는 믿음의 대상인 초자연적인 힘이나 성향의 위력이 얼마나 강하고 약하느냐에 따라 다양하게 나타난다. 행운과 초자연적인 성향에 대한 야만인과 스포츠맨의 관념도, 같은 부류의 사람들이 일반적으로 소유하고 있는 인격화된 신(신성)에 대한 좀 더 고차원적으로 발달된 믿음도 위와 같은 경향을 보인다.

상대적으로 설득력이 높다고 쉽게 말할 수는 없지만, 문명인마저도 선뜻 동조하고 다가갈 만큼 충분히 발달한 인격신 숭배도 마찬가지 경향을 보이는 것은 분명한 사실이다. 비교적 발달한 인격신 숭배에 집착하는 것이 초래하는 산업적 무능력은 비교적 대수롭지 않은 일일지 모르나 간과해서는 안 된다. 아울러 서양문화의 고차원적 숭배 의식조차 인과관계를 넘어서 설명하려는 성향을 완전히 벗어난 것이라고 말할 수는 없다. 이 외에도 유사한 정령숭배적인 관념은 자연의 질서와 자연의 정의에 호소했던 18세기식 의인주의가 쇠퇴한 곳에서도 나타나고 있고, 자연의 질서와 자연의 정의의 현대식 전형이라 할 수 있는 개량주의 진화론의 경향을 보이는 후기 다윈주의의 개념에서도 나타나고 있다. 이처럼 현상에 대한 정령숭배적인 설명은 논리학자들이 "태만한 이성"이라고 부르는 오류의 한 형태이다. 산업이나 과학의 목적이라는 측면에서 본다면 정령숭배적 설명은 사실들을 이해하고 평가할 때 나타나는 커다란 오류로 간주된다.

정령숭배 습관은 그것이 직접 끼친 산업적 영향들 외에 다른 이유 때문에도 경제 이론의 측면에서 일정한 의의가 있다. (1) 정령숭배 습관은 실질적인 경제적 중요성을 가진 어떤 다른 고대적 특성이 존재하고 있음을 보여주는 믿을 수 있는 지표이며, 심지어 고대적 특성의 효과까지도 나타낼 수 있는 지표이다. (2) 정령숭배 습관이 인격신 숭배의 발전 과정에서 낳은 경건한 예법 규약의 실질적인 결과는 (a) 앞 장에서 이미 시사한 바와 같이 사회의 재화 소비와 보편화된 취향 규범에 영향을 미친다는 점과 (b) 우월한 존재와의 관계를 습관적으로 인식하도록 유도하고 그 습관적인 인식을 보존함으로써, 신분과 충성심에 대한 일반적인 관념을 강화시킨다는 점에서 중요성을 갖는다.

마지막으로 거론한 (b)의 관점에서 보면, 한 개인의 성격을 형성하는 일체의 사고 습관은 어떤 의미에서 유기적 통일체라 할 수 있다. 어느 한 시점에서 일정한 방향으로 일어나는 뚜렷한 변이는 (그 상관관계에서 볼 수 있듯) 다른 방향성의 혹은 다른 활동 집단의 생활의 습관적 표현에서 일어나는 변이를 수반한다. 이렇듯 여러 가지 사고 습관이나 습관적인 생활 표현들은 모두 개인의 단일한 연속적 생활 체계의 단계들이다. 따라서 일정한 자극에 반응하여 형성된 습관은 다른 자극에 대한 반응의 성질에 필연적으로 영향을 줄 것이다. 어떤 한 시점에서 인간 본성을 수정하는 것은 인간 본성 전체를 수정하는 것이다. 이러한 이유 때문에, 그리고 어쩌면 여기에서 논할 수 없는 훨씬 더 크고, 좀 더 모호한 이유 때문에, 인간 본성의 상이한 특성들에서 동시적인 변화가 발생한다. 그러므로 예컨대 충분히 발달된 약탈적인 생활양식을 가진 야만인들은 일반적으로 강한 정령숭배 습관, 잘 정형화된 인격신 숭배 의식, 그리고 뚜렷한 신분 관념을 가지고 있다.

반면에, 의인주의와 물질에 깃든 정령을 지각하는 정령숭배 관념은 야만문화에 선행하는 문화 단계와 야만문화의 뒤를 잇는 문화 단계에 속한 사람들의 생활에서는 그리 뚜렷하게 나타나지는 않는다. 신분 관념도 평화로운 공동체에서는 대체로 미약하다. 전前 약탈적 미개문화 단계에 살았던 사람들의 전부는 아니더라도 대부분에게서 선명하지만 분화가 덜 된 정령숭배적 믿음을 찾아볼 수 있다는 사실은 주목할 만하다.

원시 미개인은 야만인이나 퇴화된 미개인보다 정령숭배를 덜 심각하게 받아들인다. 원시 미개인에게 정령숭배는 결국 강제력을 가진 미신이라기보다 환상적인 신화로 받아들여진다. 야만문화는 스포츠맨십, 신분제, 의인주의의 특징을 보인다.

오늘날 문명사회에서도 남자들의 개인적 기질에 그와 같은 변종들이 공존하고 있는 것을 흔히 볼 수 있다. 일반적으로 스포츠에서 볼 수 있는 포식성 야만적 기질을 대표적으로 보여주는 현대의 전형은 행운을 믿는 사람들이다. 그들은 적어도 사물에 깃든 정령을 강하게 의식하고 있고 그 의식에 이끌려 도박에 몰두하는 경향이 있다. 의인주의도 마찬가지이다. 행운을 믿는 자들 중에서 어떤 신조에 집착하는 자들은 일반적으로 소박하고 일관성 있는 의인주의 교의에 애착을 가진다. 유니테리언[03] 교도나 만인 구원론파[04] 신자들처럼 의인주의 성향이 약한 숭배의식에서 정신적 위안을 찾는 스포츠맨들은 상대적으로 적다.

의인주의와 용맹성의 상관관계는 의인주의 숭배 의식이 신분 제도에 유리한 정신 습관을 만들어 내지는 않지만, 적어도 이를 보존하는 작용을 한다는 사실과 밀접하게 관련되어 있다. 이렇게 보면, 의인주의 숭배 의식의 규율 효과가 종식되는 지점과 유전 형질에 변종들이 공존한다는 증거가 나타나는 지점을 말하기란 극히 어렵다.

가장 잘 발달된 약탈적 기질, 신분 관념, 의인주의 숭배 의식은 모두 야만문화에 속한다. 그리고 야만문화 수준에 있는 공동체에 나타나기 시작하는 그 세 가지 현상들 사이에는 어떤 상호 인과관계가 존재한다. 이와 같은 현상들이 오늘날 개인과 계급이 가진 습관과 태도의 상관관계 안에서 재현되는 방식을 보면, 개인의 특성이나 습관으로 여겨지는 유사한 심리적 현상들 사이에 존재하는 유사 인과관계나 유기적 관계가 어떤 의미를 갖는지 알 수 있다.

앞서 논의했듯이, 사회구조의 한 양상으로서 신분 관계는 약탈적 생활 습관의 소산이다. 신분 관계의 기원을 추적해 보면 신분 관계는 본질적으로 약탈적 태도의 세련된 표현이다. 이에 반해, 의인주의 숭배 의식은 물질적인 사물에 초자연적이며 불가해한 성향이 깃들어 있다는 관

---

03 삼위일체 교리를 인정하지 않고 예수 그리스도의 신성을 부정하는 기독교 교파.
04 18세기 미국에서 본격적으로 출현한 기독교 일파로 예수를 신적인 존재보다는 본받을 교사로 여기며 모든 사람들이 구원을 받을 수 있다는 신념을 신봉한다.

념 위에 구축된 상세한 신분 관계의 규약이다. 따라서 숭배 의식의 기원과 관련한 외적 사실들을 고려하면, 숭배 의식은 약탈적인 생활 습관에 의해 규정되고 어느 정도 변형된 고대인의 보편적인 정령숭배적인 관념의 부산물이며, 이 숭배의식의 결과로 약탈 문화의 인간들이 가진 일체의 사고 습관이 만든 인격화된 초자연적 힘이 나온 것이다.

이렇게 볼 때, 경제 이론과 직접적인 관계가 있고 따라서 고려해야 할 좀 더 중요한 다음과 같은 심리적 특징들이 있다. (a) 앞 장에서 거론한 바와 같이 여기에서 용맹성이라고 부르는 약탈적이고 경쟁적인 정신 습관은 인간들을 차별적으로 비교하는 습관의 지침 아래 특수한 형태로 전락한 인간의 제작 본능의 야만적 변종에 불과하다. (b) 신분 관계는 사회적으로 인정된 기준에 따라 정식으로 측정하고 등급을 매기는 차별적 비교의 공식적인 표현이다. (c) 의인주의 숭배 의식은 적어도 그것이 성행했던 초기에는 열등한 존재인 인간 주체와 우월한 존재인 인격화된 초자연적 힘 사이에 성립된 신분 관계의 특징적인 요소를 지닌 제도였다. 이러한 점을 고려하면 인간 본성과 인간 생활의 세 가지 현상 사이에 존속하는 긴밀한 관계—그 현상들의 본질적인 요소들이 일정 부분 일치하는 관계—를 인식하는 것은 어렵지 않을 것이다. 한편으로 신분 제도와 약탈적 생활 습관은 차별적 비교의 관습 아래 형성된 제작 본능의 표현이다. 반면, 의인주의 숭배 의식과 종교적 의례 습관은 물질적 사물에 깃든 성향에 대한 남성들의 정령숭배적 관념이 표현된 것으로, 대체로 차별화하는 비교 습관의 지침 아래 정교화된 것이다. 따라서 경쟁적인 생활 습관과 종교적 의례 습관이라는 두 가지 범주는 야만적 유형의 인간 본성과 현대의 야만적 변종들을 보완하는 요소들로 볼 수 있을 것이다. 이 두 범주는 일련의 상이한 자극들에 반응하여 만들어지는 거의 비슷한 습성의 표현이다.

12장
종교적 의식

The Theory
of the
Leisure Class

현대 생활에서 일어나는 사건들을 대충 살펴보더라도 의인주의 숭배 의식과 야만적인 문화 및 기질이 서로 유기적인 관계를 지니고 있음이 드러날 것이다. 또한 이런 검토를 통해 의인주의 숭배 의식의 유풍과 효력, 그리고 숭배의 종교적 의식 준칙의 보편화가 유한계급 제도와 그 제도의 기반을 형성하고 있는 원동력과 어떤 관계를 맺고 있는지도 잘 드러날 것이다.

종교적 의식儀式이라는 제목 아래 거론할 관행, 혹은 종교적 의식의 표현인 정신적·지적 특성들을 찬양하거나 비난할 의도는 전혀 없다. 다만 현재 유행하고 있는 의인주의 숭배 의식의 일상적 현상을 경제 이론의 관점에서 다룰 수 있을 것이다. 여기서 종교적 의식의 명백한 외면적 특징들을 당연히 거론할 수 있을 것이다. 하지만 신앙생활의 도덕적 가치와 종교적 가치는 현재의 연구 범위에 속하지 않는다. 따라서 여기서는 숭배 의식의 기반이 되는 교의의 진실성과 아름다움에 관한 문제는 다루지 않는 것이 마땅하다. 아울러 의인주의 숭배 의식의 간접적인 경제적 의미에 대해서도 여기서는 다룰 수 없다. 여기서 간략하게 거론하고 말기에는 너무 심원하고 중대한 주제이기 때문이다.

금전적인 가치 기준이 금전적인 이해관계와 무관한 다른 근거에 의거해 수행되는 가치 평가 과정에 미치는 영향에 관해서는 앞 장에서 어느 정도 언급한 바 있다. 그 관계는 전적으로 일방적이지 않다. 가치 평가의 경제적 기준이나 규범은 비경제적인 가치 기준의 영향을 받는다. 사실들의 경제적 의미에 대한 우리의 판단은 어느 정도는, 좀 더 큰 비중을 갖는—우세한 지위를 점하고 있는—(비경제적인) 이해관계들에 의해서 형성된다. 실로 경제적 이해관계는 이처럼 좀 더 고차원적이고 비경제적인 이해관계에 부수하는 정도로만 중요성을 가진다는 견해도 있다. 그러므로 본 연구의 목적에 맞게 논의하려면 이러한 의인주의 숭배 현상들의 경제적 이해관계나 경제적 심리素質를 분리시켜 생각할 필요가 있다. 지나치게 진지한 관점에서 벗어나, 경제 이론과는 무관한 고차원적인 이해관계 때문에 생기는 편견을 가능한 한 줄이고, 이러한 사실들을 경제적으로 평가하려면 상당한 노력이 필요할 것이다.

스포츠 기질을 논하는 과정에서 물질적인 사물과 사건에 정령이 깃들어 있다는 정령숭배적인 관념이 스포츠맨의 도박 습관의 정신적 기반을 이룬다는 사실을 밝혔다. 경제적 목적에 비추어 보면, 이러한 관념은 본질적으로 동일한 심리적 요소가 정령숭배적 믿음과 의인주의적 믿음 속에서 다양한 형태로 나타난 것이다. 이처럼 분명히 실재하는 심리적 특징을 경제 이론으로 다룰 때, 스포츠의 요소에 스며들어 있는 도박의 정령은 종교적 의식에서 만족을 구하는 정신 구조로 불지불식간에 서서히 변한다는 것을 알아야 한다. 경제 이론의 관점에서 보면, 스포츠의 성격은 종교 신자의 성격으로 변해간다. 다소 일관성 있는 전통이 도박꾼의 정령숭배 관념을 뒷받침하는 사회에서는 의인주의적 내용을 가진 초자연적·초물리적 힘을 믿는 경향이 확실히 있다. 이런 경우 일반적으로 어떤 공인된 접근 방법과 위무慰撫 방법으로 초자연적인 힘과 타협하는 경향이 뚜렷이 나타난다. 이런 경향은 상대적으로 우매한 형태의 숭배와 그 역사적 기원은 다르더라도 적어도 실질적인 심리적 내용 면에서는 많은 공통점을 가지고 있다. 미신적 관례나 믿음으로 인식되는 것으로 끊임없이 변화해 결국에는 좀 더 포괄적인 의인주의 숭배와 유사성을 드러내는 것이다.

그러므로 스포츠 기질이나 도박 기질은 교의를 믿는 사람과 종교적인 관례를 지키는 사람, 즉 연속적으로 일어나는 일련의 사건들에 불가해한 성향이 깃들어 있거나 초자연적 힘이 개입했다는 것을 믿는다는 점에서 핵심이 일치하는 사람을 만들어 내는 본질적이고 심리적인 요소를 갖고 있다.

도박 습관의 목적에 비추어 보면 초자연적 존재에 대한 믿음은 엄밀하게 정형화될 수도 없고, 또한 일반적으로 정형화되지도 않는다. 특히 초자연적인 존재의 탓으로 돌리는 사고 습관과 생활양식, 다시 말해 사건에 개입하는 초자연적 존재의 도덕적 성질과 목적에 관련해서는 더욱 정형화하기가 불가능하다. 운수·요행·불운·마스코트 등으로 나타나는 초자연적 존재(힘)의 개성과 성격을 느끼기도 하고 때로는 무서워서 기피하기도 하는 스포츠맨의 관점은 또한 명확함이나 통합성, 그리고 세분화 측면에서 떨어진다.

스포츠맨이 벌이는 도박 행위의 근거는 대체로 사물이나 상황에 널리 깃든 초물리적이고 독단적인 힘이나 성향의 존재를 직감하는 것에 지나지 않으며, 그러한 힘이나 성향은 인격적인 존재로는 거의 인정할 수 없다. 도박꾼은 종종 이처럼 순진한 관념에 따른 운을 믿으며, 동시에 보편적으로 받아들여지는 형태의 신조를 아주 완고하게 신봉하곤 한다. 도박꾼은 특히 자신이 신뢰하는 신성의 불가해한 힘과 전제적인 습관들과 관련된 신조를 거의 전적으로 받아들이는 경향이 있다. 이런 경우 도박꾼은 두 개 혹은 때로는 그 이상의 상이한 단계의 정령숭배에 빠져 있다. 사실 정령숭배적인 믿음의 연속적인 단계들 일체는 모든 스포츠 공동체의 정신적 구조 속에서 언제나 온전히 발견할 수 있다.

정령숭배적 관념에는 한편으로는 운·요행·우발적인 필연성에 대한 가장 기본적인 형태의 직감을, 다른 한편으로는 완성에 이르는 모든 중간 단계를 갖춘 완벽하게 발전된 인격화된 신(신성)이 포함되어 있다. 이런 초자연적인 존재(힘)에 대한 믿음과 결합하면, 한편에서는 예측된 요행을 잡는 데 필요하고 적합한 행동을 본능적으로 할 것이고, 다른 한편에서는 신성의 불가해한 명령에 다소 종교적으로 복종하는 태도를 취할 것이다.

스포츠 기질과 불량배 기질 사이에도 이와 유사한 관련성이 있다. 둘 다 의인주의 숭배 의식에 빠지는 성향이 있는 것이다. 불량배와 스포츠맨은 모두 대체로 공동체의 평범한 일반인들에 비해 공인된 어떤 믿음에 집착하는 경향이 훨씬 더 많고 종교적 의식에 쉽게 빠져든다. 무신론자인 불량배와 스포츠맨들이 일반 무신론자들에 비해서 공인된 어떤 신앙으로 개종하는 경향을 훨씬 더 많이 보인다는 사실 또한 주목할 만하다. 이러한 사실은 스포츠를 옹호하는 사람들도 인정하는 바이다. 특히 좀 더 단순한 약탈적인 운동경기를 옹호하는 사람들일수록 이런 경향이 강하다. 실제로 운동경기에 습관적으로 참여하는 사람들은 종교 예배에도 꽤나 유별난 열의를 보인다는 사실이야 말로 칭찬할 만한 스포츠 생활의 특징이라고 다소 고집스럽게 주장하는 사람도 있다. 그리고 스포츠맨과 포식성 불량배 무리가 빠지거나, 이 무리에서 개종한 자들이 흔히 귀의하는 종파는 일반적으로 고차원적인 신앙이 아니라 철저하게 인격화한 신성과 관련이 있는 종파라는 사실을 확인할 수 있다.

고대적이고 약탈적인 인간 본성은 예컨대, 제1원리·보편 지성·세계 영혼·성령 등에 의존하는 기독교의 사변적이고 내밀한 교리처럼 양적인 인과관계의 개념으로 변해 가는 심원한 인격의 개념으로는 만족하지 않는다. 운동선수와 불량배의 사고 습관이 요구하는 성격을 가진 종파의 실례로는 구세군으로 알려져 있는 교파를 들 수 있다. 이 교파의 일부는 하층계급의 불량배들로부터 충원되었다. 특히 구세군 장교들 중에서 스포츠 경력이 있는 남자들이 차지하는 비율은 구세군 전체 인원에서 스포츠 경력이 있는 남자들이 차지하는 비율보다 훨씬 더 높은 것으로 보인다.

대학 운동경기는 이러한 경향을 보여 주는 좋은 예다. 대학 생활의 종교적 요소를 옹호하는 자들은 미국의 모든 학생 단체가 선발한 운동선수는 대단히 신앙심이 깊은 학생이거나 적어도 운동경기를 비롯한 대학 스포츠에 관심이 덜한 일반 학생들보다 훨씬 더 종교 의식에 열의를 보이는 학생이라고 주장한다. 이 주장을 반박할 만한 근거는 어디에서도 찾아볼 수 없을 것이다. 이론적 근거를 고려하면 이러한 주장이 나오리라고 충분히 예상할 수 있다. 그런데 이러한 주장이 대학 스포츠 생활, 운동경기, 그리고 이런 활동에 몰두하는 개인들에 대한 신뢰를 반영한다고 보는 관점은 주목할 만하다. 대학 스포츠맨들이 직업이나 부업으로 전도에 헌신하는 경우도 적지 않다. 아울러 이렇게 전도에 나서는 사람들은 인격신을 숭배하는 종파를 전도하는 경향이 좀 더 많다. 이들은 전도 활동에서 주로 인격신과 피조물인 인간 사이에 존재하는 인격적인 신분 관계를 강조하는 경향이 있다.

남자 대학생들 사이에서 유행하는 운동경기와 종교 의식은 밀접한 관계가 있다. 삼척동자도 아는 사실이지만, 여기에는 지금까지 주목받지 못했던 어떤 특수한 양상이 숨어 있다. 대학 스포츠의 요소에 널리 스며든 종교적 열의는 특히 불가해한 섭리를 무조건 숭배하고 그 섭리에 순진하고 자기도취적으로 복종을 하는 경향을 보인다. 따라서 그들은 기독교청년회YMCA나 기독교청년봉사회YPSCE처럼 대중적인 형태의 신앙을 전파하는 일에 헌신하는 종교 단체에 자진해서 가입하고자 한다.

이와 같은 평신도 종교 단체들은 "실용적인" 종교를 장려하기 위해 조직된다. 마치 논거를 내세워 스포츠 기질과 고대의 신앙 사이에 긴밀한 관계를 확립하겠다는 듯이, 평신도 종교 단체들은 흔히 상당한 에너지를 운과 기량을 겨루는 운동경기와 그와 유사한 경기를 장려하는 데 쏟는다. 이들 스포츠가 은총의 수단으로 일정한 효과가 있다는 것은 부정할 수 없을 것이다.

스포츠는 개종의 수단이자 일단 개종한 사람의 종교적 태도를 유지하는 수단으로서 분명 유용하다. 다시 말해, 정령숭배적인 관념과 경쟁적 성향을 활성화시키는 경기들은 좀 더 대중적인 숭배 의식에 맞는 정신 습관을 형성하고 보존하는 데 기여한다. 따라서 평신도 단체가 주도하는 스포츠 활동은 완전한 성찬을 받은 자만이 누릴 수 있는 특권인 정신적 신분 생활을 좀 더 완벽하게 펼치기 위한 수습 기간 내지 수단의 역할을 맡기에 이른다.

많은 교단의 성직자들이 평신도 단체들의 활동을 본으로 따르고 있다는 사실만 보아도 경쟁심이 있는 정령숭배적인 성향—비록 그 수준이 상대적으로 낮지만—을 발휘하는 것이 종교적인 목적에 본질적으로 유용하다는 사실은 의심의 여지가 없어 보인다. 특히 실용적인 종교를 강조한다는 점에서 평신도 단체와 가장 가까운 성직자 단체들은 전통적 종교 의식과 연관이 있는 관례나 유사 관례를 채택하는 방향으로 나아갔다. 이런 이유로 교단의 청년 단원의 경쟁적 성향과 신분 관념을 발달시키는 역할을 하는 "소년단"을 비롯해 성직자의 재가로 조직된 기타 단체들이 있는 것이다. 이렇듯 군대를 모방한 조직은 경쟁적이고 차별적인 비교의 성향을 정교화하고 강화하여, 개인의 지배와 복종의 관계를 인식하고 인정하는 선천적인 재능을 강화시키는 경향이 있다. 그래서 신앙인은 복종하고 징벌을 쾌히 받아들일 줄 아는 인간인 것이다.

물론 습관적인 활동을 하게 하고 보존하는 사고 습관은 의인주의 숭배 의식의 본질의 절반에 해당될 뿐이다. 종교 생활의 다른 보완적 요소인 정령숭배적인 정신 습관은 성직자의 재가 아래 체계화된 부수적인 습관적 활동에 의해 보완되고 보존된다. 이러한 활동은 일종의 도박성 활동에 속하며, 그 전형적인 활동으로는 교회의 바자회나 자선 복권 판매 행사를 들 수 있다. 자선 복권 판매 행사나 기타 자잘한 도박성 행위에서 얻을 수 있는 요행이 종교적 정신 습관이 약한 사람들보다 종교 단체의 일반 회원들의 마음을 훨씬 더 효과적으로 사로잡는 것으로 보인다는 점은 주목할 만하다. 이는 본연의 종교 의식과 관련된 이들 활동의 정당성의 정도를 보여주는 지표이다.

이러한 모든 경향은 한편으로는 사람들을 의인주의 숭배 의식으로 이끈 것과 동일한 기질이 사람들을 스포츠로 이끈다는 사실을, 다른 한편으로는 스포츠 습관, 특히 운동경기에 익숙해진 습관이 종교 의식에서 만족감을 느끼는 성향을 발달시킨다는 사실을 입증하는 것으로 보인다. 거꾸로 말하면, 종교 의식의 습관화는 운동경기에 필요한 성향, 즉 (자신을) 차별화하는 비교 습관과 요행에 기대는 습관을(모든 운동경기에 필요한 성향이다) 발달시키는 데 유리한 것으로 보인다고 할 수 있다. 양쪽 방향의 정신생활에서 본질적으로 같은 성향들이 표출되는 것이다.

약탈 본능과 정령숭배적인 관점이 지배적인 야만적 인간 본성은 대개 두 가지 경향을 함께 가지고 있다. 약탈적인 정신 습관은 개인의 위신이나 상대적인 지위를 매우 중시한다. 약탈적 습관이 강한 영향력을 발휘해 제도를 형성했던 사회구조는 신분제에 기반을 둔다. 약탈 공동체의 생활 체계에 보편화되어 있는 규준은 우월한 자와 열등한 자, 고귀한 자와 비천한 자, 지배자와 피지배자, 지배계급과 피지배계급, 주인과 노예 등의 관계를 나타낸다. 의인주의(인격화된 신) 숭배 의식은 산업 발전 과정상 약탈사회 단계에서 발원하여 그 단계와 동일한 체계의 경제적 분화 과정, 즉 소비자와 생산자로 분화되는 과정을 통해서 형성되었고, 따라서 그 단계를 지배하는 원리였던 지배와 종속의 원리의 지배를 받는다. 이 숭배 의식은 (의식이 형성되던) 당시의 경제적 분화 단계에 부응하는 사고 습관을 숭배 대상인 신에게 귀속시킨다. 인격화된 신은 이전에 일어났던 모든 문제에 일일이 개입하며, 지배력을 주창하고 권능—최후의 심판자로서 강제력에 습관적으로 의존하는—을 독단적으로 행사하는 경향이 있다.

이처럼 경외심을 불러일으키는 존재이자 불가해한 권능인 신(신성)에게 부여된 지배의 습성은 세월이 흘러 인격신에 대한 믿음이 좀 더 성숙한 형태로 정형화되면 "하나님 아버지"로 순화된다. 초자연적인 힘에 부여된 정신적 태도와 습성은 여전히 신분 체제에 속하는 것과 다름없지만 이제 외견상 평화적인 문화 단계의 가부장적인 특성을 띠게 된다. 이렇게 숭배 의식이 진보된 단계에서조차도, 신앙심을 일관적으로 표현하는 종교 의례는 신의 위대함과 영광을 찬미하고 복종과 충성을 맹세함으로써 신의 비위를 맞추려고 한다는 사실 역시 주목할 만하다. 신의 비위를 맞추거나 신을 숭배하는 행위는 숭배 행위를 통해 접근할 수 있는 불가해한 힘에 부여된 신분 관념에 호소하는 것이다. 신의 비위를 맞추는 데 가장 널리 사용되는 방식을 보면 여전히 차별적 비교를 하거나 차별적 비교의 뜻을 담은 방식들이다. 불가해한 힘(신성)이라는 고대적 인간 본성을 타고난, 인격적 신성을 갖춘 인물을 향한 충실한 애착은 열성적 신자에게서 보이는 고대적 성향과 유사하다고 할 수 있다. 경제 이론의 측면에서 볼 때, 육화된 인격이든 육체를 초월한 인격이든 간에 인격에 대한 충성 관계는 약탈적인 생활양식과 외견상 평화적 생활양식의 대부분을 형성하는 인격적인 종속 관계의 한 변종으로 이해할 수 있을 것이다.

위압적인 통치 방식을 선호하는 호전적인 추장처럼 여겨지는 야만적인 신의 개념은 초기의 약탈 단계와 현재 단계 사이에 있는 문화 단계를 특징짓는 좀 더 온건한 방식과 차분한 생활 습관을 통해서 크게 유순해졌다. 그러나 신앙적인 환상이 세련되게 다듬어지고, 그 결과 현재까지도 신에게 부여되고 있는 사나운 행동과 성격의 특성이 완화되었지만, 신의 본성과 기질에 대한 대중의 의식 속에는 여전히 야만적인 개념의 본질적인 잔재가 남아 있다. 따라서 예를 들어, 신 그리고 신과 인간 생활 과정이 어떤 관계가 있는지를 이야기할 때, 웅변가들과 저술가들은 여전히 차별적인 비교를 수반하는 어휘뿐만 아니라 전쟁과 약탈적 생활양식의 어휘에서 빌려 온 비유를 효과적으로 사용할 수 있는 것이다. 이렇게 가져온 비유어는 좀 더 유순해진 변종 신조를 믿는 신자들이 대다수인 (호전성이 떨어지는) 현대의 청중에게 연설할 때도 아주 효과적으로 사용할 수 있다. 대중 연설가들이 이처럼 야만인의 형용사 어구와 비유어들을 효과적으로 사용하는 것은 현세대가 야만적인 미덕의 위엄과 가치에 대한 선명한 인식을 간직하고 있다는 사실을 입증한다. 또한 종교적 태도와 약탈적 정신 습관 사이에는 어떤 일치점이 존재한다는 사실을 입증한다.

현대의 숭배자들의 종교적 환상이 자신이 숭배하는 대상에게 잔인하

고 복수심에 불타는 감정과 행동을 투영하는 것을 혐오한다고 하더라
도, 그것은 숙고한 이후에나 가능한 일이다. 대중은 흔히 신에게 붙여진
살벌한 형용사들에 높은 심미적 가치와 명예로운 가치가 있다고 생각
한다. 다시 말해, 이러한 형용사들이 품고 있는 뜻을 우리는 별 생각없
이 받아들이는 것이다.

> 나의 두 눈은 강림하시는 주님의 영광을 목도하였네.
> 주님이 쌓이고 쌓인 분노의 포도를 짓밟으시며,
> 숙명의 번개가 번뜩이는 무서운 검을 날쌔게 휘두르시네.
> 주님의 진리가 진군하고 있다네.[01]

　신앙심이 깊은 사람의 주도적인 사고 습관은 오늘날 경제적으로 절
박한 집단생활의 상황에 필요한 유용성을 거의 다 상실한, 고대적인 생
활양식의 국면으로 후퇴한다. 오늘날 경제적으로 절박한 집단생활의
상황에 적합한 경제 조직이 있다면, 그 조직은 신분 체제를 폐기했을 것
이고, 그에 따라 신앙심은 개인의 종속 관계에는 전혀 유용하지 않을 것
이다. 또한 종속 관계가 들어설 여지를 만들지도 않을 것이다. 사회의
경제적 효율성 측면에서 보면, 개인적 충성심, 그리고 충성심을 표현하
는 일반적인 정신 습관은 경제적 효율성의 기반을 위태롭게 만들고 현
재의 상황에 인간의 제도가 적절히 적용하는 것을 저해하는 과거의 유
물이다.

01　군가 〈존 브라운의 시체John Brown's Body〉에 줄리아 워드 하우Julia Ward Howe가 가사를 붙인 남
　　북전쟁 당시의 북군 애국가 〈공화국 전투찬가The Battle Hymn of the Republic〉의 일부 내용.

평화로운 산업사회의 목적에 가장 적합한 정신 습관은 물질적인 사실들의 가치를 단순히 기계적 순서 안에 있는 불분명한 항목으로 파악하는 무미건조함이다. 이런 정신 구조는 사물에 정령을 본능적으로 부여하지도 않으며, 알 수 없는 난해한 현상을 설명하기 위해 초자연적인 힘을 끌어오지도 않으며, 사건의 추이를 인간에게 유용하게 만들기 위해 보이지 않는 손에 기대지도 않는다. 현대적 상황에서 최고의 경제적 효율성의 요구 조건을 충족시키기 위해서는 세계의 흐름을 양적이고 감정이 배제된 힘과 결과의 관점에서 이해하는 습관을 들여야 한다.

최근 추세인 경제적 절박성의 관점에서 보면, 어떤 경우든 독실한 신앙심은 아마도 집단생활 초기 단계의 유물로 지체된 정신 발달의 흔적으로 볼 수 있을 것이다. 물론 경제 구조가 여전히 본질적으로 신분 체제인 사회나, 일반인의 태도가 결과적으로 개인의 지배와 복종의 관계에 의해서 형성되고 그런 관계에 순응하는 사회, 전통이나 유전적 습성과 같은 다른 이유 때문에 주민 전체가 종교 의식에 강하게 이끌리는 사회에서는 사회의 평균치를 벗어나지 않는 개인의 종교적인 정신 습관은 그저 보편적인 생활 습관의 일부분으로 여겨질 수밖에 없다는 점은 분명한 사실이다. 이렇게 볼 때, 종교적인 사회에서 종교를 가진 개인은 그저 보통 사람 축에 들기 때문에 격세유전의 사례로 볼 수는 없다. 그러나 현대의 산업적 상황의 관점에서 보면 지나친 신앙심, 즉 사회의 평균치의 신앙심을 훨씬 넘어서는 종교적 열정은 모두 격세유전의 특성으로 간주해도 무방할 것이다.

물론 이러한 현상들은 다른 관점에서 고찰해도 역시 타당하다. 이런 현상은 다른 목적에 비추어 평가될 수도 있으며, 이런 평가로 인해 밝혀진 특징으로 방향이 바뀔지도 모른다. 종교적인 관심이나 종교적인 취향의 관점에서 말하면, 현대의 산업 생활에 의해 육성된 남자들의 정신적인 태도는 신앙생활의 자유로운 발전에 바람직하지 않다는 사실도 설득력이 있다. 최근 발달한 산업 과정의 규율이 '유물론'으로 흐르고, 독실한 신앙심을 없애는 경향으로 가는 데 반대하는 분위기도 지극히 당연해 보인다. 심미적 관점에서 보더라도 이와 비슷한 주장을 할 수 있을 것이다. 그러나 이들의 목적에서 이런 반대 그리고 이에 대한 반추가 제아무리 정당하고 가치가 있다고 하더라도, 현재의 연구는 경제적 관점에서 이러한 현상들을 평가하는 것에만 관심을 두기 때문에 여기서는 다루지 않을 것이다.

의인주의적인 정신 습관과 종교 의식儀式 중독 현상이 지닌 중대한 경제적 의미는, 우리 사회만큼이나 종교적인 사회에서는 조금이라도 경제적인 현상으로 논하는 것조차 불쾌감을 유발하는 주제를 좀 더 심도 깊게 논의하기 위한 출발점이 될 것이다. 종교 의식은 약탈적인 정신 습관을 수반하며 따라서 산업적으로 무익한 특성들이 존재한다는 것을 보여주는(약탈적 기질의 부수적 변형을 나타내는) 지표로서 경제적인 중요성을 지닌다. 정신적 태도가 개인의 산업적 유용성에 영향을 미치기 때문에 종교 의식 그 자체는 어떠한 경제적 가치를 지닌 정신적 태도의 현존을 나타낸다. 하지만 종교 의식은 또한 특히 재화의 분배와 소비와 관련하여 사회의 경제활동을 조절한다는 점에서 좀 더 직접적인 중요성을 지닌다.

종교 의식의 가장 명확한 경제적 의의는 재화 및 용역의 종교적인 소비에서 찾아볼 수 있다. 모든 종파가 필요로 하는 신전·사원·교회·제의·제물·성찬·예복 등과 같은 물품은 직접적인 물질적 목적에는 기여하지 않는다. 그러므로 이러한 물질적인 의식 용품은 모두(비난하고자 하는 뜻은 없다) 폭넓은 과시적 낭비의 품목에 포함할 수 있다. 대체로 종교 의식으로 소비되는 개인적인 활동, 이를테면 성직자의 교육·성직 봉사·순례·금식·주일 예배·가정 예배 등의 활동도 과시적인 낭비의 성격에 속한다. 이와 동시에 이러한 소비가 이루어지는 종교 의식은 의인주의 숭배의 기반인 사고 습관의 유행을 확산하고 지속시킨다. 다시 말해, 종교 의식은 신분 체제 특유의 사고 습관을 조장한다. 종교 의식은 현대의 상황에서는 가장 효율적인 산업 조직을 가로막는 장애물이며, 무엇보다도 오늘날의 상황이 요구하는 방향으로 경제 제도가 발전하는 것을 적대시하는 대립 대상이다.

이렇게 볼 때, 종교적 소비의 직접적인 효과는 물론이고 간접적인 효과도 사회의 경제적 효율성을 떨어뜨리는 성격을 지닌다. 따라서 경제 이론의 관점에서 종교적 소비의 직접적인 결과를 고려해 보면, 인격신에 봉사하기 위해서 재화와 노력을 소비하는 것은 곧 사회의 활력을 저하시키는 것을 의미한다. 다만 이런 소비가 우회적이고 간접적으로 어떤 도덕적 효과를 내느냐 하는 문제는 간단명료하게 답할 수 없는 문제이기 때문에 여기서는 다룰 수 없다.

종교적 소비의 일반 경제적인 성격을 다른 목적을 위한 소비와 비교해 볼 필요는 있을 것이다. 재화를 종교적으로 소비하는 동기와 목적의 범위를 명시하는 것은 종교적 소비 자체의 가치 그리고 종교적 소비 취향을 지닌 일반적인 정신 습관의 가치를 평가하는 데 도움이 될 것이다. 인격신을 섬기기 위한 소비와 야만문화 사회의 상류계급 유한남성— 추장이나 족장—을 섬기기 위한 소비 사이에는 (동기는 본질적으로 다소 다를지 모르지만) 매우 유사한 점이 있다.

추장과 인격신을 섬기기 위해 따로 마련된 사치스러운 건축물이 있다. 이들 건축물은 물론이고 여기에 따르는 부속물도 종류나 품질 면에서 보통 수준에 그치면 안 된다. 다시 말해 건축물이나 부속물들은 항상 과시적 낭비의 커다란 요소임을 보여 준다. 또한 주목할 만한 사실은 종교적인 건축물의 구조와 내부 시설들은 한결같이 고색창연하다는 점이다. 아울러 추장의 하인들이나 신을 섬기는 성직자들은 특별하고 화려한 의복을 입고 추장이나 신전 앞에 나서야만 한다. 이들이 입는 의복은 보통 이상으로 과시적 낭비를 강조하는 경제적인 특징을 가지고 있다. 이와 더불어 의복은 예복으로써 항상 일정 정도는 고풍스런 양식을 띠어야만 한다는 부차적인 특징, 즉 야만 시대의 권력자의 하인이나 신하보다는 사제에게 더욱 강조되는 특징도 갖추고 있다. 또한 공동체의 일반인들도 추장이나 신전 앞에 나설 때는 평상복보다 훨씬 비싼 옷을 입어야 한다. 이런 점에서도 추장의 접견실의 관례와 신전의 관례 사이에는 유사성이 뚜렷이 나타난다. 당연히 예복은 의례적인 "정결"을 갖춰야 한다. 경제적 관점에서 보면, 정결함의 본질적인 특징은 의례가 있을 때 착용하는 정결한 예복은 산업 활동을 하는 습관이나 물질적 효용이 있는 일에 몰두하는 습관을 거의 드러내지 않아야 한다는 점에 있다.

이처럼 과시적 낭비라는 필수 요건과 산업 활동의 흔적이 없는 의례적 정결이라는 필수 요건은 신성한 휴일에 입는 의복, 그리고 그 정도는 낮으나 음식에도 적용된다. 신성한 휴일이란 신을 위해서 혹은 초자연적 유한계급의 일부 하급 구성원을 위해 특별히 마련된 금기의 날이다. 경제 이론의 관점에서 보면, 신성한 휴일은 분명히 신이나 성자를 위해 대리 유한을 영위하는 날이다. 이날은 신이나 성자의 이름으로 금기가 부과되며, 신이나 성자의 명예를 지키기 위해서 당연히 유용한 노동을 삼가야 한다. 종교적인 대리 유한을 영위하는 모든 휴일의 독특한 특징은 인간에게 유용한 모든 활동을 다소 엄격하게 금기한다는 사실이다. 특히 금식일에는 소비자의 생활에 안락과 풍요로움을 선사하는 소비를 강제적으로 금지함으로써 수익을 위한 직업 활동이나 인간 생활을 (물질적으로) 향상시키는 모든 활동을 삼가는 과시적인 금욕을 한층 더 돋보이게 만든다.

이에 더해 세속적인 휴일도 다소 우회적으로 파생되긴 했지만 기원만큼은 신성한 휴일과 동일하다는 사실 역시 주목할 만하다. 세속적인 휴일은 진정 신성한 날로부터 어느 정도 성자로 추앙받은 왕과 위인들의 탄생일에 해당되는 반#신성한 날 같은 매개적인 기념일을 거쳐, 주목할 만한 사건이나 경탄할 만한 사실의 명성을 드높이거나 기념하기 위해서, 혹은 회복할 필요가 있다고 여겨지는 명성을 드높이기 위해서 의도적으로 고안해 따로 제정한 휴일로 서서히 변해 간다.

어떤 현상이나 사건의 명성을 높이기 위한 수단으로 대리 유한활동을 이용하는 식의 세련된 우회 방식은 가장 최근에 가장 잘 응용되고 있는 것으로 보인다. 어떤 사회에서든 노동절 같은 대리 유한(활동)의 날을 제정하고 있다. 이러한 관례는 유용한 노동을 강제적으로 금하는 고대적이고 약탈적 수법을 이용하여 노동이라는 사실의 위신을 높이려고 고안된 것이다. 이처럼 일반적 노동에서 명성은 노동으로부터 면제되었음을 입증하는 금력을 가진 사람에게 돌아간다.

신성한 휴일과 일반 휴일은 대다수 사람들에게 부과되는 조세의 성격을 띤다. 이 조세는 대리 유한활동으로 지불되며, 그 과정에서 발생하는 명예의 효과는 휴일 제정을 불러온 명성이 높은 인물이나 사실에 귀속된다. 대리 유한활동의 십일조 몫은 초자연적 유한계급 구성원 모두의 부수입으로 그들의 명성을 위해서는 반드시 필요한 것이다. "축일을 갖지 못한 성자"는 참으로 불행한 성자이다.

이처럼 평신도에게 대리 유한활동의 십일조가 부과되는 것 외에, 다양한 등급의 사제와 신전 노예 같은 특수 계급의 사람들에게도 유사한 대리 유한활동을 위해 모든 시간을 바칠 의무를 부과한다. 성직계급은 세속적인 노동, 특히 돈벌이나 일시적인 인간의 행복에 이바지하는 것으로 통하는 노동을 삼가야 하는 의무를 지는 것에 그치지 않는다. 성직계급에게 주어지는 금기는 (심지어 비천한 산업노동을 하지 않고도 얻을 수 있는) 세속적인 이득을 좇는 일을 금하는 형식으로 한층 더 엄격하고 세밀하게 정해져 있다. 만일 신을 섬기는 성직자가 물질적 이득을 추구하거나 세속적인 일을 마음에 품으면, 신의 종으로서 자신의 위신을 떨어뜨리고 더 나아가 그가 섬기는 신의 존엄을 추락시키고 말 것이다. "신을 섬기는 성직자라면서 자신의 안락과 쾌락과 야망만 추구하는 자만큼 비열한 놈은 세상에 없다."

❖

　인간 생활을 풍요롭게 하는 활동 및 행동과 인격신의 명성을 높이는 활동 및 행동 사이에는 종교 의식의 취향이 세련된 사람이라면 어렵지 않게 그을 수 있는 구분선이 있다. 그리고 이상적인 야만 체계를 따르는 성직계급의 활동은 인격신의 명성을 높이는 쪽에 속한다. 경제의 영역에 들어가는 것은 제아무리 최선의 것이라 해도 성직자가 바라서는 안된다. 예컨대 중세의 일부 수도승들(실제로 어떤 실용적인 목적을 위해 노동을 했던 수도승들)처럼 이러한 규칙에 명백히 예외적인 성직자들도 이 규칙을 비난하는 일은 거의 없었다. 성직계급 중에서 주변부에 있는 이런 성직계층은 완전한 의미의 성직자는 아니다. 그리고 자신이 속한 성직계층의 성직자들이 생활비를 버는 일을 묵인한 의혹을 받는 이런 주변부 성직자들은 자기들이 속한 공동체의 예절 관념을 위반했다는 이유로 평판이 나빠졌다는 사실도 주목할 만하다.

　성직자는 기계적이고 생산적인 노동을 직접 해서는 안 되지만 소비는 많이 해야만 했다. 물론 여기서 성직자는 자신의 안락이나 생활의 풍요로움에 도움이 되지 않는 형태의 소비를 해야 한다는 사실에 주목해야 한다. 성직자의 소비는 앞에서 설명한 것처럼 대리 소비를 규정하는 규칙을 따라야만 했다. 비대한 몸이나 경박한 태도를 보이는 것은 일반적으로 성직계급의 품격에 맞지 않는다. 실제로 좀 더 세련된 대부분의 종파에서는 성직계급에게 대리 소비 이외의 소비를 금하고, 빈번히 육체적 고행을 강요하기까지 한다. 그리고 현대사회에서 가장 최근에 성립된 교의에 따라 조직된 현대의 교단에서조차도, 속세의 좋은 것을 향유하려는 모든 경거망동과 공공연한 열망을 참다운 성직자의 예법에 어긋나는 것으로 생각한다.

눈에 보이지 않는 주인을 섬기는 종이 주인의 명성을 위해 헌신하는 생활을 하지 않고 자신의 목적 실현에 열중하는 모습을 보이는 것은 무엇이든 됐든 근본적으로 영원히 그릇된 것으로 여겨지며 우리의 감수성에 몹시 거슬린다. 성직자들은 매우 높은 자리에 있는 고귀한 주인의 종으로서 주인의 후광을 등에 업고 높은 사회적 지위를 차지하고 있더라도 역시 종일 뿐이다. 성직자들의 소비는 대리 소비이다. 그리고 진보한 종파에서 성직자들이 섬기는 주인은 물질적 이득을 전혀 필요로 하지 않기 때문에 성직자라는 직업은 완전한 의미에서 대리 유한활동이다. "그러니, 너희가 먹든 마시든, 무엇을 하든지 다 하나님의 영광을 위하여 하라."[02]

평신도들도 신의 종으로 여겨진다는 점에서 성직자와 동일시된다면 이렇게 귀속되는 대리적인 성격은 평신도의 생활에도 따라붙을 것이다. 이러한 추론은 다소 폭넓게 적용될 수 있다. 특히 엄격하고 경건하고 금욕주의적인 성격을 찾기 위한 종교 생활의 개혁이나 복원 운동에 적용될 수 있다. 여기서 종교 생활을 영위하는 인간 주체는 영적인 주권자에게 직접 예속됨으로써 삶을 유지할 수 있다고 여겨진다. 다시 말해, 성직 제도가 퇴보하는 곳이나 신이 생활을 직접 주관하며 주인으로 군림한다는 관념이 이례적으로 강한 곳에서는 평신도가 신과 직접적인 예속 관계에 처해 있다고 여겨지며 평신도의 생활은 주인의 명성을 높

---

02 《고린도전서》, 10장 31절.

이기 위해 대리 유한활동을 영위하는 삶으로 해석된다. 그처럼 퇴행이 일어나는 경우에는 종교적 태도의 지배적인 사실로서 직접적인 주종 관계가 복원된다. 따라서 엄격하고 불편한 대리 유한활동은 강조되고, 그 결과 은총의 수단으로서 과시적 낭비는 경시된다.

성직자의 생활양식을 이렇게 특징짓는 것이 합당한지에 대해서는 의문의 여지가 있을 것이다. 왜냐하면 현대의 대다수 성직자들의 생활을 세부적으로 보면 많은 면에서 이와 같은 생활양식에서 벗어나 있으니 말이다. 이러한 생활양식은 오래전에 확립된 신앙이나 종교 의식의 준칙을 어느 정도 탈피한 교단의 성직자들에게는 적용되지 않는다.

이들 성직자는 적어도 표면적으로 혹은 허용 범위 내에서 자기 자신의 세속적인 행복은 물론이고 평신도의 세속적인 행복도 마음에 둔다. 이들의 생활방식은 가정의 사생활에서 뿐만 아니라 흔히 공중 앞에서 조차도 표면적인 엄숙성이나 생활 도구의 고풍스러운 취향 면에서 세속적인 사람들의 생활방식과 크게 다르지 않다. 정통에서 멀리 이탈해 버린 교파일수록 이러한 경향은 심하게 나타난다. 여기서 문제 삼고자 하는 것은 성직 생활의 이론적인 모순이 아니라 성직자들이 위와 같은 생활양식에 불완전하게 적응하고 있다는 사실이다. 그들은 성직자의 부분적이고 불완전한 대표자들에 지나지 않기 때문에 정확하고 적절한 방식으로 수행하는 성직 생활양식의 표본으로 여겨서는 안 된다. 다양한 종파와 교단의 성직자들은 미완의 성직자, 혹은 성직자 교육 과정을 밟고 있거나 재교육을 받고 있는 성직자라고 규정할 수 있을 것이다. 이들 성직자의 성직은 외적 동기와 전통들이 뒤섞여 애매한 특징만을 보일 것으로 예상된다. 왜냐하면 일부 비국교회 성직자들이 속한 단체의 취지에 있는 정령숭배와 신분제 요소들보다 다른 요소의 존재를 방해하기 때문이다.

성직자가 비난받지 않고 할 수 있는 일과 할 수 없는 일을 판단하거나 비판하는 데 모두가 익숙한 공동체에서는 성직자의 예의범절을 식별하는 세련된 감각을 지닌 사람의 취향이나 성직자의 예법의 구성 요소에 대한 일반적인 감각이 호소력을 발휘할 수 있을 것이다. 가장 극단적으로 세속화된 종파에서조차 성직자의 생활양식과 평신도의 생활양식 사이에 반드시 준수해야 하는 어떤 구별이 존재한다. 이들 종파나 교파의 성직자들이 전통적 관습에서 이탈해, 엄격성에 얽매이지 않고 좀 더 현대적으로 처신하고 의복을 갖춰 입는다면, 감수성이 있는 사람이라면 누구나 이들 성직자들이 이상적인 성직의 예법에서 벗어나 있다는 점을 느낄 수 있을 것이다.

서양문화권에서는 일반 평신도보다 성직자에게 더 넓은 범위의 방종을 허용하는 공동체와 종파는 존재하지 않을 것이다. 만일 성직자가 자신의 성직자 예법 감각에 효과적으로 제약을 받지 않는다면, 대개 공동체의 지배적인 예법 감각이 활발히 활성화 되어 성직자를 예법에 순응하도록 만들거나 아니면 성직에서 물러나게 만들 것이다.

어떤 교파의 성직자도 이득을 위한 봉급 인상을 공공연히 요구하지는 않을 거라는 사실도 덧붙일 수 있을 것이다. 그리고 만일 어떤 성직자가 공개적으로 봉급 인상을 요구한다면, 신도들 사이에서 통용되는 예법 감각에 불쾌감을 줄 것이다. 이 점과 관련하여, 냉소적인 사람이나 지극히 우둔한 사람이 아니라면, 누구라도 설교단에서 들려오는 농담을 들으면 내심 본능적으로 유감을 느낄 수밖에 없다는 사실과 딱딱

한 분위기를 풀기 위한 의도로 일부러 꾸며낸 경박함이 아니라 일상생
활에서 시도때도 없이 드러내는 경박함은 사람들의 성직자에 대한 존
경심을 해칠 수 있다는 사실 또한 주목할 만하다. 성소와 성직에 합당한
표현도 확연하게 일상생활을 연상시켜서는 안 되고 현대의 상업 용어
나 산업 어휘를 사용해서도 안 된다.

마찬가지로 성직자가 산업을 비롯해 순수한 인간적인 문제들을 너무
상세하고 깊게 다루면 우리의 예법 감각은 거부반응을 일으킨다. 세련
된 설교 예법의 감각은 교양 있는 성직자가 세속적인 관심사를 설교할
때 어떤 일반적인 수준이라는 것이 있기 때문에 적정 수준 이하의 내용
은 허용하지 않는다. 단지 인간적이고 세속적으로만 중요한 문제들을
이야기할 때 설교자는 일반론의 수준에서 또 무관심하게 다루어야만
하는데, 자신은 세속적 일을 관대하게 포용하는 정도까지만 지켜봐주
는 주인의 대변자라는 점을 암시해야 한다.

여기서 논하는 성직자가 속한 비국교회 종파나 지파들이 이상적인
성직자 생활양식에 순응하는 정도가 각기 다르다는 사실은 더욱더 주
목할 만하다. 일반적으로 이러한 순응 정도의 차이는 상대적으로 신생
교파들에서, 특히 주로 중하류계급의 신도들로 이루어져 있는 최근 교파
들에서 가장 크게 나타나고 있는 것을 볼 수 있다. 이들 교파는 대체로 인
도주의나 박애주의를 비롯해 종교적 태도의 표현으로 분류될 수 없는 다
양한 동기들이 혼합되어 있는 양상을 보인다. 이들 종교 단체 구성원들
의 유력 관심사인 학습 욕구나 연회에 대한 욕망 같은 동기들도 있다.

비국교 운동이나 종파운동은 일반적으로 여러 동기들이 혼합된 것에
서부터 비롯되었고, 그중 일부 동기는 성직이 의존하고 있는 신분 관념

과 모순되기도 한다. 사실 이런 동기는 대부분 신분 체제에 대한 반발이었다. 신분 체제에 대한 반발로 운동이 일어난 경우 성직 제도는 과도기를 거치면서 (최소 부분적으로라도) 무너져 내렸다. 이들 종교 단체의 대변자는 처음부터 특수한 성직자 계급의 일원이나 신(신성한 주인)의 대변자였다기보다는 단체의 종이자 대표자였다. 그리고 이들이 이후 세대에 완전한 성직의 권위를 부여받고, 그에 따르는 엄격한 고대적 대리 생활방식을 갖춘 성직자의 지위를 회복할 수 있었던 것은 점진적 전문화 과정을 통해서였다.

격변이 일어난 후 발생한 종교 의식의 붕괴와 복원 과정도 비슷하다. 예전부터 지속된 인간의 종교 예법 감각이 초자연적인 것에 대한 관심을 자극하는 문제들에서 신의 우월함을 거듭 주장함으로써(덧붙여, 종교 단체의 부가 증대되면서 한층 더 유한계급의 견해나 사고 습관을 습득함으로써) 성직이나 성직자의 생활양식 그리고 종교 의식의 준칙은 눈에 띄지 않을 정도로 서서히, 그리고 세부적인 부분에서 다소 변화를 수반하며 복원된다.

성직계급보다 높은 계급에 오르면, 흔히 성인·천사 혹은 민족 종교에서 성인과 천사에 해당되는 존재들로 구성된 초인적인 대리 유한계급에 이른다. 이러한 존재들은 정밀한 신분 체제에 따라 한 계급씩 승격한다. 신분제의 원칙은 가시적이고 비가시적인 전全 계급 체제를 아우른다. 이러한 초자연적 계급에 속한 몇몇 지위의 명성도 흔히 조세라 할 수 있는 어떠한 대리 소비와 대리 유한활동을 요구한다. 따라서 대체로 초인적인 대리 유한계급은 앞 장에서 살펴본 가부장 제도하의 예속적인 유한계급의 경우와 마찬가지로 자신들을 위해 대리 유한활동을 수행하는 시종이나 예속자들에게 봉사를 위임했다.

　종교 의식과 그에 따르는 기질적 특이성 혹은 숭배 의식에 포함된 재
화 및 용역의 소비가 현대사회의 유한계급이나, 현대 생활양식의 지수
라 할 수 있는 그 계급의 경제적 동기와 어떤 관계를 지니고 있는지는
충분히 숙고해 봐야 할 것이다. 여기서 관련 사실들을 개략적으로 검토
해 보는 것이 유익할 것이다.

　앞에서 말한 바와 같이 오늘날 집단생활의 목적에 비추어 보면, 종교
의 기질적 특성은 특히 현대사회의 산업 효율성 측면에서 도움이 되기
보다는 방해가 되는 듯 보인다. 따라서 현대 산업 생활은 이러한 인간
본성의 특성들을 산업 과정에 직접 종사하고 있는 계급의 정신 구조에
서 선택적으로 배제하는 경향이 있다. 효율적인 산업사회라 불릴 수 있
는 사회의 구성원들 사이에서는 신앙심이 줄어들거나 점차 쇠퇴하는
경향이 있다고 말할 수 있을 것이다. 반면 종교적 습성이나 습관은 그
사회의 생활 과정에 직접적 혹은 본질적으로, 하나의 산업 요인으로 개
입되지 않은 계급들 사이에서는 훨씬 더 강력하게 잔존하고 있을 것이다.

　산업 과정 안에서 살고 있다기보다는 산업 과정의 덕을 보고 살고 있
는 이들 계급은 대체로 다음과 같은 두 가지 범주에 속한다는 사실은
이미 지적한 바 있다. 즉 두 범주는 (1) 경제 상황의 압력을 받지 않는
본래의 유한계급과 (2) 경제 상황의 압력을 극심하게 받고 있는 하류계
급의 범법자들을 포함한 빈민계급이다. 유한계급은 변화된 상황에 자

신들의 사고 습관을 적응시켜야 할 정도로 실질적인 경제적 압박을 받는 일이 없기 때문에 옛 사고 습관을 고집한다. 반면에 빈민계급은 영양의 결핍 때문에 사고 습관을 변화된 산업 효율성의 요구 조건에 적응시키지 못한다. 다시 말해 이들은 쉽게 적응하는 데 필요한 잉여 에너지가 없을 뿐만 아니라, 현대적인 시각을 습득해서 그것에 익숙해질 수 있는 기회마저도 없다. 결국 두 계급의 선택 과정은 동일한 방향으로 흐르는 경향을 보인다.

현대 산업 생활이 반복해서 일깨워 주는 관점에서 보면, 현상은 양적인 기계적 인과관계 아래 포섭된다. 빈민계급은 이러한 관점에 수반되는 최신 과학의 일반 개념을 습득하고 소화하는 데 필요한 최소한의 여유조차 없을 뿐만 아니라, 대개 우월한 금력을 소유한 자들에게 의존하거나 예속된 신분이기 때문에 신분 제도 고유의 사고 습관에서 벗어나기도 사실상 힘들다. 그 결과 빈민계급은 주로 개인적 신분을 강하게 느끼고 신앙심을 표현하는 정신 습관을 갖게 되는 것이다.

유럽문화의 비교적 오래된 사회에서 빈곤한 대중과 함께 세습 유한계급은 산업노동자인 중산계급의 성격을 가진 계급이 다수를 차지하는 곳이라면 어디서나 중산계급보다 훨씬 더 열심히 종교 의식에 몰두한다. 그러나 이들 나라 중에서는 앞서 말한 두 가지 범주의 보수적인 인간성이 사실상 전 인구에 걸쳐 나타나는 나라도 있다. 이처럼 두 범주의 계급이 매우 우세한 나라에서 두 계급의 성향은 세력이 약한 중산계급의 일탈 성향을 억압하고 대중의 감정을 조작하여 종교적인 태도를 사회 전반에 강제한다.

물론 이러한 사실을 종교 의식에 유별나게 열성인 공동체나 계급이 우리가 습관적으로 신앙 고백과 결부시켜 생각하는 도덕률의 세칙에 각별히 순응하는 경향을 보인다는 의미로 해석되어서는 안 된다. 대부분의 종교적 정신 습관은 십계명이나 관습법의 금지 명령을 엄격히 준수할 필요성을 느끼지는 않는다.

실제로 유럽사회에서 발생하는 범죄 활동을 눈여겨본 사람이라면, 범법자와 타락한 자들이 보통 사람들보다 훨씬 더 종교적이고 훨씬 순진한 신앙심을 가지고 있다는 사실을 상식적으로 알 것이다. 상대적으로 종교적 태도에서 벗어나 있는 사람들을 찾아보려면, 재력을 갖춘 중산계급과 준법정신을 가진 시민이라 할 수 있는 사람들을 찾으면 된다.

고차원적인 교의나 종교 의식의 가치를 가장 높이 평가하는 사람들은 이러한 주장에 이의를 제기하며, 하층계급의 범법자의 신앙심은 거짓이거나 기껏해야 미신적인 신앙에 지나지 않는다고 말할 것이다. 물론 이런 주장은 타당하며 그들이 의도한 목적에 잘 부합한다. 그러나 우리 연구의 목적에 비춰볼 때, 그처럼 비경제적이고 비심리학적으로 구별하는 것은 설령 설정된 목적에 비추어 아무리 타당하고 명확하더라도 부득이 도외시할 수밖에 없다.

종교 의식 습관에서 계급이 해방되는 일이 실제로 일어났다는 사실은 최근 성직자의 불평을 통해서도 확인할 수 있다. 성직자들은 교회가 갈수록 기능공계급의 공감을 얻지 못해, 이들을 교회로 끌어들이기가 쉽지 않다고 불평하고 있다. 그와 동시에 흔히 중산계급으로 불리는 계급이 교회를 지지하는 열의도 약해지고 있으며, 특히 중산계급의 성년 남성들은 더더욱 교회를 회의적으로 생각하는 것으로 알려져 있다. 이런 사실은 대체로 인정되고 있는데, 단순히 이러한 사실만을 참고해도 여기에서 개관한 일반적 논거를 충분히 입증할 수 있을 것이다. 이렇듯 교회의 일반 신도와 성직자들에 관련된 일반적인 현상들을 근거로 삼으면 여기서 제시한 명제를 충분히 납득할 수 있을 것이다.

한편으로 오늘날 선진 산업사회의 정신적 태도에 이와 같은 변화를 초래한 사건들의 향방과 특유의 힘들을 상세히 추적해 보는 것도 좋을 것이다. 이는 경제적 원인이 남자들의 사고 습관을 세속화시키는 방식을 설명하는 데 도움이 될 것이다. 이 점과 관련하여, 미국사회는 매우 설득력 있는 실례로 유용하다. 왜냐하면 미국사회는 동등한 수준의 유력한 다른 어떤 산업 집단보다도 외부 환경의 구속을 가장 적게 받았기 때문이다.

예외적인 경우와 돌발적인 이탈을 충분히 고려하여, 현재 미국사회의 상황을 다음과 같이 간결하게 요약할 수 있을 것이다. 일반적으로 경제적 능력이 부족하거나 지력이 낮은 계급 혹은 경제적 능력이 부족하고 지력도 낮은 계급은 신앙심이 유난히 깊다. 예를 들면 남부의 흑인, 이주민 하류계급, 대다수의 농촌 주민, 그중에서도 특히 교육이 낙후되어 있거나 산업 발전 단계가 뒤처져 있거나 다른 주민들과 산업적 접촉이 드문 지역의 주민 대부분은 신앙심이 깊다.

또한 미국사회에서 흔히 볼 수 있는 특수화되었거나 세습된 빈민계급 혹은 격리된 범죄자들이나 타락한 자들 중 일부도 신앙심이 깊다. 그러나 격리된 범죄자들이나 타락한 자들의 종교적 정신 습관은 어떤 공인된 교의를 신봉하는 정형화된 신앙 형태를 취한다기보다는 흔히 요행과 샤머니즘 관습이 지닌 효험을 믿는 소박한 정령숭배적인 신앙 형태를 취하기 쉽다.

이에 반해, 기능공계급은 익히 알려져 있듯이 공인된 인격신 교의와 모든 종교 의식을 멀리한다. 이 계급은 비인격적인 사실의 인과관계를 있는 그대로 변함없이 인정할 것과 인과법칙에 무조건 순응할 것을 요하는 조직화된 현대 산업 특유의 지적이고 정신적인 압력에 많은 영향을 받고 있다. 그와 동시에 이 계급은 이런 요구 조건에 적응하느라 모든 에너지를 소모해 버릴 정도로 영양 부족을 감내하거나 혹사당할 일이 없다.

미국의 하류계급이나 애매한 유한계급—흔히 말하는 중산계급—의 경우는 사정이 좀 특이하다. 이들의 신앙생활은 유럽인의 신앙생활과 정도와 방법이 다를 뿐, 본질적으로는 다르지 않다. 교회는 여전히 이러한 계급으로부터 재정 지원을 받고 있다. 그러나 이 계급이 흔히 신봉하는 교의는 의인주의의 성격이 비교적 약하다. 동시에 사실상 중산계급에 속하는 신도는 대개 여성과 미성년자인 경향이 높아졌다. 중산계급의 성년 남자들은 태어나면서 받아들이는 기성 종교의 교의에 대해 그저 체면상 동의하고 있을 뿐 신앙적인 열의는 매우 약하다. 그들은 산업 과정과 다소 밀접하게 접촉하며 일상생활을 영위해 나간다.

이처럼 종교 의식을 여성과 아이들에게 위임하는 경향을 띠는 특유의 남녀 간 역할 분화는 적어도 부분적으로는 중산계급의 여성이 대체로 (대리) 유한계급이라는 사실에 기인한다. 하층 기능공계급의 여성들의 경우도 정도는 약하지만 종교 의식을 위임받는다. 이 계급의 여성들은 초기 산업 발전 단계로부터 물려받는 신분 제도의 구속을 받으며 살고 있기 때문에, 일반적으로 구시대적인 사고방식으로 회귀하는 정신구조와 사고 습관을 가지고 있다. 또한 이 계급 여성들은 산업 과정과 직접적인 유기적 관계를 맺지 않기 때문에, 현대 산업의 목적에 비추어 이미 고물이 된 사고 습관을 깨뜨릴 마음이 별로 없다. 다시 말해, 여성의 유별나게 강한 신앙심은 대체로 문명사회 여성들의 경제적 지위에서 유발되는 보수주의 특유의 발현인 것이다.

현대 남성에게 가부장적 신분 관계는 결코 생활의 지배적인 특징이 아니다. 반면 관습이나 경제적 환경 때문에 "집안"에만 처박혀 있는 여성들, 특히 상위 중산계급의 여성들에게 가부장적 신분 관계는 가장 현실적이고 근본적인 생활 요인이다. 그러므로 이러한 정신 습관은 종교 의식에도 유익하고, 일반적으로 개인의 신분의 관점에서 생활의 사실들을 해석하는 데도 유익하다. 여성의 일상적인 가정생활의 논리와 논리적 과정은 초자연적인 영역으로까지 이어지면서, 여성은 남성에게는 아주 낯설고 우둔해 보이는 관념의 영역에서 안정과 만족감을 찾는다.

이 계급의 남성 또한 대체로 적극적이거나 열성적인 신앙심을 가지고 있지는 않지만, 신앙심이 전혀 없는 것은 아니다. 상위 중산계급의 남성은 일반적으로 기능공계급의 남성보다 종교 의식에서 훨씬 더 만족스러운 태도를 보인다. 이러한 사실은 이 계급의 여성들에게서 나타나는 경향이 정도의 차이는 있지만 남성들에게도 동일하게 나타난다는 말로 부분적으로 설명할 수 있을 것이다. 그들은 상당히 보호를 받고 있는 계급이다. 그리고 이들 계급의 부부 생활과 하인들을 부리는 습관 속에 여전히 존속하고 있는 가부장적인 신분 관계는 구시대적인 정신 습관을 유지하는 역할을 하며, 사고 습관이 겪는 세속화 과정을 지연시키는 영향력을 발휘할 것이다.

미국의 중산계급 남성과 경제사회의 관계는 일반적으로 매우 긴밀하고 엄격하다. 그럼에도 이들의 경제활동이 대체로 가부장적이거나 유사 약탈적인 성격을 띤다는 사실은 주목할 만하다. 이 계급 사이에서 평판이 좋고 이 계급의 사고 습관을 형성하는 데 가장 깊이 관련된 직업은 금전적인 직업이다. 금전적 직업은 전제적인 지배와 복종의 관계의 성격이 상당히 강하며 약탈적인 속임수와 조금 유사한 교활한 습관도 적잖이 지니고 있다. 이 모든 성격은 종교적 태도가 습관화되어 있는 약탈적인 야만인의 생활 지평에 속한다. 이 밖에도 이 계급은 종교 의식을 명예로운 것이라는 이유로 찬양한다. 이러한 신앙심의 동기는 그 자체만으로도 다룰 만한 가치가 있기 때문에 곧 살펴볼 것이다.

미국사회에서 남부 지역을 제외하고는 중요한 세습 유한계급이 없다. 이 남부 지역의 유한계급은 다른 지역에 살면서 동등한 금전적 지위를 갖고 있는 어떤 계급들보다도 종교 의식에 열의를 보인다. 또한 남부의 종교적 교의는 북부의 종교적 교의에 비해 훨씬 더 구시대적인 경향을 보인다. 이에 상응하는 남부의 구시대적인 종교 생활은 산업 발전이 좀 더 낙후된 지역에서 많이 찾아볼 수 있다. 남부의 산업 조직은 오늘날도, 특히 최근까지 미국사회의 전반적인 산업 조직에 비해 훨씬 원시적인 성격을 띤다. 아울러 기계제품이 빈약하고 조잡하다는 점에서 수공업에 가까우며, 지배와 복종의 요소를 훨씬 많이 지니고 있다. 이 지역의 특수한 경제 상황 때문에 백인이든 흑인이든 상관없이 남부 주민 모두가 신앙심이 깊다는 사실은 여러모로 야만적인 산업 발전 단계를 연상시키는 생활양식과 상관관계를 갖는다.

다음과 같은 점도 주목할 만할 사실이다. 이 지역 주민들 사이에서는 이를테면, 결투·말다툼·불화·술주정·경마·투계·도박·(그리고 상당히 많은 수의 흑백 혼혈아 출생이 증명하듯이) 남성의 성적 무절제 등처럼 구시대적인 비행非行이 다른 지역에 비해 좀 더 일반적으로 횡행했고, 현재도 횡행하고 있으며, 크게 비난받지도 않는다. 이들 비행은 스포츠맨십의 표현이자 약탈 생활의 파생물로 좀 더 생기 넘치는 명예의 관념을 반영한다.

가장 좋은 의미로 미국의 유한계급이라 말할 수 있는 북부의 부유층과 관련하여, 처음부터 세습된 종교적 태도에 관해 언급하기란 쉽지 않다. 이 계급은 아주 최근에 와서야 성장하였기 때문에 전승되어 온 그럴듯한 습관을 지니고 있지 않다. 혹은 집안의 특별한 전통조차 없는 실정이다. 그러나 이 계급 사이에서는 어떤 공인된 교의에 대해 적어도 명목상으로 혹은 표면상으로 진지하게 애착심을 갖는 경향을 뚜렷이 보인다는 사실은 지적할 수 있겠다.

또한 북부의 상류계급에서는 결혼식, 장례식, 그 외 이와 유사한 명예로운 행사가 특별히 종교적 분위기 속에서 한결같이 엄숙하게 거행된다. 이 계급이 종교적 교의에 보이는 애착심이 과연 어느 정도까지 종교적인 정신 습관에서 나온 것이라 할 수 있는지, 그리고 어느 정도까지 애착심을 외부의 이상적인 명성에서 가져온 명성의 규범에 외면적으로 동화시키려는 목적에 맞게 취하는 보호적 의태擬態의 사례로 분류할 수 있는 것인지 말하기란 불가능하다. 특히 상류계급의 교파에서 발전하고 있는 좀 특이한 종교 의식의 관점에서 판단해 보면, 어떤 본질적인 종교적 성향이 존재하는 것으로 보인다. 상류계급의 신도들은 예배 의식과 예배 시 필요한 화려한 부속물을 중시하는 교파에 소속되려는 경향이 있다. 또한 상류계급의 신도들이 주도권을 쥔 교회에서는 예배는 물론이고, 종교 의식에 사용되는 용구의 지적인 특징마저 희생시키면서까지 의례를 중시하는 경향이 있다. 이러한 경향은 문제의 교회가 일반적인 발달 수준에 상대적으로 못 미치는 예배 의식을 치르고 예배 부속 도구를 사용하는 교단에 속하는 경우에도 마찬가지이다.

이처럼 의식적인 요소가 특별히 발달한 것은 부분적으로는 과시적인 낭비를 뽐내고자 하는 성향에서 기인한 것이 분명하지만, 이 역시 신도들의 신앙적 태도의 일면을 보여 준다. 상대적으로 구시대적 형태의 신앙 습관을 나타내는 것이다. 남달리 화려한 종교 의식의 효과는 지적 발달이 부족한 비교적 원시적인 문화 단계의 모든 종교 공동체에서 현저하게 나타난다. 이러한 경향은 특히 야만문화의 특징이다. 야만문화의 종교 의식에는 모든 감각 통로를 통해서 직접 정서에 호소하는 일이 한결같이 존재한다. 그리고 이러한 원시적이고 감성적인 호소 방식으로 회귀하려는 경향은 오늘날 상류계급의 교회에서 확연히 드러난다. 이 경향은 하류 유한계급과 중산계급의 신앙심을 요구하는 교파에서는 좀 더 약하게 나타난다. 이들 종교 의식에서는 휘황찬란한 조명과 화려한 장식을 사용하고, 상징들과 오케스트라 음악과 분향을 마음껏 이용한다. 어쩌면 "행렬 성가"와 "퇴장 성가", 온갖 다채롭고 변화무쌍한 무릎 꿇고 하는 예배 등에서 성무聖舞와 같은 고대풍 예배의 부속 의식으로의 원초적인 회귀를 발견할 수도 있을 것이다.

화려한 의식으로의 회귀는 금전적, 사회적 지위가 높은 계급의 교파에서 가장 좋은 실례를 찾아볼 수 있다. 그러나 화려한 의식이 상류계급의 교파에 국한된 것은 아니다. 남부의 흑인들과 후진국에서 온 이주민들처럼 미국사회의 하층계급이 주를 이루는 교파들도 의식, 상징, 극적인 효과를 크게 내세우는 경향이 있다. 이들 하층계급의 선조와 문화 수준으로 미루어 볼 때 충분히 예상할 수 있는 경향이다. 이들 계급 사이에 종교 의식과 의인주의가 널리 유행하는 현상은 과거로 회귀하는 문제라기보다는 과거로부터 지속적으로 발전해 온 결과이다.

종교 의식과 관련된 예배의 특성은 다른 방향으로 활용되어 퍼져 나가고 있다. 초기의 미국사회에서 유력한 교파들은 엄숙하고 간소한 종교 의식과 소품을 가지고 출발하였다. 하지만 시대가 변함에 따라 이들 교파는 정도의 차이는 있지만 자신들이 한때 거부했던 화려한 요소들을 대부분 수용했다는 것은 누구나 다 아는 사실이다. 일반적으로 이러한 변화는 신도들의 부의 증대와 생활의 안정과 함께 이루어졌으며, 부와 명성이 최상의 지위에 있는 계급들 사이에서 가장 완벽하게 발현되었다.

신앙심이 금전적으로 계층화된 원인에 대해서는 사고 습관의 계급적 차이를 언급하면서 전반적으로 지적한 바 있다. 신앙심과 관련한 계급적 차이는 일반적인 사실의 특수한 표현에 불과하다. 하층 중산계급의 느슨한 신앙심이나 소위 신앙심의 결여로 널리 통하는 습성은 주로 기계산업에 종사하는 도시 주민들 사이에서 찾아볼 수 있다.

일반적으로 오늘날 기술자나 기계공에 가까운 직업에 종사하는 계급들 사이에서는 신앙심에서 떳떳한 사람을 찾아볼 수가 없다. 기계를 다루는 직업은 현대에 이르러서야 생겼는데, 산업의 기여 측면에서 현대의 기계공과 같았던 초기의 수공업자는 현재의 기계공처럼 신앙의 규율에 쉽사리 순응하지 않은 사람들은 아니었다. 수공업에 종사하던 남자들의 습관적 활동은 현대의 산업 과정이 성행하기 시작하면서 활동의 지적인 규율에 커다란 변화를 가져왔다. 그리고 기계공이 일상적으로 직업 활동을 하면서 따르는 규율은 일상적인 일 이외의 문제에 대한 사고방식과 사고 기준에도 영향을 미친다.

고도로 조직화되고 매우 비개인적인 현대 산업 과정에 익숙해지면서 정령숭배적인 사고 습관은 흔들린다. 노동자의 직무는 기계적이고 감정이 배제된 연쇄 공정에서 알아서 분별하고 감독하는 일에 점점 더 국한되고 있다. 개인이 이처럼 공정을 주도하는 중요하고 전형적인 장본인 역할을 맡고 있다면, 그리고 산업 과정의 두드러진 특징이 수공업자 개개인의 재주와 역량이라면, 개인적인 동기와 성향의 관점에서 현상들을 해석하는 태도가 사실들로 인해 교란당하는 일은 없을 것이다. 그러나 최근 발전한 산업 과정에서 산업 과정을 움직이는 원동력과 장치들이 비인격적이고 비개인적인 성질을 띤다면, 일반화의 근거들이 노동자의 정신 속에 습관적으로 떠오를 것이며, 노동자가 현상을 이해하는 관점은 곧 사실의 전후 관계에 대한 엄격한 이해일 것이다. 그 결과, 노동자의 신앙생활은 비신앙적인 회의주의의 경향으로 흐를 것이다.

이렇게 볼 때 종교적 사고 습관은 상대적으로 구시대적인 문화 속에서 가장 잘 발달하는 것으로 보인다. 물론 여기에 사용하고 있는 "종교적"이라는 용어는 단순히 인류학적 의미로 쓰였을 뿐이지, 종교 의식을 선호한다는 사실 이외의 다른 성향들을 특징짓는 정신적 태도를 의미하지는 않는다. 또한 종교적 태도는 최근 사회 발전에 따라 조성된 좀 더 일관성 있고 조직적인 산업 생활 과정보다는 약탈 생활양식과 훨씬 더 조화를 이루는 인간 본성의 유형을 나타내는 것으로 보인다. 이와 같은 종교적 태도는 대체로 인격적인 신분 관계, 즉 주종 관계에 대한 낡아빠진 습관적 관념의 표현이며, 따라서 약탈적이고 외견상 평화적인 문화의 산업 양식에는 적합하지만 현대 산업 양식에는 적합하지 않다. 또한 현대사회에서 산업의 기계적 과정과 가장 동떨어져 있는 일상 생활을 영위하며 그 외 다른 점에서도 가장 보수적인 성향을 지닌 계급 사이에서 가장 완강하게 존속하는 것으로 보인다.

이에 반해 현대 산업 과정과 항상 밀접한 관계를 맺는 계급과 사고 습관이 기술적 필연성의 영향력 아래 있는 계급 사이에서는 종교 의식의 기반이 되는, '현상들에 대한 정령숭배적인 해석'과 '인격신 숭배'는 폐기되고 있다. 아울러 특히 현재의 논의와 관련이 있는, 종교적 습관은 현대사회에서 부를 가장 많이 소유하고 유한생활을 가장 많이 누리는 계급들 사이에서 어느 정도 꾸준히 영역을 넓히면서 점점 더 정밀해지고 있는 듯 보인다. 다른 분야와 마찬가지로, 종교적 습관과 관련해서 유한계급 제도는 최근의 사회 진화 단계에서 산업적 진화에 의해 배제되고 있는 구시대적인 유형의 인간 본성과 구시대의 문화 요소들을 보존시키는 것은 물론이고 복원시키는 역할까지 하고 있다.

13장
비차별적 관심의 유산들

The Theory
of the
Leisure Class

점점 더 빠르게 시대가 변해 감에 따라 종교 의식의 규약과 함께 의
인주의(인격신) 숭배 의식은 절박한 경제적 상황의 압력과 신분 제도
의 쇠퇴로 인해 점차 와해되어 간다. 이렇게 와해 과정이 진행됨에 따
라, 종교적인 태도는 언제나 의인주의에서 비롯된 것도 아니고 인격적
인 예속 습관에 기인하는 것도 아닌, 다른 동기와 충동들과 결합되고 혼
합되기에 이른다. 이후 종교 생활의 신앙 습관과 혼합되는 부수적 충동
들 모두가 종교적 태도나 일련의 현상에 대한 의인주의적인 이해와 전
적으로 합치되는 것은 아니다. 위에서 말한 충동의 기원이 동일한 것이
아니기 때문에 종교 생활양식에 대한 충동도 동일한 방향으로 작용하
지는 않는다. 이 충동들은 본질적으로 종교 의식의 규약과 교회 및 성직
제도에 기반을 두고 있는 예속 혹은 대리 생활의 기본적인 규준을 여러
모로 거부한다. 이처럼 이질적인 동기들이 존재하기 때문에 사회적·산
업적 신분 제도는 점점 허물어지고, 인간의 예속 규범은 온전한 전통으

로부터 더 이상 지지를 받지 못한다. 외부로부터 형성된 습관과 성향이 인간의 예속 규범이 점유한 활동 영역을 잠식하면서, 머지않아 교회 구조와 성직 구조는 성직이 가장 활발하고 독자적으로 발전했던 시대에 정착된 종교 생활양식의 목적과는 다소 이질적인 용도로 일정 부분 전용되기에 이른다.

이후에 발달한 신앙 양식에 영향을 미친 이질적인 동기들 중에는 자선과 사회적 친목이나 연회 등의 동기도 있다. 좀 더 일반적인 용어를 쓰면, 이들 동기는 인간의 연대감과 공감의 다양한 표현이라고 할 수 있다. 덧붙여 언급하자면, 성직 체계와 관련이 없는 용도는 성직 체계의 핵심을 언제든 저버릴 수 있는 사람들 사이에서도 명칭과 형식을 존속시키는 데 실질적으로 기여한다.

신앙 생활양식을 형식적으로라도 유지하게 했던 동기들 중에 유난히 독특하면서도 널리 일반화되어 있는 이질적인 요소는 경외심이 배제된, 주변 환경과의 심미적 조화 감각이다. 이 감각은 의인주의의 내용이 사라진 이후로 오늘날까지도 여전히 남아 있는 숭배 행위의 잔재이다. 심미적 조화 감각은 예속의 동기와 섞여서 성직 제도를 유지하는 데 크게 기여했다. 심미적 조화의 감각은 본래 경제적인 성질을 지니고 있지 않지만 후기 산업 발전 단계에서 개인의 정신 습관을 경제적 목적에 부합하도록 형성시키는 데 상당한 간접적 영향을 미친다. 이 감각의 가장 눈에 띄는 효과는 이전의 좀 더 완숙한 신분체제 단계로부터 전승된 다소 뚜렷한 이기적 편향을 완화시키는 방향으로 작용한다. 그러므로 심미적 조화 충동의 경제적 영향은 종교적 태도의 경제적 영향과 상충되는 것으로 보인다.

심미적 조화의 충동은 자기와 타자의 반정립 혹은 적대를 지양함으로써 이기적 편향을 없애지는 못하더라도 제한을 가한다. 이에 반해 인간의 예속과 지배에 대한 감각이자 그것의 표현이기도 한 종교적 태도는 자기와 타자의 반정립을 강조하고, 이기적인 이익과 일반적인 인간 생활 과정의 이익 사이의 대립을 고집한다.

자선 충동이나 사교 충동뿐만 아니라 종교 활동의 비차별적인 잔재, 즉 주위 환경 혹은 일반적인 생활 과정과의 교감능력은 보편적으로 남자들의 사고 습관을 경제 목적에 부합하게 형성시키는 작용을 한다. 그러나 이런 성향은 모두 좀 모호하게 작용하기 때문에 그 효과를 상세히 파악하기는 어렵다. 그렇지만 이와 같은 종류의 동기나 습성들은 모두 이미 공식화된 유한계급의 제도의 기본 원리와 상반되는 방향으로 작용한다는 것만은 확실해 보인다.

유한계급 제도의 기반뿐만 아니라 문화 발전 과정에서 이 제도와 결부된 의인주의 숭배 의식의 기반도 차별적인 비교 습관이다. 그리고 이런 습관은 지금 문제 삼고 있는 습성과는 일치하지 않는다. 유한계급 생활양식의 본질적인 규범은 시간과 자산을 과시적으로 낭비하는 것이며 산업 과정을 멀리하는 것이다. 이에 반해 여기서 문제 삼고 있는 특유의 습성은 경제적인 측면에서 낭비와 무익한 생활양식에 대한 비난으로 표출되기도 하고, 경제적인 측면에서나 다른 측면 혹은 양상에서 생활 과정에 참여하거나 생활 과정과 일체화하려는 충동으로 표출되기도 한다.

이러한 습성과 생활 습관은 주위 환경이 유리하거나 강하게 표현하는 사람이 있을 경우 모습을 드러내지만, 유한계급의 생활양식과 상충되는 것은 분명하다. 그러나 근래의 유한계급 생활양식의 발전 단계에서 보는 바와 같이 유한계급의 생활양식이 일관성 있게 이러한 습성을 억압하거나, 이 습성을 표현하는 사고 습관에서 벗어나는 경향이 있는지는 명확하지 않다. 유한계급 생활양식의 적극적인 규율은 거의 대부분 다른 방향으로 진행한다. 적극적인 규율의 관점에서 보면, 유한계급 체계는 규범과 선택적 배제를 통해 낭비와 차별적 비교의 규범이 생활의 모든 국면에 걸쳐 보편화되고 모든 것을 지배하는 우위성을 갖도록 지원한다. 하지만 유한계급의 규율의 경향은 유한계급 체제의 기본적인 규범과 정확하게 일치하지는 않는다.

금전적인 체면 유지의 목적을 위한 인간 활동의 규제와 관련하여 유한계급의 규범은 산업 과정에서 멀리 벗어날 것을 강요한다. 다시 말해, 유한계급의 규범은 집단의 빈곤한 구성원들이 습관적으로 노동을 하는 것을 금한다. 이러한 금지 규범은 특히 여성, 더욱이 진보된 산업사회의 상류계급과 상위 중산계급의 여성에게는 금전적 직업의 (준準약탈적인 방법을 통해서 이루는) 경쟁적 축적 과정조차 멀리할 것을 강요하기까지 한다.

제작 본능의 경쟁적인 변종으로 시작된 금전과시문화 혹은 유한계급 문화는 최근의 발달 과정에서 효율성이나 심지어 금전적 지위를 차별적으로 비교하는 습관을 배제함으로써 그 문화의 기반 자체를 중립화시키고 있다. 이에 반해 남녀를 막론하고 유한계급의 구성원들은 동료들과 경쟁적인 투쟁을 통해 생계 수단을 구해야 하는 필요성을 어느 정도 면제받았다는 사실 덕분에 경쟁적인 투쟁에서 성공할 수 있는 습성을 타고나지 못했다고 하더라도 충분히 생존할 수 있을 뿐만 아니라 심지어 허용 범위 내에서 자신들의 취향을 추구할 수도 있다. 다시 말해, 유한계급 제도가 현대적으로 가장 완벽하게 발달한 사회에서 이 계급 구성원의 생계는 성공적인 약탈형 남성의 습성들을 소유하고 이 습성을 지속적으로 행사하지 않아도 되는 것이다. 따라서 약탈적 습성을 타고나지 않은 개인들이 생존할 수 있는 기회는 경쟁 체제하에서 살고 있는 일반인들보다는 높은 지위의 유한계급에게 훨씬 더 많다.

앞 장에서 고대적 특성들의 생존 조건을 논하면서 언급했듯이, 유한계급 특유의 지위는 초기의 구시대적인 문화 단계 고유의 인간 본성을 보여주는 특성들이 생존하는 데 유난히 유리한 기회를 부여하는 것으로 보인다. 유한계급은 경제적 절박함이라는 압력으로부터 벗어나 있으며, 그런 의미에서 경제 상황에 적응할 것을 강요하는 힘의 가혹한 충격에서 벗어나 있다고 할 수 있다.

약탈문화를 상기시키는 특성과 유형들이 유한계급과 유한계급의 생활양식에 잔존해 있다는 사실은 이미 논한 바 있다. 이러한 습성과 습관들은 유한계급 체제하에서 생존할 수 있는 유리한 기회를 유독 많이 가진다. 보호받는 유한계급의 금전적 지위는 현대 산업 과정에서 유용성을 갖춘 습성을 충분히 타고나지 않은 개인들에게 생존에 유리한 상황을 부여한다. 그와 동시에 유한계급의 명성 획득 규범들은 약탈적 습성을 과시적으로 행사할 것을 요구한다. 약탈적 습성이 행사되는 직업은 부와 가문은 물론이고 산업 과정에 참여하지 않는다는 것을 입증하는 증거로 기여한다. 유한계급의 문화에서 약탈적인 특성의 생존은 소극적으로는 유한계급이 산업 활동을 면제받는 것을 통해서 촉진되고, 적극적으로는 유한계급의 품위 규범을 인정받는 것을 통해서 촉진된다.

전(前) 약탈적인 미개문화 고유의 특성이 살아남는 문제는 사정이 좀 다르다. 유한계급은 경제 상황의 압박을 받지 않기 때문에 이러한 특성이 살아남는 데 유리하다. 하지만 평화와 선의를 위해 이런 습성을 행사하는 것은 유한계급의 예법 규약으로부터 긍정적 승인을 받지 못한다. 유한계급에 속하며 전 약탈적인 문화를 상기시키는 기질을 타고난 개인들은 비경쟁적 생활을 촉진하는 습성들을 억누를 금전적인 필요성이 없다는 점에서 유한계급이 아니면서 같은 습성들을 타고난 개인들에 비해서 어느 정도 유리한 입장에 있다. 그러나 유한계급에 속한 개인들은 유한계급 예법이 약탈적 습성에 기반을 둔 생활 습관을 강요한다는 점에서, (비경쟁적 성향을 무시할 것을 강제하는) 도덕적 제약을 받는다.

신분 제도가 온존하는 한, 그리고 유한계급이 목적 없는 낭비적인 소모 활동으로 시간을 허비하기보다는 다른 방면의 비산업적인 활동에 시간을 소비하는 한, 유한계급에 속한 개인들이 유한계급의 명예로운 생활양식으로부터 확연히 멀리 벗어나기를 기대할 수는 없다. 이러한 단계에 있는 유한계급에게서 비약탈적인 기질이 발생하는 것은 돌발적인 회귀의 사례로 보아야 할 것이다. 그러나 점점 더 경제가 발전하고, 큰 사냥감이 사라지고, 전쟁이 줄어들고, 전제 정치가 철폐되고 성직 제도가 쇠퇴함에 따라 인간의 활동이 명예롭고, 비산업적인 방식으로 표출되는 배출구가 곧 봉쇄된다. 이렇게 비산업적인 배출구가 막히게 되면 사태는 변하기 시작한다. 인간 생활은 이쪽 방향에서 표출할 길을 찾지 못하면 저쪽 방향에서 표출할 길을 찾아야 한다. 그러므로 약탈의 배출구를 찾지 못하면, 다른 곳에서 구원의 길을 찾는다.

앞서 지적했듯이, 다른 어떤 인간 집단의 여성들보다도 발전된 산업사회의 유한계급 여성들이 금전적인 압박으로부터 훨씬 자유로웠다. 따라서 여성들은 남성들보다 훨씬 더 뚜렷하게 비차별적인 기질로 회귀하는 모습을 보인다고 생각할 수 있다. 그러나 유한계급의 남성들 사이에서도 이기적인 것으로 분류될 수 없는 습성에서 비롯되었으며, 차별적인 구별을 목적으로 삼지도 않는 활동의 범위와 규모가 눈에 띄게 확대되고 있는 것을 볼 수 있다. 예컨대, 기업의 자금을 관리하는 방식으로 산업에 관여하는 남성들의 대다수는 기업의 업무가 잘 돌아가며 산업적인 효과를 내는 것을 보면서 나름의 흥미와 긍지를 느낀다. 심지어 그렇게 자신이 참여한 자금 관리의 개선으로 특별히 수익을 얻지 못하더라도 기업의 업무가 잘 돌아가면 마찬가지로 흥미와 긍지를 느끼기도 한다. 이처럼 산업 효율성의 비차별적인 증진을 위해 상업 단체들과 제조업자 단체들이 기울이는 노력도 잘 알려져 있다.

생활의 차원에서 차별적인 목적과는 다른 목적을 추구하는 경향은 자선 활동과 사회 개선 활동을 목적으로 하는 많은 단체들을 양산했다. 이러한 단체들은 흔히 유사 종교적 성격 혹은 반⌗종교적 성격을 띠며, 남녀 모두가 참여한다. 그 실례는 생각해 보면 얼마든지 있지만, 여기서 문제시되고 있는 성향의 범위를 보여 주고, 특징을 잘 나타내는 좀 더 명확하고 구체적인 사례를 들 수 있을 것이다. 예컨대 금주 운동을 비롯한 유사 사회 개혁 운동, 형무소 개혁 운동, 교육 보급 운동, 악폐 척결 운동, 그리고 중재나 군축을 비롯한 모든 수단을 동원한 반전 운동 등의 단체를 거론할 수 있다. 대학의 복지 사업단, 지역 조합, 기독교 청년회와 기독교 청년 공려회共勵會와 같은 다양한 단체들, 재봉 봉사회, 예술 동호회, 그리고 심지어 상업 협회도 어느 정도는 같은 성격의 단체라고 할 수 있다. 또한 부유한 개인들의 기부나 돈이 많지 않은 사람들의 모금으로 설립된 반半공적인 자선 단체, 교육 단체, 오락 단체의 재단도 종교적 성격을 띠지 않는 한, 어느 정도는 유사한 성격의 단체로 볼 수 있다.

이들 단체의 활동이 이기적인 동기와는 전적으로 다른 동기들에서 비롯된 것이라고 말하려는 것은 물론 아니다. 다만 제기될 수 있는 사실은 일반적인 상황에서도 다른 동기들이 있을 수 있다는 것이다. 또한 이런 활동이 완전한 신분 원리 체제하에서보다는 현대 산업 생활의 환경하에서 훨씬 더 광범위하게 행해진다는 사실은 경쟁적 생활 체계의 완벽한 정당성을 의심하는 강한 회의주의가 현대 생활에 존재한다는 점을 시사한다. 이기적인 동기들과 특히 차별적인 구별의 동기 중에 흔히 외부적인 동기들도 존재한다는 사실은 진부한 웃음거리가 될 정도로 널리 알려진 일이다. 이는 표면상으로는 사심이 없는 공익 정신을 지닌 많은 사업들이 의심할 여지없이 주로 발기인들의 명성을 높이고, 심지어는 그들의 금전적 이득을 높이려는 의도에서 시작되고 실행되었다고 할 수 있을 정도이다.

대부분 발기인과 후원자가 이와 같은 종류의 조직이나 시설 단체를 추진하는 지배적인 동기는 (선망이나 시샘을 자아내는) 차별화(구별 짓기) 동기이다. 차별화 동기는 대학이나 공공 도서관이나 박물관 설립의 예처럼 과시적으로 많은 금액을 지출함으로써 설립자나 후원자에게 차별성을 부여하는 사업에 특히 들어맞는다. 이와 같은 동기는 상류계급이 특별히 설립하거나 주도한 단체나 운동에 참여하는 평범한 활동에도 해당된다. 이들 단체의 활동은 참여자들의 금전적 명성을 인증하는 데 기여할 뿐 아니라, 개선 사업의 대상인 하층계급의 인간성과 자신들의 인간성을 대비해 봄으로써 자신들의 우월한 신분 의식을 기꺼이 확인할 수 있는 데도 기여한다. 이를테면 현재 유행하고 있는 대학 설립이 꼭 들어맞는 예이다. 그러나 상황을 아무리 참작하고 추정해 보아도 비경쟁적인 동기들은 어느 정도 여전히 남아 존재한다. 차별화나 사회적 명성이 이런 방식으로 추구된다는 사실 자체는 현대사회의 사고 습관을 구성하는 항구적인 요인으로서 비경쟁적이고 비차별적 이해관심이 정당하며, 효과적으로 존재하고 있다는 것을 입증하는 증거이다.

이처럼 비차별적이고 비종교적인 관심을 바탕으로 진행되는 현대 유한계급의 모든 활동—물론 대규모 자금 지출이 필요한 사업은 제외하고—에 남자들보다도 여자들이 훨씬 적극적이고 지속적으로 참여하고 있다는 사실은 주목할 만하다. 여성들은 남성들에게 금전적으로 종속된 지위에 처해 있기 때문에 대규모 자금 지출을 요하는 사업을 벌일 수 없다. 일반적인 범위의 개선 사업과 관련하여, 좀 더 세련된 교파나 세속화된 교단의 성직자들은 여성들과 연관되어 있다. 이는 이론상으로도 맞는 얘기다. 다른 경제적 관계에서도 성직자들은 여성들과 경제활동을 하는 남성들 사이의 다소 애매한 지위에 놓여 있다. 성직자들과 부유층 여성들은 모두 전통과 통념적인 예법에 따라 대리 유한계급의 지위에 위치한다. 이 두 계급의 사고 습관을 형성하는 특징적인 관계는 예속 관계, 즉 인격적 관계로 이해되는 경제적 관계이다. 따라서 성직자들과 여성들은 현상을 인과관계보다는 인격적인 관계의 관점에서 해석하는 아주 독특한 경향을 보인다.

이 두 계급은 모두 영리적이거나 생산적인 직업을 갖는 걸 금하는 체면 유지 규범 때문에, 오늘날의 산업 생활 과정에 참여하는 것이 도덕적으로 불가능하다. 현대 여성들과 성직자계급은 이처럼 비천한 생산노동을 의례적으로 면제받기 때문에 결과적으로 이기적인 관심사보다는 다른 관심사에 상대적으로 많은 에너지를 소모한다. 여성들과 성직자들을 산업 생활 과정에 참여시키지 않는 규약은 이타적 관심사 이외의 다른 방향으로 (목적이 있는 행동을 하고자 하는 충동이) 표출되는 것을 허용하지 않는다. 산업적으로 유익한 활동을 유한계급 여성들에게 지속적으로 금지하면, 제작 본능은 영리적 활동이 아닌 다른 방면으로 부단히 표출되는 결과를 보인다.

이미 지적했듯이, 부유층 여성들과 성직자들의 일상생활은 보통 남자, 특히 현대 산업 고유의 직업에 종사하고 있는 남자들의 일상생활보다 훨씬 더 많은 신분제 요소를 내포한다. 따라서 종교적 태도는 현대 사회의 보통 남자들 사이에서보다 부유층 여성들과 성직자들 사이에서 훨씬 더 양호하게 보존된 상태로 남아 있다. 이렇게 볼 때, 대리 유한계급 구성원들이 비영리적 활동을 하면서 표출하는 에너지의 상당 부분이 종교 의식과 신앙 활동으로 귀착된다는 사실은 충분히 예상할 수 있는 일이다.

앞 장에서 언급했듯이 여성에게 종교적인 성향이 지나치게 많은 점

도 어느 정도는 같은 맥락에서 이해할 수 있다. 그러나 여기서는 비영리
적 운동과 단체의 활동을 조직하고, 이들 운동과 단체의 목적에 영향을
끼치는 성향의 효과를 지적하는 것이 더욱더 중요하다. 이처럼 종교적
인 채색을 할 경우에는 어떤 경제적 목적을 지향하는 단체의 직접적인
효율성을 저하시킬 것이다.

많은 자선 단체와 개선 단체들은 자선의 대상이 되는 사람들의 종교
적 행복과 세속적인 행복을 위해 자신들의 관심을 배분한다. 만일 자선
단체와 개선 단체들이 종교적 행복과 세속적 행복을 배분하는 대신 사
람들의 세속적인 관심사들에 진지한 주의와 노력을 동일하게 기울였다
면 사업의 직접적인 경제적 가치는 틀림없이 훨씬 더 높아졌을 것이다.
종교적 목적에 따른 사회 개선 사업의 직접적인 효율성은 흔히 있기 마
련인 세속적인 동기와 목적의 방해를 받지 받지 않을 때, 당연히 한층
더 높을 것이다.

비차별적인 사업의 경제적 가치는 종교적인 관심의 개입에 따라 어
느 정도 떨어질 것이다. 그러나 이와 같은 제작 본능을 비경쟁적 방식으
로 표출하는 경제적 흐름을 다소 광범위하게 저해하는 다른 이질적인
동기들이 존재하기 때문에 그 가치가 떨어지기도 한다. 가설을 좀 더 면
밀히 살펴보면 사실로 밝혀질 것이다. 비차별적인 사업이 지닌 경제적
가치는 이 사업이 개선하려는 개인이나 계급의 생활의 풍요로움이나
편의성의 관점에서 따져 보더라도 미심쩍어 보인다. 예컨대 현재 사람
들의 호응 속에서 대도시 빈민들의 삶의 개선을 목적으로 유행하고 있
는 많은 활동들은 대부분 문화 전도의 성격을 띤다. 이런 활동으로 인해
특정한 상류계급의 문화 요소가 하류계급의 일상생활 양식에 수용되는

속도가 빨라진다. 이를테면 "생활의 안정"에 대한 열의를 갖고 시행되는 활동은 부분적으로 빈곤층의 산업 효율성을 향상시키고, 빈곤층이 지닌 수단을 보다 더 충분히 활용하도록 훈육하는 데 집중된다.

하지만 이런 열의는 상류계급의 태도 및 관습에 관한 예법상의 세세한 격식을 수칙과 본보기를 통해서 지속적으로 심어주는 방향으로 간다. 예법의 경제적 본질을 면밀히 살펴보면 대체로 시간과 재화의 과시적 낭비라는 것을 알 수 있다. 빈곤한 사람들을 교화하려는 선량한 사람들은 보통 예의범절 문제와 생활의 품위에 짐짓 극도로 세심하며 은근히 깐깐하다. 이들은 대개 모범적인 생활을 영위하고, 다양한 일상 소비품에 대해서도 의례적인 정결함을 깐깐하게 고집하는 천성을 타고난 사람들이다.

시간과 상품의 소비에 대한 올바른 사고 습관을 이렇듯 반복적으로 주입시키는 문화화 혹은 교화의 효과는 결코 과대평가된 것이 아니다. 또한 숭고하고 명예로운 이상을 가진 개인에게 문화화의 효과가 함유한 경제적 가치는 결코 적지 않다. 현재의 금전과시문화 안에서 개인의 명성과 그에 따른 성공은 시간과 재화를 습관적으로 낭비하고 있음을 증명하는 품행과 소비 방법의 능숙함에 크게 달려 있다. 그러나 보다 더 가치 있는 생활방식을 습득하는 훈련이 지닌 궁극적인 경제적 의미에 대해 말하자면, 대개 물질적 결과가 곧 실질적인 경제적 가치라는 사실로 볼 때 훈련은 동일한 물질적 결과를 성취하는 데 훨씬 비용이 많이 들고 효율성은 떨어지는 방법인 것은 분명하다.

문화 선전 활동은 대부분 유한계급의 정식화된 신분제와 금전적인 체면 원칙의 지침에 따라 상류계급의 생활양식에 적합한 새로운 취향이나 새로운 예법 준칙을 반복적으로 주입시키는 일이다. 새로운 예법 준칙은 산업 과정 외부에서 생활하고 있는 사람들의 본령에 의해서 정교하게 다듬어진 규약을 통해 하류계급의 생활양식으로 침투한다. 이렇게 침투한 예법 준칙은 하류계급 사이에서 이미 유행하고 있는 예법의 준칙보다 하류계급의 절박한 생활에 적합하지 않으며, 특히 현대 산업 생활의 압박 아래 하류계급이 스스로 만들어 내고 있는 예법의 준칙에 비해 훨씬 더 그들의 절박한 생활에 어울리지 않을 것이다.

물론 이 모든 논의가 대체된 새로운 예법 준칙이 과거의 예법 준칙보다 훨씬 더 품위를 갖추고 있다는 점을 문제시하는 것은 아니다. 여기서 제기하는 의문은 다만 이러한 갱생 사업의 경제적 편의주의에 대한 의문이다. 다시 말해, 개인이 아닌 집단생활의 편의성이라는 관점에서 볼 때 떠올릴 수 있는 경제적 편의주의에 대한 의문이며, 직접적이고 구체적인 행동거지에서 변화의 효과를 신뢰할 수 있을 정도로 확인할 수 있을까 하는 점에서의 경제적 편의주의에 대한 의문이다. 따라서 개선 사업들의 경제적 편의주의를 평가하려면 사업의 목적이 주로 경제적인 것에 있고 사업의 관심사가 전혀 이기적이거나 차별화의 성격을 띠지 않는다 하더라도, 사업의 효과를 액면 그대로 받아들여서는 안 된다. 이 개선 사업이 추진하는 경제적 개혁은 주로 변형된 과시적 낭비의 성격을 띤다.

금전과시문화 특유의 사고 습관의 영향을 받는 이러한 사업에서 사적 이해관심이 없는 동기와 운영 규범의 성격에 관해서는 좀 더 논의할 필요가 있다. 아울러 이렇게 논의를 좀 더 진행하면, 이미 얻은 결론을 한층 더 명료하게 밝힐 수 있을 것이다. 앞 장에서 살펴봤듯이, 금전과시문화에서 명성이나 품위 유지의 규범은 금전적으로 흠 없는 생활을 나타내는 징표로 무익한 활동을 습관적으로 할 것을 강조한다. 금전과 시문화의 규범은 유용한 직업을 천시하는 습관을 조장할 뿐만 아니라, 사회적 명성의 권리를 내세우는 사람들로 구성된 조직 단체의 활동을 선도하는 데 한층 더 결정적인 중요성을 갖기도 한다.

삶에 물질적으로 필요한 것과 관련한 산업 과정이나 자잘한 것들에 저속하게 얽매이지 말 것을 요구하는 전통이 있다. 그런 전통에 따라 기부금을 낸다든가 복지 운영위원회나 그와 유사한 위원회에서 활동하는 방식으로 서민의 복지에 대한 양적인 관심을 표하는 일은 높이 평가받을 터이다. 서민의 취향을 향상시키고 서민에게 정신적인 개선의 기회를 주기 위해 열정적으로 서민의 문화 복지 대책을 전반적이고 세밀하고 강구하는 것은 훨씬 더 높이 평가받을 것이다. 그러나 이들 단체의 노력이 실질적으로 유용한 목적을 효과적으로 실현할 수 있을 것처럼 서민 생활의 구체적 환경이나 비천한 서민층의 사고 습관에 관한 깊은 지식을 밖으로 드러내서는 안 된다.

물론 하류계급의 생활 조건을 속속들이 잘 알고 있다는 걸 드러내기 꺼리는 태도는 개인에 따라 정도는 다르지만 만연해 있다. 이런 태도는 일반적으로 여기에서 문제 삼고 있는 부류의 단체들에서도 집단적으로 확연히 나타나며, 단체의 활동 방향에 크게 영향을 미친다. 그러한 태도가 쌓이고 쌓여 거론된 단체들의 관행과 선례로 자리 잡으면서, 서민의 생활을 꼴사납게 잘 알고 있다는 오명을 쓰지 않으려 몸 사리는 태도는 결국 금전의 가치 기준으로 환원될 수 있는 명성이라는 선도 원리를 지키기 위해서 시작한 사업의 동기를 점차 저버리는 경향을 보인다. 따라서 오랜 역사를 지닌 단체의 경우, 하류계급 생활의 편익을 증진시키겠다는 시초의 동기는 표면상으로만 남게 되고 서민을 위한 주요 사업 활동은 쇠락하는 경향을 보인다.

이렇듯 비차별적인 사업 활동을 목적으로 설립된 단체들에 효율적인 것은 같은 동기에서 활동하는 개인에게도 효율적이다. 어쩌면 단체의 사업보다도 개인의 사업이 더 큰 효과를 보일 수도 있을 것이다. 생산이나 소비 모든 면에서 낭비적 지출을 미덕으로 여기고 서민의 생활을 멀리할 것을 강조하는 유한계급의 규범에 따라 가치를 측정하는 습관은 공익사업을 벌이고 싶어 하는 개인에게서 필히 강하게 드러난다. 그리고 만일 그 개인이 자신의 신분을 망각하고 자신의 활동을 서민처럼 비천한 효율성을 추구하는 것으로 전환하면 사회의 상식, 즉 금전적인 체면 유지 감각은 곧 그의 사업 활동을 거부하며 그를 제자리로 돌려놓을 것이다.

이런 논거를 뒷받침해 주는 사례로는 인간 생활의 편익을 (적어도 표면상으로는) 증진시키려는 목적을 위해서 공공심이 있는 사람이 기증 유산을 관리하는 활동에서 찾아볼 수 있다. 현재 유산이 가장 빈번하게 기증되는 기관은 학교, 도서관, 병원, 그리고 노약자들과 사회적 낙오자들을 수용하는 보호시설이다. 이들 기관에 유산을 기증하는 사람이 공개적으로 밝힌 기증 목적은 유언이나 유서에 명기되어 있듯이 특정한 측면에서 인간 생활을 개선하는 것이다.

그러나 사업을 실행하는 과정에서 흔히 애초의 동기와는 모순되는 적지 않은 다른 동기들이 출현하여 결국 유산 기증을 통해 따로 마련해 둔 자금의 상당 부분을 다른 특수한 목적을 위해 처분하기로 결정하는 일이 으레 생기기 마련이다. 예컨대 정신병원이나 병약자 수용소의 건립에 전용하기 위해 일정 기금을 따로 떼어 놓을 수도 있을 것이다. 이와 같이 명예로운 낭비를 위해 기증 유산을 전용하는 일은 결코 놀랍거나 미소를 자아낼 만큼 드문 일이 아니다. 이렇게 전용되는 자금의 상당한 부분은 총안銃眼이 있는 성벽, 작은 탑, 육중한 정문, 중요 진입로 따위에서 보듯, 어떤 야만적인 전투 방식을 연상시키는 기괴하고 조화롭지 못한 세부 양식과 디자인으로 뒤덮인, 미학적으로는 볼품없지만 값비싼 석재로 외관을 장식한 건축물을 건립하는 데 소비된다.

건축물의 내부도 마찬가지로 과시적 낭비와 약탈적 공훈 규범의 지침을 곳곳에 드러낸다. 예컨대 건축물의 창문들은 건축물의 내부 수익자들에게 편익이나 안락을 제공한다는 표면적인 목적에 걸맞게 배치되어 있기보다는 우연히 들르는 외부 구경꾼에게 재단의 금력이 대단하다는 인상을 줄 수 있도록 배치되어 있다는 점은 굳이 일일이 언급할 필요도 없다. 그리고 건물의 세부적인 내부 설비는 이처럼 금전적인 아름다움이라는 이질적이면서 오만한 필요조건에 최대한 부합하도록 설정되어 있다.

물론 이 모든 경우에서 유산 기증자가 직접 혹은 자신이 지정한 대리인을 통해서 잘못을 발견하리라고 예상할 수는 없다. 유산 기증자가 직접 사업 실행을 감독하는 경우, 그러니까 유산을 기증하는 대신에 직접 자금을 지출하고 감독해서 해당 사업을 추진하는 경우에도 사업의 운영 목적이나 방법은 유산을 기증하는 경우와 다르지 않을 것으로 보인다. 건축물의 수익자 혹은 그 건축물로 여유나 허영심을 직접적으로 충족할 리 없는 외부의 구경꾼들도 기금이 다른 데로 전용되는 것은 좋아하지 않을 것이다.

애초 기금의 실질적인 목적에 맞게 당장 집행할 수 있는 자금을 가장 경제적이고 효율적으로 정당하게 사용하는 사업이 추진된다면 누구도 만족하지 못할 것이다. 그 사업과 관련된 모든 사람들은 자신들의 이해 관계가 사업과 직접적으로 얽혀 있든, 아니면 이기적인 것이든, 아니면 그저 관망하는 수준이든 간에, 사업 기금의 상당한 부분이 약탈적인 공훈이나 금전 과시적인 낭비를 통한 차별적인 비교의 습관에서 비롯된 좀 더 고차원적이고 정신적인 욕구를 충족시키는 데 쓰여야 한다는 점에서 일치된 의견을 보인다. 사정이 어떻든 이러한 사실은 경쟁적이며 금전적인 명성의 규범들이 사회의 상식으로 보편화되어 있기 때문에 표면상으로는 완전히 비차별적인 관심에 기반을 두고 추진되는 사업조차도 결코 예외일 수 없다는 것을 말해 줄 뿐이다.

공익사업이 기부자의 명성을 높이는 수단으로서 명예로운 미덕을 갖출 수 있는 것은 비차별적 동기를 내세웠기 때문일 것이다. 그러나 이런 동기가 자금의 지출을 이끄는 차별적인 관심의 행태를 막지는 못한다. 공익사업과 같은 비경쟁적인 사업에도 경쟁이나 차별화에서 비롯된 동기가 유력하게 존재한다는 사실은 앞서 언급한 부류의 사업들 모두에서 구체적으로 충분히 찾아볼 수 있을 것이다. 명예로운 사업의 구체적인 내용들은 일반적으로 미학적이거나 윤리적이거나 경제적인 관심 분야에 속하는 것이라는 미명하에 모습을 드러낸다. 금전과시문화의 기준과 규범에서 비롯된 이런 특수한 동기들은 사업 추진자의 선의를 훼손하거나, 이들이 자신의 활동이 본질적으로 무익하다는 생각을 하지 않게 하면서 효과적인 공익사업을 은밀하게 비차별적 활동으로 바꾸는 작용을 한다. 그러한 동기들의 효과는 부유층의 공개된 생활양식에서 아주 중요하고 특히 과시적인 양상이라 할 비차별적인 개선 사업 계획의 전 영역에 걸쳐서 확인할 수 있다. 하지만 이제 이론적인 의미는 충분히 밝혀졌을 테니 더 이상의 설명은 필요치 않다. 특히 공익사업들 중 하나, 이를테면 고등 교육 기관의 설립에 대해서 조금이라도 세심한 주의를 기울여 보면, 사업의 목적에 공익 이외의 다른 동기들이 관련되어 있음을 확인할 수 있을 것이다.

따라서 유한계급이 생존 노동으로부터 벗어나 있는 환경에서는 전前 약탈적인 미개문화를 특징짓는 비차별적 충동들의 영역으로 회귀하는 어떤 충동이 존재하는 듯 보인다. 이런 충동에는 제작 감각과 나태 성향과 유대감도 포함된다. 그러나 현대 생활양식에 속하는 금전의 가치나 차별화의 가치에 의거한 행동 규범은 이러한 충동들이 자유롭게 표출되지 못하도록 통제한다. 그리고 이처럼 통제력을 갖춘 행동 규범들은 지배력을 발휘해, 비차별적 관심에 근거해서 실천하는 노력들을 금전 과시문화의 기반인 차별적 관심에서 비롯된 활동으로 전환시킨다. 금전적인 체면 유지 규범은 낭비의 원칙, 무익성의 원칙, 잔인성의 원칙으로 환원된다.

체면 유지에 필요한 요건들은 다른 방면의 행동에서와 마찬가지로 개선 사업에서도 엄연히 존재하며, 그 모든 개선 사업의 세세한 실행과 운영을 선택적으로 감시한다. 체면 유지 규범은 세부적인 방법을 주도하고 적용시킴으로써 모든 비차별적인 열망이나 노력을 무용지물로 만들어 버리기까지 한다. 일반적이고 비개인적인 무익성의 원칙은 일상 생활에서 언제든 작용할 수 있으며, 제작 본능으로 분류되어야 할, 현재

살아남은 많은 전前 약탈적인 습성들이 효과적으로 표출되는 것을 막는 역할을 한다. 그러나 이처럼 현존하는 이 원칙은 전 약탈적인 습성이 전 승되는 것이나, 약탈적 습성을 끊임없이 반복적으로 표출하고자 하는 충동을 막지는 못한다.

금전과시문화가 고도로 발달한 최근에는 사회적인 비난을 피하기 위 해선 산업 과정에서 물러나야 한다는 유한계급의 필요조건이 경쟁적인 직업의 기피까지 포괄하기에 이른다. 이처럼 발전된 단계의 금전과시 문화는 산업적이거나 생산적인 직업에 비해서 경쟁적이거나 약탈적이 거나 금전적인 직업의 가치에 가해진 중압감을 이완시킴으로써 비차별 적 성향의 발현을 소극적으로 부추긴다.

앞서 언급한 바처럼 인간에게 유용한 모든 직업(일)을 기피해야 한다 는 필요조건은 다른 어느 계급보다도 상류계급의 여성들에게 한층 더 엄격하게 적용될 것이다. 다만 어떤 종파의 성직자들을 이 원칙에 반하 는 예외적 대상으로 거론하지 않는다면 말이다. 아마도 보이는 것과는 달리 성직자들은 실제로 유용한 일을 기피하는 수준에서 상류계급의 여성들에는 못 미칠 것이다. 금력과 사회적 지위가 동일한 상류계급의 남성들에 비해 여성들이 훨씬 더 심하게 무익한 생활을 고집하는 이유 는 여성들이 상층 유한계급임과 동시에 대리 유한계급이라는 데 있다. 여성들이 유용한 노동을 기피하는 데는 이중의 이유가 있는 것이다.

모든 사회에서 여성이 차지하는 지위가 사회와 사회의 한 계급이 달성한 문화 수준을 나타내는 가장 명확한 지표라는 사실은 사회의 구조 및 기능의 문제에 대한 지식층의 상식을 반영하는 대중 작가와 연설가들에 의해서 곧잘 회자되어 왔다. 이러한 소견은 아마 다른 어떤 부문의 발전보다도 경제 발전 단계와 관련해서 훨씬 더 타당할 것이다. 그와 동시에 공인된 생활양식이 여성에게 부과한 지위는 사회와 문화를 막론하고 대체로 초기 발전 단계의 환경이 조성한 전통이 표현된 것이다. 아울러 이런 전통은 '현존하는 경제 환경'이나 '현대의 경제 상황에서 살고 있는 여성을 추동하는 기질과 정신 습관이 마주하는 현실의 절박한 상황'에 단지 일면적으로만 적용해 왔다.

현대 경제 체제에서 여성은 같은 계급의 남성에 비해 제작 본능을 끌어내는 것에 있어서 광범위하고 지속적으로 모순된 위치에 있다. 이러한 사실은 경제 제도의 발전 과정을 논하는 과정에서, 특히 대리 유한활동과 의복에 관해 이야기하면서 이미 지적한 바 있다. 여성의 기질에는 평화를 선호하고 무익성을 거부하는 본능이 상당히 많다는 것도 분명한 사실이다. 그러므로 현대 산업사회의 여성들이 공인된 생활양식과 절박한 경제 상황 사이의 모순을 보다 더 생생히 느끼는 모습을 보이는 것은 결코 우연이 아니다.

뚜렷이 나타나는 "여성 문제"의 몇 가지 양상을 보면, 현대사회, 특히 상류사회에 속하는 여성의 생활은 초기 발전 단계의 경제적 상황하에서 형성된 상식 체계의 통제를 받는다는 사실을 알 수 있다. 시민적, 경제적, 사회적 관계로 본 여성의 생활은 일반적, 본질적으로 대리 생활이며, 생활의 장점이나 단점은 본질적으로 여성의 소유자나 보호자 관계에 있는 다른 개인에게 귀속되는 것이라고 여전히 여겨진다. 따라서 이를테면 공인된 예법 준칙이 금하는 명령에 위배되는 행동을 어떤 여성이 하면, 이는 곧 그 여성을 소유하고 있는 남성의 명예를 손상시키는 행위로 간주된다.

물론 그런 따위의 불명예스런 짓을 여성의 연약함이나 옹고집 탓으로 돌리는 사람이라면 내심 부조리함을 느낄지도 모른다. 그러나 결국 이러한 문제를 놓고 사회적 상식은 서슴없이 판단을 내리기 때문에, 보호자의 역할이 모욕당했다는 자신의 인식을 정당하지 않다고 생각하는 남자는 거의 없다. 그런 모욕은 언제든 당할 수 있다. 이에 반해, 자신의 생활과 결부된 남성의 악행 때문에 여성이 불명예를 뒤집어쓰는 일은 상대적으로 적다.

그래서 훌륭하고 아름다운 생활양식, 즉 우리에게 익숙한 생활양식은 여성에게 남성의 활동을 보조하는 "본분"을 배정한다. 그리고 여성에게 부여된 의무 영역의 전통에서 조금이라도 벗어나는 행동은 여자답지 못한 것으로 여겨진다. 여성의 시민권이나 참정권의 문제가 대두되면 이러한 문제에 대한 우리의 상식—즉, 이 문제에 대한 우리의 보편적인 생활양식에서 비롯된 논리적 견해—은 여성이 직접 대표로 나설 것이 아니라 자신이 속한 가정의 가장을 매개로 국가를 대표하거나 법률 앞에 대표로 나서야 할 것이라고 말한다. 자주적이며 자기중심적인 생활을 원하는 마음은 여성답지 못한 것이다.

우리의 상식으로 볼 때, 여성이 공무나 산업적인 문제와 같은 사회적 현안과 관련된 일에 직접 참여하는 것은 금전과시문화의 전통 아래 형성되어 온 우리의 사고 습관을 나타내는 사회 질서를 위태롭게 하는 행위이다. "'남성의 노예 상태로부터의 여성 해방' 따위의 이 모든 애매모호하고 허황된 말은 엘리자베스 캐디 스탠턴^{Elizabeth Cady Stanton01}의 간결하고 의미심장한 표현을 역으로 빌려 말하면 '완전 헛소리'다. 남녀의 사회적 관계는 선천적으로 정해져 있다. 우리의 전全 문명은, 다시 말해 우리 문명에서 좋은 것은 무엇이든 가정에 기초를 두고 있다." 여기서 "가정"이란 남성을 가장으로 둔 가족이다. 일반적으로 좀 더 간략하게 표현할 수도 있는 이러한 견해는 문명사회의 일반 남성들뿐만 아니라 여성들 사이에서도 보편화되어 있는 여성 신분에 대한 견해이다.

여성은 예법 준칙이 요구하는 예절에 대해서 매우 기민한 감각을 갖고 있다. 그리고 대부분의 여성들이 이와 같은 예절 규약이 강요하는 세부적인 예절을 불편하게 여기는 것이 사실이지만, 기존의 도덕적 질서가 필연적으로 그리고 규범의 신성한 권리에 따라 여성을 남성에 종속된 지위에 위치시킨다는 것을 인정하지 않는 여성은 거의 없다. 요컨대, 훌륭하고 아름다운 것에 대한 여성 특유의 감각에 의하면 여성의 생활은 남성의 생활의 간접적인 표현이며 이론상으로도 그럴 수밖에 없다.

하지만 여성에게 바람직하고 자연스러운 지위라는 것에 대한 이러한 일반적인 관념에도 불구하고, 보호 및 대리 활동 그리고 공과를 평가하는 방식이 전체적으로 잘못되어 있다는 인식이 점차 싹트고 있다는 것도 분명한 사실이다. 적어도 여성은 설사 때와 장소에 맞게 훌륭한 방식으로 자연스럽게 성장했을지라도, 또 특유의 심미적 가치를 가지고 있을지라도 여전히 현대 산업사회 안에서 일상생활의 목적들에 적절히 기여하지 못하고 있다. 심지어 이러한 신분 관계를 근본적이고 영구적

---

01 초창기 여성의 권리와 참정권 운동을 이끈 미국의 사회운동가.

인 권리로 생각하는 (전통적 예법에 대해 냉정하고 엄정한 관념을 가지고 있는 품위 있는) 상류계급 및 중산계급의 보수적 태도를 지닌 대다수의 여성들마저도 보통 여성 신분과 관련하여 현재의 상황과 이상적인 상황 사이에서 세부적으로 약간의 모순을 느끼곤 한다. 현대 여성 중에서 젊거나 높은 교육을 받았거나 기질상의 이유로 야만문화에서 이어온 신분제의 전통에서 벗어나 있는 여성들은 이런 상황을 감당하기 힘들어 자기표현의 충동과 제작 본능으로 과도하게 회귀하는 모습을 보인다. 이들 여성은 불만이 너무 강해서 가만히 있지 못하는 것이다.

빙하기 이전의 여성 지위를 회복시키고자 맹목적이고 지리멸렬하게 벌이는 운동인 이른바 "신여성" 운동은 적어도 분명히 인식할 수 있는 두 가지 요소를 가지고 있는데, 둘 다 경제적 성격을 지니고 있다. 이 두 가지 요소 혹은 동기는 "해방"과 "노동"이라는 이중 표어로 표현된다. 이 표어는 광범위하게 퍼져 있는 불만을 대변하고 있다. 오늘날의 상황에서 불만의 어떤 실질적인 이유도 찾아볼 수 없다고 생각하는 사람들마저도 이런 불만이 널리 퍼져 있다는 점만은 인식하고 있다. 제거되어야 할 이러한 불만은 산업이 가장 발전한 사회의 부유층 여성들 사이에서 가장 강하고 빈번하게 표출되는 것을 볼 수 있다. 다시 말해 모든 신분 관계, 보호 관계, 혹은 대리 생활 관계로부터의 해방을 꽤 진지하게 요구하고 있는 것이다. 아울러 반발은 신분 체제로부터 전승된 생활양식이 조금도 완화되지 않으면서 강제적으로 대리 생활의 통제를 받는 여성들 사이에서, 그리고 경제 발전이 전통적 생활양식에 적합한 상황을 상당히 무너트린 사회에서 유독 강하게 표출된다. 명성의 규범 덕분에 모든 실효성 있는 노동을 면제받고 유한생활과 과시적 소비 생활을 운명적으로 누릴 여지가 많은 여성들이 불만을 제기하는 것이다.

이러한 신여성 운동의 동기를 제대로 이해하지 못하는 비평가들이 한둘이 아니다. 최근에 한 유명한 사회 평론가는 다소 온건하게 미국의 "신여성"을 이렇게 요약한 바 있다. "신여성은 세상에서 가장 헌신적이며 열심히 일하는 남편으로부터 귀여움을 받고 산다. …… 신여성은 교육을 비롯해 거의 모든 면에서 남편보다 훨씬 월등하다. 신여성은 세심한 배려를 수없이 받고 있다. 그럼에도 만족할 줄 모른다. …… 앵글로색슨 계통의 '신여성'은 현대의 가장 우스꽝스러운 산물이기에 금세기의 가장 끔찍한 실패작으로 전락할 운명을 타고났다." 이러한 표현은 어쩌면 정확히 겨냥하고 있는 비하하는 속뜻을 제외하면, 여성 문제를 더욱더 모호하게 만들 뿐이다.

이렇게 여성 운동의 전형적 특징이라고 말하는 것들이 여성이 만족하며 살아야 할 이유로 강조되곤 하는데, 신여성의 불만 요소는 바로 그런 것들이다. 신여성은 귀여움을 받고 살고, 남편이나 본래의 다른 보호자를 대신해서 마음껏 과시적으로 소비하는 것이 허용되고, 심지어는 그렇게 소비할 것을 요구받는다. 그녀는 본래 (금전상의) 보호자의 명성 유지를 위한 대리 유한생활을 영위하기 위해서 저속하고 유용한 노동을 면제받거나 금지당한다. 이러한 임무는 목적 있는 활동을 하려는 인간의 충동과는 상반된 것인 동시에 자유롭지 못한 인간의 인습적인 표시이다. 물론 이들 여성 또한 헛된 생활과 낭비를 혐오하는 제작 본능을 자기 몫만큼, 혹은 그 이상—믿을 만한 이유가 있다—을 갖고 타고난다. 그녀는 자신이 접한 경제 환경의 직접적인 자극에 반응하며 자신의 삶을 살아야만 한다. 자기만의 방식으로 자신의 삶을 영위하려는 본능과 사회의 산업 과정에 직접 참여하려는 본능은 아마도 남성보다 여성에게 한층 더 강하게 나타날 것이다.

항상 힘들고 단조로운 일을 해야 하는 처지에 있는 한, 여성은 대부분 자신의 운명에 꽤 만족한다. 그러한 처지의 여성에게는 해야만 하는 구체적이고 목적이 있는 일이 있는 데다 타고난 자기 본위의 인간 성향을 반항적으로 표출할 만한 시간적 여유나 생각할 여유가 없다. 아울러 여성이 보편적으로 단조로운 고역을 치러야 하는 단계가 지나가고 힘든 노역을 하지 않아도 되는 대리 유한활동이 부유층 여성들의 공인된 일로 자리 잡으면, 무익한 의례적 허영을 준수할 것을 요구하는 금전적인 체면 유지 규범의 규범적인 힘은 기품 있는 여성들이 자주성과 "유용성의 영역"에 감정적으로 이끌리지 않도록 지속적으로 억제력을 발휘할 것이다. 이러한 경향은 특히 금전과시문화의 초기 단계에서 강하게 나타난다. 이 단계에 속한 유한계급의 유한생활은 대부분 약탈적 활동이다. 약탈적 활동은 유한계급이 자신의 지배력을 적극적으로 행사하는 것이라 할 수 있는데, 이 활동은 유한계급에게 수치심을 주지 않는 활동(직업적 일)으로 진정 인정받을 수 있을 만큼 차별적 목적을 명확하게 갖고 있다. 이런 상황은 지금도 몇몇 사회에서 뚜렷하게 이어져 내려와 존속하고 있다. 신분제에 대한 관념이 얼마나 강한지에 따라 그리고 개인이 부여받은 제작 본능이 얼마나 약한지에 따라 개인마다 각양각색으로 계속해서 유지되고 있는 것이다.

하지만 사회의 경제 구조가 신분제에 의거한 생활양식에 포괄될 수 없을 정도로 성장해서 인격적인 예속 관계가 더 이상 유일한 "천부적" 인간관계로 여겨지지 않는 사회가 도래한다. 이런 사회에서 목적이 있는 활동이라는 고대적 습관은, 약탈문화와 금전과시문화가 우리의 생활양식에 선사한 좀 더 현대적이고, 비교적 피상적이고 생명력이 짧은 습관과 관점을 고분고분 따르지 않는 개인들을 통해서 표출되기 시작할 것이다. 이런 습관과 관점은, 약탈적이며 외견상 평화적인 규율에서 비롯된 정신 습관과 생활의 관점이 이후 발전한 경제 상황과 매우 긴밀한 조화를 이루지 못하게 되면서, 곧 당면한 사회나 계급에 대한 강제력을 상실하기 시작한다. 이와 같은 현상은 현대사회의 산업계급 사이에서 뚜렷이 나타나고 있다. 산업계급의 입장에서 보면, 유한계급의 생활양식은 특히 신분 요소와 관련하여 그 구속력을 대부분 상실했다. 방식은 다르지만 상류계급 사이에서도 구속력이 상실되고 있음을 보여 주는 증거가 뚜렷이 나타나고 있다.

약탈문화와 외견상 평화적인 문화에서 유래된 습관은 이 문화에 속했던 인종의 근원적인 성향과 정신적인 특징이 변형된 것으로 비교적 생명력이 짧은 변종 습관이다. 이 변종 습관은 상대적으로 단순하고 변화가 적은 물리적 환경에서 살았던 초기 원시 유인원의 평화적 문화 단계, 즉 상대적으로 미분화된 경제생활을 영위하는 문화 단계에서 오랫동안 지속되어 온 규율에서 비롯되었다. 경쟁적인 생활방식이 다시 낳은 습관이 현재의 절박한 경제 상황의 승인을 받지 못하면, 좀 더 최근에 발달했으나 그다지 일반적인 성격을 띠지 못한 사고 습관은 와해되고, 좀 더 고대적이고 보편적인 인종의 정신적인 특성에 자리를 내줄 것이다.

따라서 신여성 운동은 어떤 의미에서는 좀 더 일반적인 유형의 인간 본성으로, 혹은 좀 더 미분화된 인간 본성으로의 회귀를 명시적으로 보여 준다. 이와 같은 인간 본성은 원시 유인원의 특징이라고 볼 수 있는 데, 원시 유인원의 지배적 특질 형태까지는 아니더라도 본질적으로 인간 이하로 분류할 수 있는 문화 단계에 속한다. 물론 여기서 문제로 삼고 있는 특정한 운동이나 진보적인 양상은—사회 발전이 초기의 미분화된 경제 개혁 단계에 특징적으로 나타나는 정신적 태도로 회귀(정신적 태도의 격세유전)하는 것을 보여주는 증거라고 한다면—최근 진행되는 사회 발전의 다른 운동이나 양상들과 동일한 특징을 갖는다. 차별화하는 이해관심이 지배적인 상태에서 벗어나 (인간 본성으로) 회귀하려는 일반적 경향에 대한 증거는 충분하지도 않고 확실한 설득력도 갖추고 있지 못하더라도 전혀 없다고 할 수는 없다. 현대 산업사회에서 신분 관념의 일반적인 쇠퇴 현상도 같은 맥락에서 이해할 수 있다. 또한 무익한 인간 생활을 비난하고, 민중이나 기타 다양한 사회 집단을 희생시켜 개인의 이득을 챙기는 데만 눈이먼 행동을 비난하는 상황으로 뚜렷이 회귀하는 것도 바로 이런 경향을 입증해 주는 증거라 할 수 있다. 심지어 차별적 관심의 표명이 그것에 대해 평가를 내리는 공동체나 개인에게 물질적인 손해를 실질적으로 입히지 않는 경우에도 모든 약탈적인 사업을 불신할 뿐만 아니라 남에게 고통을 안겨 주는 행위를 비난하는 경향이 뚜렷이 존재한다. 현대 산업사회에서 감정에 얽매이지 않은 보통 남자들의 관념에 의하면, 이상적인 성격이란 이기적이고 폭력적이고 기만적이고 지배적인 생활보다는 평화와 선의와 경제적 효율성을 지향하는 성격이라고 말할 수 있을 것이다.

유한계급의 영향력이 원시 유인원적인 인간 본성의 부활에 항상 동조하거나 대립하지는 않는다. 원시적 특성을 유독 많이 타고난 개인의 생존 가능성에 관한 한, 보호받는 유한계급의 지위는 구성원들을 금전을 위한 투쟁에서 벗어나게 해 준다는 점에서 직접적으로 그들에게 유리하다. 하지만 간접적으로 유한계급의 제도는 유한계급의 재화 및 용역의 과시적인 낭비 규범을 통해서, 주민 전체 중에서 원시적 특성을 유독 많이 타고난 개인이 생존할 가능성을 줄어들게 한다. 체면 유지의 필수 조건인 낭비는 차별화 투쟁에 참여하는 모든 사람들의 잉여 에너지를 흡수해 버리고 비차별적 생활의 표현에 쓸 에너지를 전혀 남겨 놓지 않는다. 체면 유지 규율의 좀 더 간접적이며 다소 명확하지 않은 정신적 효과는 낭비와 동일한 방향으로 영향을 미치며, 아마도 낭비와 동일한 목적을 이루는 데 좀 더 효과적으로 작용할 것이다. 품위 있는 생활의 규범은 차별적 비교 원칙의 역작이라 할 수 있으며, 따라서 항상 차별화에 반하는 활동을 모두 금지하고 이기적인 태도를 주입시키는 작용을 한다.

14장

금전과시문화를
표현하는 고등 학문

　어떤 사고 습관이 다음 세대에서도 보존되기 위해서는 교육적 훈련
이 사회적인 상식의 인정을 받고 공인된 생활양식과 합치해야 한다. 교
사들과 교육 전통의 지도 아래 형성되는 사고 습관은 경제적 가치, 즉
개인의 유용성에 영향을 미치는 가치를 지닌다. 그 가치는 교사들과 교
육 전통의 지도 없이 일상생활의 훈련 아래 형성된 사고 습관의 경제적
가치 못지않게 실질적인 가치이다. 공인된 교육 체계와 훈련의 특성은
그 기원이 유한계급의 편애에 있든 아니면 금전적 가치 규범의 지침에
있든, 모두 유한계급 제도에 귀속된다. 그리고 교육 체계의 이러한 양상
들이 소유한 모든 경제적 가치는 유한계급 제도의 가치를 상세히 표현
한 것이다. 그러므로 훈련의 목적과 방법에 관한 것이든 아니면 주입되
는 지식 체계의 범위와 성격에 관한 것이든, 유한계급의 생활양식이 낳
은 교육 체제 특유의 양상들을 지적하는 것은 정당할 것이다. 유한계급
의 이상이 지닌 영향력이 가장 뚜렷이 드러나 있는 부문은 본연의 학문,

좀 더 정확히 말하면 고등 학문이다. 그리고 이 14장의 목적은 금전과 시문화가 교육에 미치는 효과를 입증해 주는 자료를 전부 대조하는 데 있는 것이 아니라, 유한계급이 교육에 영향을 미치는 방법 및 경향을 설명하는 데 있으므로, 여기서는 이러한 목적에 기여하는 고등 학문의 몇 가지 뚜렷한 양상들을 살펴보는 것으로 마무리할 것이다.

학문은 그 기원과 초기의 발전 과정의 관점에서 본다면, 사회의 종교적 기능, 특히 초자연적인 유한계급에게 드리는 제례祭禮로 나타나는 종교 의식과 밀접한 관계를 가진다. 초자연적인 힘을 위무하기 위해 원시 종교들이 치르는 제례는 공동체의 시간과 노력을 산업적으로 유익하게 활용하는 활동이 아니다. 그러므로 제례는 대체로 협상하고 예배를 드리고 복종을 맹세하면 선의를 베풀어 줄 거라는 초자연적인 권력자를 위해 이행하는 대리 유한(활동)으로 분류되어야 할 것이다.

초기의 학문은 대체로 초자연적인 행위자를 위한 제례에 필요한 지식과 재능을 습득하는 과정이었다. 따라서 초기의 학문은 세속적인 지배자의 집안 제사에 필요한 훈련과 매우 유사한 성격을 지닌다. 원시 공동체의 제사장의 지도 아래 얻는 지식은 대체로 의례와 제사에 대한 지식이었다. 말하자면, 이 지식은 초자연적인 행위자에 다가가 그 대상을 섬길 수 있는 가장 적절하고 효과적이며 수용할 수 있는 방법에 관한 지식이다. 학습하고자 하는 것은 자신을 이러한 권력자들에게 절대 필요한 존재로 만드는 방법이며, 그렇게 함으로써 권력자들에게 사건의 방향을 조정해 달라거나 특정한 계획에 간섭하지 말아 달라 부탁하거나 심지어 요구할 수 있는 지위에 오르는 방법이었다. 이처럼 학습의 목적은 초자연적인 존재를 위무하는 것이기 때문에, 대체로 복종의 기술을 습득하는 데 있다. 세속적인 지배자를 위한 효과적인 제례 안에 포함된 요소 이외의 다른 요소들은 오직 점진적인 과정으로 성직자나 샤머니즘의 교육 체계에 유입된 것으로 보인다.

외부 세계에서 움직이는 불가해한 권력자의 종인 성직자들은 권력자와 구속받지 않는 일반 대중을 연결하는 중개자의 역할을 담당하게 되었다. 왜냐하면 성직자들은 불가해한 권력자 앞에 나설 수 있게 해 주는 초자연적인 예절에 관한 지식을 지니고 있기 때문이다. 그리하여 일반적으로 속인들과 지배자—자연적인 존재이든 초자연적인 존재이든—의 중개자로서 성직자는 이 불가해한 권력자가 자신의 요구를 이루어 주리라는 사실을 속인들에게 당장 명확하게 인식시킬 수 있는 수단을 가지는 것이 마땅하다는 점을 알게 되었다. 따라서 능란한 솜씨와 함께 극적인 화려한 효과를 내는 데 필요한 자연 과정에 관한 지식은 성직자가 반드시 갖추어야 할 지식 요소가 되기에 이르렀다. 이러한 종류의 지식은 "불가해한" 것에 대한 지식으로 통하며 그 심원한 성격 때문에 성직자의 목적에 유용할 수 있다. 여기서 하나의 제도로서 학문이 탄생한 것으로 보인다. 따라서 마술적인 의례와 샤머니즘적인 속임수라는 모태에서 학문이 분화되는 과정은 느리고 지루하게 진행되었고, 가장 진보한 고등 학문 기관들에서조차 아직 완벽하게 분화되지는 못하고 있는 실정으로 보인다.

학문의 심원한 요소는 과거 어느 시대에서나 그랬던 것처럼 여전히 무지한 사람들에게 깊은 인상을 심어 주거나 심지어는 강제력을 발휘할 수 있을 만큼 아주 매력적이고 효과적인 요소이다. 그렇기 때문에 전혀 배우지 못한 사람들은 학자를 대체로 신비한 힘에 정통한 사람으로 생각한다. 그 전형적인 예로, 19세기 중엽까지도 노르웨이 농민들은 본능적으로 루터Martin Luther, 멜란히톤Philipp Melanchthon01, 페테르 다스Petter Dass02 같은 신학자는 물론이고 심지어 그룬트비Nikolai Frederik Severin Grundtvig03와 같은 최근 신학자들의 뛰어난 학식을 흑마술로 공공연히 받아들였다.

이 신학자들은 생존해 있거나 죽은 (그리 알려지지 않은 아주 광범위한 영역의) 학자들과 함께 모든 마법에 정통한 명망 있는 인물로 여겨졌다. 그리고 선량한 농민들은 성직계의 높은 지위에 있는 사람들이 마법과 비학秘學에 대단히 정통하며, 그 때문에 높은 지위에 있는 것이라고 생각했다. 마찬가지로 일반 대중들도 박식함과 불가해함 사이의 밀접한 관계를 좀 더 심도 있게 보여 줄 수 있는 유사한 사실이 존재한다고 생각한다. 한편 이러한 사실은 유한계급의 생활이 학문적 관심사에 이끌리는 경향을 다소 대략적으로 설명하는 데도 도움이 될 것이다. 유한계급만 비학을 믿는 것은 아니지만, 오늘날 온갖 비학을 신봉하는 사람들이 유한계급 중에 유독 많은 것은 사실이다. 현대 산업과 무관하게 형성된 사고 습관을 가진 이들 부류는 불가해한 것에 관한 지식이 유일한 참된 지식이라고 여기지는 않더라도, 여전히 궁극적인 지식이라고 생

루터와 함께 종교 개혁에 앞 장선 독일의 신학자이자 교육자.
02 노르웨이의 루터파 목사이자 시인.
03 19세기 덴마크의 교회 개혁과 부흥을 이끈 종교가, 역사가이자 교육자.

유한계급론

각한다.

따라서 학문은 어떤 의미에서는 성직자인 대리 유한계급의 부산물로 생겨났으며, 고등 학문은 적어도 최근까지 성직계급의 부산물 혹은 부업으로 살아남았다. 체계적인 지식이 증대하면서, 이내 비학적인 지식과 통속적인 지식 사이에 교육사적으로 볼 때 아주 먼 과거에서 연원을 찾을 수 있는 구별이 생긴다. 이 두 지식의 본질적 차이는 다음과 같다. 비학적인 지식은 경제적인 효과나 산업적인 효과가 없는 지식을 주로 포함하고, 통속적인 지식은 습관적으로 생활의 물질적인 목적의 달성에 기여하는 산업 과정과 자연 현상에 관한 지식을 주로 포함한다. 이윽고 이러한 구분선은 적어도 일반 대중의 생각에, 고등 학문과 하등 학문을 가르는 정상적인 구분선으로 자리 잡게 되었다.

모든 원시 공동체의 지식계급이 지위, 의례, 의식에 맞는 예복의 형태, 선례, 등급, 그리고 일반적으로 학문에 필요한 소품에 대해 매우 까다롭게 굴었다는 사실은 지식계급이 성직과 밀접한 관계를 가지고 있다는 증거로서 중요할 뿐만 아니라, 지식계급의 활동이 상당 부분 예절과 교양으로 알려져 있는 과시적인 유한활동에 속한다는 점에서 중요하다. 물론 이런 사실은 충분히 예상할 수 있는 것으로, 고등 학문이란 애초부터 유한계급의 직업, 좀 더 명확히 말하면 초자연적인 유한계급을 위해 일하는 대리 유한계급의 직업이라는 사실을 시사한다.

학문의 소품을 편애하는 것 역시 성직과 학자의 직무 사이에 한층 더 밀접한 접촉점이나 연속점이 존재함을 시사한다. 학문도 성직과 마찬가지로 교감의 마술에서 싹이 터 성장한 것이다. 그러므로 원시사회의 지식계급 곁에 이러한 마술적인 형식과 의례의 기구가 자리 잡고 있는 것은 당연한 일이다. 의례와 소품은 마술적 목적에 부합하는 신비한 효력을 지닌다. 따라서 마술과 학문의 초기 발전 단계에서 의례와 소품이 필수적인 요인으로 존재한다는 것은 상징을 단순히 좋아한다는 문제인 동시에 편의성의 문제이기도 하다.

이처럼 상직적인 의례가 효과가 있다는 생각과 (이루고자 하는 행동이나 목적을 위한) 전통적인 장식물들로 의식 따위를 교묘히 연출하는 것이 공감을 이끌어내는 데 효과가 있다는 생각은 학문(비학도 포함한다)의 연마에서보다는 마술 행위에서 훨씬 더 분명하게 드러난다. 그러나 교육의 가치에 대해 세련된 감각을 가진 사람들 중에서 학문의 의례적인 장식물을 무용지물로 생각하는 사람은 거의 없을 것이다.

우리의 문명에서 지속되어 온 학문의 역사가 어떠했는지 반추해 본 사람이라면 의례용 소품이 이후 발달 과정에서도 매우 집요하게 존속한다는 사실을 자명하게 알 것이다. 심지어 오늘날 학계에서도 입학식, 입회식, 졸업식, 그리고 일종의 학문적 사도전승[04]을 연상시키는 방법으로 학위·명예·특권을 수여하는 행사 등을 거행하며, 그런 행사마다 가운과 사각모를 착용하는 관행이 이어지고 있기도 하다. 학문적 의식, 복장, 성찬 입문식, 안수에 의한 특별한 명예와 가치의 수여 등등, 온갖 학문적 관행의 직접적인 원천이 성직계의 관습이라는 것은 틀림없는 사실이다.

이러한 관행의 기원은—현시점에서 성직자가 한편으로는 마법사와 구별되고 다른 한편으로는 세속적인 주인을 모시는 하인과 구별되

---

04 예수 그리스도의 열두 명의 사도들의 권위가 주교단에게 지금까지 전승되어 왔다는 입장.

는 분화 과정을 거치면서 전문화된—본연의 성직계급이 이같은 관행을 수용했던 근원적인 시점으로까지 거슬러 올라간다. 학계에 몸담은 사람들과 성직자들이 의존하는 관행과 개념들은 그 기원과 심리적 내용에 관한 한, 에스키모의 주술사(앙가코크^{angekok})와 아메리카 원주민의 기우사新雨師[05]가 활약하던 시대와 유사한 문화 발전 단계에 속한다. 후기 종교 의식 단계뿐만 아니라 고등 교육 체제에서 이들이 차지하는 위상은 인간 본성의 발전 과정상 아주 초기의 정령숭배 단계로부터 살아남은 유물인 것이다.

현재나 가까운 과거의 교육 체제의 의례적인 양상들은 주로 좀 더 저급하거나 기술적이거나 실용적인 교육 체제 수준과 부문보다는 좀 더 고차원적이고 자유롭고 전통적인 학문 제도와 수준에서 자리를 잡고 있다고 말해도 무방할 것이다. 만약 저급하고 명성도 없는 교육 부문이 이와 같은 의례적인 양상들을 지니고 있다면, 분명 고등 교육 체계로부터 차용했을 것이다. 그리고 이런 양상들은 지속적으로 모범을 보이는 전통적인 고등 교육 체계의 승인을 받지 않고서는 실용적인 교육 기관에서는 계속 존속할 수 없다고 해도 지나치지 않다. 저급한 실용적인 교육 기관들과 학자들이 그런 관행을 채택하고 함양하는 것은 일종의 모방이다. 이같은 모방은 직계 계승권을 통해서 장식적인 관행 양상들을

---

05 비를 부르는 주술사.

합법적으로 장악한 상급 교육 기관과 상류계급이 유지해 온 학문적 명성의 기준에 최대한 적응하려는 욕망에서 비롯된 것이다.

이와 관련하여 분석을 좀 더 진행해도 좋을 것이다. 의례적인 유풍과 과거로의 회귀는 성직계급과 유한계급의 교육과 주로 관련이 있는 교육 기관들 사이에서 가장 활발하고 자유로운 분위기 속에서 발현된다. 따라서 최근 단과대학 및 종합대학 생활의 발전 상황을 조사해 보면, 직접적으로 유용한 분야의 지식을 하류계급에게 교육시키기 위해 설립된 학교가 고등 교육 기관으로 성장하는 경우, 그 학교가 순전히 실용적인 영역에서 고전적인 고등 교육 영역으로 이행하는 과정과 병행하여 제의적인 의식과 소품과 정교한 학문의 "제전"이 생성되는 것을 볼 수 있으며, 실제로 그런 경향을 확연히 보인다.

학교의 당초 목적, 그리고 학교의 두 단계 발전 과정 중, 첫 단계에 주로 맡을 수밖에 없었던 역할은 산업계급의 젊은이들을 노동에 적합하도록 가르치는 교육이었다. 이런 학교가 지향하는 고전적인 수준의 고등 교육 관점에서 보면, 이 학교의 주요한 목적은 성직계급과 유한계급(혹은 신참 유한계급)의 젊은이들에게 관습적으로 인정되는 명예의 범위와 방법에 따라 물질적인 재화와 비물질적인 재화를 소비하는 일을 예습시키는 것으로 변모한다. 이러한 행복한 결말은 소위 "민중의 벗"이 흔히 힘든 처지의 젊은이들을 돕고자 설립한 학교가 걷는 운명인 것이다. 그리고 이행이 훌륭히 이루어지는 경우에는 항상 그렇지는 않으나, 통상적으로 학교생활은 한층 더 의례를 중시하는 방향으로 변환해 가는 일이 동시에 일어난다.

오늘날의 학교생활에서 볼 수 있는 학문적인 의례는 "인문학" 함양을 주목적으로 삼는 학교에서 일반적으로 가장 잘 시행되고 있다. 아마 이런 상관관계는 다른 어느 곳에서보다도 최근에 발달한 미국의 단과대학 및 종합대학 생활사에서 가장 일목요연하게 드러나고 있을 것이다. 물론 원칙을 벗어나는 많은 예외가 있을 수 있다. 특히 전형적으로 명성이 높고 의례를 중요시하는 교회가 설립한 학교는 예외에 속하는데, 이런 학교는 보수적이고 고전적인 토대 위에서 개교했거나 단기간에 고전적인 반열에 올랐을 것이다. 하지만 19세기 동안 미국의 새로운 공동체들이 설립한 대학의 일반 원칙으로 볼 때, 대학이 선발한 학생들의 기반 지역을 지배하는 습관이 산업과 검약이라고 한다면, 대학의 생활 체계에는 치료주술사적 요소가 거의 없고, 있어도 불완전한 형태로 존재할 것이다. 그러나 공동체에 상당한 부가 축적되기 시작하고, 해당 학교가 유한계급의 기반 지역에 의존하기 시작하면, 곧 점점 더 확연하게 학문적 의례를 중시하게 되고 고대적인 양식에 따라 복장을 착용하고 사회적, 학문적 의식을 치르는 일이 강조되기에 이른다. 이를테면, 중서부의 어떤 대학을 후원하는 지역의 부가 증대하면, 같은 시기에 학문상의 의전 행사나 대학 동아리 내 사교 모임에 걸맞은 학자풍의 복장으로 남자는 연미복을 입고 여자는 로브데콜테[06]를 입는 경우가 많아진다. 이러한 복장은 처음에는 그리 엄격하지 않지만, 점차 엄격해져 필수적인 것이 된다. 여기서 방대한 과제를 수행하는 데 따르는 기술적인 난관만 없다면, 이러한 상관관계를 추적하는 것은 그리 어려운 일이 아니다. 학사모와 가운의 유행도 그와 같은 상관관계를 잘 보여 준다.

---

06 남자의 연미복에 해당하는 여자의 서양식 예복으로 어깨와 목을 많이 드러낸 옷.

최근 수년 동안 중서부 지역의 많은 대학들은 학문을 하는 사람을 상징하는 표지로 학사모와 가운을 채택했다. 학사모와 가운을 착용하는 관행은 훨씬 이전에는, 아니 교육의 합당한 목적과 관련해 고대적인 견해로 회귀하려는 강력한 움직임을 지지하는 유한계급의 정서가 공동체 안에서 충분히 확산되기 전까지는 거의 없었다고 해도 무방하다.

　학문적 의례에 사용되는 독특한 물품은 (화려한 효과를 연출하는 고대적 성향 그리고 고대적 상징주의에 대한 편애의 감정에 호소함으로써) 유한계급이 보는 사물의 적합도 관념에 흡족할 뿐만 아니라 뚜렷한 과시적 낭비의 요소를 갖고 있어 유한계급의 생활양식에 딱 들어맞는다고 할 수 있다. 학사모와 가운 착용으로 회귀하는 현상에 이어, 바로 거의 비슷한 시기에 학사모와 가운 착용 관행이 대단히 많은 학교에 파급되었다는 사실 역시 어느 정도는 당시 공동체를 휩쓸고 있던, 조상으로부터 물려받은 인간 본연의 순응주의와 명예 관념의 물결에서 기인한 것으로 보인다.

　이처럼 진기한 회귀 현상이 일어난 시점이 다른 방면으로 인간 본연의 감정과 전통의 유행이 절정에 달했던 시점과 일치하는 것으로 보인다는 사실을 지적하는 것 또한 논점에서 완전히 벗어나는 일은 아닐 것이다. 이와 같은 회귀의 파도를 일으킨 최초의 충격파는 남북전쟁이 유발한 심리적인 분열 효과인 것으로 보인다. 전쟁에 익숙해지면, 약탈적인 사고 습관이 생기기 마련이고, 그러면 배타성이 연대감을 어느 정도 대체하며, 차별적 구별 감각은 공평하고 일상적인 유용성의 충동을 밀어낸다. 이러한 요인들이 쌓이고 쌓이면서 일어난 결과로, 사회생활과 종교 의식 및 기타 상징적 의례나 의식 형식의 체계에서 신분제의 요소가 복원되는 현상을 전쟁 이후의 세대는 쉽게 목도할 수 있다.

일반적으로 준약탈적인 사업 습관, 그리고 신분제와 의인주의와 보수주의에 대한 고수를 지지하는 감정의 파도가 1870년대부터 조금씩 싹터 1880년대 내내 점진적으로 눈에 띄게 거세져 왔다. 특정 "산업 총수들"이 자행하는 무법 행위나 화려한 준약탈적인 사기 행각들처럼 야만적인 기질을 한층 더 직접적이고 노골적으로 드러내는 행위들은 1870년 직전 절정을 이루었다가 1870년대 말에 들어서면서 눈에 띄게 줄어들기 시작했다. 의인주의 정서의 재연도 1880년대 말이 되기 전에 절정기를 지난 것으로 보인다. 그러나 여기서 거론한 학문적 의례와 소품은 야만적 성격의 정령숭배적인 관념을 훨씬 더 간접적이고 난해하게 드러낸다. 따라서 학문적 의례와 소품은 서서히 유행하기 시작해 훨씬 더 정교화되면서 추후에야 가장 효과적으로 발전한 상태에 이를 수 있었다.

이제 절정기는 이미 지나갔다고 믿어도 좋다. 새로운 전쟁의 경험을 통해 얻게 되는 새로운 추진력이 소멸되면, 그리고 성장한 부유층이 모든 의례, 특히 신분계급을 뚜렷이 암시하는 낭비적인 의례를 지원하는 일이 없게 되면, 최근에 나타난 학문상의 표지와 의례의 개선 및 증대 현상은 점차 쇠퇴할 것이다. 그러나 한편으로 학사모와 가운, 그리고 이와 함께 등장한 학문적 예법을 한층 더 엄격하게 준수하는 경향이 남북전쟁 이후 야만성으로 회귀하는 조류에 편승해 유행한 것도 사실이다. 하지만 다른 한편으로 의례의 회귀 현상이, 지역 대학들을 유한계급이 필히 갖춰야 할 고등 교육 요건에 적합한 수준까지 끌어올리려는 운동에 필요한 자금을 댈 만큼 유산계급이 부를 축적하기 전까지는 대학의 생활양식으로 실현될 수 없었다는 것 또한 분명한 사실이다. 학사모와 가운을 의례적으로 착용하는 관행은 현대 대학 생활의 놀랄 만한 인간 본연의 특징의 하나인 동시에 이들 대학이 현실적 성공에서든 열망 면에서든 확실히 유한계급의 교육 기관이 되어 버렸다는 사실을 보여 주는 표시이다.

공동체의 교육 체제와 문화적 기준이 밀접한 관계를 가지고 있음을 보여 주는 또 다른 증거로는 최근 들어 성직자를 대신해서 산업 총수가 고등 교육 기관의 수장을 맡는 경향이 있다는 사실을 지적할 수 있다. 이러한 대체가 결코 완전하거나 명확하게 이루어지는 것은 아니다. 교육 기관의 수장들은 고도의 금력을 갖춘 데다 성직자처럼 성스러운 직무를 겸비한 사람으로 최상의 공인을 받는다. 이와 유사하나 좀 뚜렷하지 않은 경향으로는 고등 교육의 교수직을 일정한 금전적 자격을 갖춘 남자들에게 맡기는 추세를 들 수 있다. 기업을 관리하는 능력과 기업을 선전하는 기술이 교수직의 자격 요건으로 과거보다 훨씬 더 중요시되고 있는 것이다. 이러한 경향은 특히 일상생활의 사실들과 가장 관계가 깊은 학문에 적용될 수 있고, 특히 경제적으로 단일한 목적을 지향하는 공동체의 학교에 더욱더 잘 적용될 수 있다. 이처럼 성직자의 능력 일부가 금력으로 대체되는 현상은 명성 획득의 주요 수단이 과시적 유한활동에서 과시적 소비로 대체되는 현대적인 이행 과정에 수반되는 일이다. 이 두 가지 사실의 상관관계는 더 이상 면밀히 살펴보지 않더라도 명백히 알 수 있다.

❖

   교육 기관들과 지식계급이 여성 교육에 취하는 태도를 보면, 학문이 성직계급과 유한계급의 특권이었던 옛 지위에서 어떤 방법으로 어느 정도까지 탈피했는지를 확인하는 데 도움이 된다. 또한 진정한 학자들이 현대의 경제적, 산업적인 현안들에 어떻게 접근했는지 짐작할 수 있다. 고등 교육 기관과 학문적 직업들은 최근까지 여성들에게는 금기시되어 왔다. 교육 기관들은 처음부터 오랜 세월 동안 지속적으로 성직계급과 유한계급의 교육에 전념해 왔다.

   앞서 다른 곳에서도 제시한 바와 같이 여성들은 처음부터 예속계급이었고, 특히 명목적인 지위나 의례적인 지위에 관한 한 현재까지도 예속적인 관계에 얽매여 있다. (엘레우시스의 비밀 의식처럼) 여성들에게 고등 학문이라는 특권을 허용하면 학문적 기능의 품격이 손상될 것이라는 강한 관념이 널리 퍼져 있었다. 그러므로 아주 최근에 와서야, 게다가 대단히 산업적으로 진보한 사회에서나 고등 교육 기관이 여성들에게 자유롭게 개방되었다. 하지만 현대 산업사회의 지배적인 분위기인 긴박한 상황에서조차 최고의 명문대학들은 여성들에게 문호를 자유롭게 개방하기를 몹시 꺼린다.

   지적인 품격의 우열을 따지는 구별 짓기에 의한 명예로운 성차별이라는 계급적 가치관, 즉 신분 관념은 귀족주의 교육 기관에 생생히 살아 있다. 여성들은 모든 예법 중에서 다음의 두 가지 항목 중 어느 한 항목으로 분류될 수 있는 지식만을 습득하면 그만이라고 여겨진다. 즉 (1) 가정 내에서 하는 일인 가사노동을 보다 더 잘 수행하는 데 직접적으로 도움이 되는 지식과 (2) 명백히 대리 유한활동에 속하는 준^準학문적이고 준^準예술적인 소양과 솜씨이다. 예법 규범들로부터 나온 지식이 아니며, 지식을 행사하거나 과시하는 것이 주인의 위안과 명성을 높인다는 사실과 무관하게 학습자 자신의 생활 과정을 표현하는 지식이라면, 혹은 학습자 자신의 인식적인 관심에 근거해서 습득되는 지식이라면, 이는 여성에게 어울리지 않는 지식으로 여겨진다. 따라서 대리 유한활동이 아닌 유한활동을 보여 주는 증거로 유용한 모든 지식도 여성에게 거의 어울리지 않는 지식이다.

고등 교육 기관들이 공동체의 경제생활과 맺는 관계를 이해하기 위해서는 앞서 검토한 현상이 일반적인 태도의 지표로서 중요하다고 봐야지, 그 자체가 경제적으로 가장 중요한 사실이라는 점에서 중요하다고 봐서는 안 된다. 이런 현상은 산업사회의 생활 과정에 대한 지식계급의 본능적인 태도와 의도가 무엇인지를 보여 준다. 또한 산업적 목적에 맞게 고등 교육과 지식계급이 이룩한 발전 단계를 보여 주는 지표 역할을 한다. 따라서 그와 같은 현상은 지식계급의 학문과 생활이 공동체의 경제생활과 경제적 효율성, 그리고 시대가 요구하는 필요조건에 대한 생활양식의 적응과 한층 더 직접적으로 관계를 맺고 있다는 관점에서 본다면 지식계급에게서 마땅히 기대할 수 있는 것이 무엇인지를 나타내는 지표를 제공하기도 한다. 이러한 의례적인 유산들이 암시하는 것은 특히 관습적인 학문을 장려하는 고등 교육 기관들 사이에 반동적인 정서는 아닐지라도 보수주의가 널리 유행한다는 사실이다.

고등교육기관의 보수적 태도를 나타내는 지표에 하나 더 첨가할 수 있는 특징이 있다. 그 특징은 동일한 방향성을 가지지만, 하찮은 형식과 의례를 선호하는 앞서의 우스꽝스러운 경향보다 훨씬 더 중대한 징후이다. 예를 들어 미국의 대다수 단과대학과 종합대학들은 어떤 종교의 교파와 관계를 맺고 있기 때문에 어느 정도 종교적 의식을 따른다. 이런 대학이 과학적 방법과 관점에 익숙하다면 대학 교수들은 아마도 정령 숭배적인 사고 습관을 탈피했어야 했을 것이다. 그러나 상당수의 교수들은 여전히 원시문화의 의인주의적인 신앙과 종교 의식에 애착을 가지고 있음을 고백한다. 이처럼 종교적 열의를 고백하는 것은 확실히 법인 자격의 학교 측 입장에서나 교수단의 일원인 교수 개인의 입장에서나 대단히 편의주의적이며 형식적인 일일 뿐이다. 그럼에도 결국 고등 교육 기관들에 의인주의 정서를 매우 뚜렷이 보여 주는 요소가 존재한다는 사실만큼은 의심할 수 없다.

그렇다면, 고등 교육 기관들에 스며든 의인주의 정서는 고대의 정령 숭배적인 정신 습관의 발현이라고 규정해야만 할 것이다. 정령숭배적 정신 습관은 필연적으로 교육 과정에 어느 정도 반영되고, 그만큼 학생들의 사고 습관을 형성하는 데 영향을 끼치며, 그 영향력은 보수주의와 과거로의 회귀를 조장한다. 또한 산업 목적에 가장 잘 부합하는 실질적인 지식을 지향하는 학생들의 발전을 저해하는 작용을 한다.

오늘날 명문대학에서 크게 유행하고 있는 대학 스포츠도 유사한 방향으로 흐르고 있다. 사실상 스포츠는 심리적인 근거나 규율의 효과 측면에서 모두 대학의 종교적 태도와 많은 공통점을 갖는다. 그러나 이러한 야만적인 기질의 표출은 대학 측이나 대학 임원들이 스포츠를 적극적으로 장려하고 육성하는 경우—가끔 그런 일이 있듯이—를 제외하고는 교육 기관의 기질보다는 주로 대다수 학생들의 기질 탓으로 볼 수 있을 것이다. 약간의 차이는 있지만 남학생 사교 클럽도 대학 스포츠와 유사한 경향을 보인다. 대학 스포츠는 주로 단순한 약탈적 충동의 발현이지만 남학생 사교 클럽은 약탈적인 야만적 기질의 큰 특징으로 볼 수 있는 당파심의 유산이 좀 더 뚜렷하게 발현된 것이라 할 수 있다. 학교의 사교 클럽 활동과 스포츠 활동 사이에 밀접한 관계가 있다는 사실도 주목할 만하다. 스포츠와 도박 습관에 관해서는 앞서 언급한 바가 있기 때문에 스포츠와 당파적인 조직 및 활동에 훈련이 지닌 경제적 가치에 관해서는 더 이상 논의할 필요가 없을 것이다.

지식계급의 생활양식의 특징과 고등 학문의 보존을 위해서 설립된 교육 기관들의 특징은 모두 대체로 부수적인 것에 지나지 않는다. 이런 특징들을 교육 기관이 존재하는 표면적 이유인 전문적인 연구와 교육 활동의 유기적인 요소로 평가할 수는 없다. 그러나 이러한 징후를 나타내는 지표는 경제적인 관점에서 보았듯이, 수행되는 활동의 성격에 관해서, 그리고 교육 기관의 후원 아래 실행되는 진지한 활동이 교육 기관에 다니는 젊은이들에게 심어 주는 성향에 관해서 한 가지 사실을 추정할 수 있게 해 준다. 앞서의 논의로 추정해볼 때, 고등 교육 기관들은 의례뿐만이 아니라 활동에서도 보수적 입장을 취할 것으로 보인다. 그러나 이러한 추정은 실제로 실행된 활동의 경제적 성격을 비교하고 고등 교육 기관이 위임받은 학문의 보수성을 조사하는 것을 통해 검증되어야 할 것이다.

이 문제와 관련하여 공인된 교육 기관이 최근까지 보수적 입장을 고수해 왔다는 사실은 잘 알려져 있다. 이들 교육 기관은 무엇이든 혁신적인 것은 경시하는 태도를 취했다. 일반적으로 새로운 견해나 지식 체계는 학교 밖에서 널리 인정받은 후에야 비로소 학교 내에서 받아들여지고 장려되었다. 이러한 원칙에 예외적인 것이라고 해 봐야 주로 눈에 잘 띄지 않는 혁신, 그리고 인습적인 견해나 인습적인 생활양식과는 명확한 관련이 없는 이탈이다. 예컨대, 수리물리학이 다루는 세부적인 사실들, 특히 문헌학적 의미나 문학적 의미만을 지닌 고전에 대한 새로운 독법과 해석이 그 예외라 할 수 있다.

공인된 지식계급과 고등 교육 기관들은 협의의 "인문학"의 영역에 속하는 것과 혁신자들이 그대로 방치해 둔 인문학의 전통적인 견해를 제외한 모든 혁신을 일반적으로 무시해온 것이 사실이다. 과학적 이론의 새로운 견해나 이견, 특히 어떤 시점에서는 인간관계 이론에 영향을 미치기도 하는 새로운 이견은 진정한 환영을 받지 못하고 그저 마지못해 용인되어서 서서히 대학 체계에 자리를 잡았다. 또한 인간의 지식 영역을 넓히는 데 힘써 왔던 남자들은 대체로 당대의 지식인들의 환영을 받지 못했다.

고등 교육 기관들은 혁신이 전성기를 지나고 유용성의 대부분을 잃어버린 후에야, 즉 새로운 탈^脫학문적인 지식 체계와 새로운 관점의 영향 아래 성장하고, 새로운 지식 체계와 관점에 따라 형성된 사고 습관을 갖게 된 새로운 세대의 진부한 지적 부속물로 전락한 후에야 비로소 그 지식의 방법이나 내용이 선구적인 것이었음을 인정하곤 했다. 이러한 일은 얼마 전까지만 해도 비일비재했다. 그러나 이와 같은 경향이 지금이 순간에도 얼마나 비일비재한지 단정 짓는 것은 위험한 일일 것이다. 왜냐하면 이런 시각으로는 오늘날 존재하는 사실들의 상대적인 비율을 공정하게 파악해 낼 수 있을 만큼 그 사실들을 이해하기란 불가능하기 때문이다.

문화와 사회구조의 발전을 다루는 학자와 연설가들이 오랫동안 끊임없이 강조해 온 마이케나스Gaius Maecenas07와 같은 역할에 관해서는 지금까지 한 번도 언급한 적이 없다. 그렇다고 해서 유한계급의 역할이 고등 교육과 중요한 관련성을 지니고 있지 않다거나 지식 및 문화의 보급과 중요한 관련성을 지니고 있지 않다는 것은 아니다. 유한계급이 보호자(후원자) 역할을 통해서 학문을 촉진하는 방법과 수준은 충분히 알려져 있다. 여기에 정통한 옹호론자들은 문화적 요인의 심오한 의미를 청중들에게 제대로 납득시키기 위해서 매력적이고 효과적인 용어를 즐겨 사용한다. 하지만 옹호론자들은 경제적인 이해관계보다는 문화적 이해관계나 명성의 이해관계의 관점에서 문제를 제기했다. 경제적 관점에서 판단하고 산업적 유용성의 목적에 근거해 평가해 보면, 부유층의 역할은 물론이고 부유층 구성원들의 지적인 태도도 나름 주목할 만한 가치가 있기 때문에 이 점에 대해 설명하고자 한다.

외면적으로는 단순한 경제적 혹은 산업적 관계로 여겨지는 마이케나스적인 관계는 그 특징을 살펴보면, 결국 신분 관계라는 사실이 밝혀진다는 점을 주목할 필요가 있다. 보호받는 학자는 보호자를 대리하여 학문 생활이라는 의무를 수행한다. 그러면, 대리 유한활동이 주인에게 명

---

07 고대 로마의 정치가이자 외교관으로 시인을 재정적으로 지원한 부유한 후원자이기도 했다.

성을 안겨 주듯이 대리 학문 생활도 학자의 보호자에게 일정한 명성을 안겨 준다. 또한 역사적 사실의 관점에서 보면 마이케나스적인 관계를 통해 학문이 촉진되거나 학문 생활이 유지된다는 것은 아주 일반적으로 고전 지식과 인문학적인 소양을 기른다는 것을 의미한다는 사실도 주목해야만 한다. 이러한 지식은 공동체의 산업 효율성을 높이기보다 오히려 떨어뜨리는 경향이 있다.

게다가 유한계급의 구성원들이 지식의 증진에 직접 참여하는 한, 명예로운 생활 규범은 유한계급들 사이에서 발현하고자 하는 지적 관심을 공동체의 산업 생활과 관계가 있는 학문들보다는 고전적이고 형식적인 박학 쪽으로 돌리도록 작용을 한다. 유한계급의 구성원들이 고전 분야 이외에 가장 빈번하게 관심을 가지는 분야는 법학과 정치학, 그리고 특히 행정학이다. 이들 학문은 본질적으로는 소유권을 기반으로 행하는 통치라는 유한계급 직무를 잘 이행하기에 편리한 처세술의 집합체라 할 수 있다. 따라서 이러한 학문 분야에 접근할 때의 관심은 일반적으로 단순한 지적 관심이나 인식적 관심이 아니라, 유한계급의 구성원들이 놓인 지배 관계의 긴급한 현안들이 요구하는 실질적인 관심이다.

통치라는 직무는 기원을 따지면 고대 유한계급의 생활양식과는 불가분의 관계가 있는 약탈적인 기능에 있다. 유한계급이 착취의 대상인 민중을 향해 지배력과 강제력을 행사하는 것이 통치이다. 따라서 학문 분야는 물론이고, 학문의 내용을 이루는 관습의 부수적인 것들도 인식의 문제와는 별도로 유한계급에게 일정한 매력을 준다. 이 모든 경향은 통치라는 직무가 형식상으로나 본질적으로나 독점적인 직무로 존속하는 곳이라면 어디서든 나타난다. 또한 통치의 진화 과정에서 유한계급의 독점적 통치가 사라지기 시작하고 있는 현대 사회생활에까지 고대적 전통이 존속하고 있다면, 그러한 경향은 한계를 넘어 현재에도 나타나고 있다고 할 수 있다.

❖

　인식적 관심이나 지적 관심이 강한 학문 분야─그에 합당하게 과학이라고 불리는 분야─의 경우에는 유한계급의 태도뿐만 아니라 금전 과시문화의 전체적인 흐름에서도 약간 사정이 다르다. 지식을 위한 지식의 추구, 즉 궁극적인 목적이 없이 이해 능력의 발휘만을 지향하는 남자들은 학문 탐구에서 어떠한 절박한 물질적 이익도 전용하지 않는다. 산업을 기피할 수 있는 유한계급이라는 지위 덕분에 그 계급 구성원은 인식적인 관심을 마음껏 발휘할 수 있는 여건을 갖추고 있다. 따라서 많은 작가들이 확신하고 있듯이 유한생활의 규율로부터 과학적인 연구와 사색에 대한 자극을 받은 유한계급 출신의 학자, 과학자, 석학들이 상당히 많이 있어야 할 것이다. 어느 정도 예상할 수 있는 결과이다. 그러나 이미 충분히 논한 것처럼, 유한계급의 지적 관심을 현상들의 인과관계를 설명하는 과학이 아니라 다른 주제들로 돌려 버리는 유한계급 생활양식의 특징들이 존재한다.

　유한계급의 생활을 특징짓는 사고 습관은 인격적 지배 관계, 그리고 명예·가치·공적·성품 따위의 파생적이고 차별적인 개념에 이끌린다. 과학의 주제를 형성하는 인과관계는 이러한 관점으로는 파악할 수 없다. 그리고 명성은 세속적으로 유용한 사실에 관한 지식에는 따라붙지 않는다. 따라서 금전적인 공적이나 기타 명예로운 공적에 대한 차별적 비교에 유한계급이 지나치게 관심을 가지는 것이며, 그 때문에 인식적 관심은 등한시할 수밖에 없는 것이다.

인식적인 관심이 표출될 경우에, 그 관심은 대체로 과학적인 지식의 탐구보다는 명예롭고 무익한 사색이나 탐구의 분야로 전환될 것이다. 실제로 학문 범위 밖에서 유력한 체계적 지식들이 학문 분야로 침입하기 전까지는, 성직자들과 유한계급의 학문의 역사는 그랬다. 하지만 지배와 복종의 관계가 공동체의 생활 과정에서 지배적인 구성 요인이 더는 되지 못하는 상황에 이르면서, 생활 과정의 다른 특징들과 관점이 학자들에게 영향력을 행사하고 있다.

진정한 유한계급의 신사는 인격적 관계의 관점에서 세상을 바라봐야 하고 실제로 그렇게 바라본다. 인식적 관심이 설령 생긴다 해도 그는 인격적 관계의 관점의 기초 위에서 현상을 체계화하려 할 것이다. 전혀 변질되지 않은 유한계급의 이상을 가지고 있는 구시대적인 신사라면 실제로 그러할 것이다. 또한 그의 후손도 상류계급의 덕목을 고스란히 이어받았다면, 같은 태도를 보일 것이다.

물론 이와 같은 덕목이 세습되는 방식은 우회적일 수밖에 없고, 유한계급 신사의 아들이 전부 태어날 때부터 상류계층이나 부유층인 것은 아니다. 특히 약탈적인 주인의 특징을 나타내는 사고 습관은 유한계급의 규율의 지배를 받지 않은 최근의 후손들에게는 다소 불안정하게 계승될 수 있다. 선천적으로 혹은 후천적으로 인식적 관심을 강하게 드러낼 가능성은 하류계급이나 중산계급의 조상을 둔 유한계급의 구성원들에게 가장 높은 게 분명하다. 말하자면, 산업계급 본연의 습성을 고스란히 이어받은 유한계급 구성원들, 그리고 유한계급의 생활양식이 형성되었던 시대보다 오늘날에 훨씬 더 중요시되는 자질을 소유하고 있기 때문에 유한계급에 낄 수 있었던 사람들에게 가장 가능성이 높은 것이다. 하지만 이처럼 최근에 유한계급 축에 끼게 된 사람들 이외에도 인식적인 습성을 발휘하고자 하는 사람들은 많다. 이를테면, 자신들의 이론적인 견해를 형성시키는 데 차별적 관심을 크게 염두에 두지 않는 개인들이나 아주 강한 이론적 성향 탓에 과학적 탐구에 이끌리는 개인들을 들 수 있을 것이다.

고등 학문이 과학의 침범을 당한 부분적인 이유는 현대의 전통이라할 비인격적인 관계의 지배적인 영향력하에 있으면서, 신분 제도의 특징을 이루는 기질과는 현저하게 다른 인간의 습성들을 고스란히 물려받은 변질된 유한계급 후예들 때문이다. 그러나 이질적인 과학적 지식이 고등 학문 속에 존재할 수 있게 된 이유는 대체로 일상적인 생계 수단을 구하는 일 외에 다른 관심사에 주의를 돌릴 수 있을 정도로 편안한 환경에서 살게 된 산업계급 구성원들 때문이다. 이 산업계급 구성원들이 물려받은 습성과 의인주의적인 관점은 그들의 지적 과정을 결코지배하지 못한다. 과학적 진보의 유력한 영향력을 거의 비슷하게 가지고 있는 이 두 집단 중에서 가장 크게 공헌한 쪽은 산업계급의 구성원들이다. 그리고 이 두 집단은 모두 이론적 지식을 활용해 현대의 긴박한집단생활 환경 및 기계 산업 환경과 접촉함으로써, '사회에 강요된 사고습관'을 퍼트리는 매개체이거나 기껏해야 교체 수단일 뿐이지 원천은아닌 것으로 보인다.

사회적 현상이든 물리적 현상이든 상관없이 모든 현상의 인과 계열에 대한 엄밀한 인식이라는 의미에서 과학은 서양사회의 산업 과정이 본질적으로 기계적인 과정이 된—그 과정에서 남자의 직무는 곧 물질적 힘을 판별하고 평가하는 일이 된—이후에야 비로소 서양문화의 한 특징으로 자리 잡기에 이른다. 과학은 사회의 산업 생활이 이 패턴에 순응하는 정도만큼 번영하였고 산업적 관심이 사회생활을 지배하는 정도만큼 번영했다. 그리고 과학, 특히 과학적 이론은 인간 생활과 지식의 여러 부문들이 각각 산업 과정과 경제적 이해관계와 긴밀한 관계를 지속적으로 유지하는 정도에 비례해서 발전했다. 혹은 어쩌면, 이들 부문 각각이 인격적 관계나 신분제의 개념의 지배와 의인주의에 대한 적합도 그리고 명예로운 가치의 부차적 규범의 지배에서 지속적으로 이탈하는 정도에 비례해서 진전되었다고 말하는 것이 더 정확할지도 모른다.

현대 산업 생활의 급박한 상황이 환경과의 실제적인 접촉 과정에서 인과 계열을 인식하도록 강요하면서부터 비로소 남자들은 자신들이 접하는 환경의 현상과 그 현상과의 접촉의 실체들을 인과적인 전후 관계에 입각해서 체계화하기에 이르렀다. 따라서 스콜라 철학과 고전주의의 만개처럼 고도로 진화한 고등 학문이 성직과 유한생활의 부산물이었던 반면에, 현대 과학은 산업 과정의 부산물이라고 말할 수 있다. 그러므로 대부분 학교 울타리 밖에서 대단히 뛰어난 업적을 일구어 낸 남성 집단, 즉 연구자·석학·과학자·발명가·사상가 들을 통해서 현대 산업 생활이 강요하는 사고 습관은 현상의 인과 계열과 관련된 이론과학을 활용해 일관성 있는 설명력과 정교화를 이루어 냈다. 그리고 이처럼 학계 바깥의 과학적 사유에서 비롯된 방법과 목적의 변화는 수시로 학계에 침입했다.

이와 관련하여 주목할 만한 사실은 초등 및 중등학교에서 시행하는 교육과 고등 교육 기관에서 시행하는 교육이 내용과 목적 면에서 판이하게 다르다는 것이다. 전달받는 정보의 직접적인 실용성과 습득한 실력의 직접적인 실용성에 차이가 있다는 점은 나름 중요할 것이니, 주목할 만한 가치가 있다. 하지만 좀 더 본질적인 차이는 초등 및 중등학교 교육과 고등 교육 기관의 교육이 선호하는 심리적, 정신적 성향이 다르다는 데 있다.

고등 학문과 하등 학문의 교과가 이처럼 차이를 보이는 경향은 특히 선진 산업사회에서 최근 전개되고 있는 초등 교육을 보면 확연히 알 수 있다. 초등 교육은 주로 비인격적인 사실들을 명예의 관점이 아닌 인과관계의 관점에서 이해하고 활용하는 데 필요한 지적이고 육체적인 능력과 수완을 함양할 것을 지향한다. 초등 교육이 주로 유한계급의 상품과도 같았던 옛 시대 전통의 지배를 받는 대부분의 초등학교에서는 여전히 근면성을 자극하기 위한 수단으로 경쟁이 자유롭게 활용되고 있다. 하지만 하등 교육이 종교적이거나 군사적인 전통의 지침의 지배를 받지 않는 사회에서 시행되는 초등 교육에서는 이처럼 경쟁을 이용하는 경향이 눈에 띄게 줄어들고 있다. 이 모든 추세는 특히 유치원의 교육 방법과 교육적 이상의 직접적인 영향을 받는 일부 초등교육 체제의 정신적인 측면에서 더욱 뚜렷하게 나타난다.

유치원 훈육 특유의 비차별적 경향과 유치원 고유의 범위를 넘어서 초등 교육에까지 영향을 미치는 유치원과 유사한 교육적 성격은 현대의 경제적 환경하에 있는 유한계급 여성들의 독특한 정신적 태도에 관해서 앞서 이미 언급한 사실과 관련하여 이해해야 할 것이다. 유치원 교육은 선진 산업사회에서 가장 잘 발달해 있다. 말하자면, 유치원 교육은 고대의 가부장적이고 교육적인 이념과 가장 동떨어져 있는 것이다. 선진 산업사회에서는 지적이고 한가한 여성들이 상당히 많으며, 산업사회의 해체적인 영향력 아래, 그리고 일관된 군사적·종교적 전통의 부재 속에서 신분 체제는 점차 확연하게 약해졌다.

유치원 훈육은 그처럼 안락한 환경에서 사는 여성들로부터 도덕적인 지지를 받는다. 유치원의 목적과 방법은 명예로운 생활의 금전적인 규약의 지배하에서 불안을 느끼고 있는 여성들의 마음을 아주 효과적으로 사로잡는다. 그러므로 유치원은, 그리고 현대 교육에서 유치원 정신이라고 여겨지는 모든 것은 "신여성 운동"과 더불어, 현대의 환경에 놓인 유한계급의 생활이 (유치원 훈육을 가장 직접적으로 하는) 여성들에게 불러일으키는 허영과 차별적 비교에 대한 반발 동기에서 비롯된 것이라고 할 수밖에 없다. 이런 점에서 유한계급 제도는 다시금 비차별적 태도의 발생을 간접적으로 조장하는 것으로 보인다. 결국 이런 태도는 제도 자체의 안정성은 물론이고 제도의 기반이라 할 수 있는 개인 소유권 제도마저도 위협하게 될지도 모른다.

최근 단과대학 및 종합대학의 교과 내용에 확연한 변화가 일어났다. 이러한 변화는 주로 인문학, 즉 전통적인 "교양"·인격·취향·이상을 함양시키는 것으로 여겨지는 학문 분야들을 시민의 능률과 산업 효율성을 강화하는 좀 더 실용적인 분야들로 부분적으로 대체하는 방향으로 일어났다. 바꾸어 말하면 효율성(궁극적으로는 생산 능률)을 증진시키는 지식 분야가 낭비적 소비나 낮은 산업 효율성, 신분 제도에 적합한 성격 유형을 조장하는 학문 분야에 맞서 점차 그 기반을 확대해 왔다. 이러한 교육 체제에 적응하는 과정에서 고등 교육 기관들은 대체로 보수적인 입장을 취해 왔다. 고등 교육 기관들은 한 단계씩 발전해 갈 때마다 조금씩 양보하는 자세를 취했다. 과학은 학계 내부의 아래에서 올라오는 것이 아니라 외부에서 학계 내부로 침입해 왔다. 과학에게 마지못해 그 기반을 양보한 인문학이 전통적인 자기중심적 소비 양식—유한생활, 즉 '명예로운 유유자적'을 명백한 특징으로 하는 예절과 미덕의 관습적인 기준에 따라 진, 선, 미를 사색하고 향유하는 생활양식—에 부합하도록 학생의 성격을 형성시키는 데 매우 획일적으로 적용되고 있다는 사실은 주목할 만하다.

인문학의 대변자들은 (고풍스럽고 품격 있는 견해에 익숙한 그들의 내밀한 언어로 표현해) "대지의 열매를 소비하기 위해 태어났다"[08]라는 격언으로 구현된 이상을 강조해 왔다. 그러니 유한계급문화에 의해서 설립되고 그 문화의 기반 위에 존립하고 있는 학교들이 이러한 태도를 보인다고 해서 놀랄 일은 아닐 것이다.

기존의 문화적 기준과 방법을 가능한 한 그대로 유지하기 위해 추구해 온 공식적인 근거들도 고대적 기질과 유한계급의 생활 이론의 특징을 보인다. 예컨대 고전, 고대 시대의 유한계급 사이에서 유행한 생활, 이상, 사색, 시간과 재화의 소비 방법 등에 대한 습관적인 기대 심리에

---

08 호라티우스Flaccus Quintus Horatius가 라틴어로 쓴《서한집Epistles》에 나오는 말.

서 연유한 향락과 기호^{嗜好}는 현대사회의 보통 사람들이 추구하는 일상 생활, 지식과 열망에 익숙해지면서 얻는 향락과 기호보다 한층 더 "고급스럽고", "고귀하고", "가치 있는" 것으로 여겨진다. 반면에 현대의 남성들과 사물들에 관한 완전한 지식을 내용으로 삼는 학문은 상대적으로 "저급하고", "비천하고", "조악한" 것이다. 심지어 인간과 일상생활에 관한 실용적인 지식을 일컬어 "인간 이하의 것"이라고 하는 모멸적인 말이 들리기도 한다.

인문학을 대변하는 유한계급이 제기하는 이러한 논쟁은 본질적으로 건전한 것으로 여겨진다. 본질적 사실의 관점에서 보면, 이를테면 의인주의·당파심·유한활동을 통한 자기만족 등 초창기 유한계급 남성의 습관적 사고방식에서 연유하거나 정령숭배적인 미신과 호머^{Homer}의 서사시에 등장하는 영웅들과 같은 열광적인 호전성에 익숙해진 결과에서 비롯되는 희열과 문화, 정신적 태도나 정신 습관은 사물에 관한 실용적인 지식과 현대의 시민이나 노동자의 능률 위주의 사고방식에서 연유하고 이에 상응하는 결과보다 심미적 측면에서 훨씬 더 타당하다.

처음에 거론한 습관들은 심미적인 가치 혹은 명예로운 가치의 면에서 장점이 있고, 따라서 비교의 판정 기준으로 삼을 수 있는 "가치" 면에서도 장점이 있다는 사실은 의심의 여지가 없다. 취향의 규범, 특히 명예의 규범의 내용은 사물의 본성상 계승이나 전통에 의해서 다음 세대로 전승된, 인종의 과거 생활과 환경의 소산이다. 그리고 오랫동안 지배력을 유지해 온 약탈적 유한계급의 생활양식이 과거 인종의 정신 습관과 관점을 뿌리 깊이 형성시켰다는 사실은, 약탈적 유한계급의 생활양식이 현재의 취향 문제와 관련한 무수한 사안들에 대해 심미적으로 정당한 지배력을 발휘할 수 있는 충분한 근거가 된다.

이렇게 볼 때, 취향 규범은 취향에 맞느냐 취향에 어긋나느냐의 여부로 사물의 성질을 선호하거나 거부하는 습성이 다소 장기간에 걸쳐 습관화됨으로써 습득된 인종의 습관들이다. 다른 조건들이 동일하다면, 문제의 취향 규범은 습관화의 기간이 길면 길수록, 습관화가 중단 없이 지속되면 지속될수록, 한층 더 정당한 것으로 자리 잡는다. 이 모든 경향은 일반적으로 취향 판단보다는 가치와 명예에 관한 판단에 더 잘 들어맞는 듯 보인다.

하지만 인문학의 대변자들이 새로운 학문에 대해서 내리는 경멸적인 판단이 아무리 미학적인 타당성을 갖추고 있고, 고전 학문이 훨씬 더 가치가 있고 훨씬 더 정확하게 인간의 문화와 성격을 조성한다는 주장이 아무리 실질적인 가치를 지닌다고 할지라도 이런 판단과 주장은 당면한 문제와는 무관하다. 당면 문제는 이러한 학문 분야들이, 그리고 교육 체제 내에서 이 학문 분야들이 취하는 관점이 현대 산업 환경에서의 효율적인 집단생활에 도움을 주느냐 아니면 방해하느냐, 즉 그런 학문 분야들과 관점이 오늘날의 경제 상황에 얼마나 원활하게 적응하게 하는지에 관한 것이다. 문제는 미학적인 것이 아니라 경제적인 것이다. 이런 점에서 실용적인 지식에 대한 고등 교육 기관의 비판적인 태도로 표출되는 유한계급의 학문적 기준은 현재의 논점에 비추어 보면 오로지 경제적인 관점에서만 평가되어야 할 것이다.

따라서 "고귀한", "비천한", "고결한" 등의 형용사 사용은 논쟁자들이 새로운 것의 가치를 주장하든, 아니면 낡은 것의 가치를 주장하든 간에 오직 이렇게 말하는 자들의 의도와 관점을 보여줄 뿐이다. 이와 같은 형용사는 모두 존경이나 멸시의 뜻을 담고 있는 말이다. 즉 이 형용사들은 명예의 범주나 불명예의 범주에 속하는 차별적 비교의 용어인 것이다. 다시 말해 신분 제도의 생활양식에 특징적인 관념들이며, 본질적으로 스포츠맨십, 즉 약탈적이고 정령숭배적인 정신 습관의 표현이다. 또한 이 형용사들은 이런 말을 만들어낸 약탈적인 단계의 문화와 경제 조직에는 적합할지 모르지만, 보다 넓은 의미의 경제적 효율성의 관점에서 본다면 쓸모없고 시대착오적인, 구시대적인 관점과 생활 이론을 나타낸다.

고등 교육 기관들이 맹목적으로 편애하며 집착하는 고전들이 교육 체제 속에서 차지하고 있는 특권적 위상은 새로운 지식 세대의 지적인 태도를 형성시키고, 이 세대의 경제적 능률을 저하시키는 데 이바지한다. 고전들은 명예로운 지식과 불명예스러운 지식의 구분을 주입시키는 방식을 통해 고대의 이상적인 남성성을 지지한다. 이런 결과는 두 가지 방법으로 이뤄진다. 즉, (1) 초심자로 하여금 명예로운 학문에 대비되는 전적으로 실용적인 학문을 혐오하는 습관을 습득하도록 조장해, 일반적으로 산업적 이득이나 사회적 이득을 낳지 않는 지성을 발휘하는 것에서만 전적으로 혹은 대부분 만족감을 느낄 수 있다는 신념을 갖게 하는 취향을 형성시키는 방법과 (2) 비실용적인 지식을 습득하는 데 학습자의 시간과 노력을 소비시키는 방법이다. 다만 이런 비실용적인 학문의 지식이 학자에게 필요한 모든 학문과 관례적으로 결부됨으로써 실용적인 분야의 지식에서 사용되는 전문용어와 어법에 영향을 미치는 경우는 예외다.

용어의 난해함—그 자체가 과거 고전의 유행의 결과인—을 제외하면, 예컨대 고대 언어에 관한 지식은 근본적으로 언어학적인 성질을 연구하는 일에 종사하지 않는 과학자나 학자에게는 실질적인 의미가 없을 것이다. 물론 여기에서 고전의 문화적 가치에 관해 말하는 것이 전혀 아니다. 또한 고전 교육 혹은 고전 연구가 학생들에게 주는 고전에 대한 친화성을 폄하할 의도도 전혀 없다. 하지만 고전에 대한 친화성은 경제적으로는 쓸모없어 보인다. 또한 이런 사실이 운 좋게도 고전 학문에서 즐거움과 활력을 얻는 사람들에게 혼란을 줄 일은 없다. 고전 학문이 학자의 노동자적인 습성을 교란하는 작용을 한다는 사실은 고결한 이상의 함양을 중시하는 것과는 대조적으로 노동자의 기량을 경시하는 사람들에게는 대수롭지 않게 여겨질 것이다.

> 경시되었던 신념과 평화, 옛적의 명예와 염치가
> 이제
> 회복되리라.[09]

고전 지식이 우리의 교육 체제의 기본적 필수과목에 포함되었기 때문에, 남부 유럽의 사멸한 언어를 사용하고 이해할 수 있는 능력은 이 능력으로 자신의 소양을 과시할 기회를 가진 사람들에게 만족감을 선사한다. 동시에 이런 능력을 지녔다는 증거는 어떤 학자에게든 추종자(청중)—일반인과 지식인을 막론한—의 호감을 사는 데 도움을 준다. 현재 이처럼 본질적으로 무용한 지식을 습득하는 데 수년은 걸릴 것으

---

09 호라티우스의 〈세기의 찬가(Carmen Saeculare)〉 일부.

로 보인다. 그처럼 오랜 시간을 공부해야만 습득할 수 있는 지식이 존재하지 않는다는 것은 벼락치기로 습득한 불확실한 학문만 존재한다는 추정뿐만 아니라 건전한 학문과 지적 능력의 관습적인 기준에 비추어 보아도 저속한 실용적인 학문만 존재한다는 추정을 가능케 한다.

이런 상황은 원료와 제작 기술을 전문적으로 판단할 줄 모르는 구매자가 어떤 소비품을 구입할 때 생길 수 있는 문제와 유사하다. 구매자는 주로 물품의 본래의 용도와는 직접적인 관계가 없는 장식적인 부분과 모양의 마감 상태로 보아 비용이 많이 들었을 것이라 판단하여, 물품의 가치를 평가한다. 물품의 본질적인 값어치와 물건을 팔기 위해 추가된 장식 비용 사이에 어떤 명확하지 않은 몫이 존재한다고 추정하는 것이다. 흔히 고전과 인문학 지식이 결여되면 온당한 학문일 수 없다는 가정 때문에 일반 학생은 이런 지식을 습득하는 데 과시적인 시간과 노동의 낭비를 해야 한다. 모든 명예로운 학문은 조금이라도 과시적인 낭비를 수반해야만 한다고 강조하는 관습은 (동일한 원리가 제조품의 유용성에 대한 우리의 판단에 영향을 미쳐 온 방식과 동일하게) 학문 문제상의 취향 및 유용성의 규범에도 영향을 미친다.

명성 획득의 수단으로서 과시적 소비가 과시적 유한활동보다 점점 더 위력을 발휘하기 시작하면서 사멸 언어의 습득은 더 이상 과거처럼 필수 요건일 수 없게 됐고 학식의 증명서로서 마법적 효력이 감퇴한 것도 사실이다. 그럼에도 고전은 존경받을 만한 학자의 증명서로서 보증되며, 절대적 가치는 거의 상실되지 않았다는 것도 사실이다. 왜냐하면 학자는 시간을 낭비했다는 증거로서 관례적으로 인정되는 어떤 학식을 입증할 수 있어야 하는데, 바로 이런 용도로 고전이 매우 편리하게 동원될 수 있기 때문이다. 실제로 고전은 시간과 노력의 낭비를 입증하는 증거로서, 그리고 낭비를 위해서 반드시 갖춰야 할 금력의 증거로서 유용성이 있다는 것은 거의 의심할 바가 없다. 이렇듯 시간과 노력의 낭비는 고전이 고등 학문 체계에서 특권적 지위를 누리는 것을 보장하며, 고전을 모든 학문들 중에서 가장 명예로운 학문으로 존경받도록 만든다. 고전은 다른 어떤 지식보다도 유한계급의 학문의 장식적 목적에 유용하며, 따라서 명성 획득의 효과적인 수단이다.

이런 점에서 최근까지 고전에 맞설 경쟁 상대는 거의 없었다. 유럽 대륙에서는 여전히 고전에 맞설 위협적인 적수가 없으나, 최근 들어 대학의 체육이 정식 학문 분야로 인정받기 시작하면서 미국과 영국의 학교에서 체육—체육이 학문으로 기꺼이 분류될 수 있다면—은 고전의 적수가 되어 유한계급이 필히 배워야 하는 교과목의 자리를 놓고 다투게 되었다. 체육은 유한계급의 학문적 목적에 비추어 보면 분명히 고전을 능가하는 장점을 지니고 있다. 왜냐하면 운동선수로 성공하려면 시간의 낭비뿐만 아니라 돈의 낭비와 함께 매우 비생산적인 고대적 특성을 지닌 성품과 기질을 소유하고 있어야 하기 때문이다. 독일의 대학들에서는 유한계급 속성의 학업이라 할 수 있는 운동경기와 고대 그리스 문헌 연구회의 자리는 등급을 나누는 주도西道 그리고 형식을 갖춘 결투로 일정 부분 대체되었다.

유한계급, 그리고 유한계급의 미덕의 기준인 의고주의擬古主義10와 낭비는 고등 학문 체계에 고전을 도입하는 것과는 거의 관계가 없다. 그러

---

10 고어나 폐어 또는 일상 언어로 쓰이지 않게 된 어구를 의도적으로 사용하는 태도.

나 고등 교육 기관들이 집요하게 고전을 보존하고 있으며 여전히 고전에 높은 명성이 따라붙는 것은 의고주의와 낭비의 필요조건에 고전이 대단히 부합하기 때문이다.

"고전"이라는 말은 사멸된 언어를 나타내기 위해 사용되든, 살아 있는 언어에서 폐기되었거나 폐기되고 있는 사고 형식과 어법을 나타내기 위해서 사용되든, 아니면 부적절하게 적용된 다른 학문적 활동이나 장치의 항목을 표시하기 위해 사용되든, 항상 이처럼 낭비적이고 고대적인 의미를 함축하고 있다. 그래서 영어의 오래된 관용어는 "고전" 영어로 불린다. 이런 말은 진지한 주제로 강연을 하거나 저술을 할 때는 반드시 사용해야만 하며, 가장 평범하고 사소한 한마디라도 유창하게 사용하면 품위 있어 보인다. 물론 최신식 영어 표현이라면 반드시 피해야 한다. 고전적인 어법을 사용할 것을 요구하는 유한계급의 예법 관념은 심지어 일자무식인 사람이나 선정적인 작가들에까지도 강력한 힘을 발휘하기 때문에 최신식 표현 사용과 같은 실수를 예방할 수 있다. 한편 가장 고상하고 가장 관습적인 고풍의 어법은 본시 그 특징상 인격신과 숭배자들 사이에 교감이 이루어지는 경우에만 사용하는 것이 타당하다. 이 양극단의 중간에 유한계급의 일상 언어인 회화체와 문어체가 놓여 있다.

글을 쓰거나 말을 할 때 사용하는 우아한 어법은 명성 획득의 효과적인 수단이다. 어떤 특정한 주제에 관해서 말할 때는 관습적으로 요구되는 고전적인 어법을 나름 정확히 알고 있는 것이 대단히 중요하다. 설교단에서 사용하는 어법과 장터에서 사용하는 어법은 확실히 다르다. 당연한 일이지만 장터에서는 괴팍한 사람들조차 상대적으로 새롭고 효과적인 단어와 표현법을 사용하는 것이 용납된다. 신조어를 가려서 피하는 것은 명예로운 일이다. 이는 폐기된 언어 습관을 습득하는 데 시간을 낭비했다는 사실을 증명해 줄 뿐만 아니라, 어릴 적부터 폐기된 관용어와 친숙했던 사람들과 습관적으로 교류했다는 사실 또한 증명해 주기 때문이다. 따라서 그런 습관은 그 사람의 선조가 유한계급이었다는 점을 증명해 준다. 아주 순수한 언어를 쓴다는 것은 수 대에 걸쳐 비천한 실용적인 직업에 종사하지 않았다는 사실을 추정할 수 있는 증거이다. 물론 이런 증거가 있다고 해서 전적으로 사실이라고 말할 수는 없지만 말이다.

극동 지역 이외의 지역에서 쉽게 찾아볼 수 있는 무익한 고전주의의 적절한 예로는 인습적인 영어 철자법을 들 수 있다. 참되고 아름다운 것에 대한 감각이 발달된 사람들은 철자법에 단 하나라도 어긋나는 글을 발견하면 극도로 불쾌감을 느끼며 글쓴이를 불신할 것이다. 영어의 철자법을 정확히 지키는 일은 과시적 낭비 법칙의 지배를 받는 명성 규범의 모든 필요조건을 충족시킨다. 철자법을 정확히 지키는 일은 고전적이고 까다롭고 비효율적인 일이다. 정확한 철자법을 습득하기 위해서는 많은 시간과 노력을 소비할 수밖에 없다. 철자를 습득하지 못한 사실은 금방 탄로 날 수밖에 없기 때문이다. 따라서 정확한 철자법을 익혔는가의 여부는 학문적인 명성을 측정하기에 가장 손쉽고 최우선적인 방법이며, 의례적으로 정확한 철자법을 준수하는 것은 나무랄 데 없는 학자 생활을 영위하기 위해서 반드시 필요한 요건이다.

이러한 고전적인 언어 사용 관행의 대변자들은 인습적인 관행들이 의고주의와 낭비의 규범에 의존하고 있는 다른 사안들과 마찬가지로 언어의 순수성이라는 사안에 대해서도 본능적으로 변호하려는 태도를 취한다. 본질적으로 공인된 고대의 어법을 격식에 맞게 사용하는 것은 최근의 구어체 영어를 정확히 사용하는 것보다 생각을 훨씬 더 적절하고 정확하게 전달하는 데 이바지할 것이라고 주장한다. 이런 주장에 반해 현재의 관념은 지금 쓰이고 있는 속어로 효과적으로 표현되고 있다는 것은 주지의 사실이다. 고전적 언어는 품위라는 명예로운 미덕을 지니고 있다. 고전적 언어는 유한계급의 생활양식에서 공인된 의사소통 방식으로서 주목과 존경을 받는다. 왜냐하면 고전적 언어를 쓰는 사람은 산업노동을 면제받는 사람임을 단적으로 알려 주기 때문이다. 공인된 어법의 장점은 그것을 사용하는 것이 명성 획득에 유리하다는 데 있다. 공인된 어법은 까다로운 고전어에 속하는 것이며, 따라서 시간의 낭비를 증명해 줄 뿐만 아니라 노골적이고 속된 언어를 사용하지 않아도 되고 그럴 필요도 없는 신분임을 증명해 주기 때문에 존경을 받을 만한 것이다.

소스타인 베블런 연보

- 1857년 7월 30일 미국 위스콘신 주 카토(Cato)에서 노르웨이 이민자 부모의 12명의 자녀 중 여섯째 자식이자 넷째 아들로 태어났다. 노르웨이 이주민들의 개척지에서 빈둥거리며 책 읽기를 좋아했던 그는 냉담한 기질에 내향적인 성격을 지닌, 미국 사회의 이방인으로 성장했다.

- 1874년 17살이 된 베블런은 미네소타 주에 위치한 켈튼 대학에 입학했다. 엉뚱하고 괴팍한 성격에다 이방인적인 기질 탓에 종교적이고 보수적인 분위기의 대학생활에 만족하지 못했다. 이 시절, 향후 아내가 될, 학장의 딸 엘렌 롤프(Ellen Rolfe)를 만났다.

- 1881년 존스홉킨스 대학교에 입학한 후 곧 예일 대학교로 옮겼다. 사회진화론자인 윌리엄 섬너로부터 경제학과 사회학, 사회진화론을, 철학자 노아 포터(Noah Porter) 밑에서 철학을 공부했다.

- 1884년 예일 대학교에서 논문 "인과응보설의 윤리적 근거(Ethical Grounds of a Doctrine of Retribution)"로 박사 학위를 받았다.

이후 7여 년 동안 무위도식하며 철학, 정치학, 경제학, 사회학, 인류학, 생물학 등 다양한 분야의 책을 탐독했다.

- 1888년 8월 엘렌 롤프와 결혼했다.

- 1891년 제임스 로렌스 러플린(James Laurence Laughlin) 교수의 눈에 띄어 코넬 대학교의 특별 연구원으로 1년간 생활했다.

- 1892년 시카고 대학교의 경제학과장이 된 러플린 교수를 따라 시카고 대학으로 자리를 옮긴 후 강사를 거쳐 조교수가 되었다. 이 무렵부터 생물학자, 자크 뢰브(Jacques Loeb), 프란츠 보아스(Franz Boas), 물리학자 앨버트 에이브러햄 마이컬슨(Albert Abraham Michelson) 등과 지적인 교류를 했다.

- 1899년 대표작인 『유한계급론』을 출간했다.

- 1904년 날로 비대해져 가는 미국 기업가 및 독점자본주의 경제와 문화를 비판한 정치경제학 저서 『영리기업론(The Theory of Business Enterprise)』을 출간했다.

- 1906년 여성 편력, 대학 홍보 등의 문제를 놓고 총장과 갈등을 빚게 된 이유로 시카고 대학교를 떠나 스탠퍼드 대학교에서 교수 생활을 했다.

■ 1909년 12월 스탠퍼드 대학교에서 여러 기행과 여성 편력 등의 문제로 권고사직 당했다.

■ 1911년 엘렌 롤프과 이혼했고, 미주리 대학교에서 강사로 활동하기 시작했다.

■ 1914년 앤 브래들리 베번스(Ann Bradley Bevans)와 재혼했다. 『제작 본능과 산업기술의 실태(*The Instinct of Workmanship and the State of the Industrial Arts*)』를 출간했다.

■ 1915년 독일의 제국주의와 군국주의를 비판한 『독일 제국과 산업혁명(*Imperial Germany and the Industrial Revolution*)』을 출간했다.

■ 1917년 미주리 대학교를 떠나 워싱턴으로 자리를 옮겨, 식량관리국(US Food Administration)에서 5개월 동안 일했다. 『평화의 본질과 그 존속기간에 대한 연구(*An Inquiry into the Nature of Peace and the Terms of Its Perpetuation*)』를 출간했다.

■ 1918년 뉴욕으로 이주해, 진보적 성향의 잡지 《다이얼(*The Dial*)》에서 편집자 및 기고가로 활동했다. 그 사이에 역사학자 찰스 비어드(Charles A Beard)와 제임스 하비 로빈슨(James Harvey Robinson), 철학자 존 듀이(John Dewey) 등 당대의 석학들과 지적인 교류를 했다. 그리고 미국 대학 교육의 실상을 신랄하게 비

유한계급론

2018년 8월 18일 초판 1쇄 인쇄
2018년 8월 28일 초판 1쇄 발행

지은이   **소스타인 베블런**
옮긴이   **임종기**
펴낸이   **박래선**
펴낸곳   **에이도스출판사**
출판신고 제2018-000083호

주소   서울시 마포구 잔다리로 33 회산빌딩 402호
전화   02-355-3191
팩스   02-989-3191
이메일   eidospub.co@gmail.com

표지 디자인 **공중정원 박진범**
본문 디자인 **김경주**

ISBN 979-11-85145-20-8 93300